U1018388

桂林理工大学公共经济与管理丛书

卢智增 编著

地方政府管理概论

DIFANG ZHENGFU GUANLI GAILUN

WUHAN UNIVERSITY PRESS
武汉大学出版社

图书在版编目(CIP)数据

地方政府管理概论/卢智增编著.—武汉：武汉大学出版社，2020.11

桂林理工大学公共经济与管理丛书

ISBN 978-7-307-21769-0

Ⅰ.地… Ⅱ.卢… Ⅲ.地方政府—行政管理—中国—高等学校—教材 Ⅳ.D625

中国版本图书馆 CIP 数据核字(2020)第 165360 号

责任编辑:郭 静　　责任校对:李孟潇　　整体设计:马 佳

出版发行：**武汉大学出版社** (430072 武昌 珞珈山)

(电子邮箱：cbs22@ whu.edu.cn 网址：www.wdp. com.cn)

印刷:湖北恒泰印务有限公司

开本:720×1000 1/16 印张:22 字数:419 千字 插页:1

版次:2020 年 11 月第 1 版 2020 年 11 月第 1 次印刷

ISBN 978-7-307-21769-0 定价:60.00 元

内 容 提 要

地方政府是国家为了治理部分地域而设立的政府单位。地方政府管理在新时代发挥着非常重要的作用，在整个国家治理中居于十分重要的地位。本书作为公共管理学科本科教材，通过借鉴国内外已有成果，运用政治学、公共管理学、法学、社会学、经济学等多学科的理论与方法，向读者介绍了新时代中国地方政府管理的相关制度和管理实务。本书共分十二章介绍了地方政府管理课程的主要内容。第一章是导论，主要探讨了地方政府的内涵、中国地方政府的历史演变，介绍了本课程的学习内容、意义和方法；第二章探讨了地方政府职能；第三章探讨了地方政府行政区划；第四章探讨了地方政府法制架构；第五、六、七章分别探讨了地方政府的财政管理、危机管理、城市管理；第八、九章分别探讨了民族自治地方政府体制和特别行政区政府体制；第十章探讨了地方政府治理创新；第十一章介绍了地方政府责任制度；第十二章探讨了地方政府大数据管理。在附录部分，还列出了与公务员息息相关的《中华人民共和国公务员法》《公务员职务与职级并行规定》《优化营商环境条例》等法律法规。本书结合案例分析地方政府管理问题，既有知识性，也有趣味性，特别结合编者的研究对一些问题进行了有益的探讨，适合于大学生、研究生以及地方政府学爱好者阅读使用。

本书特别注重突出四个方面的特色：一是坚持马克思主义指导，教材充分体现马克思主义中国化的最新成果，特别强调以习近平新时代中国特色社会主义思想为指导，将习近平新时代中国特色社会主义思想体现在整个教材之中；二是坚持中国主体，教材主要以中国的地方政府管理为主，外国相关内容只是作比较，并在比较中展现中国地方政府管理的特色；三是坚持法律依据，教材以中国为主体，教材内容和表述严格遵循中国的宪法和相关法律；四是坚持案例教学，教材穿插典型案例材料，以帮助读者更好地了解知识点。

目　　录

第一章　导　　论

随着政治、经济、社会的发展，地方政府发挥着越来越重要的作用。如今，地方政府是实现国家政治统治的基石，是实现民主政治的基础，是沟通联络中央政府与民众的渠道，是推进社会发展进步的力量。推进地方政府的治理体系和治理能力现代化，已经成为学者们关注的重要课题，也是一个国家政治稳定、经济发展、文化繁荣、民族团结、人民幸福、社会安宁、国家统一的有力保障。

第一节　地方政府的界定、地位及历史演变

一、地方政府的界定

地方政府是相对于国家政府和中央政府而言的。中央政府是一个活动范围遍及全国的行政机关，具体是指在全国范围内总揽国家政务的机关和负责国家各部门管理的机关。对于各个国家来说，中央政府在整个国家管理结构体系中处于最高、最核心的层级和地位，掌握着国家与社会发展的主要权力，这一点是毋庸置疑的。地方政府则是一定规模的国家为了更好地管理社会，按照行政建制建立起来的行政机关，它有权决定和管理一个较小地区的公共政治。地方政府与中央政府联合，实行分级管理，共同形成了完整的国家机构。

从世界范围来看，各个国家对于中央政府的认识基本趋同，没有争议。但是，对地方政府的表述和及其所指代的内容则有较大差别。与不同的国家结构形式相对应，地方政府的机构设置、组织安排以及行政地位也略有不同。严格地讲，单一制国家的地方政府是中央政府的分支机构，而联邦制国家的地方政府则是其成员政府的分支机构。也就是说，单一制国家，凡是中央政府之下的政府，皆可以归属于地方政府。但在联邦制国家，划分相对复杂。一般的观点是，联邦制国家的地方政府是指联邦各成员的分支机构。例如，根据《美国百科全书》的解释，“地方政府，在单一制国家里是中央政府的分支机构，在联邦制国家里则

是联邦成员政府的分支机构"。① 由此可见，在联邦制国家，州一级政府是游离于中央级政府和地方政府范畴之外的第三类政府，正如比尔德在《美国政府与政治》中认为的那样，美国的政府分为三个层级：联邦政府、州政府和地方政府。至于联邦成员这一级政府，则可称之为"中间政府"。再如，《国际社会科学百科全书》对此的解释是："地方政府一般可以认为是公众的政府，它有权决定和管理一个较小地区内的公众政治，它是地区政府或中央政府的一个分支机构。地方政府在政府体系中是最低一级，中央政府为最高一级，中间部分就是中间政府。"②根据英国《不列颠百科全书》的解释，政府按照层级可以划分为三种，即国家政府、区域政府和地方政府。具体来讲，国家政府即传统意义上的中央级政府；地方政府是指拥有所在地域直接管辖和治理权力的政府，即传统意义上的"当地政府"或者"本地政府"；而区域政府就是权限范围介于二者之间的政府。这种政府形式常见于联邦制国家。《布莱克维尔政治学百科全书》认为，地方政府是"权力或管辖范围被限定在国家的一部分地区内的一种政治机构，经过长期的历史发展，在一国政治机构中处于隶属地位，具有地方参与权、税收权和诸多责任"。③ 可见，其中表述的"地方政府"是狭义的地方政府，不包括与联邦成员政府相对应的中间政府。但是，由于联邦制国家的中间政府(州、省、地区或共和国)与单一制国家的地方政府(州、省)的实际地位和角色没有多大区别，也可以归属于地方政府的范畴。因此，从广义来看，地方政府可以泛指除中央政府之外的其他各级政府。我国的地方政府包括省级政府、市级政府和区级政府。

在不同的百科全书上，对"地方政府"的解释也存在一定的差异。《辞海》认为，地方政府是中央政府的对称，是指设置在地方各级行政区域内负责行政工作的国家机关。也就是说，地方政府是地方的国家行政机关。从外延上讲，除了中央政府以外的一切政府形式都归于地方政府。《中国百科大辞典》认为，地方政府是"中央政府"的对称，是设于地方各级行政区域内的国家行政机关。中国的地方各级人民政府由国务院统一领导。《法学大辞典》认为，地方政府是依法设置于地方各级行政区域内，对其行政事务实行全面综合管理的行政机关。《政治学辞典》认为，地方政府与中央政府相对，是设置于地方各级行政区域内负责行政工作的国家机关，各国地方政府有不同组织形式和名称，我国地方各级人民政

① *Encyclopedia Americana*, Volume17[M]. New York: Grolier, 1997.

② *International Encyclopedia of the Social Science*, Volume 9-10[M]. London: Macmillan, 1998.

③ 戴维·米勒等. 布莱克维尔政治学百科全书[M]. 北京: 中国政法大学出版社, 1992.

府是国务院统一领导下的国家行政机关。《中外政治制度大辞典》将地方政府一分为二地进行了解释。它认为广义的地方政府是与中央政府相对称的国家机关，从这个意义上讲，除中央政府以外的各级政府都称为地方政府。而狭义的地方政府则是指直接治理一个地域及其居民的一级政府。与之相对应的则是在中央政府与地方政府之间的中间政府，也称之为区域政府。

由此可以看出，地方政府的概念有两个重点值得分析：其一，它的外延要看国家结构形式，即是单一制，还是联邦制，只有在这个大前提才可以有讨论的基点；其二，在单一制国家结构形式下、地方政府是否等同于中央政府之外的所有政府类型。我们认为，在中国单一制国家结构形式下，地方政府(Local Government)就是与"中央政府(Central Government)"相对称而言的，设置于各级行政区划范围内的国家行政机关及其派出机关。它们代表中央政府，根据宪法和法律，在其职权范围内运用和实施国家行政权力、管理公共事务，是提供公共服务的政权组织体系的一员。① 综合对地方政府的不同定义，可以将地方政府界定为中央管辖下、由中央政府设置的治理国家部分地域的政府。在我国，地方政府主要是指中央政府下的地方各级人民政府，是地方各级权力机关的执行机关和地方各级国家行政机关，并接受上级国家行政机关领导的地域性政府。②

二、地方政府的地位与作用

从地方政府产生的角度来看，除去少数的袖珍国家(如列支敦士登公国、马尔代夫共和国等)和城市国家(如新加坡)，大多数国家都设有地方政府，因为一国的中央政府大多无法完成全部国家事务的管理。一些幅员辽阔、人口众多的大国，如中国、俄罗斯等国，还存在多个层级的地方政府。因此，设置地方政府的最大理由，是地方政府具有中央政府所不可替代的管理地方经济和地方公共事务的功能。随着政治、经济和社会的发展，地方政府起到了至关重要的作用，为政治稳定、经济发展、文化繁荣、民族团结、人民幸福、社会安宁、国家统一提供了有力保障。

(一)维护国家统一和领土完整，有助于国家对所管辖的领士及其事务进行有效治理

国家统一和领土完整是国家治理的基础。中国地域辽阔，人口众多，地方差异大，国家治理困难。在长期的历史发展中，中国经历过多次的地方分裂割据造

① 任庆伟．地方政府管理模式的概念新探与价值取向考察[J]．江南社会学院学报，2012(3)．

② 《地方政府与政治》编写组．地方政府与政治[M]．北京：高等教育出版社，2018．

成的社会动乱。中华人民共和国成立以后，原有的基本国情和历史原因共同导致各地经济社会发展不平衡，一部分领土尚未完全纳入中央人民政府的统一管辖。在中国这样一个经过长期历史形成的大国，维护国家统一和领土完整，对全国进行有效治理，是一项长期而艰巨的任务。地方政府作为地方各级国家行政机关，担负着将国家意志传导给全社会，实现政令畅通的重要职责。没有地方政府，国家的大政方针就会悬空；没有地方政府根据基本政治规范运行，形成良好的政治生态，就可能出现地方政府各行其是，甚至于可能造成分裂割据。因此，地方政府在维护国家统一和领土完整，实现国家的有效治理中发挥着积极的连接性和保障性作用。

（二）推动经济社会发展，有助于国民经济与社会发展保持和充满活力

在长期的历史发展中，国家主要发挥着政治统治的功能。中华人民共和国成立以后，特别是改革开放以来，国家将工作重心转移到经济社会发展上，努力实现社会主义现代化。中国是一个地域辽阔、地方差异大的多民族国家，仅仅依靠中央的力量推动经济社会发展是远远不够的。早在 1956 年，毛泽东在著名的《论十大关系》一文中就提出要发挥中央和地方两个积极性。改革开放初期，邓小平提出让一部分人、一部分地区先富起来的政策。中国改革开放取得举世瞩目的成就，与地方政府积极推动经济社会发展密切相关。而地方政府之所以能够发挥积极作用，又与其自身职能和深刻理解贯彻中央大政方针政策，形成良好的政治生态密切相关。地方政府在推动经济社会发展，促进国民经济和社会发展保持和充满活力方面发挥着能动性作用。

（三）促进民生改善和落实基层民主，有助于巩固中国共产党的长期执政基础

人民群众是历史发展的动力，也是国家政权巩固的基础。中国古人就深刻认识到，“水能载舟，亦能覆舟”。相对中央政府，地方政府与广大民众更接近。民众是通过地方政府的行为来做出自己的政治选择的。正因为如此，中国古代民众对地方官员的一个重要期盼是“为官一任，造福一方”。但由于制度原因，许多地方政府官员却是“鱼肉百姓”，最后“官逼民反，民不得不反”，以致国家政权倾覆。正是为了避免历史老路，中华人民共和国成立以后，在政府之前加以“人民”的限定，表示当前的政府是人民的政府。而在各级人民政府中，地方人民政府距民众更近，其行为直接关系到民众对党和国家的认识和态度。地方政府在促进民生改善和落实基层民主、巩固中国共产党的长期执政地位方面发挥着基础性作用。①

---

① 《地方政府与政治》编写组．地方政府与政治［M］．北京：高等教育出版社，2018.

三、地方政府的特征

现代地方政府本质特征是：以服务为宗旨，以公平为核心，以民主为基础，以法治为保障。相对于传统地方政府，它要求从体制、机制到文化、心理的综合型转变。

一是从“物本型”转为“人本型”。传统地方政府属于"物本型"管理，政府以物质财富为本位，把人仅仅作为谋取物质财富的手段，甚至将民生福利改善置于次要位置。现代地方政府把现实的人作为一切活动的出发点，充分考虑社会公众的利益、愿望和要求，不仅要努力满足人民的生存需要，还要满足其安全、享受和发展的需要。将人作为社会治理的主体和目的。围绕促进人的全面发展，地方政府摒弃“见物不见人”的思想，保障公民的政治、经济和文化权利，通过履行职能提供良好的社会管理和公共服务，真正把人的发展的实现程度作为衡量政绩的根本标准。

二是从“全能型”转向“有限型”。传统地方政府被视为无所不能的“超人”，对社会全面行使权力，也包揽所有公共事务。现代地方政府是有限政府，实质上是理性确定自身的职能边界，将政府建构在市场自主、社会自治的基础之上，做到有所为、有所不为。在法治社会，宪法和法律划定了地方政府行为的明确边界，行政权力的行使受到法律的限制，政府职能的设置依据法律的规定，政府机构的规模来自法律的约束，所有这些都是一个有限的框架。

三是从“权力型”转向“责任型”。传统地方政府对公民强调义务，却往往忽视其权利；而行政权力则被放大，有时甚至无限制地膨胀。现代地方政府则与责任相生相伴。从政府合法性的角度，政府的权力来源于人民，毋庸置疑要对社会公众负责，政府的一切措施与官员的一切行为都须以民意为依归。地方政府责任包括道德责任、政治责任、行政责任、诉讼责任和经济责任，承担责任成了地方政府的第一要义。

四是从“暗箱型”转向“透明型”。传统地方政府从机构设置、职责权限到规章制度、运行程序等都不对社会公开，一切事务都由官员进行内部决定和实施，以致被视为暗箱操作。现代地方政府掌握的信息，除了必须保密以及涉及个人隐私的部分外，全部向社会公开。这符合民主政治的本意，可以促使其更好地实现公民权利尤其是知情权、选择权和参与权。

五是从“设租型”转向“廉洁型”。传统地方政府的官员是权力个体的代表，极易导致人们利用权力获取经济利益的设租行为，这也是腐败丛生的体制根源。现代地方政府加强对权力运行的监督和制约，营造腐败预期成本大于预期收益的制度环境。通过惩防并举，最大限度地减少权力设租的机会，确保公共权力为公共利益服务。

第二节 地方政府的历史演变

一、古代中国的地方政府

地方政府是个历史范畴，地方政府是人类社会发展到一定阶段、伴随着国家的产生而产生的。恩格斯说："国家是社会在一定发展阶段上的产物；国家是承认：这个社会陷入了不可解决的自我矛盾，分裂为不可调和的对立面而又无力摆脱这些对立面。而为了使这些对立面，这些经济利益互相冲突的阶级，不致在无谓的斗争中把自己和社会消灭，就需要有一种表面上凌驾于社会之上的力量，这种力量应当缓和冲突，把冲突保持在'秩序'的范围以内，这种从社会中产生但又自居于社会之上并且日益同社会相异化的力量，就是国家。""国家和旧的氏族组织不同的地方，第一点就是它按地区来划分它的国民，……第二点是公共权力的设立。……这种按照居住地组织国民的办法是一切国家共同的。"①

从国家产生一直到西周王朝，中国没有地方政府。②

(一)中国古代地方政府的历史演变

1. 中国古代地方政府的产生。

郡县制的出现，标志着中国地方政府制度的形成。郡县制是古代中央集权制在地方政权上的体现，它发起于春秋战国时期，形成于战国时期，再经过秦始皇的改革，正式成为了秦汉以后的地方政治体制。县制起源于春秋时期的楚国，楚武王熊通；郡制起源于秦国，秦穆公嬴任好；经过历代法家代表的改革，最终成型于秦汉时期。秦始皇统一天下之前，县大于郡，千里百县，县有四郡，因此秦始皇之前的地方行政制度为"县郡制"。公元前221年，秦始皇统一中国后，全面实现郡县制。郡，是中央政府辖下的地方行政单位，其组织机构与中央政府略同，设郡守、郡尉、郡监(监御史)。郡守，为一郡最高行政长官，掌全郡政务，直接受中央政府节制；郡尉，辅佐郡守，掌管全郡军事；郡监，掌监察工作。郡以下设县或道。县是秦朝统治机构中关键的一级组织，是从中央到地方政府机构中具有相对独立性的一个单位。内地设县，边地少数民族地区设道。满万户以上的县设县令，不满万户的设县长。令、长为一县之首，掌全县政务，受郡守节

① 中共中央马克思恩格斯列宁斯大林著作编译局．马克思恩格斯文集(第4卷)[M]．北京：人民出版社，2009.

② 《地方政府与政治》编写组．地方政府与政治[M]．北京：高等教育出版社，2018.

制。县令下设尉、丞。尉，掌全县军事和治安；丞，为县令或县长的助手，掌全县司法。县以下设乡、里和亭。乡和里是行政机构，亭为治安组织。秦代至此成为中国历史上最早在全境推行郡县制的朝代。至汉代仍承袭这个制度，形成州郡县三级行政管理，自此成为日后各朝地方政制的基础。

2. 中国古代地方政府的制度变迁。

中国幅员辽阔，历代王朝为稳固统治，必然面对的难题是如何划分地方行政区域的层级和范围大小。层级过多，各级政府之间的信息不对称和激励不相容就会越严重，中央政府的政令经过层层传达，往往走样；层级过少，中央政府又会直接面对数 目过多的下级政府，难以开展有效的管理。同样，行政区域的范围过大，容易产生地方分离主义倾向，直接威胁王朝统治；行政区域的范围过小，一方面容易导致 中央政府应接不暇的困难；另一方面使得地方实力过弱，则不易镇压民变和抵抗外敌入侵。纵观传统王朝地方行政制度的沿革，可以看到其设置在“二级制”与 “三级制”之间来回摇摆。① 当然，古代地方行政层级的基调、主调是二级制，而不是三级制。汉代的州、唐代的道、宋代的路、元代的省、明清的督抚等，都是中央政府的派出机构，其目的是要维护郡（州）县二级制，将地方层级控制在二级，而不是三级。②

秦确立郡县制之初，全国仅有郡 36 个。秦末及汉初，由于开疆拓土、析分大郡、众建诸侯等原因，郡的数目不断增加。到汉武帝时期，郡国总数已经达到 100 多个。为加强对地方的控制，汉武帝创建州刺史制度。公元前 106 年，“初置刺史部十三州 ”，把京师之外的地区分成 13 个监察区，每州置刺史 1 名，以“六条问事”，主要监察地方豪绅、二千石官员及其子弟的违法犯罪行为。

两汉之际的政权更替时期，由于战乱的需要，刺史一度改称州牧，品级由六百石骤然提升到二千石，成为郡之上的实际军政长官，常常被派遣执行军事任务，有的甚至可以征调所属郡内的士兵，也常常直接处理民事，检核户口田地、教民耕田种树理家之术。监察区域固定、监察官员固定，很容易造成权力的扩张、机构的膨胀和监察机构行政化、地方化的趋势。东汉政权稳定之后，光武帝刘秀立即“罢州牧，置刺史”，将其秩级重新调至六百石，同时取消其领兵权与行政职能，使之重新回归监察官员的本色。

唐代，贞观元年（627 年），李世民依“山河形便”将全国 300 多个州分为十道，作为监察区域。唐初的道，不像汉代的州，有常设的监察官员、有常规的监察机制，而是建立起“因事而遣、事毕即罢”的运行机制。直到公元 733 年，玄宗

---

① 宣晓伟．中央集权制下地方行政制度的历史沿革[J]．中国发展观察，2016(4)．

② 胡志辉，张小稳．二级制：中国古代地方行政层级的基调[J]．中州学刊，2011(2)．

建立起使职常设、驻地巡察的监察机制之时，唐代的道从未出现过行政化和地方化的趋势。即使玄宗改革后，也一再强调采访使的监察职责："采访使但察访善恶，举其大纲，自余郡务所有奏请，并委郡守，不须干及。"①

鉴于汉唐中后期由于监察区域固定、人员固定、治所固定、巡察机制固定而导致的监察区域行政化和地方化的历史教训，宋代虽然把全国分为较为固定的24路，但在一路之内不是只设一个监察机构，而是同时设立四个机构——转运司、提点刑狱司、提举常平司和安抚司，分掌财政、司法、赈济和军事事务，形成"婚田、税赋则隶之转运，狱讼、经总则隶之提刑，常平、茶盐则隶之提举，兵将、盗贼则隶之安抚"的分工格局。② 宋代在路内始终没有形成一个行政核心，不具备成为地方行政层级最基本的必要条件。而且，路级诸司对路内府州之间也始终没有建立起行政的隶属关系，宋代诸州"直属京，长吏得自奏事"，③ 直属中央而不隶属于路。

元明清三代，虽然可以说是省——府(州)——县三级制，但作为地方行政层级，省的性质和府(州)县两级的性质始终存在很大的差别。元代的行省和清代的督抚都兼具中央派出机构和地方最高军政机关的双重性质。

元代的行省就是出行在外的代表中书省处理地方政务的机构。行省官员设置模仿中书省，只是品秩稍低，且与中书省的人员交流相当频繁，是各机构中拜相人数最多的一个部门。④ 行省与中书省互为表里，中书省有自己的直辖地区，称为"腹里"，其余地区划分为11行省，分省而治，显然是核心机构和派出机构或分支机构的关系，时人称行省为"外廷"或"外宰相"。

明代的省，都指挥司、布政使司、按察使司三司并立，分别隶属于兵部、户部和刑部，没有一个行政中心。为了协调三司之间的关系，自明成祖时期就开始在省级设立各种中央派出机构，在三司之上先后形成三堂制(镇守总兵、镇守中官与镇守文臣)、巡按制(巡抚与巡按御史)和督抚制(总督和巡抚)，三司实际上沦为这些派出机构的属吏。所以明代的省，在某种程度上也兼具中央派出机构的性质，很难说是完整意义上的地方行政层级。

清代，直到乾隆十三年(1748年)，督抚作为省级最高领导机关的地位才被正式确定下来。之前，一直是单纯的派出机构，康熙和雍正时期的《大清会典》都把督抚列入都察院系统而不列入地方官系统。即使在地方官地位得以确立的同

① 王溥. 唐会要[M]. 北京：中华书局，1955.
② 徐松辑. 宋会要辑稿[M]. 北京：中华书局，1957.
③ 李焘. 续资治通鉴长编[M]. 北京：中华书局，1992.
④ 张帆. 元代宰相制度研究[M]. 北京：北京大学出版社，1997.

时，督抚仍然保留原先的中央差遣官性质，乾隆四十四年(1779年)，规定总督一律兼都察院右都御史职，巡抚一律兼都察院右副都御史职。事实上，总督一般又兼兵部尚书衔，巡抚又兼兵部侍郎衔。所以督抚又称部院官，即为兵部与都察院官员。兼衔制的存在，表明督抚具有中央官与地方官的双重身份，兼备地方最高军政机关和朝廷派出机构的双重性质。①

(二)中国古代地方政府体制的主要特征

1. 郡县制、封国制与特辖制并世而立。

在中国传统社会中，民族众多、地域辽阔、地区间经济发展不平衡等国情决定了地方行政制度内涵的复杂性与丰富性。在其时代特征中，郡县制、封国制与特辖制并世而立比较突出。所谓郡县制指取代分封制后以地域为主的行政管理体制；而封国制则是传统分封制在现实社会中的历史遗存，旨在处理宗法家族与国家权力关系而设置的特殊地方管理模式；至于特辖制则为边远地区设立的带有一定军事色彩的地方行政管理体制。三者并世而立在一定程度上体现出传统地方行政制度的实用性、灵活性与多样性。②

从理论上而言，郡县制的设置旨在强化中央对地方的直接控制，维护君主专制；从历史角度而言，它是继分封制后出现的行之有效的地方行政管理体制，顺应了中国传统政治制度发展的时代潮流。在实际推行郡县制过程中，封国制作为传统分封制的历史遗存在一定程度上是对郡县制的必要补充。众所周知，分封制既重视血缘又突出政治关系，使宗法等级制度贯彻于地方行政之中。迨至秦一统天下，统治者虽将其废除，但欲藉“封建”巩固君主专制政权的理念并未消失。③与郡县制和封国制并世而立的还有特辖制。如果说前两者着眼于中原地区地方行政制度的完善，那么，后者主要侧重于边疆地区或新开发地区的地方行政管理。具体时代不同，其名称也往往各异，但大多带有浓厚的军事色彩。

2. 政级配置与控制措施同生共存。

在政级配置上，自秦统一中国后，郡县两级制遂成主要模式。汉承秦制仍为郡县两级制。魏晋南北朝时则为州、郡、县三级。隋初仍沿用三级建制，后罢郡为州，以州统县，恢复了郡(州)县两级建制，并改州为郡，对此唐加以承袭。北宋鉴于中唐以来藩镇割据危及中央集权，取消了节度使设置，但仍保留道、府(州)、县三级建制。元因固有建制颇难适应形势需要，遂将临时性行省转为正规地方建制。明初沿袭元制，仍设行中书省。后在布政使下设府、县两级。清朝

① 胡志辉，张小稳．二级制：中国古代地方行政层级的基调[J]．中州学刊，2011(2)．

② 赵炎才．中国传统地方行政制度的主要特征分析[J]．上海行政学院学报，2009(2)．

③ 李晓杰．九州郡县——中国历代地方行政制度的变迁[M]．沈阳：沈阳出版社，1997.

设省、道、府、县四级建制。可见，地方政级配置并非一成不变，而往往是根据不同时期地方行政管理需要而定。与政级配置相适应，封建君主还采取诸多途径加强对地方的控制。除控制财权外，主要有地方官吏的任免监督并用，流官土官共存，采用常规措施，调控政级单元规模等。可以看出，在地方行政制度中政级配置与控制措施的同生共存使此前郡县制、封国制与特辖制并世而立的外在形式获得了丰富的时代内涵，且具有一定可操作性。

3. 制度性与变通性良性互动。

从中国政治制度史而言，无论是郡县制、封国制与特辖制的并世而立还是政级配置与控制措施同生共存无不体现了传统地方行政制度的历史发展。事实上，此一具体发展最突出的表现是制度性与变通性的良性互动。所谓制度性主要是指部分地方行政管理模式经过一段时间运作后逐步固定下来而成为官方正式制度。此与传统政治制度的总体发展趋势颇相吻合。而变通性侧重于表明某一模式制度化后并非一成不变，而是依据实际需要与可能作适当修改乃至废止以适合现实需要。二者结合在很大程度上体现了传统地方行政制度发展的基本规律。①

比如，自秦迄清2000多年间，县级政区以下的乡里什伍组织基本固定不变。这种以地缘关系结合血缘关系的乡里组织主要依靠自然形成的长老权威来推行教化和通过行政权威来进行组织。② 乡里组织遵照朝廷的政令以管辖部民、完纳赋役、清查户籍、维持治安，并将族规家法糅合于乡规民约之中，同样起着政治的效能。乡里组织配合什伍连坐制度，严格控制百姓的流动性，监视百姓的思想和行动。广大百姓被置于严密统治之下。

少数民族地区改土归流则是制度性中变通性的突出表征。明清两代土官制度的出现具有其历史合理性。但由于土司职位世袭，各土司间常因争夺地盘发生战乱，不利于边疆地区统治秩序稳定，故明成祖在平定贵州思州、思南两宣慰使叛乱后，即废土司设贵州布政使司，置思州、思南等八府，用流官管理。清代在此基础上，实行了更大规模的“改土归流”。③

4. 具体性与目标性有机统一。

所谓具体性主要表现在传统地方行政制度的设置与变通多为顺势而为，满足了特定的需要。而目标性则着眼于追求君主专制政治的长远目标，同一制度的设置与废止在形式上似有前后反复之嫌，而其背后实际蕴涵着深层的目标性诉求。此二者的有机统一凸显了传统地方行政制度发展的内在实质。从具体形式上来

---

① 赵炎才．中国传统地方行政制度的主要特征分析[J]．上海行政学院学报，2009(2)．

② 韦庆远．中国政治制度史[M]．北京：中国人民大学出版社，1989．

③ 张星久，祝马鑫．新编中国政治制度史[M]．武汉：武汉大学出版社，1993．

看，部分政制的设置与变通往往交替出现。在传统地方行政制度中，郡县制的推行旨在提高地方行政效力，满足君主专制的需要。至于从两级到三级乃至四级的发展变化实际贯穿了加强中央集权的宗旨。

在少数民族主导统治地区，“因俗而治”成为协调民族关系的重要模式。在地方政体发展过程中，“因俗而治”主要是中华民族历史上占统治地位的少数民族根据汉民族与少数民族并存这一历史事实而制定的。当时，在中国西北、东北以及中原地区，相继出现了夏、辽、金、元等几个少数民族政权。为便于处理少数民族与汉民族内部事务，“因俗而治”遂应运而生。这种地方行政管理体制比较好地处理了民族间的事务，促进了民族间的融合，利于少数民族政权的巩固与发展。其具体合理性与目标合理性的统一在此充分显示出来了。①

二、近代中国的地方政府

中国近代史起始于 1840 年第一次鸦片战争，是从 1840 年到 1949 年，历经清王朝晚期、北洋军阀时期和国民政府时期，是中国半殖民地半封建社会逐渐形成到瓦解的历史。

(一)清朝晚期

清朝晚期，为了延续其封建统治，清政府被迫进行了一些地方政府体制改革，主要是想学习日本的地方制度。清政府在省一级开设咨议局，作为临时议会，实行司法和行政的分离；在县以下推行城镇乡自治，按城(省、府、州、县政府所在地)、镇(人口 5 万以上的集镇)、乡(其他乡村地区)，分设自治公所。

(二)北洋军阀时期

1912 年中华民国成立后，北京政府统治时期，各省设议会为立法议决机关。1916 年，各省行政长官改称省长，行政机关称为长官公署，司法机关为省高等审判厅和高等检察厅。省下设的行政机关称为司或厅；县设议事会为立法议决机关，县行政长官称为县知事，其机关称为知事公署，下设的行政机关为科，司法机关为审检所，但由县知事兼理。省县之间有道一级，行政长官称为道尹，后多被裁撤。这一时期军阀混战，地方割据，战乱频仍，虽然形式上设置了地方政府及其议决机构，但对地方治理的作用不大，各地的实权基本掌握在军阀手中。②

(三)南京政府时期

1928 年，北伐战争结束以后，中国初步实现了统一。南京国民政府遵照孙

---

① 赵炎才．中国传统地方行政制度的主要特征分析[J]．上海行政学院学报，2009(2)．

② 徐勇、高秉雄．地方政府学[M]．北京：高等教育出版社，2005．

中山“军政、训政、宪政”的设想，规定在军政时期的地方政权由国民党设立，接受国民党中央和地方党组织的指导；训政时期省、县为地方自治单位，只设作为行政机关的“政府”管理地方行政事务，但也要接受国民党的指导。在省级层面，民国继承清朝省制，设政府委员会，其行政长官为省主席。抗日战争开始后，南京政府迫于各方压力在各省成立临时参议会作为咨议机关。1945 年召开国民大会，颁布《中华民国宪法》，民选产生的参议会为立法议决机关。同时设省高等法院，原来的高等检察厅被撤销，其职责并入省高等法院。在县级层面，通过 1928 年颁布的《县组织法》和 1939 年颁布的《县各级组织纲要》，推行“新县制”：县的行政长官称为县长，下设科室等行政机关，县的咨议机关为参议会，县的司法机关称为地方法院，未设地方法院的县由县政府兼理司法事务，后来有的地方设司法所负责审理案件。

民国时期地方政府设置的变化还表现在其他几个方面：一是乡镇基层政权的建设，城乡分治初步形成。国民党统治初期规定有区、村里、闾邻三级组织，并设置管理机关。20 世纪 30 年代以后，村里改为乡镇，区公所演变为县级政府的派出机关(40 年代裁撤)，闾邻演变为保甲，设保甲大会负责基层政府委派的事务。二是市和镇的出现，特别是把市作为行政区划单位，比如 1921 年广州建市，以后各地陆续设市。市分为两种，即直属行政院的院辖市和隶属省政府的普通市，县所辖地区的城镇不设市而设镇。三是 1932 年在省县之间设专区，1936 年《行政督察专员公署组织暂行条例》规定，各省一律划分若“行政督察区”，设“行政督察专员公署”。专区不是一级政府，而是作为省派出的行政分治机关，代表省监管区内各县。①

总之，民国时期的地方政府体制在根本性质上毕竟不同于封建帝制时代，虽然这个阶段民主共和的基本架构尚未确立，但地方政府的组织结构已经发生了深刻变化。

三、中华人民共和国成立以后的地方政府

1949 年中华人民共和国中央人民政府成立，但地方政府体系 1954 年才正式形成，具体而言，地方政府体系的演变可以分为三个时期：

(一)人民委员会时期(1954—1966 年)

1954 年至“文化大革命”时期，是中华人民共和国地方政府发展过程的第一个时期。1954 年 9 月，第一届全国人民代表大会第一次会议在北京召开，制定了

① 方雷．地方政府学概论[M]．北京：中国人民大学出版社，2015.

《中华人民共和国宪法》和《中华人民共和国地方各级人民代表大会和地方各级人民委员会组织法》。1954 年《宪法》和《地方组织法》对中国的地方政府体制和组织结构作出了明确的规定。从此，地方政府一律采取人民委员会的形式。①

按照《宪法》和《地方组织法》的规定，国务院对全国人民代表大会负责并报告工作；在全国人民代表大会闭会期间，对全国人民代表大会常务委员会负责并报告工作。地方各级人民委员会，即地方各级人民政府，是地方各级人民代表大会的执行机关，是地方各级国家行政机关。地方各级人民委员会依照法律规定的权限管理本行政区域的行政工作。地方各级人民委员会执行本级人民代表大会的决议和上级国家行政机关的决议和命令。地方各级人民委员会依照法律规定的权限发布决议和命令。县级以上的人民委员会领导所属各工作部门和下级人民委员会的工作，依照法律的规定任免国家机关工作人员。县级以上的人民委员会有权停止下一级人民代表大会的不适当的决议的执行，有权改变或者撤销所属各工作部门的不适当的命令和指示下级人民委员会的不适当的决议和命令。地方各级人民委员会都对本级人民代表大会和上一级国家行政机关负责并报告工作。全国地方各级人民委员会都是国务院统一领导下的国家行政机关，都服从国务院。

《宪法》规定各少数民族聚居的地方实行区域自治，把民族自治地方确定为自治区、自治州、自治县三个层级。自治区、自治州、自治县的自治机关的组织，应当根据宪法第二章第四节规定的关于地方国家机关的组织的基本原则。自治机关的形式可以依照实行区域自治的民族大多数人民的意愿规定。自治区、自治州、自治县的自治机关依照宪法和法律规定的权限行使自治权，依照法律规定的权限管理本地方的财政，依照国家的军事制度组织本地方的公安部队，可以依照当地民族的政治、经济和文化的特点，制定自治条例和单行条例，报请全国人民代表大会常务委员会批准。自治区、自治州、自治县的自治机关在执行职务的时候，使用当地民族通用的一种或者几种语言文字。各上级国家机关应当充分保障各自治区、自治州、自治县的自治机关行使自治权，并且帮助各少数民族发展政治、经济和文化的建设事业。

人民委员会在这一时期出现过四方面变化：一是撤销乡政府，由人民公社取而代之；二是实行市管县的体制，规定直辖市和较大的市可以辖县并直接管理；三是地方政府机构迅速增长，直接介入经济工作；四是地方政府部门除受本级人民委员会领导之外，还要接受上级人民委员会相应工作部门（即主管部门）的领

① 《地方政府与政治》编写组．地方政府与政治[M]．北京：高等教育出版社，2018.

导。双重领导体制促使各级地方政府机构迅速膨胀。①

(二)“革命委员会”时期(1966—1979 年)

1966 年，“文化大革命”爆发，这一时期中国地方政府的发展遭到了严重破坏，“革命委员会”取代了人民委员会。“革命委员会”人员采取“三结合”方式，即包括有部分没有被打倒的“革命干部”，群众组织代表和“工宣队”“农宣队”或部队军管代表。“革命委员会”体制是一种历史的倒退。

1975 年 1 月，第四届全国人民代表大会第一次会议通过的《宪法》第二十二条明确规定，“地方各级革命委员会是地方各级人民代表大会的常设机关，同时又是地方各级人民政府”。“地方各级革命委员会都对本级人民代表大会和上一级国家机关负责并报告工作”。第二十二条明确规定，“地方各级人民代表大会和它产生的地方各级革命委员会在本地区内，保证法律、法令的执行，领导地方的社会主义革命和社会主义建设，审查和批准地方的国民经济计划和预算、决算，维护革命秩序，保障公民权利”。

“革命委员会”时期地方政府制度的特点主要表现为：一是高度集权。在“革命委员会”体制下，地方政府只存在一个权力中心，“革命委员会”是集党、政、军各种权力于一体的唯一的地方权力机关，地方一切权力由实行“党政一元化”领导体制的“革命委员会”实施。从 1966 年到 1977 年，全国十多年内未召开地方各级人民代表大会。人民法院成为本级“革命委员会”的下属工作部门，地方各级法院院长由本级“革命委员会”任免，检察院被撤销，检察机关职权由各级公安机关执行。二是“革命委员会”的法律地位不明确。1975 年公布的第二部宪法才对“革命委员会”的地位作了明确的规定：地方各级革命委员会由地方各级人民代表大会选举产生，是它的常设机关，同时也是地方各级人民政府。地方各级人民代表大会选出的地方各级革命委员会，须经上级国家机关(实际上是上级革命委员会)审查批准。地方各级革命委员会对本级人民代表大会和上级国家机关负责并报告工作。三是权力自上而下地单向运转。不仅上下级“革命委员会”之间实行垂直领导，而且地方上的其他国家机构都是“革命委员会”领导下的工作部门。“文化大革命”初期，各级政府的行政部门只接受“革命委员会”领导，上级“革命委员会”的有关部门对下级相应部门只有工作指导关系。到“革命委员会”后期，一部分行政机构在上下级之间仍保持指导关系，另一部分则建立起双重领导关系，即同时接受本级革命委员会与上级相应行政部门的领导。②

---

① 《地方政府与政治》编写组．地方政府与政治[M]．北京：高等教育出版社，2018.

② 方雷．地方政府学概论[M]．北京：中国人民大学出版社，2015.

1978年3月，第五届全国人民代表大会第一次会议通过的宪法第三十七条仍然规定，“地方各级革命委员会，即地方各级人民政府，是地方各级人民代表大会的执行机关，是地方各级国家行政机关”。“地方各级革命委员会执行本级人民代表大会的决议和上级国家行政机关的决议和命令，管理本行政区域的行政工作，依照法律规定的权限发布决议和命令。县和县以上的革命委员会依照法律的规定任免国家机关工作人员。”

直到1979年7月，第五届全国人民代表大会第二次会议通过了关于修正《中华人民共和国宪法》若干规定的议案，同意县和县以上的地方各级人民代表大会设立常务委员会，将地方各级“革命委员会”改为地方各级人民政府。明确规定，“地方各级人民政府，是地方各级人民代表大会的执行机关，是地方各级国家行政机关”。“地方各级人民政府执行本级人民代表大会的决议和上级国家行政机关的决议和命令，县和县以上的地方各级人民政府执行本级人民代表大会常务委员会的决议。地方各级人民政府依照法律规定的权限，管理本行政区域的行政工作，发布决议和命令。县和县以上的地方各级人民政府依照法律的规定任免国家机关工作人员。”“地方各级人民政府对本级人民代表大会和上一级国家行政机关负责并报告工作，县和县以上的地方各级人民政府在本级人民代表大会闭会期间，对本级人民代表大会常务委员会负责并报告工作，都受国务院统一领导。”

(三)人民政府时期(1979年至今)

1979年7月，第五届全国人民代表大会第二次会议对宪法进行了修改，并通过了《中华人民共和国地方各级人民代表大会和地方各级人民政府组织法》，及时将各级革命委员会改为地方人民政府。

1982年12月，第五届全国人民代表大会第五次会议通过的宪法第九十五条明确规定，“省、直辖市、县、市、市辖区、乡、民族乡、镇设立人民代表大会和人民政府”。“自治区、自治州、自治县设立自治机关。”第九十六条规定，“地方各级人民代表大会是地方国家权力机关。县级以上的地方各级人民代表大会设立常务委员会”。第一百零五条规定，“地方各级人民政府是地方各级国家权力机关的执行机关，是地方各级国家行政机关”。第一百一十条规定，“地方各级人民政府对本级人民代表大会负责并报告工作。县级以上的地方各级人民政府在本级人民代表大会闭会期间，对本级人民代表大会常务委员会负责并报告工作。地方各级人民政府对上一级国家行政机关负责并报告工作。全国地方各级人民政府都是国务院统一领导下的国家行政机关，都服从国务院”。

1983年10月12日，中共中央、国务院正式发布了《关于实行政社分开建立乡政府的通知》，指出：“随着农村经济体制的改革，现行农村政社合的体制显得很不适应。宪法已明确规定，在农村建立乡政府，政社必须相应分开。”至此，全国基本上完成了省、市、县、乡四级地方政府体制演变，当代中国的地方政府管理制度逐渐稳定下来。

第三节　地方政府管理的学习内容、意义与方法

一、地方政府管理的学习内容

地方政府在整个国家治理中居于十分重要的地位，地方政府管理在当代中国发展进程中发挥着十分重要的作用。本书以习近平新时代中国特色社会主义思想为指导，从新时代中国特色社会主义实际出发，以中国地方政府为对象，借鉴国内外已有研究成果，对地方政府管理进行科学阐述，以使读者了解当代中国地方政府管理的规律，掌握当代中国地方政府管理的理论和方法。

本书共分十二章。

第一章是导论，主要探讨了地方政府的内涵、中国地方政府的历史演变，介绍了本课程的学习内容、意义和方法；第二章探讨了地方政府职能；第三章探讨了地方政府行政区划；第四章探讨了地方政府法制架构；第五、六、七章分别探讨了地方政府的财政管理、危机管理、城市管理；第八、九章分别探讨了民族自治地方政府体制和特别行政区政府体制；第十章探讨了地方政府治理创新；第十一章介绍了地方政府责任制度；第十二章探讨了地方政府大数据管理。在附录部分，还列出了与公务员息息相关的《中华人民共和国公务员法》《公务员职务与职级并行规定》《优化营商环境条例》等法律法规。

二、地方政府管理的学习意义

地方政府管理是研究地方政府的政治体制和地方政府行为的一门学科，学习地方政府管理具有重要意义。

(一)加强地方政府管理，有利于提升地方政府治理能力

党的十八届三中全会提出要全面推进国家治理体系和治理能力现代化，并将其作为全面深化改革的总目标。国家治理体系和治理能力现代化是一项系统工程，离不开整体布局，也离不开实践探索。当前我国地方政府治理能力的提升要在“五位一体”的总体框架下，对现有资源进行有机整合，积极探索地方治理现代化的实现路径。地方政府治理能力建设是一项系统工作，在建设过程中既离不开党和国家的政策引导和权力下放，也需要各级地方政府主动作为，找准自身位置。地方政府治理能力建设既要遵从市场经济发展规律，也要培养多元化社会治

理主体，只有地方政府在治理过程中不断寻求与市场和社会的契合点，通过三者融合共进，才能够将地方政府治理能力建设同社会主义现代化建设同步、同向。① 因此，通过学习地方政府管理这门课程，有利于创新地方政府治理方式，进一步提升和完善地方政府治理能力。

(二)加强地方政府管理，有利于发展地方政府治理理论

地方政府是由它的各个组成部分结合起来的有机体，它的运行正是通过横向上的地方政府各个部门、纵向上的上、下级政府单位的联系来实现的。地方政府的职能也离不开社会、经济、政治因素以及当地历史、文化、地理环境的影响。因此，对地方政府不能用孤立的眼光来看待。② 通过研究地方政府的体制与机构、权力、职能、改革之间的相互关系，探讨地方政府管理、改革与发展的规律，比如，通过对地方政府体制创新与机构改革研究、地方政府的职能定位研究、地方政府大数据管理研究、地方政府治理创新研究等，可以构建具有中国特色社会主义的地方政府治理理论。十九届四中全会指出，中国共产党领导是中国特色社会主义最本质的特征，是中国特色社会主义制度的最大优势，党是最高政治领导力量。必须坚持党政军民学、东西南北中，党是领导一切的，坚决维护党中央权威，健全总揽全局、协调各方的党的领导制度体系，把党的领导落实到国家治理各领域各方面各环节。因此，通过学习地方政府管理这门课程，有利于发展中国共产党领导的地方政府治理理论。

(三)加强地方政府管理，有利于认识中国特色社会主义制度的科学性

中国特色社会主义制度是党和人民在长期实践探索中形成的科学制度体系，我国国家治理一切工作和活动都依照中国特色社会主义制度展开，我国国家治理体系和治理能力是中国特色社会主义制度及其执行能力的集中体现。中国共产党自成立以来，团结带领人民，坚持把马克思主义基本原理同中国具体实际相结合，赢得了中国革命胜利，并深刻总结国内外正反两方面经验，不断探索实践，不断改革创新，建立和完善社会主义制度，形成和发展党的领导和经济、政治、文化、社会、生态文明、军事、外事等各方面制度，我国国家制度和国家治理体系具有多方面的显著优势，取得历史性成就。当今世界正经历百年未有之大变局，我国正处于实现中华民族伟大复兴关键时期。顺应时代潮流，适应我国社会主要矛盾变化，统揽伟大斗争、伟大工程、伟大事业、伟大梦想，不断满足人民对美好生活新期待，战胜前进道路上的各种风险挑战，必须在坚持和完善中国特

---

① 高建，张洪峰．如何提升地方政府的治理能力[J]．人民论坛，2017(29)．

② 吴爱明．地方政府学[M]．武汉：武汉大学出版社，2009.

色社会主义制度、推进国家治理体系和治理能力现代化上下更大功夫。① 因此，通过学习地方政府管理这门课程，可以深刻认识中国特色社会主义制度的科学性和优越性。

三、地方政府管理的学习方法

地方政府管理是一门具有实践性、应用性的学科，需要掌握必要的学习方法。

（一）制度分析法

制度分析法是当代社会科学研究的一种新方法，学术界一般称其为制度主义，是指通过分析制度的起源、本质、构成、变迁及其在社会经济、政治发展中的作用解释社会发展动力、功能、规律并探索社会发展道路的一种研究方法。制度分析着重解释理论性研究，把制度变量纳入理论框架，强调制度对个人、群体行为的影响，需要进行深层的考察，权衡路径依赖的因素，注重特定历史条件下的变化。制度分析的核心是强调制度对政治、经济发展的重要性。

中华人民共和国成立七十多年来，我们党领导人民创造了世所罕见的经济快速发展奇迹和社会长期稳定奇迹，中华民族迎来了从站起来、富起来到强起来的伟大飞跃。实践证明，中国特色社会主义制度和国家治理体系是以马克思主义为指导、植根中国大地、具有深厚中华文化根基、深得人民拥护的制度和治理体系，是具有强大生命力和巨大优越性的制度和治理体系，是能够持续推动拥有近十四亿人口大国进步和发展、确保拥有五千多年文明史的中华民族实现“两个一百年”奋斗目标进而实现伟大复兴的制度和治理体系。因此，只有坚持以马克思列宁主义、毛泽东思想、邓小平理论、“三个代表”重要思想、科学发展观、习近平新时代中国特色社会主义思想为指导，增强“四个意识”，坚定“四个自信”，做到“两个维护”，坚持党的领导、人民当家作主、依法治国有机统一，坚持解放思想、实事求是，坚持改革创新，坚持和完善支撑中国特色社会主义制度的根本制度、基本制度、重要制度，推进国家治理体系和治理能力现代化，才能更好地学习地方政府管理这门课程。

（二）实证研究法

地方政府管理是一门实践性很强的学科，因此，实证研究就成为这门学科研究的一种非常重要的方法。实证研究，可以分为定性或定量研究，两者都讲道

① 《中共中央关于坚持和完善中国特色社会主义制度 推进国家治理体系和治理能力现代化若干重大问题的决定》。

理、摆事实、重证据。定性研究注重案例、思辨，而定量研究注重调研和众数。习惯上，人们将文献研究、历史研究、田野调查、访谈、案例研究、根基理论等归纳为定性研究；将问卷调查、数学或统计分析等归纳为定量研究。两种研究的核心点都是事实是否对、效度信度如何、问题能否被解决。实证的定性(又叫质化研究)研究实际上比定量(量化研究)更需要经验、思考、价值判断力等，更加难以把握。① 因此，只有深入实践，并运用实践的观点和方法，才能深刻认识中国特色社会主义地方政府的合理性、科学性和发展性。随着地方政府的能动性越来越强，它的管理所涉及的领域越来越广泛，地方政府个案之间的发展趋势和自身的管理也不尽相同，因此关于地方政府的实证研究显得愈发重要。

(三)历史分析法

历史分析的方法是按照历史发展的顺序来考察地方政府的重要方法。它通过分析地方政府的产生、发展和演变，总结出某种规律，基于此规律来认识地方政府现在所面临的问题，以及分析未来的发展趋势。历史分析法认为地方政府在其发展历程中既有必然性又有偶然性，从历史中把握地方政府的规律，对地方政府的现状和未来的发展都有指导意义。② 只有充分了解中国的历史，才能深刻认识中国特色社会主义地方政府的合理性、科学性和发展性，才能了解中国特色社会主义制度和国家治理体系发展的历史性成就、显著优势。只有充分了解历史，才能更好地学习地方政府管理这门课程。

(四)比较分析法

比较研究法是地方政府管理研究和学习中的一个极为常用的方法，尤其是对我国来说，在当今建立社会主义市场经济体制的改革走向深入、加入世界贸易组织(WTO)后进一步改革开放、参与国际经济竞争的背景下，这一方法更为重要。比较分析法，通常是指把所要研究的对象与不同的或相似的事物放在一起做比较，或者将研究对象在不同阶段的情况进行比较，通过鉴别事物之间的异同及其制约因素等，加深对事物的认识，找出事物的本质或规律性的东西。比较分析法的要点是通过对不同事物或相同事物在不同阶段的情况等进行比较，从中找出共同点、本质或规律性的东西。③

比较的内容包括不同地方政府的发展模式、发展路径、政府职能和体制改革等方面。比如，运用纵向比较法，通过对中华人民共和国成立以来不同的历史时

① John W. Creswell. *Research Design: Qualitative, Quantitative, and Mixed Methods Approaches*[M]. *Los Angeles: Sage*, 2013.

② 吴爱明. 地方政府学[M]. 武汉：武汉大学出版社，2009.

③ 蔡立辉，王乐夫. 公共管理学[M]. 北京：中国人民大学出版社，2018.

期地方政府管理所包含的特定的社会公共事务管理模式和方法等进行比较，就能从历史演变的角度，对地方政府管理的不同变化和特点进行分析，寻找出这种变化的历史原因和实质，加深对现阶段地方政府管理的认识。又如，通过研究国外的地方政府的作用和各种管理活动，分析对中国地方政府改革与发展的启示和借鉴意义，通过比较研究中国不同地方政府的管理活动和行为方式，探究它们之间的异同，从中既找到地方政府管理的一般的或普遍的理论，又发现各国家或地区在不同时期的地方政府管理特色，从而丰富地方政府管理学的理论及方法理论体系，寻求中国地方政府发展的理想模式。

复习思考题

1. 什么是地方政府？
2. 如何理解地方政府的地位和作用？
3. 地方政府有哪些特征？
4. 简述中国古代地方政府的制度变迁。
5. 如何学习地方政府管理这门课程？

案例分析

我国生态文明建设全面进入“硬核”时代

生态文明建设示范区以及“两山”基地建设在修订了建设指标和管理规程，全面优化量化考核及评估机制后，在科学评估建设成效、引导建设方向、深化建设内容、规范建设管理等方面都将起到积极作用，我国生态文明建设也将更为有效，更加稳健。

从20世纪90年代的生态示范区到如今的生态文明建设示范区；从91个国家生态文明建设示范市县到29个“绿水青山就是金山银山”实践创新基地(以下简称“两山”基地)，由生态环境部精心设计的生态文明建设示范区以及“两山”基地已经成为地方改善生态环境质量、推动绿色发展转型以及落实生态文明体制改革任务的标杆。

随着近日《国家生态文明建设示范区管理规程(试行)》《国家生态文明建设示范县、市指标(试行)》的修订，生态文明建设示范区以及“两山”基地建设看似虚幻，实则“硬核”日益凸显。

据生态环境部自然生态保护司有关负责人介绍，总体来看，我国示范建设工作取得了显著成效。国家生态文明建设示范市县以及“两山”基地建设在改善生态环境质量，示范建设地区环境空气质量、水环境质量方面处于所在省区前列。近期，生态环境部将启动第三批国家生态文明建设示范市县和“绿水青山就是金山银山”实践创新基地创建活动。

无疑，我国生态环境建设正在全面提速。

（资料来源：郄建荣：《我国生态文明建设全面进入“硬核”时代》，载《法制日报》，2019年9月20日。）

第二章　地方政府职能

地方政府职能是地方政府在依法对地方政治、经济和社会公共事务进行管理时应承担的职责和所具有的功能，它体现着公共行政活动的基本内容和方向，是公共行政本质的反映。政府职能是一种社会历史范畴，随着经济社会的不断发展和改革开放的不断推进，地方政府职能也随之发生转变或者增加新的内容。

第一节　地方政府职能概述

一、地方政府职能的界定

政府职能与国家职能、政府功能存在一定差异。国家职能是国家作用的具体表现，反映了国家的使命与目的，规定了国家活动的基本方向，包括统治与管理两个方面，即政治职能、社会职能。政府功能是指政府作为阶级统治机器的国家机关的一个组成部分，在国家生活中应有的作用。其目的是通过行政来形成一定的社会秩序，从而维护阶级的政治统治。因此，政府的功能是通过对社会事务的公共管理来形成一定的秩序，保证国家的政治统治。而政府职能是政府作为行政机关在对社会实施公共管理中承担的具体职责和应发挥的作用，是政府功能的具体表现，是从属并服务于政府功能的。因此，政府职能不完全来自于国家本质，它同社会出现的管理需要有着直接的关联。同政府功能稳定不变相反，政府职能总是经常变化的。

政府职能是一个广泛的概念。在宪政体制不同、历史文化传统不同的国家里，其性质、内容、规范和作用方式等都存在明显的差别，即使在同一个国家里，不同的历史时期也有不同的规范和特点，即关于政府职能的规定性，在客观上会随着社会物质文明的发展进步而发生变化，在主观上则会随着人们对国家或政府的再认识而发生变化。依据不同的视角，政府职能可以分为不同的类型。例如，从国家本质来看，可以分为奴隶制国家的职能、封建制国家的职能、资本主义国家的政府管理职能、社会主义国家的政府管理职能；从政府管理作用的性质来看，可以分为统治性职能、保卫性职能、管理性职能和服务性职能等；从政府管理职能的运行来看，可以分为计划职能、组织职能、协调职能、控制职能等；从政府管理领域来看，将政府职能分为政治职能、经济职能、社会职能三大类。具体来说，政治职能可以细分为军事保卫职能、镇压和治安职能以及组织、维护和保证人民民主、促进民主建设的职能。经济职能是指政府在社会经济生活中依法履行的职责及其所承担的作用。社会职能主要包括文化教育职能、社会服务与社会保障职能。

本书认为政府职能是行政管理主体行使国家行政权力，依法对国家事务、社会公共事务进行管理所发挥的基本职责、功能和作用。它包括基本职能和具体职能两个方面。基本职能是指政府运用国家权力通过对社会公共事务提供管理和服务，使社会处于有秩序的稳定状态，从而实现和维护国家的政治统治；具体职能则是指政府在对社会公共事务提供管理和服务时，出于各种不同的具体需要而应承担的职责和应发挥的作用。

地方政府的职能，是指受中央人民政府统一领导的，由宪法、法律、行政法规和有关文件所规定的，在一定行政区域内的行政机构及其公务人员根据国家和社会发展的需要，依法对地方社会公共事务进行管理过程中所承担职责和发挥功能的总称，是国家政府职能的组成部分，是地方政府职责和功能的总称。它一方面反映了地方政府的法定职责，另一方面也体现了地方政府的作用。

地方政府职能的主要内涵体现在以下五个方面：

(一)地方政府职能是地方人民政府在中央人民政府统一领导下所全面承担的职责和发挥的功能。

(二)地方人民政府职能必须是法律明文规定的。法治是治国理政的基本方式。

(三)地方履行政府职能的主体是一定行政区域范围内的地方行政机构及其公务人员。

(四)地方人民政府职能是地方人民政府对地方社会公共事务进行管理的法定职责和发挥功能作用的统一。

(五)地方人民政府职能是根据国家和社会发展的需要进行职能定位的。人民性是地方人民政府的本质属性。

随着生产力的发展，地方政府的职能呈现扩大的趋势。国家职能的两个方面在不同层级的政府职能中存在差异：在通常情况下，层级越高的政府，其政府职能中的政治职能更为突显；层级越低的政府，其社会职能更加凸显。地方政府通过对地方社会治理而形成的有秩序和可持续发展状态，服务于并有利于国家政治统治职能的实现。从政府职能与地方政府职能的关系看，政治职能、经济职能、基础设施职能、社会事务职能都是政府的基本职能，但是，它们在中央政府或地方政府的职能结构中各自具有不同的地位。对中央政府来说，政治职能在各项基本职能中居于优先位置；经济职能是一项重要职能，经济职能直接关系到经济运行的好坏、资源配置的合理与否。20世纪各国政府管理体制改革的实践表明，增强政府的经济职能正在成为一股世界性的潮流。

二、地方政府职能的影响因素

影响和制约地方政府职能的因素多种多样，综合起来，主要有以下几种：

(一)地方政府自身的能力

地方政府是国家设置的治理国家部分地域的政府，它的治理权力仅限于它所管辖的区域。需要政府提供管理和服务的社会公共事务，有些必须分地域实施，有些则必须将其作为一个整体在全国实施，否则将难以维护国家的统一；由政府承担职责的社会公共事务中，在出现管理失控时，其影响有些仅限于某一地域，有些则涉及较大的地域范围，有些甚至可能波及整个国家。因此，不同层级的地方政府，基于自身的能力，所承担的政府职能并不相同，只能限于部分社会事务，即中央政府无法承担对全部社会事务提供管理和服务的职责。

(二)地方政治制度

在不同地方政治制度下形成不同类型的地方政府。它们的行政机关之间，有的存在上下级行政隶属关系，有的不存在这种关系而只存在法律监督关系。在前一种情况下，中央和上级政府间有可能扩大或缩小下级政府的政府职能，如行政体地方政府和混合体地方政府，中央和上级政府可以通过行政手段，将自身承担的职责交给下级政府的行政机关完成，反之也可以将本属下级政府承担的职责收归自己承担。在后一种情况下，则不存在这种可能性，一级政府的政府职能来自于法律的规定，中央和上级政府只能通过法律途径改变其职责，或通过行政机关彼此达成的协议，将自身的职责委托给对方承担，如自治体地方政府。

(三)经济体制

在采用计划经济体制的情况下，国家几乎控制了全部经济活动，甚至深入到一个经济实体的产供销、人财物和社会生活的方方面面，社会成为国家的附属物，政府行政机关对经济和社会的直接而深入的干预，使它承担的职责无限扩张，因而成为一种“万能政府”。在采用市场经济体制的情况下，国家对经济只是实施宏观调控，对具体的经济活动在符合法定规范时不加干预，社会在国家法律规范下具有相对独立的空间，政府行政机关承担的职责相对有限。在经济职能方面，由于市场经济机制导致的全国经济一体化，地方政府特别是基层地方政府，不存在干预经济活动流向的可能性，因而不承担直接的经济职能。

(四)社会发展水平

社会总是处在不断发展进步的状态，但这种发展从全世界来讲都是不可能均衡的。这种情况同样存在于一个地域辽阔、国情复杂的大国内部。由社会交往形成的社会事务，当其失控影响社会安定和政治稳定时，就会成为国家实施公共管理或提供公共服务的对象，成为政府的行政职责。不同地域的地方政府所必须承担的职责，同它所面对的社会发展状况直接相关，即它必须满足辖区居民因社会发展进步而产生的新的需求。满足当地企业生产发展和居民生活变化对地方政府的公共行政和公共服务不断提出的新需求，是制约地方政府职能的一个主要因素。

(五)其他相关因素

除上述主要因素外，地方政府的辖境及其自然地理、经济地理和人文地理条件，对地方政府职能的制约也有重要的影响。首先，各地不同的自然、经济、人文的地理条件，通过影响不同的生产力水平，制约着地方政府职能发展的不同程度；其次，自然、经济、人文的地理条件制约着地方政府职能的内容，如中国在防灾、救灾方面，北方的地方政府需要抵御沙尘暴，而南方的地方政府需要防止洪涝灾害；再次，矿产资源、人力资源等也制约着地方政府的能力。

三、地方政府职能的基本特点

同中央政府职能相比，当代地方政府职能通常都具有以下特点：

(一)双重性

地方政府职能的双重性是指：我国地方政府遵循服从中央政府和上级政府与服从产生本级政府的人民代表大会相统一的原则，地方政府既有义务执行中央政府制定的法律、法规、决议和决定，又有权依法自主决定并处理仅仅关系到本地区居民利益的公共事务。地方政府职能的双重性是由地方政府的双重性性质决定的，地方政府职能的双重性产生于地方政府权力的双重来源。一方面，地方政府虽然是由当地居民选出的治理本地域的政府，但它也是中央政府设置的分支机关，是中央政府或上级政府的代表，地方政府对国家宪法、法律、法规等国家意志，中央政府和上级政府的命令必须执行和服从，必须贯彻和执行中央政府和上级政府的行政法令和政策意图，完成中央政府委托或授权的任务，如工商行政管理、国土资源管理等；另一方面，地方政府作为地方行政机关，其权力来源于代表全国选民的中央政府通过法律赋予，地方政府既对上一级政府负责，又对本级人民代表大会负责并报告工作，县级以上的地方政府在本级人民代表大会闭会期间，对本级人民代表大会常务委员会负责并报告工作，负责管理本辖区的社会公共事务，促进本辖区的经济社会发展，如区域经济调节、举办地方公益性事业、征收地方赋税等。因此，地方政府在管理中面临着对上与对下关系协调问题，地方政府必须对全国的选民负责，执行代表全国选民的中央政府所制定的法律、法规、决议和决定，同时，地方政府必须对本选区的选民负责，要兼顾国家利益与地区利益，避免只对上负责而忽视地方利益的地方主义保护的极端倾向。

(二)差异性

地方政府职能的差异性是指：不同国家的地方政府，同一国家不同地域、不同层级的地方政府，它们的职能都不完全相同。包括职能的内容、行使职能的机构设置、人员构成和实现职能的方式方法等。地方政府千姿百态，地方政府职能同样丰富多彩。有中央直接领导的省、自治区、直辖市、特别行政区；在市一级，有“较大的市”、省会城市、省辖市、计划单列市、自治州，有管县的市、不管县的市，有设区的市和不设区的市，有县级市等，其职能显然不可能整齐划一。由于其辖区的不同特点，导致了地方政府职能内容和形式的多样性，构成了地方政府文化的多样性以及地方政府活力表现形态的多样性。这是构成我国地方经济发展的一大动力源。

导致地方政府职能产生差异的原因很多，但经济和社会发展水平的不平衡，是导致地方政府职能产生差异性的根本原因，因为地方政府的主要职责是完成对当地社会事务的管理。国家结构、政治制度、行政体制等方面的不同，也从制度的角度导致地方政府职能产生差异；自然条件和文化条件对地方政府职能也都会产生不同程度的影响。

(三)有限性

地方政府职能的有限性体现在地方政府职责的有限性与管理范围的有限性两个方面。地方政府职责的有限性是指地方政府是以管理所辖区域的政治、经济、社会事务为主要内容，并在本辖区落实中央政府的政治。经济、社会等政策，来维护本地经济社会秩序，促进当地经济社会的发展。与中央政府的职能相比，地方政府的职责是相当有限的，只要涉及国家利益的事项，中央授权事项除外，地方政府大多无权管辖。而管理范围的有限性是指地方政府的管理权限只能涉及它所辖的地域范围，其管理效力也仅仅作用于管辖区域，不能超越其行政区域。不同层级的地方政府的管辖权限范围是不同的。

任何一个地方政府，不管其层次多高，管辖幅度多广，总有一定的区域限制，表现在两个方面：第一，权限所属仅限于特定的区域范围；第二，权限所及仅限于特定的区域性事务。地方政府虽然被赋予许多权力，但是，行使这些权力的范围，仅限于它所管辖区域的对象与事务。世界上许多国家的地方选举中，都把该区域内的居民的居住期限作为地方选民的资格条件之一，这也从地方政府权力产生的角度说明了地方政府职能的区域性。另外，地方政府所管辖的事务必须因地制宜或按区域特征，其成效不影响全局或其他区域。

一般而言，地方政府辖域内的社会公共事务的管理和服务，是由三个方面来承担的，即地方政府承担一部分社会公共事务的管理和服务；限于地方政府自身能力的有限，另一部分社会公共事务需要由中央或上级政府来承担；还有一部分则由非政府组织来承担。地方政府职能是有限的，由于地方政府在层次上、地域上、文化背景上都存在着差异性，因此，从原则上讲，必须明确赋予地方政府权力和职能的边界，具体规定每一个地方政府有限的职权、资源(包括信息)使用权限、权限的规模、职能的作用范围，同时，明确设置限制地方政府权力的方法、手段与程序，为政府越权、腐败乃至“死机”提供预防和补救机制。

(四)服务性

服务性是政府职能的基本特性，对地方政府而言更为凸显。地方政府职能的设置与履行，从本质上说是行政为民，即地方政府为人民服务、为社会服务、为国家服务。1997年世界银行在其发展报告中分析各国政府角色定位时指出，一个有效的政府对于提供商品和服务——以及规划和机构——是必不可少的，这些商品和服务可以使市场繁荣，使人民过上更健康、更快乐的生活。没有一个有效的政府，不论是经济的还是社会的可持续发展都是不可能的。许多年前许多人士说过同样的话，但那时的意思主要是表明，发展必须由国家来提供与推动。自那时起，经验所传递的信息大多是大相径庭的：国家在经济与社会发展中的中心地位，“不是作为增长的直接提供者，而是作为合作者、催化剂和促进者而体现出来的”。① 潘恩也说过，“政府不过是按社会的原则办事的全国性社团”。② 这就是说，在现代社会，政府在公共服务中的角色及其重要性已经发生很大变化，政府服务内容和方式的多变性已经成为大势所趋。而地方政府则更直接地面对服务对象，其服务职能将越来越增强。

地方政府职能的服务性是指：地方政府的全部活动都是为辖域居民提供服务。为居民服务，是地方政府活动的根本目的。它包括两个方面：一是政府的公共服务职能，主要是由地方政府，尤其是基层政府直接为居民提供；二是地方政府对社会公共事务承担的管理也是一种服务，是为全社会提供共享的公共物品，即地方社会的安定有序。由于地方政府，特别是基层地方政府，由于最接近群众，管理效力也直达目标群体，其管理措施与群众的日常生活息息相关，地方政府职能的服务性能否得到真正体现，不仅直接关系居民切身利益，直接影响辖区

① 世界银行．1997年世界发展报告：变革世界中的政府[M]．北京：中国财政经济出版社，1997.

② 潘恩．潘恩选集[M]．马清槐，译．北京：商务印书馆，1982.

内经济社会秩序的稳定，而且将影响整个国家的政治稳定。因此，地方政府必须对地方事务及当地民政的需求做出及时、快捷的回应，把与当地居民日常生活息息相关的社会事务作为管理重心，真正为群众服务。如果管理稍有不当，侵犯群众的利益，容易引起社会混乱，导致民众的不满，甚至产生严重后果。所以，地方政府在城市管理过程中，要以辖区居民的利益为中心，以灵活、主动、有效的管理来增加辖区居民的认同。

(五)规范性

地方政府职能的规范性是指：地方政府为居民提供的公共行政和公共服务必须法制化、规范化、标准化。地方政府职能必须由宪法与一系列法律规范来确定，其中，尤以宪法和地方政府组织法等依据为最根本。随着市场经济体制的不断健全和完善以及行政改革的不断深化，地方政府职能将在实践中逐步增强其明确性、规范性与法定性，由改革带来职能的变化，必须用相应的法律法规将改革的成果确定下来。地方政府职能的法定性主要表现为：依法规范各级地方政府的职能层次和内容，依法明确各级地方政府实现其职能的方法与路径，依法规定地方政府职能履行中的自由裁量度与边界，依法解决政府层次过多、职能交叉过乱、执法主体臃肿以及权责关系脱节等实践中严重存在的问题。法制化强调地方政府必须依法行政，在承担公共管理和提供公共服务时，必须严格按照法律规范的要求进行。规范化强调在依法行政时，必须严格遵循法定的程序，避免人为因素的干扰。标准化强调地方政府提供的管理和服务，都必须有可以考查的明确的标准。依法治国是地方政府职能规范性的制度保障。

(六)相对独立性

对地方政府来说，其优势是能在地方上替代中央政府进行直接管理，能克服中央政府对社会需求的非敏感性，能节省中央政府直接管理的成本。地方政府特别是县市级政府，是最具活力的地方政府。相对而言，这类地方政府能更好地把握地方信息，能更直接地了解市场主体的现状与走向，能更准确地听到基层人民的呼声和要求。如果简单适用上述执行性，就必然会遏制地方政府的生机和活力。按照宪法确定的“中央和地方的国家机构职权的划分，遵循在中央的统一领导下，充分发挥地方的主动性、积极性的原则”，必须赋予地方政府一定的自主权和相对独立性。随着我国行政体制改革的深入，伴随着我国权力下放与上收的几度轮回，中央与地方政府的权力划分将进一步法制化，地方政府职能的相对独立性也将进一步明晰。在改革实践中，中央政府为了在试点地区推行某项政策或决策，往往授予该地区的地方政府以更大的独立性和自主权，默许其突破旧的体制框架先行创新。创办经济特区，赋予一些地方政府以地方立法权、单项改革实验权便是最好的例证。可见，在中国，改革就意味着分权，分权就必须法定化。

当然，还必须警惕地方政府职能相对独立性的过度发挥、演变或滑向地方保护主义。还需要指出的是，各地方政府职能的相对独立性是不平衡的，它往往会受制于当地的经济政治文化的发展水平，地方政府职能发挥得好坏，与当地的发展态势紧密相关。

(七)动态性

地方政府职能不是一成不变的，政府改革与政府发展从未停止过。就当代中国来说，地方政府职能的动态性，因为经济体制的转变而显得尤为明显。从国内看，与经济体制改革要求相适应，政府必须从事无巨细的直接管制中解脱出来，显然，处在改革前沿的地方政府，其经济方面的职能无疑将发生巨大的变化；从世界看，置身于和平与发展为主题的当代国际环境，尤其是我国加入世贸组织，已经自觉地置身于世界范围内的政府改革、政府再造、政府治理与完善的浪潮中，我国各级地方政府的职能必将朝着政府文明的走向重构。我国各地全面建设小康社会的宏伟目标是明确的，具体情况却在不断地变化，这就要求地方政府在实践中，妥善处理好政府职能的动态性与政府工作连续性的关系，从政府职能的动态发展中内生出政府持久的信用与权威。

(八)衔接性

无论哪一层级的地方政府，其职能都具有中介性。或地方政府介于中央政府和基层政府之间，或介于上级政府与民众之间，各级地方政府职能因而都具有承上启下的特点。在单一制的国家里，从行政效率的角度来看，地方政府的层级不宜过多，中介性环节越少，政府总体成本越低，行政效率就越高。因此，政府机构改革应考虑政府层级的精简和明确。我国地方政府的层级，有省(自治区、直辖市)、县、乡(镇)的三级制，还有省(自治区、直辖市)、市、县(县级市)、乡(镇)的四级制。这种设计思路，明显体现出浓重的计划经济色彩。过多地关注到治理局面的稳定性、政府体系的封闭性、政府角色的单一性以及管理幅度的技术性，却没有考虑到政府体系的开放对于社会与经济发展的重要性以及社会参与转变政府职能的可能性。其实，社会中介组织的发育和成长，在某种程度上可以填补地方政府管理上的某些空白。地方政府层级精简后，社会中介组织就能更好地发挥作用。

(九)非对应性

又称非完整性。用传统的观点看来，地方政府无论大小，都应该五脏俱全。中央政府有经济职能、政治职能、文化职能、社会职能、决策职能、执行职能、监督(察)职能、行政立法职能以及公共服务职能，地方政府也应上下对应配套，不管哪一层级的地方政府，其职能结构也应该基本雷同。这种上下几乎千篇一律的政府结构对应性，在我国过去计划经济年代表现得非常突出，这一套政府职能体系适应并巩固了高度集权的计划经济体制，但是，在当下我国市场经济体制的推进中，却阻碍了我国行政体制改革的进程。在前几轮体制改革中，我们都以政府机构改革为突破口，但是，几轮政府机构改革都没有达到预期的效果，其重要原因之一就是上下对应的政府职能结构没有打破。经过30年改革的经验积累，应该明确地方政府职能的非对应性特点。实践已经非常清楚地表明，在不同层级、不同区域的地方政府行为中，职能总量与结构大相径庭。例如，处于港口的地方政府需要配置港口管理职能，山区地方政府的林业管理职能和野生动物保护职能，应该比其他地方更为突出。即使是地方政府共同的公共服务职能，其对象群体、服务质量标准与内容侧重也都不尽相同。如果我们确立了这样的思路，并建立了这样的制度，那么，改革大业有望成功，地方政府的治理也将更加有成效。①

四、地方政府职能的类型

政府职能具有多类型、多层次的特点。依据地方人民政府行政区划设置目的，可以把地方人民政府职能分为四类：一般地域型人民政府职能、民族区域型人民政府职能、城镇型人民政府职能、特殊型人民政府职能。

根据地方人民政府职能的性质和内容，可以把地方人民政府职能划分为四类：一是政治职能，即地方人民政府的强力机构通过约束、控制、防御、保卫和镇压等手段，维护社会秩序，促进社会和谐稳定的职责和功能；二是经济职能，即指地方人民政府在经济发展过程中的职责和功能，主要是如何处理好地方政府与经济发展的关系问题；三是文化职能，即地方政府发展文化事业，提高人民群众精神文化生活水平和提升人民群众文化素质的职责和功能；四是社会职能，即地方人民政府在本地区的社会性事务方面的职责和功能，亦称社会管理职能。

根据地方人民政府职能的层级和作用范围，可以把地方人民政府职能划分为三类：高层地方人民政府职能，包括执行职能，地方行政立法和制令职能，管理职能，领导和监督职能，保障职能，关于乡、民族乡镇的建置决定和区域划分的职能等；中层地方人民政府职能，同高层地方人民政府职能类似；基层地方人民政府职能，包括执行职能、保障职能、其他职能。

另外，从政府与社会生存、发展的关系看，地方人民政府的职能可分为：维护社会生存职能，即与居民基本需要密切相关的社会公共事务管理（社会安全、社会秩序、社会保障等）；促进社会发展职能，即与居民生活素质提高紧密相关

① 沈荣华．我国地方政府职能的十大特点[J]．行政论坛，2008(4)．

的社会公共事务管理(经济、文化、教育等)。

第二节　西方国家的地方政府职能

地方政府职能的差异性和随社会发展而演变的特点，导致当代各国地方政府的职能各具特点。西方发达国家地方政府职能状况以及实现方式，对正处于转型期的中国地方政府，具有一定的借鉴意义。

一、西方发达国家地方政府职能的特点

关于地方政府职能，西方发达国家最注重的就是政府和市场的关系问题。政府和市场的关系，即人们通常说的“两只手”孰轻孰重的问题，这一直是经济学、政治学、社会学等领域反复探讨的话题。其间存在一些对立的经济思潮，争论的代表性流派主要有产生于英国都铎王朝时期的重商主义、18 世纪后半叶的亚当·斯密的自由市场经济理论以及后来凯恩斯的政府干预经济理论，等等。

重商主义是以资本主义前期经济结构以及商业资本与农业资本为中心的资本运动的结果，其核心在于通过增强政府对国民经济的干预来增加国民财富，主张政府采取专制性的干预政策。随着商业资本向工业资本的转变，经济思潮也开始由国家干预向自由放任过渡。亚当·斯密主张限制政府的活动范围和开支，对政府的职能或义务作了三点限定：即保护社会，使之不受侵犯；保护社会上的每一个人，使之不受其他人侵犯；建设并维持某些必要的公共事业及公共设施。这样，社会经济由一支“看不见的手”来支配，而政府则成为一个“守夜人”。但是，在 20 世纪 30 年代的世界经济危机之后，自由市场经济理论的地位逐渐动摇，凯恩斯的政府干预经济理论开始占居上风。凯恩斯虽然承认市场体制的积极性，但同时指出了市场机制的许多自身难以克服的缺陷，单靠市场机制调节是难以保持经济的稳定和协调发展的，必须扩大政府职能，来弥补、矫正市场缺陷。凯恩斯的经济思想体系开始成为西方经济学的理论核心。20 世纪 70 年代的经济危机后，由于凯恩斯政府干预的思想不能解释当时所谓的“滞胀”现象，因而受到人们的质疑。于是，人们开始向自由放任的自由市场制度“复归”。由于上述思潮的相互替代可以看出，历史上关于政府和市场的争论较为曲折。近一个多世纪以来，人们对政府职能的认识经历了一个肯定—否定—再肯定的螺旋式上升、多轮反复的辩证思维过程，其间对政府职能和市场作用的认识不断深化。市场不是万能的，单纯的市场调节之所以会失灵，是因为在公共物品、外部性、自然垄断、宏观经济的波动性、信息不对称等条件下将难以实现资源的帕雷托最优配置，因而

需要政府的干预。同样，政府也不是万能的，也有其难以克服的缺陷，在某些条件下也会失灵，表现为：政府也是经济人，政府政策的低能，自我扩张的冲动，政府对经济的干预会产生严重的寻租行为、导致腐败泛滥，等等。

发达国家地方政府的职能和机构设置，有以下共同点：大多采用地方自治体制，各级地方政府在职能承担上采用分工模式，分别有各自专有的职能；地方政府基本上不承担政治性职能，而是对与当地居民的日常生活直接相关的社会事务进行公共管理，提供服务；地方政府不承担经济事务方面的主要职责，相关机构的设置也很少，仅提供相应的服务。它们在承担职能方面，是以形成当地良好的、安定的社会秩序为基本目标的。

在市场经济体制下，西方发达国家地方政府职能经历了一个发展演变的过程，也出现了很多新的特点。

(一)加强区域规划

制定和实施地方规划已成为发达国家地方政府的一项基本职能。传统地方规划的基本内容包括地方土地的功能分区、对建筑的控制、基础设施的布局等；现代地方规划则从环境、生产和生活的协调发展出发，它的基本内容扩大到以主导产业及其配套产业的布局为龙头，以城乡一体化的城镇体系为框架，以轨道交通、高速公路、其他道路为纽带，以不同层级的商业中心为依托，以有比例的基础设施为保障，以旧城和新区相对分开为基调，以自然环境与居民住房相结合，独幢、多层、高层住房因地制宜、生活设施配套齐全、建筑风格个性多样的社区为基础，以区域的自然、建筑风格个性多样的社区为基础，以区域的自然、建筑、用地、空间整体的特色和美学为目标，从而对地方的经济和社会发展具有广泛的影响。

(二)重视环境保护

环境保护已成为发达国家地方政府的一项重要职能，表现在：地方政府执行国家法律和地方性法规十分坚定，不允许企业以牺牲环境为代价来发展经济；环保压倒一切，被置于地方政府各种职能、公共政策的优先地位；地方政府的环保部门在职权、机构设置、人员配备、资金、物质条件等方面得到充分的保证；环保方面的绩效是衡量当地政府政绩的首要标准，并形成了地方政府的环保部门严格执法与当地居民自觉配合保护环境良性互动的行政文化和社会文化。

(三)改善公共设施基础

建设、经营和管制公共基础设施是发达国家地方政府的主要职能。纯公共物品和准公共物品类的公共基础设施，一般都实行地方公有制，即由地方政府对这类设施行使所有权和管理权，并由隶属于地方政府的公共服务部门操作这类设施，向企业生产和居民生活提供服务。而对于准私人物品和纯私人物品类的公共基础设施，则强调经济效益为主，兼顾社会效益这一标准。由于公共基础设施的公益性，地方政府通过执行和规定法定的质量和数量标准，受理居民投诉并运用仲裁机制严格监督有关部门的生产和服务，严厉处罚违法和侵犯居民、消费者合法权益的行为等，实行比一般私人物品更为严密的监管。

（四）突出教育

教育是发达国家地方政府的传统职能。基层政府负责义务教育和学前教育；一部分基层政府和其他地方政府管理职业技术教育、中等专业教育；省、州一级的地方政府除了兴办公立的高等专科、本科教育，还对省、州一级的公立、私立大学进行必要的管理。在发达国家，多数的中学和小学都是公立的，地方政府的财政部门负责拨款，审计部门负责对使用学校财产和财政资金的审计，教育部门负责对学校主要管理人员的考核和任免。

（五）参与领土整治

参与国家的领土整治，是发达国家地方政府促进本地区经济发展的新职能。领土整治，就是通过合理布局人口和经济活动，以确保地区平衡和协调发展的各项政策措施的总称。它发端于旧工业区的搬迁和改造，以解决产业、人口过分稠密引起的环境污染、生活条件恶化、社会弊病丛生等问题。它涉及落后地区的开发，通过旧工业区向落后地区进行产业转移，带动人口迁移，缩小地区间经济发展的差距。

二、西方发达国家地方政府职能的发展趋势

20世纪中后期以来，世界各国政府的改革步伐加速，进行了许多有益的探索，取得了一系列宝贵经验，随之出现了一些新的思潮和流派，例如公共选择、新公共行政、新公共管理、新联邦主义、后官僚主义、新贫民主义等诸多理论。尤其以公共选择、新公共管理和治理等理论对政府职能转变的影响最大。在这些理论影响下，政府职能导向出现了一些新的趋势：国际化、市场化、企业化、分权化、虚拟化、法制化、社会化、信息化。其中，市场化就是将市场竞争机制引入政府运作，将部分政府职能推向市场。市场化表现为政府职能定位的市场化和政府功能输出的市场化。

其中，政府职能定位解决的是政府“做什么”的问题，是将原来由政府承担的部分社会职能、经济职能推向市场和社会。通常通过将公用事业承包给私营机构、放松管制以及私有化的方式完成。政府职能输出的市场化是关于政府“如何做”的问题，是指将市场机制引入公共服务供给领域，政府权威与市场功能优势融合，形成一种公共服务供给的新制度。

企业化就是以“顾客满意”为导向，将企业管理理念、方法应用于公共管理

领域，达到降低政府开支、提高行政效率、确保公共利益之目的。

分权化就是实行分级管理，上级政府把政治、财权和行政权转移给下属单位，减少管理层次，力求扁平化管理，使政府从原来的等级制过渡到协作参与。还赋予地方政府更大的自主权，淡化“条”的管理，强化“块”的管理。通过分权实现分级管理，宜统则统，宜分则分。

法制化就是通过系统、权威的法律、法规来约束管理的主体、对象和行为。通过完善的程序设置、执法体系和监督体系来确保规范性和公正性。

社会化就是公民广泛参与地方公共事务和管理，确保不同利益主体的合法权益。通过选举、多样性和代表制等方式，吸引个人、少数民族、贫困阶层、企业以及非政府组织的参与，及时、准确了解社会公众的需求，满足不同阶层、不同利益团体的利益。

信息化就是运用计算机网络、管理信息系统、决策支持系统等现代信息技术提高政府的运作效率、达到信息资源共享、实现信息同步化、决策科学化和政府管理的现代化。

地方政府职能作为上层建筑的组成部分，受制于生产力和经济基础的发展。伴随着全球的信息化、经济一体化、居民生活水平提高等社会条件的变化，以发达国家为代表的地方政府职能出现了新的发展趋势。

(一)更重视居民的日常生活

地方政府，尤其是基层政府，肩负保障居民生活的传统职能。当代地方政府通过提供公共服务，规划和协调第一、第二、第三部门的关系，促进家务劳动社会化。在生产力不发达的条件下，第二部门在推进家务劳动社会化方面起着先驱作用，地方政府有权对这方面的企业实施必要的监督和优惠政策。在地方财政比较充裕的条件下，地方政府通过免费或适度收费提供公共服务，推进家务劳动社会化。在居民中知识分子比重较高、公益精神较强、专业技能较多的条件下，社会团体、社区组织居民通过义务劳动、非盈利的收费性服务，为实现家务劳动社会化作出贡献，地方政府有职责为第三部门从事这方面的活动在场地、房舍、设备、税收、监督等方面创造条件，提供方便。

(二)服务对象越来越多元化

地方的公共行政和公共服务，应适应经济全球化和人口流动而引起的多种族、多民族文化共处和交融的需要。地方政府职能为适应这种需要，要保护他们的合法权益，并在遵守法律方面对其他种族、民族的外来人口保持适度的灵活性；还应照顾他们的特殊需要，尊重他们的文化和风俗，注意听取他们的意见，请他们来参加本地的公共事务。

（三）第三部门影响日趋扩大

为确保行政管理活动的顺利进行和经济活动的相对稳定发展，当代资本主义国家在行政改革中都由政府通过宏观协调，将一部分职能交还给社会，由社会组织替代政府进行直接管理，实现社会职能社会化，这是当代政府职能发展的新特点、新趋向。因而，第三部门对地方政府职能的影响日趋扩大。体现在把地方的一部分公共事务转为社团自主管理的第三部门事务，同时，社会团体配合地方政府，参与公共事务，社会团体也受到地方财政不同程度的资助。

（四）公民参与日益广泛

公民参与的扩大，首先，表现在地方公共事务中直接民主的扩大。其次，居民可通过社会团体、议员向地方的议会、行政机构进行利益表达，提出意见和建议。最后，还可以通过地方的行政机构和公共服务机构的投诉制度，地方议会的申诉制度和地方法院的起诉制度来监督地方的公共行政和公共服务。

（五）信息化对地方职能的实现具有重要影响

总的来说，信息化对地方政府职能的影响只能说是初见端倪。具体表现为：居民拥有通过互联网行使参与地方公共事务决策的民主权利；信息化为实现地方政府的政务公开，建立阳光政府提供了技术基础；信息化还有助于提高地方政府的办事效率。

三、西方发达国家地方政府职能的实现方式

（一）职能市场化

所谓政府职能市场化，是指通过政府与企业、市场之间的合作，利用竞争机制、价格机制、供求机制与约束机制，调动社会资源参与政府公共服务的供给，从而实现政府以较少的资源与较低的成本提供数量更多、质量更高的公共服务的目的。总体来说，政府职能市场化使政府的角色和职责发生了改变，政府不再是服务的生产者，而转变为公共服务需求的确认者、购买者、对所购服务进行严格监督的检查者和评估者，成为合乎公民要求的公平税赋的有效征收者和谨慎而精明的支出者。

（二）职能社会化

政府职能的社会化，是指政府改变传统的大包大揽的做法，将原来由政府包揽管辖的许多事务，通过社会转移或委托代理等方式，改由企业、社会团体、群众组织、社会中介组织来办理，以节约政府财政开支，提高政府工作效率。这对于承担基本建设的地方政府来说显得尤为重要。

政府职能社会化有利于政府机构精简。政府职能社会化的提出，使公共服务更多地依赖政府与社会、政府与市场之间的互补与合作。政府应该改变做事的方

式，减少对企业和社会的干预，加强其计划和监督职能，从直接提供公共服务转向间接提供管理。这一转变，能有效地促进政府机构的精简。

政府职能社会化有利于减轻政府压力，优化财政资源配置。随着经济和社会的发展，公共服务领域的不断扩大给政府财政带来了很大的压力，国家和社会的发展越来越需要政府与社会力量的合作。实施政府职能社会化使政府的生产性功能转移到社会，能有效地弥补政府财力的不足。

政府职能社会化有利于构建激励与约束机制，促进政府及公务员管理能力的提高。缺乏竞争使政府缺乏创新和进步的动机，垄断不仅不能产生经济效益，还影响社会效益的实现。政府职能社会化打破了政府公共服务机构的垄断性，形成公共服务供给的竞争和压力机制，必然对政府和公务员的管理能力提出挑战。在提供公共服务方面树立成本意识，自觉节省开支，制约权力滥用和腐败行为的扩张。

政府职能社会化有利于推进社会民主化进程。政府职能社会化反映了公共权力与市场权力的关系。在公共服务领域，政府把部分权力让渡给社会力量或与他们共享，这是社会民主管理的一种形式，有利于推进民主化进程，拓展政府与民众的沟通渠道，利于公众方便地获得信息，提高对公共服务市场的监督力度，建立政府与社会的参与合作关系，利于增强公民对社会的责任感和参与程度。

第三节　中国地方政府的基本职能

一、地方政府职能定位的原则与途径

（一）地方政府职能定位的原则、方式与途径

地方人民政府职能定位是指根据国家的有关法律法规，依据地方人民政府的层级位置和政府生态状况，认知和定位地方政府角色，明确地方政府承担的职责和发挥作用的过程与行为。一是坚持职能法定原则。二是坚持精简统一效能原则。三是坚持责权利相统一原则。四是坚持政府职能动态调整原则。地方人民政府职能定位的方式，就是确定地方人民政府职能时所采取的方法和形式，包括科层制定位、分工协作制定位、综合性定位、临时性定位。地方人民政府职能定位的途径，就是地方人民政府职能定位的手段和路径。具体来看，地方人民政府职能定位的途径有三大类：《宪法》和《地方组织法》，单行法律、法规及其他规范性文件，中国共产党会议通过的报告、决定及各级编办制定的“三定”方案。

因此，我国地方政府职能具有高度法定化的特性。具体体现在：第一，各级政府必须坚持在党的领导下、在法治轨道上开展工作；第二，依法全面履行政府

职能；第三，推行政府权力清单、责任清单、负面清单管理模式，坚决消除权力设租寻租空间；第四，深化行政执法体制改革；第五，全面推进政务公开。

(二)地方政府职能定位的区别与差异

各级地方政府的层次级别不同、辖区内的资源结构不同、社会经济的发展阶段不同，其职能定位也应表现出一定的差别。

从行政层级上看，省级政府的职能主要是加强经济和社会的宏观管理，制定出适合本地实际情况的方针政策，加强对本地区域经济工作的引导和协调，调节本辖区内地区发展的不平衡，促进少数民族地区的经济和社会的发展。城市政府则应着力转变对各类企业特别是国有企业的管理，在政企分开、培育和发展市场体系、搞好国有资产管理以及市政管理和社区自治上下足功夫。县级政府主要负责执行性事务和具体的行政管理工作，其行政职能的重点应是加强对农业和农村工作的领导，引导发展乡镇企业和农村经济，促进村民自治和基层民主向良性的方向发展。而处于我国行政级别最基层的乡镇政府，其行政职能主要应是加强基层政权建设和基层民主政治建设和经济建设，应着重于基层具体事务的管理和服务工作，特别应完善农业社会化服务体系，大力发展农村需要的各种服务机构，推进我国社会主义新农村建设。

从地域资源结构上看，我国地域辽阔，不同地方的资源结构有着较大的差异，资源不同往往会导致产业结构的不同。我国有许多城市是在当地特有的资源基础上建立起来的，如一些著名的石油城、煤城、瓷都、旅游城等。这就要求当地政府的行政职能在内容和侧重上要有所不同，这样才能真正促进本地经济和社会的发展。

从经济和社会的发展阶段来看，我国人口众多、幅员辽阔，不同地区在经济、社会的发展程度上存在着巨大的差异，胡鞍钢将中国这种地区发展的差异和不平衡形象称为“一个中国四个世界”。这种差异和不平衡就要求各级地方政府在进行职能定位时必须考虑本地的经济、社会的实际发展情况。比如，处于“第一世界”的北京、上海、深圳等高收入发达地区的政府职能定位，就应该与处于“第四世界”的西部少数民族地区和边远地区的政府职能定位有着明显的差别。如果将发达地区的政府职能及其运作模式搬到西部不发达地区，毫无疑问是一种形而上学的、机械的做法，最终结果必然是淮南的橘淮北为枳，走向失败。①

二、中国地方政府职能的基本内容

按照地方政府所具有的权限以及管理实务的性质来看，将其职能划分为经济

① 吴翔．地方政府职能定位的新思考[J]．天水行政学院学报，2006(5)．

调节、市场监管、社会管理、公共服务、环境保护五个方面。

第一，经济调节。与中央政府作用于全国的宏观调控职能不同，地方政府的经济调节主要作用于本辖区的各类经济主体。具体包括：(1)根据中央政府颁布的宏观经济政策，因地制宜地制定适用于本辖区的具体经济政策，落实中央经济政策精神；(2)制定和实施本辖区的发展战略、规划、政策和实施标准，通过政策、资金、计划等经济资源的配置调控当地经济发展，包括地区经济结构的优化、主导产业与地方特色产业的培育与支持、技术与人力资本的培育，运用有形之手弥补市场机制的不足；(3)运用地方财政与税收手段参与市场调控，引导产业结构优化，调节本辖区内的收入分配差距。

第二，市场监管。地方政府市场监管是指通过制度与执行相关的法律法规，按照市场经济发展的要求和运行规则，对地方市场的经济秩序进行监督和管理。在现代市场经济运行过程中，由于市场主体的"经纪人"属性，经济活动的外部性比较突出。而且，市场竞争如果没有干预，就很容易导致垄断。因此，需要地方政府作为规则制定者对各类市场主体的经济行为进行规范，以保障地区经济有良好的发展环境。具体而言包括以下几个方面：(1)依法界定、保护各类产权。产权清晰是市场经济正常运行的基础，以制度的形式明确产权所有者的权益，并通过明确的法律保障，可以使市场参与者有清楚的预期，有持续的投资型行为，从而可以促进地区经济的可持续发展。(2)完善相关监管制度，尤其是针对本辖区的市场特点制定有针对性的监管措施，充分发挥市场机制的基础配置作用，实现市场竞争的有序化与法制化，在监管过程中做到有法可依，提高监管效率。(3)消除地区行政垄断，扩大市场的统一性与开放性；严格执法，打击各种破坏市场秩序的违法行为，通过市场与主体信用体系的建立与完善，约束市场主体的经济行为，创建良好的市场经济秩序。

第三，社会管理。国家公共管理中的社会性事务，主要是由各级地方政府分担的，尤其是基层政府，担负着繁重的社会管理的基础性工作。地方政府的社会管理职能在国家的社会事务管理中具有重要的地位和作用，直接影响着地区乃至国家的政治稳定、人民团结和经济发展。地方政府社会管理职能的重要内涵在于地方政府要建立能够处理解决各种社会问题的制度系统，构建社会利益表达与协调机制、社会回应机制、危机事件应急机制；以现代公正理念为基本立足点，形成整体化、系统和规范化的社会政策；建立一套制度框架，以制约行政权的滥用，形成良好的社会预期和社会信用；将当地社会民间组织或团体纳入地方社会管理的主体，将之作为调节社会利益关系、表达社会利益诉求的重要制度形式，推动社会管理方式的多元化发展。具体而言包括几个方面：(1)通过相关制度的完善培育地方社会组织或社会团体，促进地方社会治理的多元化；(2)以公平、公正为政策理念，制定和实施社会保障政策，为地区提供更好的公共社会福利；(3)妥善处理社会突发性事件和自然灾害，维持地区社会稳定。中国地方政府的社会管理职能还包括：户籍管理、流动人口管理、民政管理、司法行政管理、民族和宗教事务管理、侨务管理、社区管理、老年事务管理及外事管理等。

第四，公共服务。服务型政府是当代地方政府改革的方向，提高地方政府的公共服务能力也是政府发展的目标。因此，满足地区社会公共需求，为地区居民提供优质的公共产品或服务是地方政府的重要职责。在地方政府的管理权限范围内，地区公共产品或服务包括：

(1)地区性公共基础设施，如能源、水、电、气、邮电通信等设施、交通道路、防火防灾设施等。由于地区公共设施投资规模大，建设周期长，涉及面广，与地区居民的利益息息相关，一般企业无力承担如此大规模的工程，因此只能由政府规划、协调众多市场主体参与才能完成。而良好的地区公共设施可以方便公众的生活，为市场主体的生产带来方便，比如便捷的交通运输网络成为众多企业选址的首要考虑因素。

在社会主义市场经济体制条件下，中国地方政府建设、经营和管制公共基础设施的职能，从政府与市场关系的角度看，可以分为三类：第一类是地方政府通过法定程序，允许非地方政府所辖公共基础设施单位建设、经营一部分公共基础设施。地方政府建设部门与这些公共基础设施企业的关系，基本上是政府与市场的关系。第二类是地方政府所辖的企业、事业单位经营和管理的基础设施。为了使消费者避免支付垄断性价格，某些货物和服务最好由政府通过专门机构来承担。“政企分离”是公共及基础设施产业管理体制改革的关键。第三类是对公共基础设施的日常行政管理，可以分为公共基础设施设计的计划管理，可以分为公共管理基础设施的计划管理、资金管理、运营管理。

(2)区域性公共产品，如教育、卫生、科技、文化、社会保障等。地方政府的教文卫体职能包含公共行政和公共服务两个方面。就公共行政方面看，教育职能和卫生职能，主要是标准化管理，即地方政府执行教育管理和卫生管理的法律、法规，指导和监督学校教育、医疗服务实现标准化、规范化和法制化。文化职能，涉及规范文化市场、提供公共服务、组织群众文化活动三个方面。体育职能，主要是组织群众性体育活动，也包括竞技体育管理。公共服务方面，指地方政府拨款、指导和规范教文卫体单位提供公共服务。地方政府管理教文卫体事业单位，使其改善管理和服务，要坚持以社会效益为主，兼顾经济效益的原则。对一个地区而言，人力资源的储备是关键。人力资本是最具创造力的资本，教育的投资是利益最大化的投资。加大教育是地方政府的职责所在，因此，兴建图书馆、博物馆、公园等文化娱乐设施，不仅给予当地居民更多教育的机会，而且也成为居民重要的休闲娱乐交流中心。而一个地区完善的公共卫生体系和医疗保障体系是地区居民安居乐业的前提。从社会主义的基本目标之一是促进人的全面发展看，地方政府通过行使教文卫体等方面的职能，提高居民各方面的素质和生活水平，不仅是发展经济的手段，而且是社会发展的目的。

第五，环境保护。良好的生态环境是地区经济社会可持续发展的必要前提。如果经济发展以牺牲环境为代价，牺牲的是子孙后代的生存机会。随着地区经济发展，环境破坏的事件越来越多地暴露在公众的面前，而近年来越来越频繁的自然灾害也让人们意识到环境保护的迫切性。保护辖区环境与资源安全也成为市场经济中各地方政府必须重视的职能。因此地方政府在城市管理的过程中需要做好以下几方面的事情：(1)将环境保护理念贯穿在区域管理过程中，不能以环境为代价换取经济发展。(2)根据国家环境保护的法律法规，制定本辖区环境保护方面的地方性法规、规章制度；制定环境保护规划，尤其是重点地区、重点流域污染防治规划以及退耕还林、退牧还林等生态保护规划。(3)依据国家法律、法规及地区性法规与制度对破坏生态环境的行为进行严格监管，严厉处罚，并且加大环境保护宣传力度，让更多的人成为环境保护者。

三、中国地方政府职能的发展趋势

(一)职能内容定位日趋明确

在现代社会中，随着民主政治的发展和公民素质的提高，政府社会管理职能要与充分发挥公民自我管理和社区自治有机结合起来。良好的社会管理不仅是构建和谐社会的基本要求，也是促进经济增长、社会全面发展的重要手段。地方政府，特别是基层地方政府，将把为地方居民的生产、生活创造高质量的条件和环境，作为自己工作的目标；政治职能将进一步弱化，而社会职能则进一步增强。提供和维护公共基础设施，重视环境保护，维护社会安宁，将成为政府职能的主要方面，少量的直接经济职能仅存于中高层地方政府。基层地方政府主要通过完成地方各项社会事务的公共管理和提供必要公共服务，为地方经济发展服务。在这方面，提高地方居民的劳动素质，加强职业技术教育将成为政府的重要任务。

(二)职能实现模式从管治型走向服务型

职能实现模式将从管治型走向服务型，即将对社会事务的公共管理转变为向地方社会提供全社会共享的公共物品。在管治型模式里，地方政府以一种居于上位的势态，更多的是从有利于自身管理的角度，寻求完成职能的手段和方式、方法，较少顾及其对民众可能带来的不便；而在服务型模式里，地方政府将真正从“以民为本”的角度，从便利民众出发来寻求完成职能的手段和方式、方法，把完成自身政府职能看做是为民众提供的服务，是对民众应负的责任。因此，依法行政、扩大民众参与、倾听民众意见、加强与民众沟通、政府工作透明化等，都将成为政府完成自身职能必不可少的部分。还要提供公共产品，如基础教育、公共卫生、公共文化、社会保障、科学技术、体育休闲、基础设施、环境保护、发布公共信息等，既是为市场创造一个良好的外部环境，又是人民群众共享发展成果，实现人的全面发展的重要措施。地方政府要把更多的资源投入到公共服务领域，以使社会发展更加均衡。

(三)职能目标从追求效率发展为追求综合效益

综合效益是把“生态效益优先、社会效益为主、兼顾经济效益”作为地方政府职能的目标模式。地方政府职能的综合效益，是地方政府所管辖地区的生态效益、社会效益、经济效益的综合平衡。

生态效益优先，是指在现有的技术、经济条件下，发展生产不能造成对环境的重大损害，绝不以不可逆转的环境损害为代价，并随着生产力水平的提高，逐步做到不以牺牲环境为代价发展生产，使居民生活在日益改善的自然环境之中；用经济手段奖励保护环境的行为，惩罚破坏环境的行为，逐步使保护环境成为企业生产内在的经济动力机制，实现生态效益与经济效益的良性循环。以社会效益为主，是指地方政府的根本任务是为企业生产和居民生活创造一个良好的外部环境。这种外部环境，就是地方政府通过行使职能，在当地公共生活领域内为企业生产和居民生活提供所必需的外部条件，以利于提高企业的经济效益，提高居民的物质和文化生活水平。兼顾经济效益，指地方政府在行使职能中以生态效益优先、以社会效益为主的同时，应讲求经济效益，即以较少的人力、财力、物力资源投入，取得较多的物质收益。表现为：一方面是地方政府财政收支的经济效益，即以较少的财政收入，办好较多的公共事务，提高财政支出的使用效益；另一方面是靠企业自身改善经营管理，同时靠地方政府提供较好的外部环境，提高本地区经济发展的经济效益，使本地区经济的总产出大于总投入。

第四节 地方政府的职能转变

一、地方政府职能转变的历程

(一)计划经济体制下的地方政府职能

计划经济体制下地方政府的经济职能主要是进行微观管理、直接管理、计划式管理。计划经济的主要特点是依靠政府的政策性指令配置社会资源，单一的公有制经济是国家的经济基础。在计划经济体制下，地方政府仅仅作为中央政府的延伸，扮演着执行者的角色。计划经济体制下地方政府既不能实现经济发展的均衡，也不能保证社会公平正义，面临的问题越来越多，而解决问题的途径却越来越少。因此，无论在地方政府职能的定位上，还是地方政府角色的指向上都存在着明显偏差，出现过诸多失误。

（二）以经济建设为中心的政府职能转变

1978 年的十一届三中全会正式结束了中国“以阶级斗争为纲”的历史，把经济建设、实现“四个现代化”作为国家政治生活的主题和长期发展目标，进行了一系列的经济、政治体制改革，使社会生活发生了重大变化。国家生活的主题转变为社会主义现代化建设，并逐渐全面实行了改革开放政策，高层与大众形成了“社会主义现代化建设是我们当前最大的政治”①的新共识。经济体制改革成为改革的先行官：农村实行联产承包责任制，允许乡镇和城市中非公有制经济发展，“十三大”确立发展社会主义商品经济……随着改革开放的全面展开，1984 年中共中央正式把商品经济作为改革和发展的目标。相应地，学术界和政界对于政治体制改革和政府职能的最初认识也大多着眼于以职能转变促进商品经济的发展。

作为外源型现代化国家，中国的经济社会发展仍然带有很强的国家主导色彩。“以经济建设为中心”要求行政管理体制逐步适应商品经济—市场经济的发展需求。这就对传统的适应计划经济的职能和体制提出了新的挑战。经济体制的改革，在客观上要求行政管理体制和政府职能及时地跟上这种变化。因此这一时期转变政府职能的最大特点也就在于改革的被动性，往往是经济体制变化产生的需要推动着政治体制的改革，经济逻辑统摄着政治逻辑。

这一阶段中，“政企分开”是转变政府职能的一个重要内容。所有制形式的多样化，也使政府不能再以传统对待国有经济的方式，来对待新兴的经济力量。人们更加注重以转变政府职能为经济建设“保驾护航”，对政治发展规律的认识还比较模糊，主要着眼于“减员增效”，没有把机构与职能有效地整合起来，机构改革长期陷入“精简”—“膨胀”—“精简”—“膨胀”的循环中；政府职能过度偏向经济建设领域，一定程度上忽视了政府自身的发展逻辑，政府的服务职能没有得到应有的重视和充分的发展，对许多现代化建设中面临的社会问题缺乏理论准备和提早的应对。

（三）适应社会主义市场经济体制的政府职能转变

1992 年，“十四大”提出了我国经济体制改革的目标是建立社会主义市场经济体制，提出要使市场在国家宏观调控下对资源配置起基础性作用。这一重大理论突破，对我国改革开放和经济社会发展发挥了极为重要的作用。人们逐步认识

① 邓小平．邓小平文选(1975—1982)[M]．北京：人民出版社，1983.

到政府职责(主要是经济职责)的规范和调整能够有效地促进市场经济体制的发展和完善。更为重要的是，根据多年建立市场经济的实践，对于政府职能的相关认识更加细化，比较注重政府职能边界、法定权限等现代政治观念。例如，“十六大”报告特别提出：“依法规范中央和地方的职能和权限、正确处理中央垂直管理部门和地方政府的关系”，“在更大程度上发挥市场在资源配置中的基础性作用”①触及了中国政治发展十分重要的纵向间政府的职责配置问题。

这一阶段的改革越来越以政府职能适应市场经济发展为核心来思考问题．更重要的是开始以政府职能为本位来思考职能转变，这在很大程度上有利于更加全面地协调和安排各项制度改革。

(四)建设服务型政府的政府职能转变

改革开放和社会主义市场经济的深入发展，有力地推动了经济领域和社会生活领域的迅速变化。这些变化必然会对转变政府职能工作不断提出新的要求。21世纪初，中国明确提出建设公共服务型政府。温家宝总理2003年9月在国家行政学院讲话时指出，“经济调节、市场监管、社会管理和公共服务，是社会主义市场经济条件下政府的四项基本职能”；2004年2月21日温家宝总理在一次讲话中提出“建设服务型政府”的概念②；十六届三中全会通过的《中共中央关于完善社会主义市场经济体制若干问题的决定》指出，要合理划分中央和地方经济社会事务的管理责权。按照中央统一领导、充分发挥地方主动性积极性的原则，明确中央和地方对经济调节、市场监管、社会管理、公共服务方面的管理责权。“十七大”明确提出将“建设服务型政府”作为行政管理体制改革的重要目标。③“十七大”还提出“从制度上更好发挥市场在资源配置中的基础性作用”。十八大报告指出，“更大程度更广范围发挥市场在资源配置中的基础性作用”，“要按照建立中国特色社会主义行政体制目标，深入推进政企分开、政资分开、政事分开、政社分开，建设职能科学、结构优化、廉洁高效、人民满意的服务型政府”。十八届三中全会指出：“经济体制改革是全面深化改革的重点，核心问题是处理好政府和市场的关系，使市场在资源配置中起决定性作用和更好发挥政府作用。市场决定资源配置是市场经济的一般规律，健全社会主义市场经济体制必须遵循

① 江泽民．全面建设小康社会开创中国特色社会主义事业新局面——在中国共产党第十六次全国代表大会上的报告[M]．北京：人民出版社，2002.

② 温家宝．深化行政管理体制改革　加快实现政府管理创新[N]．人民日报，2004-03-01.

③ 胡锦涛．高举中国特色社会主义伟大旗帜　为夺取全面建设小康社会新胜利而奋斗——在中国共产党第十七次全国代表大会上的报告[M]．北京：人民出版社，2007.

这条规律，着力解决市场体系不完善、政府干预过多和监管不到位问题。”这在很大程度上与转变政府职能密切相关，也为在新的历史基点上深化对于转变政府职能的认识提供了新的实践平台。

提出建设服务型政府，是在历史压力下做出的历史性选择，意在更好地协调经济社会的发展，为推动改革进一步深化奠定良好的基础，进而把握现代化难得的“战略机遇期”，促进经济社会更好更快发展。此外，经济全球化带来的竞争压力，国内一系列问题的凸显，也促使中国政府在经济发展的新节点上反思其职能的定位，促使政府更加注重包括提供服务在内的社会职能，用服务促进公平，以服务平衡差距。因此，提出建设服务型政府，既是中国应对各方面挑战的重要措施，也是面对新的历史契机实现自身进一步发展而主动进行的战略性选择。

（五）体现国家社会性的政府职能转变

转变政府职能、建设服务型政府，使社会管理和公共服务逐步成为政府的主要工作，得到了理论界的普遍肯定。但是也要注意到，目前理论界对这些问题的分析，大多是在公共行政理论和政府工作的层面展开的。在这个基础上，还需要明确指出，政府进行社会管理、履行公共服务职责，与维护统治秩序一样，也都是国家的本质要求。明确这一点是建设服务型政府的深层次理论依托。

国家具有鲜明的阶级性，国家总是和政治统治相联系的，是阶级统治的工具。这是马克思主义对于国家本质的基本规定。同时，一系列重要的经典著作表明，马克思主义经典作家在国家本质的高度上，也反复论证过国家权力的公共性（也就是学术界通常所说的“国家的社会性”），及其与国家的阶级意志性的辩证关系。这就为全面理解国家的社会性和政府的社会职能提供了极为有益的思路。毫无疑问，任何国家既是阶级压迫的机关，也是社会发展到一定阶段对社会管理机构的客观要求，是控制社会冲突、使社会有序发展的客观力量，即国家不仅有阶级性，而且有社会性。这种阶级性和社会性是一体的，是矛盾的两个方面，只是在这对矛盾中，阶级性是其主要方面，规定着国家的本质；社会性是次要的、从属的方面，但这一方面也是不能忽视的。正是国家本质的社会性，决定了政府向社会提供公共服务存在必要性。但是，这并不是说国家有“两个本质”，我们固然不能离开国家的阶级性来抽象地谈论国家的社会性，但也不能离开国家的社会性来解释国家的阶级性。

国家本质的社会性决定了社会管理和公共服务存在的必要性，只有很好地提供公共服务，国家的社会性才能在最高层次上完整地体现出来。因此，政府提供公共服务不仅仅是其职责所在，也是国家本质的基本要求。从这一点上说，现代政府以服务型政府为发展方向，与国家本质的要求相一致。不断增强国家的社会性是中国特色社会主义道路的内在要求。社会主义国家和一切剥削阶级国家有着显著的区别：它不是一种日益同社会相脱离的力量，而是一种同社会相融合的力量，它的总趋势是国家的社会性不断增强。在社会主义国家中，对抗性的阶级矛盾已经基本消除，国家的主要任务在于调节各个利益群体的关系，国家政治生活中大部分内容具有显著的社会属性，或者说是较弱的阶级属性。所以，从理论上说，社会主义国家应该具有更为突出的社会性。

二、地方政府职能转变的四个向度

党的十九大报告中明确提出，“转变政府职能，深化简政放权，创新监督方式，增强政府公信力和执行力，建设人民满意的服务型政府”。这表明政府职能转变是建设服务型政府、优化政府运行过程的前提条件，也是行政体制改革的重要推动力。新时代以来，政府职能转变是行政管理体制改革的核心，是提高政府治理效率的关键，也是实现国家治理体系和治理能力现代化的着力点。

（一）职责向度：明确市场经济条件下政府的角色和职责

在计划经济时代，政府作为一个“全能型”的角色，掌管着经济和社会的方方面面，通过直接的行政方式对各类资源进行调控。随着社会主义市场经济体制建立与完善，政府已经不能以“全能”的角色出现在经济社会发展中，这就必然需要转变政府职能，推动政府角色和职责在市场经济条件下重新界定。政府角色随着职能的转变逐步变为市场的监管者和宏观调控的管理者，并且确定政府的职责为“经济调节、市场监管、社会管理和公共服务”，这是社会主义市场经济条件下政府四项基本职能。具体而言，政府在经济和社会发展的各项活动中，从原有的直接管理转变为间接管理，微观管理转变为宏观管理，直接进行资源调配转变为规划、协调与监管资源市场化分配等。

在经济调节方面，政府职能转变实现了政府原先控制一切资源调配职能的变革，充分尊重市场在资源配置中起决定性作用的客观规律，在此基础上发挥宏观调控职能，对市场经济的发展起保驾护航的作用。在市场监管方面，充分尊重“看不见的手”与“看得见的手”的配合作用，明确政府与市场的关系，做到政府职责不越位、不缺位，保证市场健康、规范的运行。社会管理方面，政府对社会空间进一步放宽，加大“体制外”空间的范围，理顺政府与社会关系，对社会团体和民间组织进行更加合理的引导性建设，使其能够充分服务中国特色社会主义建设，并发挥更加有效的作用。在公共服务方面，进行政府机构改革，调整并明确政府服务职责，特别是将地方政府转变为规划并提供公共服务的重要主体。建设服务型政府就是要把政府的主要职能转移到为社会提供公共服务上来。建设服务型政府不是一个具体的工作和任务，它更多是政府发展方向的一个全新定位，是一个标尺、一面旗帜，它对政府职能的全面转变提出了更高的要求和目标，并将对中国的政治体制改革提供新一轮强大的推动力。经济调节、市场监管、社会管理和公共服务四个方面共同发挥作用，成为新时代政府角色定位和职责界定的一个重要指向。

（二）治理向度：推动政府间关系的优化

改革开放之前，中央与地方之间实行"统收统支"的财政政策，虽然在不同时期有不同调整，但是总体情况没有变化。同时，中央对地方进行了全面的管理，如干部下管两级，对地方规划进行干预等，都使得地方政府存在活力不足的情况。改革开放之后，中央政府和地方政府之间的关系逐步发生变化。随着财税制度，特别是分税制的推行，地方政府在财政上拥有了一定的自主权，可以灵活进行一定的财力调配，实现地方的规划目标。政府职能转变之后，中央政府对地方的管理也出现了一定的"松动"，政府间关系出现了很大的改变，地方的活力得到了一定的激发。虽然政府职能转变与政府间关系的变化衍生出了"地方主义"和"山头主义"等弊端，但是从总体上来看，地方政府在拥有了一定财政自主权的前提下，本地区的规划和决策权也在进一步下放，能够更加从本地区的实际角度来进行行政决策和实施，地方政府及其相关部门的"自主"意识得到激发。

同时，与中央政府和横向政府及部门间的关系也进一步"磨合"与"优化"，逐步形成了协调性的政府间运行模式。进入新时代以来，中央与地方关系进一步优化，配套的财政税收制度也得到完善，政府职能转变在地方政府积极性方面的作用进一步突出。但是政府间"职责同构"的现象依然普遍存在，地方政府机构及部门的设置很多是对中央政府或上级政府机构的"复制"，这对于政府间纵向关系的优化还是非常不利的，同时也给地方政府进行本地区治理带来一定的问题。由此，地方政府的活力激发就遇到了"瓶颈"。所以，新时代政府职能转变的一个重要方面就是要对现有的"职责同构"现象进行调整，在保证中央政府权威的基础上，充分尊重地方政府的自主性，充分发挥中央与地方的"两个积极性"，逐步建立起中央到地方政府间关系的制度化机制，形成协调配合的"伙伴式"的地方政府间关系，将政府职能转变的动力充分融入到政府间关系的调整之中。

（三）社会向度：实现政府和社会关系的良性互动

政府职能转变使政府对社会控制的范围缩小，增加了市场经济制度下经济组织和社会组织的发展与活跃，拓宽了"体制外"的社会空间。改革开放以来，政府职能转变注重对原有计划经济时期高度集中的政府管理体制的方面进行有序的调整，逐步改革了原有的"单位制"，打破了"条式"的国家—单位—个人的体系，建立了网络化的社会治理框架。特别是社会主义市场经济体制确立之后，大量民营企业、外资企业和个体劳动者充分发挥作用，实现了市场的繁荣与社会结构的变化，这都是在政府经济管理职能和社会管理职能调整的基础上进行的，政府已经不是单纯的完全控制者，而成为了市场监管和公共服务的主体。同时，随着社会阶层的分化与重组，各类社会组织与民间团体大量涌现，其性质也五花八门，参差不齐。各级政府针对这一现实情况，必须要对政府与社会的关系进行重新梳理，对社会组织和民间团体进行有效的甄别，进而与社会组织进行一定程度的合作，在保证政府主导的基础上，充分实现社会组织参与到相应社会管理的过程中来，并积极发挥作用。

政府对社会管理职能的变化，使得社会活力提升，社会成员之间的联系自由化、多元化，虽然存在政府相关管理力度弱化的现象，但是总体上来看政府保证了社会弹性机制的形成，提高了社会在遭遇经济波动与社会失序现象时的自我防范能力，政府社会管理的职责实际上呈现出了顶层化、宏观化的倾向。新时代政府职能的进一步转变可以有效实现政府与社会关系的协调化、规范化、合理化，保证社会空间中各类积极力量的发展，实现经济发展中社会因素有益作用的发挥，保证经济、社会的健康运行。

(四)协同向度：保障中国政治制度体系合理运转

当代中国政治制度是在中国共产党的领导下，人民代表大会制度、中国共产党领导的多党合作与政治协商制度、城乡基层群众自治制度和民族区域自治制度等共同组成的制度体系，政府是政治制度体系的“结合部”和执行者。政府作为党和国家决策的执行者，具有整体性的协调作用，特别是在全面深化改革时期，注重系统性、整体性、协同性是全面深化改革的内在要求，也是推进改革的重要办法，所以政府在政治制度体系运转中发挥的协调作用就更加重要。具体而言，政府职能转变可以以推动行政管理改革为切入点，加强党的领导和党的建设，推动根本政治制度的进一步落实，提升参政议政作用的发挥，保障人民的知情权、参与权、表达权和监督权，形成有效权力制约和腐败监督体系，将各方制度进行有效的协调，形成制度体系作用的最大化。①

三、地方政府职能转变的创新路径

在全面深化改革、推进行政体制改革和转变政府职能的形势下，地方政府的改革和职能转变取得一系列明显进展，更加注重公共服务职能、社会管理职能。

---

① 岳嵩．新时代政府职能转变的四个向度[J]．人民论坛，2019(11)．

但是，观察近几年地方政府转变职能和创新方式的实践做法，还是可以发现反思与改进的空间。

（一）更新观念，转换角色

政府职能的转变深化首先要按照市场经济的要求，用新观念对待政府职能的转变，充分认识转变政府职能的必要性，坚定转变政府职能的信心和决心，增强改革的风险意识，强化主人翁意识和历史责任感，提高心理承受能力。具体可采取如下措施：(1)组织专门性的、系统化的培训，明确政府职能转变的意义，树立新的角色意识；(2)运用行政系统自上而下的行政权威，弘扬市场经济体制下应有的新型行政观念，表彰观念更新中的先进，促进后进；(3)重点做好淡化"官本位"观念的工作，摈弃那种"政府主管，一切主办；政府不管，一切不办"的观念；(4)树立转变职能问题上的辩证观念，认识转变职能不是绝对化地全盘否定政府职能，而是一种否定不适应时势的传统型职能确立和加强合理职能的辩证意义上的扬弃。

（二）精减"硬件"，优化"软件"

政府职能同政府机构密切相关，有什么样的职能就有什么样的机构。政府机构的设立与整体配置，集中体现了政府对经济和社会的管理体制。政府职能构成政府体制的内涵，属于"软件"部分，政府机构则是政府体制的基本构成要素，属于"硬件"部分。职能转变与机构精简应保持一种"软硬件同步改革"的自然耦合的关系。因此，应注意采取有效措施：(1)在任何一级政府机构改革的决策活动和执行活动中都应强调"软、硬件"改革并举，既实行职能转变，又开展机构精简；(2)总体上强调以转变职能为重点，但在某些机构庞杂、臃肿到难以理顺关系的状况下，可考虑精简机构先行一步，转变职能的工作接踵跟进；(3)要警惕和防止某些行政管理部门假之以"转变职能需要"的名义，擅自扩充所谓"新职能"部门和工作人员。

（三）理顺关系，形成合力

理顺关系，完善运行机制是转变政府职能的一个重要方面。其内容包括以下三个方面：第一，理顺党政关系。首先要端正对党的政治领导的认识，明确党政职责分工的必要性。依照法律规定，党组织不是国家权力机关，不能直接行使国家权力。政府作为行政权力的现实载体，要对国家权力机关负责，就必须按国家的宪法和法律办事，也就是有效地贯彻党的方针、政策。其次，制定有关规定，明确党政职责。这主要是指根据市县以下党政关系的实际情况，合理划分党委和政府的职责，明确各自的领导范围和管理方法。第二，正确处理中央与地方的权力关系，也就是集权与分权的关系。这是行政权力内容结构中的一个关键问题。在我国中央政府和地方政府的职能分配上，必须注意保持恰当的平衡，以充分发挥中央和地方两个积极性。在建立健全与社会主义市场经济体制相适应的宏观调控体系过程中，处理好两者的关系，必须明确以事权为核心，并维护它们的法律性和规范性：一是理顺中央和地方在财政、税收、金融管理方面的事权。二是中央政府和地方政府在投资中讨价还价的关系转变为公共产品投资的“股份合作关系”和法制建设中的“委托代理关系”。三是中央政府要加强对地方政府的直接监督。特别是技术监督、审计、统计、监察等职能部门的监督作用，并逐步改革目前的双重领导体制为垂直领导体制。四是切实保证中央和地方在事权划分上的稳定性和严肃性，并从法律上明确中央和地方的事权范围。第三，理顺政府各部门之间的关系。要把现行主管部门的经济管理职能分离出来并入综合管理部门，从而逐步弱化行业主管部门的宏观调控职能，这样就可以使行业管理部门职能转变向全行业所有企业进行行业管理。同时对行业主管部门实行精简、合并和改组，撤销过去为直接管理企业而设立的机构，改设负责信息收集、加工、传递、储存等机构和技术研究与咨询机构，加强中长期技术、行业规划的制订机构，以使保留的行业主管部门主要履行行业管理的职能。①

(四)加强需求导向的创新性改革

地方政府按照中央政府和上级政府的要求来推进改革和转变政府职能，包括加大公共服务职能履行、强化精准扶贫职能履行、围绕推进行政审批制度改革转变职能等。地方政府强调的重点职能，基本是上级政府要求的比较紧急的任务或提出要严格考核的职能范围。这些职能领域，主要表现为“执行性”改革，而不是创新性改革。比如，从行政审批制度改革和转变职能领域观察，地方政府基本是执行上级政府的任务要求，主要表现为权力清单的制定；从乡镇政府层级来看，表现在为农村代理或代办制的服务项目。这类职能转变主要是自上而下的，大多数是执行中央政府和上级政府的规定和要求。

在调研中发现，地方政府坚持从当地实际出发的“突破性”改革和转变职能的做法还比较少，其中的一些改革举措以通过机构改革来推动政府职能转变的居多。例如，为了加强依法行政和建设基层法治政府，贵州省黔南布依族苗族自治州惠水县在全省建立了第一个街道法制办，进行积极尝试。湖南省常德市推进乡镇撤并改革，就是针对当前乡镇体制存在的发展活力不足和治理能力较低来加快职能转变。还有的地方推进基层执法体制改革，包括执法机构之间的协调、统一执法平台等，通过法治方式促进政府职能履行。这些改革着力于解决地方政府职能错位、缺位或越位问题，推动政府职能向着符合经济社会发展要求的方向

① 赵书山，刘全有．浅谈我国地方政府职能转变的目标和途径[J]．地方政府管理，1997(10)．

转变。

具有突破性或创新性的实践探索，更多地要求以问题为导向，目的是为了解决当地发展问题，或者实质性地提升治理能力和水平，追求良好治理效果。地方政府的这类改革和转变政府职能的实践，必须要坚持问题导向和需求导向来加大探索和创新力度。但当前，一些地方政府改革与职能转变，没有从当地需求导向出发，而仍然是政绩导向和对上负责(而缺少对群众负责)的一种行为选择和体现。由于政府改革不到位，提供公共服务依然是供给主导的而不是需求主导的模式。实际上，地方政府主体该提供什么样的服务，如何实施这些服务，应该是由居民需求来决定，而不是由地方政府部门自身所决定。

(五)增强职能转变的全面性与主动性

地方政府转变和加强某些职能具有一定的选择性。例如，地方政府公共服务职能履行，突出亮点是公共文化服务的多种内容和多元化供给方式。与此形成对比的是，农村的医疗保障服务、贫困地区农村的基础教育服务等，这些保障农村居民基本生存和发展的公共服务，却少有亮点或创新之处。其中可能存在的原因有，公共文化服务的提供更容易让地方政府做出看得见的政绩，更容易量化且便于向上级汇报成绩；而基本医疗和基础教育的公共服务，是无法立竿见影显现政绩的。因而，地方政府追求短期政绩，就会在履行公共服务职能上出现不平衡和避重就轻的选择性问题。正是地方政府的这种选择性问题，使得提供的公共服务无法切实满足居民的实际需求，或者与居民对公共服务的实际需求相错位。

地方政府转变职能的选择性，还表现为中央政府要求的一些改革举措落实不到位。比如，国务院要求建立环境责任追究机制，但在地方和基层的实践效果并不突出。还有，虽然中央政府和省级政府多次强调推进政府信息公开的政策要求，但在地方政府的改革实践中还是难以得到贯彻落实。

地方政府履行一些领域的职能也同时存在被动性问题。按照中央提出的新发展理念，地方政府职能的履行，最终要实现可持续发展。但有些地方履行政府职能，为了完成任务而忽视了当地发展的可持续性。例如，有的地方在精准扶贫方面，扶贫职能的履行就是简单以“输血”方式来完成一时的脱贫，而后续发展则被忽视了。其问题在于，如何把发挥扶贫的政策外力与激发当地脱贫的内生动力真正有机结合起来。这种被动性与“等待”“依赖”上级改革要求的思想是有关联的，上级政府没有考核要求的，即便可能是当地群众要求的一些事情，地方政府也不积极主动去履行相关职能。

(六)夯实改革与创新的制度基础

政府作为重要的国家权力主体，在全面实施依法治国基本方略指导下，按照《法治政府建设实施纲要(2015—2020年)》的目标，应依法全面履行政府职能。地方政府的职能转变与履行也不例外。但是，在社会转型和各种矛盾凸显的形势下，如何运用法治思维和法治方式处理种种新问题，如何处理好依法履行职能和灵活应对性的解决社会问题之间的关系，是地方政府履行职能面临的考验。

应该看到，在追求地方经济发展过程中，地方政府也有可能因此牺牲其他领域的发展，造成不能依法履职的问题。按照国家生态发展战略改革任务和加强地方政府环境保护职能的要求，不少地方都出台了相关的法规和制度，但一些地方政府并没有依法履行环境保护职能。比如，有的省内水库是全国的湖泊生态治理项目，省级政府也出台规定禁止煤焦车辆和危险品车辆进入，但当地的县交警队和县政府却对一些企业的拉煤车辆开绿灯放行。一些地方政府不严格执法、不依法履行环境保护职能，造成了巨大社会代价，影响了当地居民的生存和发展环境。

此外，地方政府履行职能的重点是随着经济社会发展形势、任务和要求的变化而发生转变的。当前地方政府要加强环境保护、公共服务、解决脱贫问题等职能。然而问题是，地方政府对于现阶段社会发展和居民有强烈需求的食品药品安全、安全生产等各种市场监管职能，则显得比较弱化，改革和创新实践及宣传报道也相对较少。处理好各项职能之间的关系，不仅是放、管、服三位一体简政放权改革要求中的“加强监管”，还是为了创造良好发展环境和维护市场秩序，都需要进一步加强市场监管职能。

地方政府履行职能的价值排序关系，必须坚持“以人为本”的核心价值，首先解决好民生保障问题。而民生保障离不开财政支持和经济实力，因此，其次就是要解决好经济发展问题。此外，还要维护社会公平与正义、维护社会秩序等。地方政府的机构和相关体制改革，都要为了更好地履行地方政府的职能。这包括深化行政管理体制改革，权限下放和干部下沉，更好地把顶层设计落实在基层治理。地方政府职能转变与改革在落实顶层设计时，要结合当地实际发展需求、坚持问题导向和需求导向，更加积极主动、全面地履行职能。

地方政府处于国家行政管理和履行政府职能的第一线，需要通过相关法律法规制度的上下衔接配套以及上下级政府联动，才能保障约束其依法履行职能。地方政府改革与创新履行职能的机制或方式，也要符合法律法规要求或法律精神，从而实现依法、有效的基层治理，这是国家治理现代化的重要基础。①

① 孙彩红．基层政府职能转变的创新路径[N]．中国社会科学报，2017-06-13.

复习思考题

1. 什么是地方政府职能？
2. 地方政府职能的影响因素有哪些？
3. 地方政府职能有哪些特点？
4. 我国地方政府职能的基本内容有哪些？
5. 如何加快地方政府职能转变？

案例分析

党的十八大以来政府职能转变的重要进展与未来展望

党的十八大以来，以习近平同志为核心的党中央从全局出发，把转变政府职能作为深化行政体制改革的核心，把简政放权等改革作为供给侧结构性改革的重要内容，多次做出重要部署，提出明确要求。新一届政府成立之初，把转变政府职能作为刀刃向内的自我革命，在“放”上下大气力，努力做好简政放权的“减法”；在“管”和“服”上不断创新，努力做好监管的“加法”和服务的“乘法”。

今后持续深化“放管服”改革的重点领域和关键环节：

（一）进一步推进简政放权，持续激发市场活力

1. 进一步深化行政审批改革。
2. 着力规范审批流程。
3. 加强改革横向协调。
4. 进一步减证和推进“证照分离”。
5. 全面推行清单管理制度。
6. 进一步推进收费改革。
7. 进一步清理规范中介服务。

（二）进一步加强事中事后监管，优化公平竞争的市场环境

1. 进一步创新事中事后监管体制机制。
2. 进一步创新事中事后监管方式。
3. 加大对违法违规行为的惩处力度。
4. 更加注重基层监管能力提升。
5. 进一步推进“互联网+监管”。
6. 积极引导社会公众和第三方参与监管。

（三）大力提升政府服务，为各类市场主体和群众办事提供便利

1. 持续开展“减证便民”行动。

2. 为“双创”提供全方位服务。

3. 推进“互联网+政务服务”。

4. 提供公平可及的公共服务。

（资料来源：马宝成，吕洪业，王君琦，安森东：《党的十八大以来政府职能转变的重要进展与未来展望》，载《行政管理改革》，2017年第10期。）

第三章 地方政府行政区划

行政区划是行政区域划分的简称，是国家为了进行分级管理而实行的区域划分。无论是在中国，还是西方，行政区划在绝大多数情况下只是被作为一个应用性领域，并没有形成较为系统的理论。然而相比其他国家，行政区划在中国政治生活中的重要地位，决定了中国政治学界和公共行政学界更加需要从政治发展和政府治理模式转换，特别是从政府职能转变的视角，强化对行政区划的理论研究，推动研究工作的深入化和系统化。

第一节 行政区划的内涵、类型与影响因素

一、行政区划的内涵

行政区划是国家行政机关分级管理的区域划分制度，是国家为实行国家行政管理对其领土进行分级划分形成的领土结构。

行政区划是一个包含行政建制、行政单位和行政区划三者及其之间相互关系的综合性的概念。地方行政建制是国家结构单元，它是由一定地域居民组成的政治实体。国家出于政治统治的根本需要和管理上的具体考虑，按地域划分居民，设置地方行政建制。行政建制是中国地域性政治实体的规范用语，是政府组成的结构单元。从组成一个地域性政治实体的要素来看，行政区域仅包含地域和居民两个要素，地方行政单位包含权力和政府两个要素，而地方行政建制则包含了上述四个因素。地方行政建制仅存在设置与撤销的变化，合并与改设实际上是两种变化同时出现。地方行政单位是国家按地方行政建制设置的治理该国家结构单元的一级政府，是该单元各地方国家机构组成的整体，也就是广义上的政府。地方行政单位在组成不变的情况下，其隶属关系是可以改变的。地方行政区域是地方行政单位管辖的范围，包括一定的地域和居住在这一地域上的居民。行政区域的调整，不涉及治理该地域的政权组织是否变动，即在政权组织不变的情况下，行政区域也可以发生变动。同样，地方行政单位组成及隶属关系的改变，并不一定会导致行政区域或建制的变动。

行政区划改革、行政区划研究、行政区划调整等词组，都是对上述三方面内容的整体性表述。其具体所指，有些可能仅涉及其中一个方面，有的则可能不止一个方面，甚至包括行政单位、行政区域和行政建制三方面的内容。例如，“县改市”属于地方行政建制的变更，而重庆直辖市的设立则囊括了包括行政建制、行政单位和行政区域三个方面的调整变化。

二、行政区划的类型

国家都是按地域划分行政区。各国的行政区划有不同的划分和名称。不论何种类型的国家，行政区划的划分总要符合统治阶级的根本利益，并考虑政治、经济、民族、人口、国防、历史传统等各方面的因素。社会主义国家行政区域的划分通常根据以下原则：

一是政治原则。促使国家机关密切联系人民群众，便利人民群众参加国家管理。

二是经济原则。根据不同地区的经济特点进行划分，使之有利于发展社会生产力。

三是民族原则。根据少数民族的居住状况和其他特点进行划分，使之有利于各民族的发展，巩固各民族的团结。

这些原则是相互联系、相互结合的。此外，也顾及历史传统、人口分布、地理条件和国防需要等因素。

行政区划虽因国家本质不同而有其明显的阶级性，但也有一定的历史连续性。例如，中国从秦代(公元前 221—前 207)建立统一国家并施行郡县制以来，历代行政区划虽有变更，但变化并不太大。英、法、美等国的行政区划也是从19 世纪继承发展下来的。

由于受到自然、经济、政治、人口、民族、历史、文化等综合性因素的影响，一个国家的地方政府一般都会表现为不同的建制类型，进而形成不同的行政区划类型。关于行政区划的类型，目前学术界比较普遍的观点是根据一定的行政管理要求、规则和设置标准，将不同性质的行政区划分为地域型政区、城市型政区、民族型政区和特殊型政区四种基本的类型①：

一是地域型政区(普通型政区)。地域型政区是一种以传统的“城乡合治”为基本特征的政区类型。就目前来看，地域型政区仍然是各个国家最主要的政区类型，典型如中国的省、县、乡，日本的道、府、县、村，美国的州、县，英国的

① 刘君德．中国政区地理的发展与成就[J]．人文地理，1996(S1)．

郡和区，法国的省和县，等。

二是城市型政区。城市型政区是以“城乡分治”为基本特征的一种政区类型。城市型政区的主要特征是城市它通常不仅是特定地域的政治中心，也是工商业经济的中心，二、三产业相对较为发达，非农人口聚集的程度较高，生产力呈现点状分布特征。就政府的职能而言，相对于一般地域型政区的政府，城市政府的公共服务职责往往更为全面，管理水平也通常较高。

三是民族型政区。民族型政区是在地域型政区的基础上，在少数民族比较集中的地区实行的、以民族区域自治为主要特征的一种政区类型。民族型政区的基本特征在于实行民族区域自治，设立的基本目的是为了在统一的多民族国家中，保障少数民族管理本民族内部事务的权利。

四是特殊型政区。特殊型政区是为了适应政治、军事、经济等某一项或几项特殊的需要，在特定时期、特定地区设置的，有别于地域型、城市型、民族型政区的特殊行政区划类型。

实际上，上述四种类型的政区可以被进一步粗略地划分为普通型和特殊型两种基本类型，地域型政区属于普通型政区，而后三种则属于特殊型政区。这主要是因为后三种政区类型都是在普通地域型政区的基础上衍生并发展起来的。

三、行政区划的影响因素

（一）自然环境

自然因素包括国土以及自然地理环境，主要指地形、气候、土壤、植被、水文、矿产资源等自然地理要素组成的整体。自然因素对行政区划的影响归纳起来主要有三大类：即自然条件、自然资源和自然分界线。不同的区域都有不同自然条件，自然条件好的区域城市数量就比较密集，反之就比较少；每个地方的自然资源不一样，有些地方自然资源比较丰富，而且比较容易开采，而有些地方自然资源就比较贫乏，这跟行政区划设置就有很大的关联性；自然分界线，主要是指山脉、河流和山川，我国古代“山川行便”的划分原理就是根据自然分界线来划分，如湖南、湖北、山西和山东都是依据山脉、河流、湖泊来划分。

（二）政治因素

政治因素对行政区划有着很大的影响，我们所指的政治因素主要有国体、政体等因素，国体和政体必然对行政区划的变动和调整有一定的影响作用。行政区划作为国家实行分级管理的统治方式，体现统治阶级的利益。①

---

① 叶敏峰. 中国行政区划变革研究[D]. 上海：上海交通大学，2009.

(1)国家政权的性质决定着行政区划的性质。(2)国家结构形式决定着各国选择不同的模式。(3)政府职能转变程度也直接决定着行政区划体制类型。

(三)经济因素

经济制度、经济体制、经济状况以及科学技术发展程度等对行政区划的设定与变更的影响。

不可否认，经济因素是影响行政区划调整的一个重要限制性变量。但是，作为治国安邦的大政，行政区划本质上是国家权力再分配的基本形式，是一个国家政治、经济、军事、民族、习俗等各种要素在地域空间上的客观反映。① 显然，经济因素只是影响行政区划调整的因素之一，而不可能是唯一的因素。行政区划当然可以、而且应该“服务于社会主义市场经济”，但具体的“服务”手段是否只能是通过不断的调整行政区划，去适应始终处于变化和扩展中的市场状况，作为国之大政，行政区划也不可能仅仅服务于经济发展。

(四)社会因素

一国的行政区划体制，就是该国在长期的社会环境和历史传承中逐步演化、不断发展而形成的。同时，人口和民族因素也对行政区划产生深远的影响。

第二节　我国行政区划的历史演变

行政区划随着国家的产生而产生。按地域划分行政区而不依氏族划分部落，这是国家区别于氏族组织的一个基本特点。不论何种类型的国家，行政区域的划分总要符合统治阶级的根本利益，同时顾及政治、经济、文化、民族、地理、人口、国防、历史传统等多方面的因素。随着现代社会生产力的发展，经济因素起着重要的作用。

行政区划虽因国家本质不同而具有鲜明的阶级性，但也有一定的历史延续性。另外，在同一个政权下，由于政治、经济、民族等情况的变化，在不同时期的行政区划也会有所调整和变更。20 世纪 70 年代以来，西方国家有人倡议改革行政区划，提出了匀称、精简、协调等标准；有的还提出如何有利于提高政府工作效率和对公职人员进行管理等问题，但改革的实际措施很少。

一、古代中国的行政区划调整

长期以来，行政区划在绝大多数情况下只是作为一种统治和政策工具存在

① 龙永图．行政区划成为目前大陆经济发展的瓶颈[EB/OL]．新华网，2009-03-05.

的。在中国历史上，历代王朝始终把行政区划作为治国安邦的基本手段，几乎每一次王朝更迭，都会进行规模不等的区划调整。也正是鉴于其重要性，行政区划事务一直由最高决策层直接掌控，重大的事项则由皇帝亲自审定。正是由于地方行政区的形成过程具有强烈的“区划”色彩，因此在一定程度上甚至可以说，行政区划对于其他任何国家而言，都没有中国这么重要。①

对于任何一个国家而言，行政区划作为国家结构体系的基本组成部分，都是历史演进的结果。目前学术界比较常见的观点是，中国古代行政区划体系的完全确立和全面推行，产生于中央集权国家诞生之后的秦代。秦始皇统一中国后，重要的一项管理工作就是设置 36 郡，对全国的行政区划重新做了安排和部署，并且制定了严格的管理制度，如设置保甲制度，一人犯罪，数家连坐，收缴铁器，几家合用一把刀，实行了最严格最残酷的管理。刘邦建立汉朝，在建立新的规章制度方面，萧何起了极其重要的作用。常言说“萧规曹随”，就是说萧何制定规章，曹参执政后不做改变。自秦代以来的两千余年里，中国的行政区划体系虽然经历了反复的调整变革，但其基本框架却一直延续至今。这种承袭与发展既表现在外在形式上，也表现在实质内容上。因此，从不同历史阶段行政区划调整和演变的基本轨迹出发，探索其中所蕴含的规律性，对于理解现阶段的行政区划改革无疑具有重要的意义。

通常认为行政区划具有四个基本的构成要素，即政区的层级、幅员、边界及行政中心。行政区划的层级结构是指处于各个层面的政区之间，由于命令、指挥等行政隶属关系的存在而形成的上下层级关系。除了极个别人口幅员极为有限的小国和地区，一个国家的行政区划通常需要分成若干层次。政区层级机构分为正式层级和非正式层级。正式层级是指那些由存在地方长官的地方行政单位，具体表现为地方政区的层级构成，例如二级制、三级制等。非正式层级又被称为“准层级”，通常是指那些在实际政治生活中发挥着正式层级的全部或部分功能，但在法律意义上又未被正式认可的地方行政体制安排。在具体形式上，非正式层级或者是一个监察单位，或者是一个行政分治单位。自秦始皇统一中国到中华人民共和国成立前的两千多年间，按照政区层级结构的变化情况，可以被大致划分为三个基本阶段：第一阶段为州、郡时期，包括秦、汉、魏、晋、南北朝时代，历时约 800 年。这一时期，政区层级结构逐步由两级制演变为三级制。第二阶段为道、路时期，包括隋、唐、五代、宋、辽、金时代，历时约 700 年。此期间，政区层级结构经历了从两级制到三级制的轮回。第三阶段为行省时期，包括元、

① 邹逸麟．从我国历史上地方行政区划制度的演变看中央和地方权力的转化[J]．历史教学问题，2001(2)．

明、清、民国时代，历时约700年。在此期间，政区的层级结构从多级制逐步简化为三级制，甚至短时的二级制。

民国初期，承袭清朝区划制度，省、道、府、县四级制，中期开始实行省、县二级制，省县之间有一个名为行政督察区的准行政区，据此最多为三级行政区划制度。

二、中华人民共和国成立以来的行政区划调整

行政区划所涵盖的内容虽然十分丰富，但在理论研究和实践工作中，人们关注较多的通常还是政区类型、层级结构、管理幅度等最基本的内容。从改革开放之前行政区划演变的基本轨迹来看，无论是政区类型还是层级结构，都表现为三个特征比较明显的历史阶段[9]：即初创阶段(1949—1954年)、逐步规范阶段(1954—1966年)和曲折运行阶段(1966—1978年)。①

(一)政区体系的初创阶段

从历史经验来看，在国家发展的急剧变革时期，随着经济、政治、社会诸领域的剧烈变动，必然要求对原有的国家结构体系作出相应的调整，以适应新的形势。行政区划体系作为国家结构形式的基本组成部分，必然也会随之作出大规模的调整。中华人民共和国成立初期，为了建立和巩固新生的地方各级人民政权，中央政府依据中国人民政治协商会议通过的《共同纲领》中关于地方政府制度的基本原则，对旧有的行政区划体系进行了全面改造。

(二)城市型政区建设全面提速

中国的城市型政区萌芽于20世纪初，但其后的发展却相当缓慢。直到中华人民共和国成立初期，城市不仅数量少，而且普遍规模较小，工商业经济基础脆弱，市政基础设施建设严重滞后。鉴于此，中共中央在解放战争胜利的前夕，就开始有计划地增加市镇建制。特别是在新解放区，增设了大量的市镇建制。从1948年到1953年，全国每年平均增设的城市建制达15个，其中仅1949年就新增建制市36个。到1953年，城市数量已经迅速增加到了173个。同时，为了改变原有区域工业布局的失衡状况，中央决定把设市的重点从东部沿海地区转移到中西部地区，特别是少数民族居住区和边境地区。例如在1949年，先后在中西部地区新设置了呼和浩特、包头、赤峰、海拉尔、满洲里、南宁、桂林、柳州、海口、贵阳、宝鸡、汉中、银川、西宁、迪化乌鲁木齐等十数个城市；1950年又设置了北海、遵义、麻栗坡、河口、天水、吴忠等多个城市；1951年新设立

① 陈小京．中国地方政府体制结构[M]．北京：中国广播电视出版社，2001.

了通辽、襄樊、雅安、内江、个旧、下关等城市；1952 年新设立了咸阳、喀什、伊宁等城市。① 到 1954 年，全国城市型政区的总体布局上较之过去更加趋于均衡，并带动了各区域社会经济的快速恢复和发展。与此同时，设镇的速度更是急骤。如江苏省在 1950 年就新设镇建制 790 个。到 1954 年，全国建制镇已经达到 5402 个②。

在城市型政区建设方面，这一时期取得的另一个重要成就就是普遍性地设立了城市的基层政区——市辖区。早在民国时期，北京政府颁布的《市自治制》以及南京政府颁布的《市组织法》中，就已经有了在城市内分区的规定。但由于当时的城市发展水平和政府管理能力实在不高，所以除了几个大城市，一般的市都没有设置市辖区。实际上，即使少数设置市辖区的大城市，也没有将市辖区作为正式的城市基层政区，更多地只是出于便利管理的需要所作的一种区域划分。中华人民共和国成立后，在中国共产党的领导下，为推行"民主建政"，在一些大城市先后召开了各界人民代表会议，组成了区人民政府。1950 年 11 月，政务院公布了《大城市各界人民代表大会会议组织通则》和《大城市区人民政府组织通则》，规定万人以上的城市应召开各界人民代表会议，组建区人民政府。"五四宪法"也明确规定"直辖市和较大的市分为区"。同时颁布的"地方组织法"规定：市辖区设人民代表大会和人民委员会。③

至此，市辖区正式成为城市的基层行政建制单位。此后，市辖区开始在城市型政区普遍设立。

(三)民族型政区的创立与推广

中国共产党历来重视民族问题。在处理民族问题方面，中国共产党也经历了一个将马克思主义普遍原理与中国实际相结合的过程。在中国共产党成立初期，曾经主张在自由联邦基础上，建立中华联邦共和国，并曾一度主张实行"民族自决"。显然，这些主张与中华民族的历史发展趋势不相一致，也与中国境内各民族关系的发展历史相违背。因为中国各民族在历史的交往和融合过程中逐渐形成了交错聚集和散居的相互依存的密切关系。上述主张的提出与中国共产党成立初期对民族问题的重要性、复杂性，认识的还不够充分和成熟有关。其后，在毛泽东的领导下，中国共产党根据中国民族关系的实际状况，提出了处理民族关系的新途径，即建立民族自治型政区，实行民族区域自治。

中国的民族型政区实际上在中华人民共和国成立前的解放区就已经存在了，

① 戴均良．中国市制[M]．北京：中国地图出版社，2000.

② 辜胜阻．非农化和农村工业化探讨[J]．人口与经济，2019(4).

③ 田穗生．中国行政区划概论[M]．北京：北京大学出版社，2005.

例如 1946 年在甘宁边区的城川县建立的蒙民自治区、正宁县建立的回族自治乡；1947 年 5 月，中国第一个省级民族自治区——内蒙古自治区正式建立。这些都是在中国共产党领导下将马克思主义的民族理论与中国具体的民族问题有机地结合，并充分汲取国内外处理民族事务经验与教训的产物，是贯彻民族区域自治原则的良好范例，同时也为民族型政区的创立和推广提供了宝贵的经验。

中华人民共和国成立后，民族型政区步入了一个新的发展阶段，1949 年 9 月颁布的《共同纲领》确定了在各少数民族聚居地区实行民族区域自治的原则。1952 年 8 月，中央政府通过了《中华人民共和国民族区域自治实施纲要》。《纲要》规定："各民族自治区的行政地位，即相当于乡—村、区、县、专区或专区以上的行政地位，依其人口多少及区域大小等条件区分之。"到 1952 年底，全国已建立起省级民族自治区 1 个、地级自治政区 9 个、县级自治政区 28 个，另外还建立了近百个相当于区级和若干个相当于乡级的民族自治政区。此外，旧中国对蒙古族民众实行统治的盟旗制度也被进行了彻底的改造。改造后的盟旗制度虽然保留了原来的称谓，但盟、旗的性质上已不再是一个集军事、生产和行政于一体的机构：旗演变为县级行政区，盟则演变为自治区与旗(县)之间的一级行政分治区，成为自治区派出机关的辖区。

(四)特殊型政区的设立

南京国民政府时期，曾经在一些尚未开发的边远地区或少数民族地区，为筹建县制而设置了许多设治局，可以视为当时的一种特殊型政区。到了解放初期，全国尚存多个设治局，分布于云南、西康、四川、贵州、新疆、甘肃、陕西、青海、河北等省。从 1950 年开始，设治局被逐步撤销，或改建为县，或并入其他各县。这一时期，为了迅速恢复战争破坏的经济社会建设，开发自然资源，陆续设置了一批具有综合性职能或专门性职能的特殊型政区。它们多被冠以反映其管理对象特点的名称，如特别区、矿区、工业区、盐区、垦区、中心区等。

十一届三中全会以后，中国进入全面改革开放的全新历史时期，各项事业又踏上恢复、改革与发展的正常轨道。在这样的基本时代背景，行政区划工作也步入到了有序调整的阶段。

(一)城市型政区的快速扩张

相比之前，改革开放以来行政区划调整的一个重要现象，就是城市型政区的快速扩张。城市型政区的快速扩张与这一时期设市模式的变化存在密切的联系，因此这里有必要首先对此作一定的介绍。

从市制产生到改革开放前的几年时间里，中国的设市模式主要是采取传统的"切块设市"模式。所谓切块设市，是指在县城或者自治县、市县城以外的重要工矿区、交通枢纽、风景名胜区、边境口岸及其近郊区域设置城市，从而与原来的县自治县、市分割为个以上的行政区。① 在传统的计划经济体制下，尽管切块设置的市的辖域较小，但由于区域经济系统以纵向运动为主，城市发展缓慢，普遍并未出现城市空间区域的紧张问题，其发展仍有一定的余地。此外，由于城市的粮油、蔬菜和肉类等副食品和工业原材料的供应、工业成品的外销都由政府通过行政手段按照计划调拨。因此，切块设市造成的“市县并存、城乡分离”的矛盾以隐性化的方式存在，并未引起太大的重视。

改革开放以来，随着社会经济的持续发展，特别是市场经济的逐步建立和完善，切块设市模式被认为带来了一些难以克服的矛盾。② 首先，如果切出的一块是县城，那么建市以后往往会造成市县同城现象，使得一个城市内的企事业单位分属两个独立政区。县为了充分利用原有的基础设施和土地等资源，发挥县城的区位优势，只能在市区内或外围延续发展，这不仅使本已拥挤的市区压力更大，而且这种“你中有我、我中有你”的插画式布局，给城市的协调发展带来了一系列矛盾。其次，由于切出的一块往往是县域经济和社会发展最为发达或最具发展潜力的部分，切得多了，剩下的县域经济发展处境艰难；切得小了，市的发展没有足够的腹地，进而严重影响城市的发育及功能发挥。最后，在一个县的境内单独切出一块设市，会大量地增加县级管理单位，给省级政府的管理带来一定的难度。总而言之，上述弊端已经严重影响了切块设市模式在改革开放以后的继续大量推行。

鉴于切块设市模式所存在的弊病，1980 年以后，这一模式就已经很少出现，仅在少数非县城中心镇得以保留，而且由于原来切块设市的不少地方实行了市县合并，致使由这一模式设置的市的数量大幅度减少。于此同时，各地在实践中逐步酝酿出了一个新的设市模式——整县改市。整县改市模式主要是指三种情况：一是指将整个县(自治县、旗)改为市；二是将几个县合并设置为一个；三是将原来通过切块设市模式设置的城市与其郊县重新合并组成一个城市。③ 在上述三种情况中，以第一种最为常见。

对于整县改市模式，民政部、劳动人事部在上报国务院的《关于地市机构改革中的几个重要问题的请示报告》中给予了肯定。此后，整县改市随即成为基本的设市模式，开始在全国迅速推广。例如，在 1983 年设立的 44 个市中，按照整

---

① 蒲善新．中国行政区划改革研究[M]．北京：商务印书馆，2006.

② 刘君德．制度与创新——中国城市制度的发展与改革新论[M]．南京：东南大学出版社，2000.

③ 蒲善新．中国行政区划改革研究[M]．北京：商务印书馆，2006.

县改市模式设置的就达 39 个，占 88.6%。1984 年和 1985 年两年，撤县建市的数量虽有所减少，但按照这一模式新设的城市的比例仍然高达 91.7%和 87.5%。随后在 1986 年国务院批准的新的市镇设置标准中，扩大了非农业人口的范围并适当减低了设市条件，撤县设市更是迎来了发展的高峰。从 1979 年到 2004 年，县改市总数达 245 个，占同期设市总数的 85.7%。在全国现有的 293 个地级市、388 个县级市中(截至 2019 年底)，更是有超过 70%的市是采用整县改市的模式设置。

过去，由于交通不便，省直接管理县有一定的困难，因此设置“行署”这个省人民政府派出机构，对县直接管理。行署的个数很有限，权力也不大，对县的管理更多的是为之协调以解决困难。1983 年开始地级行政区划改革，“地区”改制为“市”，出现地级市，省辖市改称为“地级市”，至此由之前的“地管市”“地管县”演变为“市管市”“市管县”；到 2005 年，除 4 个直辖市、海南省以及部分省实行局部的省直接管辖县、县级市(也称省辖县)以外，全境以“四级行政区划制度”为主。

(二)城市在数量和空间上的扩张

在整县改市取代切块设市成为设市的主要模式之后，中国的城市型政区开始得到迅速扩张。这种扩张不仅表现在城市的数量上，也表现在城市的空间规模上。具体来看，从 20 世纪 80 年代一直到 90 年代的中后期，县改市是城市型政区扩张的最主要形式。在这期间，全国的城市数量由 1978 年的 193 个增加到 1998 年的 668 个。① 但从 1997 年以后，决策层认为原有设市标准指标过低，已经不能满足调控目标和指导意义，县改市的审批此后基本被冻结。因此，中国城市型政区扩张的主导形式开始由县改市逐步转向城市空间范围的扩张。在具体形式上，就是将县级政区并入城市，一般变为所并入城市的市辖区。从 1979 年至 2008 年，全国市辖区数量由 415 个增加到 856 个。

改革开放以来，城市型政区的快速扩张显然与这一时期国民经济的持续快速发展存在着根本的关联，但政府其他政策层面的因素也在其中发挥了关键的作用。在城市发展战略方面，中国长期实行“控制大城市规模，合理发展中等城市，积极发展小城市”的基本方针。为了贯彻这一战略，一方面大城市的空间和人口扩展长期被严格限制，直到近十年来有所放松；另一方面，则是通过放宽设市条件以及其他优惠政策鼓励发展小城市。例如，1986 年国务院公布的新的设市标准，就将设市非农业人口标准由原来的 10 万人降低为 6 万人。因此可以说，中

① 根据中华人民共和国民政部编写的《中华人民共和国行政区划简册》的相关数据整理计算而得。

国的城市发展战略以及相关政策为这一时期中小城市数量的迅速扩张铺平了道路。与此同时，由于作为行政单位的县在政治地位、财政拨款以及招商引资能力等方面，都与市存在一定的差距，所以县级政区对于县改市通常都抱有极大的热情。在中央的政策鼓励与地方政府自身的热情形成合力的情况下，最终促成了20世纪80年代中期到90年代初期的县改市热潮。

习近平总书记明确指出，“行政区划本身也是一种资源”①。我国行政区划体制作为中国特色社会主义行政体制的重要组成部分，具有基础性、全域性、稳定性的重要特征。应该说，通常意义上讲的省、市、县、区以及乡镇等是行政区划体制的表现形式。实际上，中华人民共和国成立以来，现代行政区划体制的构建及优化，植根中国大地与深厚中华文化，没有使历史悠久的行政区划发生瓦解或断裂，而是尊重行政区划规律并依托传统优势。同时，注入新鲜血液与新型内涵，不断适应现代经济体系发展、现代生产力布局与城市化格局等稳步优化，从而全面形成了以层级体系和广域市制为基干、以城乡融合和区域协调为基础、以全国统筹和上下贯通为基质、以稳定秩序和催化活力为基调的中国特色行政区划体制。不仅联结着个人、地方与国家，有助于实现人民群众对美好生活的向往，而且有力促进了传统血脉与现代创新的相得益彰，更增强了人民主体性，激发了群众创造性，有效地加强了党和国家与广大人民群众的血肉联系，已经成为坚持和完善中国特色社会主义制度、推进国家治理体系和治理能力现代化的重要内容。

三、我国现有行政区划名称

《中华人民共和国宪法》规定，中国行政区划分为省级行政区、地级行政区、县级行政区、乡级行政区四个级别，中国现行的行政区划实行如下：

（一级行政区）省级行政区名称：省、自治区、（直辖）市、特别行政区；

（二级行政区）地级行政区名称：地区、盟、自治州、（地级）市；

（三级行政区）县级行政区名称：县、自治县、旗、自治旗、（县级）市、（市辖）区、林区、特区；

（四级行政区）乡级行政区名称：乡、民族乡、镇、街道、苏木、民族苏木、（乡级）管理区、（县辖）区、（县辖）市。

① 习近平．用顶层设计指导引领推动京津冀发展合作[EB/OL]．人民网·理论频道，2017-07-03。

第三节　新时代我国行政区划改革

党的十九届四中全会提出，“坚持和完善中国特色社会主义行政体制，构建职责明确、依法行政的政府治理体系”。要完善国家行政体制，优化政府职责体系，优化政府组织结构，健全充分发挥中央和地方两个积极性体制机制。“优化行政区划设置，提高中心城市和城市群综合承载和资源优化配置能力，实行扁平化管理，形成高效率组织体系。”行政区划体制是中国特色社会主义行政体制的重要组成部分，具有基础性、全域性、稳定性的重要特征，不仅关系到政府组织结构、政府治理体系乃至中央和地方两个积极性的发挥等，还关系到生产力布局、统筹城乡的民生保障、共建共治共享的社会治理乃至生态文明建设等。中华人民共和国成立 70 多年来，中国特色行政区划体制构建与优化已经成为党领导人民依据宪法法律，坚持和完善中国特色社会主义制度，推进国家治理体系和治理能力现代化的重要内容。

一、坚持党的集中统一领导

行政区划是国家政权建设的重要组成部分，是治国理政的基础制度框架，行政区划改革与众多领域改革紧密相关。这不仅要求行政区划在相关改革中发挥更加突出的支撑作用，也要求区划管理本身更加科学高效。行政区划改革首先要坚持党的集中统一领导。

党的领导是中国特色社会主义最本质特征。中华人民共和国成立之初，行政区划体制就备受重视，成为党领导下地方与基层政权建设的重要组成部分。当时，党的中心工作是建立和巩固新生的人民政权，行政区划体制的构建不仅要有利于中央对地方的强有力领导，还要有利于人民群众参与国家事务管理、经济文化事业管理、社会事务管理。在解放战争时期各大战略区的基础上，全国分为华北、东北、西北、华东、中南、西南六大行政区，划小省制。人民政权稳固之后，进一步确立了中央对行政区划的集中统一领导，构建了行政区划体制与体系。1954 年《宪法》第五十三条规定：“中华人民共和国的行政区域划分如下：(一)全国分为省、自治区、直辖市；(二)省、自治区分为自治州、县、自治县、市；(三)县、自治县分为乡、民族乡、镇。直辖市和较大的市分为区。自治州分为县、自治县、市。自治区、自治州、自治县都是民族自治地方。”同时还规定，“省、自治区、直辖市的设立、撤销、更名，报全国人民代表大会批准；其余各类县级以上的行政区划的变更由国务院审批”。不仅如此，党领导全国人民历史性地创设了崭新的民族区域自治制度，如今已经成为人民当家作主制度体系的重要组成部分。

行政区划始终坚持深入贯彻党的总体部署，明确行政区划体制的改革方向。党的十一届三中全会以来，根据我国改革开放的新要求，积极稳妥地推进行政区划体制改革，实行和完善了市管县体制，进一步推进中心城市发展和城乡统筹。1982年12月中共中央、国务院《关于省市自治区党政机关机构改革若干问题的通知》出台，两个多月后，《关于地市州党政机关机构改革若干问题的通知》发布，不仅认为市领导县体制已为历史经验所证实，而且认为是符合社会主义建设客观规律的。“实践证明，这样做好处很多，是符合社会主义建设客观规律的成功经验。”“已有的经验证明，这样做既促进了工农业生产的发展，又不会削弱县和大城市郊区的工作。”市领导县体制在相当程度上也可以视为省向地级的放权。20世纪90年代，开创性地建立了香港和澳门特别行政区制度；2010年以来，为了切实加快县域经济社会发展，我国各地大力推进了省直管县(市)试点工作。

党的十八大首次将省管县写入党的报告，提出“优化行政层级和行政区划设置，有条件的地方可探索省直接管理县(市)改革，深化乡镇行政体制改革”的要求。将完善和发展中国特色社会主义制度，推进国家治理体系与治理能力现代化进一步作为全面深化改革的总目标后，2018年《行政区划管理条例》开宗明义指出，“行政区划管理工作应当加强党的领导，加强顶层规划”。“行政区划的重大调整应当及时报告党中央。”显然，行政区划体制优化必须坚持党的集中统一领导，今后将进一步围绕贯彻落实党中央重大决策部署，明确责任，调配力量，健全机制，完善党对行政区划工作的领导制度。

二、坚持以人民为中心的发展

坚持党的集中统一领导，就必然要求坚持以人民为中心的发展。实现好、维护好、发展好最广大人民的根本利益，带领人民创造幸福生活，是党始终不渝的奋斗目标。中华人民共和国成立以来，行政区划体制构建与优化以人民利益为旨归，坚持以人民为中心的价值取向。

中华人民共和国成立之初，华北、东北农村基层政区建制基本上沿袭原行政村，而华东、中南、西南则大多沿存大乡制。为了进一步完成巩固人民民主专政、深入发动群众、实行土地改革等任务，全国乡建制呈现趋小化倾向，1951年政务院《关于人民民主政权建设工作的指示》规定，“应酌量调整区、乡(行政村)行政区划，缩小区、乡行政范围，以便人民管理政权，密切政府与人民群众的联系，充分发挥人民政权的基层组织的作用，并提高行政效率”。北方主要将行政村升格为乡，而南方则是将大乡划小。在实行小乡制时期，全国乡总数由1951年21万多个增加到1952年的27万多个，增加了近1/3的乡建制，平均一个县要辖百余乡，这给县级行政带来相当的困难，故而在县与乡之间增设了派出机关——区公所，承担以往县-乡之间的群众事务。

1980年代中后期城乡经济的新变化与乡镇工业的异军突起，小城镇发展备受重视。1984年《关于一九八四年农村工作的通知》要求农村工业适当集中于集镇，使集镇逐步建设成为农村区域性的经济文化中心。11月《国务院批转民政部〈关于调整建镇标准的报告〉的通知》发布，进一步强调“适当放宽建镇标准，实行镇管村体制”，“加速小城镇的建设和发展，逐步缩小城乡差别”，为此，小城镇成为20世纪80年代以来农村发展的重要主题之一。建制镇的数量不断提升，从1978年2173个增加到1984年10月民政部《关于调整建镇标准的报告》的5698个，再增加到1998年的19216个，近乎改革初年的9倍。与此同时，在城市社区，我国通过基层行政区划调整，建立了党和国家密切联系群众，纵向到底、横向到边的社会治理制度。即，通过镇管社区、街道体制改革、居委会和村基层群众自治等，完善了基层治理体系建设，推动社会治理重心向基层下移，实现政府治理、社会调节与居民自治的良性互动。

十八大以来，通过行政区划优化及其措施配套，牵引公共服务资源优化配置，更好地满足人民群众的美好生活需要；同时，《行政区划管理条例》的颁布，明确规范了行政区划设置前后的社会参与路径。设置之前，必须提交“征求社会公众等意见”材料；设置之后，又要求“应当向社会公告”，从而更好地完善行政区划设置方案，更精准地贴近公众的实际需求，不断增强人民群众的获得感、安全感、幸福感。

三、围绕社会主义现代化建设

我国社会主义现代化建设在不同的历史阶段具有相应的主要任务，而行政区划体制的构建与优化有效服务了国家治理的体系完善。

1952年底，我国国民经济恢复，“一五”计划时期是我国首次大规模、有重点地进行工业建设的时期，也是中华人民共和国建立独立工业体系的奠基时期，国家的主要任务是实施经济计划振兴国民经济。为此，1954年撤销了大行政区，14个直辖市降为3个，合并了一些省级政区(30个归并为20个)，并确立民族自治制度。1958年之后，由于国家战略向工业化发展的转向，乡镇体制改为生产职能突出的人民公社体制①。

党的十一届三中全会确定党和国家工作的重点转移到社会主义现代化建设上

① 林拓．新中国70年：中国特色行政区划体制与国家治理现代化[N]．中国社会科学报，2019-11-25.

来，相应成为行政区划体制优化的根本任务。1980年8月，全国人大通过决议成立深圳、珠海、汕头、厦门4个经济特区；1988年4月全国人大通过《关于设立海南省的决定》和《关于建立海南经济特区的决议》；海南成为我国最年轻的省份和最大的经济特区。中国特色经济特区极大促进了改革开放和经济发展。

20世纪90年代以来，我国城市新区建设拉开序幕，1992年设立上海浦东新区；2005年6月国务院批准浦东新区进行综合配套改革试点，成为我国新时期第一个综合配套改革试验区；2009年4月国务院批复同意南汇区行政区域划入浦东新区。新世纪以来，全球化、信息化和区域一体化进程日益深入，我国城市发展向大都市圈和城市群拓展。“十一五”“十二五”和“十三五”规划连续“把城市群作为推进城镇化的主体形态”，行政区划也在此背景下发生深刻重组，呈现行政区划规模优化和区域联动强化等特征。一方面，省会城市、副省级城市率先撤县设区，扩大行政区划规模，增强中心城市的辐射带动能力以外，近年来，一些区域次一级中心城市也逐步扩大城市规模，更好地承接省域中心城市的产业转移，构建合理的城镇空间和功能体系；另一方面，在大都市区周边、区域发展重要轴线和省域边界地区撤县(市)设区或设市，不仅有利于跨行政区的规划协调、交通衔接、政策对接和沟通协作，而且加强边界地区的空间治理和城市建设，如长三角地区地级市行政区划调整逐步体现与一体化发展的紧密关联；都市圈内的撤县(市)设区，通过区县重组来扩大市辖区规模，增加辐射带动能力，形成与区域生产力布局相适应的行政区划格局。

城镇化是国家现代化的必由之路，为此，逐步推进了撤县设市、撤县设区、撤乡设镇、撤镇设街等城市行政区划的体制转换。我国城镇化率从中华人民共和国成立初期的12%到2018年接近60%，相应地，从1949年至2018年，我国确立了城市型主导的行政区划体系与体制，推动地级市从54个到293个，县级市从66个到375个，市辖区从368个到970个，镇从2968个(1983年)到21297个，街道从5304个(1983年)到8393个，稳步形成了适应新型城镇化的行政区划体制。

四、把握行政区划的内在规律

自秦设立郡县制以来，行政区划在我国绵延发展两千多年，逐步形成了自身的内在规律。中华人民共和国成立以来，不断优化国家治理的空间基础，呈现出统筹渐进与规范包容的鲜明特征，两者的有机统一，正是在深刻把握我国行政区划内在规律的基础上形成的。

统筹渐进是指全国范围的行政区划优化统筹布局与总体协调，同时，先行先试与稳步推进，“全国一盘棋”。市管县、省管县等行政区划体制改革，地级市、县级市、副省级市等市制改革，乡镇合并等基层政区改革，几乎都经历了沿海城市向全国统筹布局的推广。在沿海地区充分积累了重要的正反两方面经验之后，再逐步向中西部地区推进。同时，越来越重视区域统筹协调。近年来，行政区划集中于“两横三纵”重要节点城市，尤其是西安、成都等中西部城市，沿陆桥通道横轴、沿海通道纵轴等相继展开；优化上海、南京、重庆等长江沿线城市行政区划设置，为长江经济带发展战略的实施提供了重要支持；设置黑龙江抚远、新疆霍尔果斯、云南腾冲等县级市，有力促进了沿边沿海地区经济社会发展，深化了我国对外开放格局，服务“一带一路”建设；三沙建市、黑龙江黑瞎子岛回归等以及新疆生产建设兵团设市等，有利于国家安全和镇守边疆，维护国家主权、国家安全和国家利益。

规范创新是指全国范围的行政区划优化规范管理与务实创新，同时，在尊重差异与包容多样的基础上创新发展。我国幅员辽阔，自然条件复杂多样，资源分布不均，经济发展水平不一，历史文化传统有别，语言宗教风俗相异，少数民族众多，等等。行政区划的设置和调整必须因地制宜，对一些特殊地区应实行特殊的行政区划体制。除了创设民族区域自治制度、特别行政区制度等，还设置了一些“新型政区”，例如以民族团结与屯垦戍边为特点的新疆生产建设兵团设市等。不仅如此，根据不同地方的具体情况、条件和特点及需要解决的不同问题，形成了地级市直接管乡镇的东莞、中山市等特殊行政区划体制；浙江龙港镇设为县级市，拉开了特大镇新型市制的大幕。之所以当前多数情况下，不采取切块设市方式，而是以整建制设市或设区的方式为主，正是力图最大限度保存城乡自然有机体的完整性；实际上，这也促使长期以来形成的承载着地方文脉和地域认同的众多县域单元得以延续，不易于出现过多的波动或不必要的冲击。

五、把握行政区划的资源属性

正是基于明确的发展方向、价值取向与战略导向以及深刻把握了行政区划的内在规律，行政区划对国家治理相关领域能力提升的促进作用不断凸显。发挥行政区划本身资源属性的重要作用，有利于保持党和国家及地方政府活力、调动广大人民群众和社会各方面的积极性、主动性、创造性，有利于解放和发展社会生产力、推动经济社会全面发展。具体体现在以下方面。

促进了机构精简和管理的效能提升。从中华人民共和国成立之初 5.4 亿人到目前约 14 亿人，人口增长约 3 倍；地级政区从 358 个到 333 个，县级政区从 2749 个到 2851 个，基本保持稳定，乡级政区(含街道)从 1984 年 9.8 万个下降至 2018 年的 3.9 万，基本取消了区公所一级；比如上海市合并了闸北区和静安区，广州市合并了黄埔区和萝岗区等，通过部分行政区划建制的撤并，发挥了行政区划设置在精简行政机构、降低行政成本、提高行政管理效能等方面的积极作用。

促进了区域协调机制构建及能力提升。城市群与都市圈日益成为我国区域经济发展的重要单元，但在实践中，行政分割、恶性竞争等问题依然阻碍大都市圈经济的整合与发展。为此，逐步建立了以行政区为基础的区域协调机制，设立京津冀协同发展领导小组、长株潭一体化领导小组等；形成“多层次协商”的区域管治模式，如“长三角区域合作办公室”和建立“长三角生态绿色一体化发展示范区理事会以及执委会”等，其管治具有三地联合、业界共治，三地轮值、统一决策，授权充分、精简高效等特点，通过“项目化”“清单式”方法，推进示范区各项工作任务的落实；有的城市群建设专门设立领导小组的高配，下设办公室承担产业、经济、服务等的职能；通过党委建制创新来推动一体化发展，如新疆乌昌城市群成立联合党委，从而助推区域协调的能力提升。

促进了功能区与行政区的融合提升。全国范围广泛建立了新区和开发区等功能区，发展高层次的开放型经济，主动参与和推动经济全球化进程，不断壮大经济实力和综合国力。20 世纪 90 年代以来，为了解决功能区托管行政区造成的治权失序、权限配置失当等问题，以功能区与行政区融合发展为基本取向着力优化体制关系，既发挥精简高效的体制优势，又夯实相应的法律地位，完善社会管理职能。

促进了生态文明建设的能力提升。生态文明建设成为行政区划体制优化的重要维度。以往认为，县改区就是加快城市建设，与生态保护相左。但近年来市辖区体制正呈现新变化，促进更大范围的资源优化配置，既提高财政转移支付能力，加大生态补偿力度，又统一规划建设，理顺治理机制，便于就业带动及公共服务，没有削弱而是更有力地保护生态。如上海市崇明撤县设区后，世界级生态岛建设全面提质提速。

六、把握行政区划的管理特点

行政区划管理本身正是国家治理不可或缺也是不可忽视的有机组成部分。例如，行政区划变更管理，不同于其他行政事项，既涉及隶属关系、政府驻地、政区名称、行政边界等多种要素的互动关联，又涉及中央与地方、地方与基层等多重关系的复杂交织，并不是权力“统”与“放”的一般化问题，其实质是中央与地方治权的配置过程；同时，隔级决定抑或自主选择也是行政区划的管理难题，过于倾向前者，易于出现实情不明而导致误判等不足，但过于倾向后者，又会滋生地方变更的随意性，故而充分尊重并考量地方自主性的隔级决定，不仅是遏制地方非理性冲动，更是优化政府治理的重要过程。中华人民共和国成立以来，行政区划管理立足于把握时代特点，不断健全管理方式，从而不断丰富国家治理的科学内涵，逐步健全完善适应新时代要求的行政区划管理体系。

逐步完善了行政区划管理的制度体系。行政区划管理包括条件与标准设置、专家论证以及征求公众意见等事前管理，包括变更申报、审核、审批以及组织实施等事中管理，还包括实施备案、监督检查、信息公开等事后管理，目前均已形成较为完备的制度体系；不仅如此，关于行政区划变更的实施周期、行政区域界线勘定和行政区划图更新、行政区划代码确定、行政区划变更公告、行政区划变更信息上报和信息系统建立、行政区划档案管理等均做出了一系列明确规定，进一步提升行政区划管理的规范化水平。

逐步完善了行政区划管理的标准规范。标准体系建设不仅为行政区划变更提供基本依据，而且贯穿于规范管理的全过程，从 1955 年《国务院关于设置市、镇建制的决定》到 1963 年《关于调整市、镇建制，缩小城市和郊区的指示》，再到 1984 年《国务院批转民政部〈关于调整建镇标准的报告〉的通知》，基本取向是精细化。这一精细化进程的背后反映出行政区划改革发展理念的提升及本质属性认识的深化，隐含着标准体系对行政区划变更的刚性约束与柔性牵引。自 2013 年以来，民政部等研究制定设市、设区标准的基本思路和总体方向，还根据国家统计局、住建部、公安部等部门提供的数据，建立了全国地、县两级基础数据库，对全国地、县两级政区人口规模、发展水平、基础设施建设和基本公共服务等数据进行了全面统计、分析与研究，明确了标准指标体系，确定了各项指标标准值。当前，已出台《设立县级市标准》，积极推动出台《设立市辖区标准》，同时，推进省、自治区、直辖市研究制定设镇和设街道标准，或者对现有标准进行修订完善。

逐步完善了行政区划管理的智力支撑。行政区划管理的战略重要性与艰巨性日益凸显，夯实决策支撑在行政区划管理中的作用不断提升。改革开放以来，行政区划相关部门与大专院校紧密联动，为中央和地方的行政区划改革提供了重要决策支撑，共同推进行政区划管理的科学化，大致经历了从平台初创到宏观指导再到体系建设等三个阶段。20 世纪 90 年代，建立行政区划专业研究平台，推进行政区划的科学研究；21 世纪初，重点加强宏观指导，着力破解行政区划难题，行政区划学术研究蓬勃发展，优秀研究成果层出不穷，中国行政区划理论体系趋向成熟；新时代以来，以国家战略为导向，全面构建新型研究体系与新型智库支撑，着力于面向国家重大战略的支撑性研究、面向重点难点痛点问题的攻关性研究、面向社会公众的导向性研究，并推动建设行政区划一流智库，凝聚全国智慧，共同推进我国行政区划管理水平的全面提升。

逐步完善了行政区划管理的法治建设。1952 年，政务院发布了《关于处理行政区划变更事项的规定》。33 年后，在改革开放初的 1985 年，国务院发布了《关于行政区划管理的规定》，此后行政区划管理主要围绕着行政区域界线等领域展开。又过了33年，在决胜全面建成小康社会的关键时期，中央推动行政区划新法规的修改完善，并列入全面深化改革急需的立法项目。经过广泛深入调研，反复研究论证，多方面征求意见，不断修改完善，2019年《行政区划管理条例》正式实施，充分反映了行政区划法治建设紧扣时代脉搏，与共和国同步前进的风雨历程。①

复习思考题

1. 什么是行政区划？
2. 行政区划的影响因素有哪些？
3. 行政区划有哪些类型？
4. 简述我国行政区划的历史演变。
5. 如何理解我国行政区划改革？

案例分析

新时代行政区划改革再出发

行政区划是国家政权建设的重要组成部分，是治国理政的基础制度框架，行政区划改革与众多领域改革紧密相关。这不仅要求行政区划在相关改革中发挥更加突出的支撑作用，也要求区划管理本身更加科学高效。

党的十九大指明了新时代中国特色社会主义建设的历史方位，面对新机遇和前所未有的新挑战，深入贯彻落实习近平新时代中国特色社会主义思想，推动行政区划改革从新起点迈向更高目标的再出发：健全完善中国特色行政区划体系与体制，至少涵盖以下重要理论新命题与新课题。

1. 坚持中国特色社会主义最本质特征，加强党对行政区划工作的领导。
2. 坚持以人民为中心，引领行政区划体系与体制改革。
3. 围绕重大战略部署，全面完善行政区划的关键支撑。
4. 促进民主政治和行政体制改革，发挥行政区划基础功能。
5. 以优化制度供给为重点，完善行政区划管理的体制机制。

卓越的实践呼唤理论创新。行政区划领域曾经产生过不少理论建树，近年来更是众彩纷呈，取得一系列重要成果。如今面临新时代的更高要求，我

① 林拓．新中国70年：中国特色行政区划体制与国家治理现代化[N]．中国社会科学报，2019-11-25。

们不能满足以往的成果，需要理论创新的再出发，积极促进专家学者与实务部门的良性互动，汇集各方智慧与力量，共同携手助推我国行政区划改革在新时代形成新气象，迈向新境界！

（资料来源：林拓：《新时代行政区划改革再出发》，载《中国社会科学报》，2019 年 3 月 13 日。）

第四章　地方政府法制架构

加强和改进地方立法工作，是提升地方依法治理能力和水平的重要基础。我们要充分发挥地方立法在坚持和完善中国特色社会主义制度、推进国家治理体系和治理能力现代化中的积极作用，要把地方立法工作进一步放在党和国家事业发展大局中来思考、谋划和推进。

第一节　地方立法体系

一、地方立法的含义与特征

（一）地方立法的含义

有的学者认为，“地方立法泛指地方国家机关创制法律规范的活动，狭义上仅指在中央和地方实行立法分权的国家中，地方国家机关在其专属立法范围内制定、修改和废止宪法和法律的活动”。① 狭义的地方立法主要存在于联邦制国家，有的单一制国家由于国情缘故也在立法上实行中央和地方的分权。还有的学者认为，“地方立法，指特定的地方国家政权机关，依法制定和变动效力不超出本行政区域范围的规范性法律文件活动的总称”。② 从实质含义上讲，地方立法是相对于中央立法而言的立法，是构成国家整个立法的一个重要方面。不少国家的地方立法本身也是个体系，由多类别、多层次的立法构成。中国地方立法目前由一般地方立法、民族自治地方立法和特区地方立法所构成，其中特区立法又包括经济特区和特别行政区两方面的立法。

（二）地方立法的特征

第一，地方立法具有地方性。地方立法的主体只能是地方国家机关。中央国家机关不能是地方立法的主体，即使中央国家机关制定专门解决地方问题的法律、法规，制定出的法律、法规也属于中央立法，而不属于地方立法。地方立法

① 孙国华．中华法学大辞典(法理学卷)[M]．北京：中国检察出版社，1997.

② 王建华，杨树人．地方立法制度研究[M]．成都：四川人民出版社，2009.

主要针对的是地方面临的问题，尤其是注重解决应当以立法解决而中央立法不能或不便解决的问题。地方立法应当有鲜明的地方特色，其基本原则之一是要从地方实际出发，密切结合地方的特殊情况，制定具有地方特色的法律体系，为地方经济、社会的发展提供有力支撑。地方立法的效力具有地方性，范围限于本地行政区域内。各地方的立法只约束本地方的法律活动，只调整本地方的法律关系，不同地方的地方立法不会作用于同一区域。

第二，地方立法更具复杂性。从总体上说，地方立法比中央立法更复杂。首先，地方立法有更多的关系需要处理。在中国，制定地方性法规，至少要处理六种关系：与宪法和法律的关系；与行政法规的关系；与部门规章的关系；与地方政府规章的关系；与上级或下级地方权力机关及其常设机关的地方性法规的关系；民族自治地方制定地方性法规还要处理与自治条例、单行条例的关系。其次，地方立法调整的社会关系更具体，在总体上规定的事项更多，许多不宜由中央立法解决的问题便由地方立法解决，这也增加了它的复杂性。再次，各地经济、政治、文化等发展不平衡的情况，在使地方立法异彩纷呈的同时，也使地方立法复杂化。

第三，地方立法具有从属与自主两重性。从属性是指地方立法要以中央法律、法规为依据，或者不能与其相抵触。在中国，地方立法还有补充中央法律、法规以及先行一步为中央立法积累经验的任务。基于一国法制统一原则还要求地方立法的法的体系、法的形式或渊源及其他有关方面，应当与中央立法保持一定的协调性。自主性是指地方立法作为一国立法体制的组成部分，也有相对独立的地位。地方立法存在的主要原因之一，是要以地方立法的形式调整地方社会关系、解决地方问题，它可以在不与中央法律、法规相抵触的前提下，独立自主地立法，积极地解决应当由自己解决的问题。地方也可以根据本地情况，在坚持或顾及法制统一的前提下，在法的体系、法的形式或渊源及其他方面，自主地形成自己的风格。在有的国家，地方立法的从属性是更主要的属性；在另一些国家，自主性是更主要的属性；还有些国家，这两重属性平分秋色。在中国现阶段，地方立法对中央立法的从属性，下级地方立法对上级地方立法的从属性，是更主要的属性。

二、地方立法体制的类型

根据国家政治结构的形式，将地方立法体制划分为四种类型：

（一）单一制立法体制

单一的立法体制，立法权由一个政权机关掌握和运行，立法主体即为这一政权机关或立法主体的建置和活动由这一政权机关决策的制度。有单一的一级立法体制和单一的两级立法体制之分。

单一的一级立法体制指立法权由中央一级的政权机关掌握和运行，立法主体是一个而不是几个具有不同性质的中央政权机关的立法体制。实行这种体制的国家颇多，如英国、新西兰、保加利亚等。

实行单一的一级立法体制的国家有其鲜明的特色：

1. 立法权是由一个专门的立法机关，即议会专门行使立法职能，享有完全的立法权，因而称为立法议会；

2. 立法权是由一个以立法为主同时兼有其他职能的机关行使；

3. 立法权是由一个兼有立法和行政两方面职能，甚至握有一切大权的机关行使；

4. 立法权是由君主(或总统、总督)、议员联合组成的议会行使；

5. 立法权是由一个建立在立法、行政、司法三权分立基础上的议会行使；

6. 立法权由国家元首单独行使。

单一的两极立法体制指立法权由中央和地方两级政权机关掌握和运行、两级立法的主体都分别是单一的政权机关的立法体制。实行这种立法体制的国家主要是联邦制国家，也有少数的单一制国家，主要有德国、加拿大、澳大利亚等。

因国情的差别，其中也有些不同特点：就中央一级立法说，有的国家中央立法权由最高国家权力机关掌握和运行，该机关还兼有其他职能；有的国家以较严格的三权分立原则为基础，中央立法权由作为中央立法机关的议会掌握和运行；有的国家中央立法权由议会掌握和运行，而议会也包括总统在内。就地方一级立法说，多数国家地方立法权由一院制地方议会掌握和运行；有的由两院制地方议会掌握和运行；有的则既有由一院制又有由两院制地方议会掌握和运行。

(二)复合立法体制

复合立法体制是关于一国立法机关设置及其立法权限划分的体系和制度，是指立法权由两个或者两个以上的政权机关共同行使的立法体制。实行这种体制的国家一般是单一制国家。由于这些国家的立法权由两个以上的中央政权机关行使，它们的立法体制实际上是复合的一级立法体制。① 复合立法体制既包括中央和地方关于法的创制权限的划分制度和结构，也包括中央各国家机关之间及地方各国家机关之间关于法的创制权限的划分制度和结构。实行这种立法体制的国家较少，如荷兰、冰岛、芬兰、丹麦等。

(三)制衡立法体制

制衡立法体制是建立在立法、行政、司法三权既相互独立又相互制约的原则

① 周旺生．立法学[M]．北京：法律出版社，2004.

基础上的立法体制。实行制衡这种立法体制的国家，立法职能原则上属于议会，但行政机关的首脑如作为国家元首的总统，有权对议会的立法活动施以重大影响，甚至直接参与行使立法权。例如，总统有权批准或颁布法律，有权要求将法律草案提交公民投票，有权要求议会对某项法律重新审议，甚至有权否决议会立法或解散议会。制衡的立法体制中的总统对立法的作用，远远大于其他立法体制中总统对立法的作用，他们在立法中的权力来源于宪法或宪政制度，不属于议会立法权范畴。在许多实行制衡的立法体制的国家，司法机关也对立法起制衡作用，这些国家的宪法法院或高级法院有权通过审判，宣布议会某一立法或某一法律条文违反宪法因而无效。

（四）其他立法体制

除存在上述三种主要立法体制外，还存在其他一些特殊的立法体制，这些立法体制都是特殊国情的产物。前苏联和南斯拉夫实行的就不是简单的中央与地方实行分权的两级立法体制，而是多级的特殊的立法体制。在梵蒂冈，教皇是最高首脑，他作为教会最高政府的附属权力机关，在梵蒂冈拥有立法的、行政的、司法的无限权力。中国现行立法体制也是特殊的立法体制。

三、地方立法的内容

（一）地方立法的原则

一是宪法原则。立法应当遵循宪法原则，这是当今各国立法最基本的准则之一。那么各国宪法基本原则的主要内容有哪些呢？这是问题的一个关键。宪法的基本原则是一国基本的国家制度和社会制度在宪法中的集中体现。各国国家制度和社会制度是有差异的，因而各国宪法的原则也不尽相同。但是必须指出，由于宪法主要是近代所发展起来的一种法律形式，而近代以来各国国家制度和社会制度尽管存在差异，却都是近代以来的主流文明所产生和发展起来的国家制度和社会制度，因而它们是有文明的相通性的。这种文明的相通性或普适性体现到宪法中，就使各国宪法尽管呈现种种特色，却同时也使各国宪法在基本原则方面具有共通语言。观察近代以来各国宪法，其共通性的原则主要有这样几项：人民主权原则；权力制约原则；基本人权原则；法治原则。各国立法应当遵循宪法的基本原则，就是要以这些原则为指导，就是要体现这些原则。中国立法应当遵循宪法的基本原则，无疑也是要遵循这些原则的。研读中国宪法，人们不难看到，这些原则在不少条文中得以体现或贯彻。

二是法治原则。立法的法治原则所具有的共性和个性两个方面，在中国立法中是紧密关联的。一方面，立法要依照法定权限和程序进行，就需要坚持法制统一原则，就需要有一套统一的关于立法权限和程序的法律制度。为要使有关立法权限和程序的法律制度得以统一，就需要由统一的机关和统一的法律来规定立法权限和程序。立法法就详细具体地规定了中国现今中央立法的权限和程序，特别是立法法集中地列举了只能由法律规定的十个方面的事项：国家主权方面的事项；各级人民代表大会、人民政府、人民法院和人民检察院的产生、组织和职权；民族区域自治制度、特别行政区制度、基层群众自治制度；犯罪和刑罚；对公民政治权利的剥夺、限制人身自由的强制措施和处罚；对非国有财产的征收；民事基本制度；基本经济制度以及财政、税收、海关、金融和外贸的基本制度；诉讼和仲裁制度；必须由全国人大及其常委会制定法律的其他事项。立法法的这一具体列举，明确和统一了中央立法的专属范围。立法法也比较集中地规定了除特别行政区和台湾地区以外的各有关地方的立法权限和立法程序架构。另一方面，立法要坚持法制统一原则，也需要依照法定的权限和程序进行。在中国，法律只有最高国家权力机关全国人大及其常委会才能制定，行政法规、地方性法规、部门规章和政府规章都不得同法律相抵触。各立法机关或立法主体都应当丢弃以往那种立法行为往往不规范的做法，而遵循相应的立法程序。

三是民主原则。从现代民主原则的普遍性和本国民主原则的特色相结合的角度看，中国立法所应遵循的民主原则，其含义和内容应当包括三个要素。其一，立法主体是广泛的，人民是立法的主人，立法权在根本上属于人民，由人民行使。立法主体是多元化的，中央与地方、权力机关与政府机关应当有合理的立法权限划分体制和监督体制。其二，立法内容具有人民性，以维护人民的利益为宗旨，注意确认和保障人民的权利。而不是以政府的意志或少数人的意志为依归。其三，立法活动过程和立法程序是民主的，在立法过程中注重贯彻群众路线，使人民能够通过必要的途径，有效地参与立法，有效地在立法过程中表达自己的意愿。

四是科学原则。立法遵循科学原则，首先需要实现立法观念的科学化。要把立法当科学看待，以科学的立法观念影响立法，消除似是而非贻误立法的所谓新潮观念和过时观念。构造立法蓝图，做出立法决策，采取立法措施，应当自觉运用科学理论来指导。对立法实践中出现的问题和经验教训，应当给予科学解答和理论总结。立法实践主要是摸索的实践、试验的实践而不是自觉的实践，立法经常付出沉重代价、高额学费，这种状况必须改变。第二，需要从制度上解决问题。要建立科学的立法权限划分、立法主体设置和立法运行体制。整个立法制度应当合乎社会和立法发展规律，合乎国情和民情，合适、合理、完善。立法主体应当由高素质的立法者和立法工作人员组成。第三，更具直接意义的，是要解决方法、策略和其他技术问题。从方法说，立法要坚持从实际出发和注重理论指导相结合，客观条件和主观条件相结合，原则性和灵活性相结合，稳定性、连续性和适时变动性相结合，总结借鉴和科学预见相结合，中国特色和国际大势相结合。从策略说，要正确处理立法的超前、滞后和同步的关系；要按照客观规律的要求来确定立法指标；要尽可能选择最佳的立法形式、内容和最佳的法案起草者；要顾及全局并做到全面、系统，同时还要分清轻重缓急，合理安排各个项目的先后顺序。从其他要求说，要注意各种法之间的纵向、横向关系的协调一致，法的内部结构的协调一致；要注意立法的可行性，所立的法要能为人接受，宽严适度易于为人遵守；还要特别注意避免和消除立法中的混乱等弊病。

(二)地方立法的范围

地方立法的范围涉及的问题有：(1)有关地方可以立和不能立什么形式的法；(2)有关地方可以或不能就哪些事项立法；(3)地方立法与中央立法和地方行政的界限如何确定、各种类别和层次的地方立法之间的界限如何确定。明确地方立法的范围，才能明确地方立法的形式和地方立法调整、规范的对象和领域，才能避免出现在这几种关系上要么互相争权、越权，事无巨细都想包揽，要么互相依赖、推脱，事无巨细都不去解决的情况。实践中由于地方立法范围不清带来的结果，更多的是一方越权或侵权。这些年来，许多地方已认识到某些事项应当由立法调整，但不知是应当由法律、行政法规调整还是应当由本地的地方性法规、政府规章或自治条例、单行条例调整，举步踌躇，贻误法制事业。许多应当由地方性法规或自治条例、单行条例调整的事项，往往由政府以行政规章调整。不少人认为地方政府搞的规章就是地方性法规。政府对许多应当由地方立法解决的重大事项，不是提请权力机关以立法方式解决，而是自行解决，或是请示党委由党委解决，或由党委和政府联名行文解决。人大与其常委会内部在地方立法上各自权限范围也不明确或不能谨守。这种状况严重妨碍着中国地方立法大局的发展。转变这种状况，必须从理论和实践的结合上，认真解决中国地方立法的范围问题。

1. 中国的地方立法

中国地方立法的范围，在能立什么形式的法这一点上历来是清楚的。在这方面，地方立法与中央立法的界限、地方立法与地方行政的界限是分明的。中华人民共和国成立初期，一般地方只能拟定法令条例或单行法规，其中大行政区、省、市拟定法令条例，县拟定单行法规。在现阶段，可以制定地方性法规和地方政府规章。无论过去还是现在，地方都不能制定宪法、法律。

中华人民共和国成立之前，由于受到了专制传统的影响，中国未能建立起民主、自由、科学的立法系统，中央与地方之间无权限的划分，地方基本上无立法权。中华人民共和国成立后，80年代以前，地方立法主要是冲破长期的集权制传统，80年代之后，开始逐渐建立起有中国特色的地方立法体制。1979年通过的《中华人民共和国地方各级人民代表大会和地方各级人民政府组织法》，确定了省、自治区、直辖市的人大及其常委会在本行政区域内有制定颁布地方性法规的权力；1982年宪法确立了中央与地方分享立法权的基本体制，在地方，省级人大及其常委会、省级人民政府、民族自治地方享有各自的立法权；1986年，第二次修订的地方组织法又将省、自治区人民政府所在地和经国务院批准的较大的市的人民政府的立法权确定下来，规定地方人民政府可以制定地方规章；2000年的《立法法》进一步规定，经济特区所在地的市人民政府可以制定规章。多年来，地方立法对我国的政治、经济、法制和文化发挥着重要的作用。

2. 国外的地方立法

世界各国立法体制不尽相同，多数国家的地方立法权由一院制的地方议会行使，如加拿大、墨西哥、德国、日本等，有的国家地方立法权由两院制的地方议会行使，如美国议会的立法系由众议院和参议院分别审议通过。

日本通过制定或修改地方政府立法，推进地方政府改革。日本的地方立法，即地方公共团体制定的“条例”——除地方公共团体议会制定的条例、地方公共团体首长制定的规则之外，还包括各类委员会制定的规则以及其他规定。① 日本地方立法的范围分为两个方面，一方面是地方立法所能涉及的事务领域，另一方面则是在所涉及的事务领域内，地方立法所规定的措施能否触及宪法所规定的法律保留事项。

《日本国宪法》第94条规定：“地方公共团体有管理财产、处理事务以及执行行政的权能，可以在法律的范围内制定条例。”在1999年《地方自治法》修改以前，地方公共团体的自治事务可分为公共事务、委任事务和行政事务；而非自治事务，则只能通过“机关委任事务”的方式予以处理。为强化地方自治，修改后的《地方自治法》废除了自治事务的三分法以及机关委任事务制度，并在该法第2条第8款和第9款将公共团体的事务重构为“自治事务”与“法定受托事务”。除了规定可以制定条例的事项外，《地方自治法》还规定了地方公共团体必须制定条例的情形。近年来，日本的地方分权改革进一步推行。自2011年以来，日本国会先后六次颁布《有关为谋求推进以提高地域自主性及自立性为目的而实施的改革而对相关法律加以整备的法律》，对大量相关法律进行修改，扩大地方公共团体的条例制定权。

美国是典型的联邦制国家，除联邦国会外，各州都设有专门的立法机关，称为州议会(包括众参两院)。根据宪法规定，州议会享有立法权，他们制定的法律可分为普通法和特别法两类。

---

① ［日］野中俊彦，中村睦男，高桥和之，高见胜利．宪法Ⅱ(第4版)．2006.

(三)地方立法权的关系

制定和变动地方性法规，是一般地方的首要的和主要的立法权，是一般地方的最主要的常规性立法权。这一权力的法定来源主要是宪法、地方组织法和立法法的直接确定。行使这一权力所产生的地方性法规，在法的体系中位于宪法、法律和行政法规之下，但它对贯彻实施宪法、法律和行政法规，有积极而行之有效的作用。同时，地方性法规也是一般地方解决本地具体问题的主要的法的形式。一般地方的立法主体，主要就是通过制定和变动地方性法规来实现对本地重大事项的法的调整。

地方性法规立法权的归属，经历了一个发展过程。1979 年 7 月，五届全国人大二次会议通过的地方组织法俨然规定：省级人大及其常委会享有地方性法规制定权。自此，揭开了中国地方立法改革、立法体制改革以至整个立法实践和立法理论改革的序幕。地方性法规和地方性法规立法权，成为中国立法理论和实践的非常重要的概念和事物。经过一段时间的发展，可以行使地方性法规立法权的地方进一步增多。根据现行宪法、地方组织法和立法法的规定，可以制定和变动地方性法规的国家机关是：省、自治区、直辖市、较大的市(省和自治区政府所在地的市、经济特区所在地的市和经国务院批准的较大的市)的人大及其常委会。

制定和变动地方性法规作为一般地方的最主要的立法活动，宪法、地方组织法和立法法对它的进行，规定了明确的限制性条件和保障制度。其一，地方性法规要根据本行政区域的具体情况和实际需要制定，不得同宪法、法律和行政法规相抵触。省级以下的地方性法规还不得与省级地方性法规相抵触。其二，省、自治区、直辖市的人大及其常委会制定地方性法规，要报全国人大常委会和国务院备案；较大的市(省、自治区政府所在地的市、经济特区所在地的市和经国务院批准的较大的市)的人大及其常委会制定地方性法规，要报省、自治区人大常委会批准，并由后者报全国人大常委会和国务院备案；报请批准的地方性法规如不同宪法、法律、行政法规和本省、自治区的地方性法规相抵触，应当予以批准。其三，地方性法规可以就法定事项范围做出规定，不得就应当由法律或行政法规规定的事项做出规定。其四，全国人大常委会有权撤销同宪法和法律相抵触的地方性法规，地方人大有权改变或撤销它的常委会制定的不适当的地方性法规。

四、地方立法的程序

一般来讲，立法程序是指有关国家机关在制定、修改和废止规范性法律文件的活动中所必须遵守的法定步骤和顺序。

(一)地方立法程序的价值取向

法律在赋予立法机关立法权力的同时，还必须对该权力行使进行有效的控制和监督。立法程序监督是对立法权进行监督的最有效方式。立法程序规范存在的最根本的功能，就是对立法权的行使进行监督。各国立法监督的实践已经表明，立法程序本身的特点以及立法权的固有属性，使得立法程序在所有的监督手段中脱颖而出，成为最广泛采用、效果最好的监督方式之一。① 科学的立法程序能使民主与效率原则在程序中达到和谐统一，相互支撑，把地方立法工作纳入规范化的轨道，保障地方立法体现共同智慧和社会实践的客观要求。

一是民主。民主与效率是任何一个法治社会在进行立法程序的制度构造和实际操作中所要实现的价值取向，是立法程序的生命力之所在。人们选择和规定立法程序，首先在于立法程序能保证立法集中和正确地体现人民的意志，它给立法者提供一个民主讨论、公正表决和公开议事的场合与机会，它也保证公众能参与立法，使多数人的意见能形成合意，少数人的意见得到尊重。同时，通过规范立法机关的活动，可以提高其效率，做到迅速、及时、适时的立法，创制出高质量的立法。因此，地方立法程序的法律价值取向应是民主与效率的结合。立法的民意代表性在相当程度上是通过立法程序的民主性彰显和体现的。现代立法程序其实就是一种通过多数表决作出民主决策而使一切法律具有可变性的制度设置。“民主的真正价值显然不是取决于多数人的偏好，而是取决于多数人的理性。在众口难调的状况下，程序可以实现和保障理性。”就立法实践而言，惟有通过一系列制度化的合理公正的立法程序规则的运作，民主这种尊重多数人理性的制度安排才能真正落到实处。

二是公开。具体而言，立法程序的公开性要求具体的立法活动，包括提案、质询、讨论、审议和表决等应当让公众知晓；立法听证应当公开进行，尽可能通过新闻媒体对外传播。除涉及国防、外交或其他重大事务不宜公开的外，任何立法会议均应公开举行。除可以自由旁听和采访外，立法会议的一切文件及记录均应公开发表或允许公民自由查阅。立法程序公开的具体方式通常有公布议程、允许公民自由旁听、允许新闻记者自由采访、议事记录公开发表等。立法程序的公开性是公民行使知情权的必然要求。现代社会的公民享有充分的知情权，有权了解和知晓立法机关及立法人员的所作所为，并以行使知情权作为间接参与立法的前提条件。换一个角度讲，作为民意代表机关的议会亦有义务为公众提供有关立法活动的信息，有义务接受社会各界的舆论监督。立法机关拥有相当的立法权限，因而相对地应当给予公民更多的知情权，以评判和监督立法者的行为。立法程序的公开性也是立法者对选民负责原则的具体体现。立法机关有义务为广大选

① 高亚伦．论地方立法的基本程序[D]．成都：西南交通大学，2007.

民提供充分的资讯，凡代表的发言、表决等资讯均应公开，以供选民监督代表的职务活动。

三是交涉。立法程序交涉性的道德基础是妥协、合作和宽容的精神。“妥协、合作和宽容”堪称立法程序制度化解利益冲突的奥秘所在，同时也是立法者从事立法活动所应具备的职业道德。其中，妥协是立法程序交涉性的必然要求。就中国当前的立法程序而言，立法案的审议往往仅具讨论的意义。另外，从议程、议案的确定到立法案的审议，从会议讨论到会议表决，代表或委员基于充分发表意见将自己的意志通过立法程序融入并转化为集体的意志等机制仍然比较薄弱，而立法程序的交涉性和合议性差势必会影响到立法的科学性。因而，有必要在立法程序中建立法案辩论制度，真正实现充分的交涉和合议。

四是自律。立法程序的自律性是立法机关制度化的产物，也是判断立法机关制度化程度的重要指标之一。与其他组织一样，立法机关在运作一段时间之后，为求得议事和决策等活动的顺利进行，会自行形成一套完善的机制和行为范式，会逐渐产生约束委员言行的行为规范，这些都是立法机关自身制度化的表现。简言之，所谓制度化就是指立法机关形成一套执行特定功能的行为方式的过程。立法机关为使会议有序进行，会自行设计一套完善而周延的议事程序规则。有了自行订立的程序规则之后，议会就逐渐取得了有别于政府的独特的身份和地位，从而有利于相对独立地进行立法活动。事实证明，凡制度稳固健全、制度化程度高、程序自律性强、程序规则完善且周延的立法机关，相对而言不易受外界的影响和干扰。

(二)地方立法程序的步骤

在立法程序层面上，地方立法和国家层面的立法程序基本一致，各个国家虽有所不同，但一般都包括以下几个阶段：

第一个阶段为创生阶段，即立法的准备阶段，这个阶段的活动有很多种类型，如立法规划或计划的编制、立法论证、立法起草、法案征询意见等。其中最重要的是提出法律草案。提出法律草案要由有提案权的主体实施。具体情况如下：全国人民代表大会主席团、全国人民代表大会常务委员会、国务院、中央军事委员会、最高人民法院、最高人民检察院，可以向全国人民代表大会提出属于全国人民代表大会立法职权范围内的议案；全国人民代表大会各专门委员会，国务院，中央军事委员会，最高人民法院，最高人民检察院，可以向全国人民代表大会常务委员会提出属于全国人民代表大会常务委员会立法职权范围内的议案；一个代表团或者 30 名以上的人民代表联名，可以向全国人民代表大会提出属于全国人民代表大会立法职权范围内的议案。全国人民代表大会的立法议案提出后，由主席团决定是否列入立法议程，全国人民代表大会常务委员会的立法议案由委员长会议决定是否列入议程。列入议程的议案，提案人和有关的全国人民代表大会专门委员会、人大常委会的有关工作部门应提供有关资料，提案人应提出关于立法议案的说明。

第二阶段为法的形成阶段，这个阶段的活动内容有：法案的提出、法案审议、立法听证、立法协调、法案的表决和法的公布等。其中最重要的是审议立法议案和表决通过立法议案。立法议案提出后，即进入审议或讨论立法议案的阶段。立法议案在提交审议前，可以将草案公布，广泛征求意见。各专门委员会审议立法议案涉及专门性问题时，可以邀请有关代表和专家列席会议，听取他们的意见。中国审议向全国人民代表大会提交的立法议案的具体程序是：立法议案先经过人大常委会讨论，决定是否列入全国人民代表大会的立法议程。如果决定了，则提交人大会议主席团，由主席团决定是否正式列入议程。人民代表大会审议立法议案时，先由提案人作该法律草案的说明，然后由各代表团进行讨论，由法律委员会进行综合和修改，并向主席团作审议报告。主席团通过后，再提交大会表决。主席团如果有不同意见，可提交大会审议。中国审议向全国人大常委会提交的立法议案的程序是：先由委员长会议决定是否提交常委会全体会议审议，或决定先交由有关专门委员会审议，提出报告，再由常委会全体会议审议。常委会全体会议审议时，提案人要对立法议案进行说明，然后先分组审议，再由全体会议审议。人大常委会审议立法议案通常进行两次，第一次是初审，第二次进一步审议，两次审议后再进行表决。

立法议案的表决通过。中国的立法议案由人民代表或人大常委会委员采用无记名方式表决(按电钮)。一般立法议案应由全体人民代表或常委会委员的过半数通过。宪法的修改应由2/3以上的人民代表通过。

第三阶段为法的完备阶段，这个阶段的活动内容有：法的修改、法的废止、法的解释及规范性文件的系统化活动，如法的清理、法典编纂等。①

第二节　地方司法体系

一、不同法系的地方司法系统

(一)英美法系国家的地方司法系统

英美法系亦称“普通法系”“英国法系”“判例法系”“海洋法系”，以英国普通

① 王爱声．将过程思想引进立法研究的思考[J]．北京政法职业学院学报，2010(3)．

法为基础发展起来的法律的总称，指英国从 11 世纪起主要以源于日耳曼习惯法的普通法为基础，逐渐形成的一种独特的法律制度以及仿效英国的其他一些国家和地区的法律制度。产生于英国，后扩大到曾经是英国殖民地、附属国的许多国家和地区，包括美国、加拿大、印度、巴基斯坦、孟加拉、马来西亚、新加坡、澳大利亚、新西兰以及非洲的个别国家和地区，是西方国家中与大陆法系并列的历史悠久和影响较大的法系，注重法典的延续性，以传统、判例和习惯为判案依据。①

1. 英国的地方司法系统

英国的司法制度渊源流长，英国的地方法院体系复杂，仅英格兰和威尔士的司法体制实现了统一。19 世纪末英国通过对其司法组织系统进行较大规模改革后初步形成了近代英国司法制度的框架，对英美法系国家的司法制度有着深远的影响。2007 年 6 月 9 日，英国宪法事务部和内政部合并成为英国的司法部。英国分为英格兰、威尔士、苏格兰和北爱尔兰四个地区，其中，后两个地区的司法体制与英格兰不同。这是英国司法制度的一大特点。

这里所介绍的英国司法体制仅指英格兰和威尔士地区。以这两个地区的司法体制来看，民事审判权基本上由高等法院掌握。高等法院内设王座法庭、大法官法庭(衡平法庭)和家庭海事法庭。行使民事审判权的高等法院之下设有郡法院，郡法院审理轻微民事案件，刑事审判权由几种不同等级的法院行使，治安法庭审理轻微刑事案件，皇家法院审理重大刑事案件，英格兰、威尔士地方法院管辖的民刑事案件均可由当事人按照规定程序上诉到贵族院。

在英国，法务大臣是最高法院院长、上议院议长、内阁成员，是全国司法部门的首脑，负有司法、立法、行政三种职务。法务大臣办公室主要职能是：负责管理全国的法院系统；制定并监督执行司法方面的政策及行业标准；向议会提出修改法律的意见；管理全国的司法工作人员，包括录用、培训、考证及工资福利等；负责向全国司法机构的运转提供财政物资保障等。内政部在司法行政方面的职权主要体现在法律和秩序的管理，对刑法制度负有总体责任，同时负责警察、监狱和其他惩戒机关。其内部设有消防和警察司，刑事、缓刑和安置司，广播、社区计划、平等机会、移民和国籍司，监狱司，编制司，财政和综合司等多种机构。

2. 美国的地方司法系统

美国法院组织复杂，分为联邦法院和州法院两大系统，二者互补隶属，各自

① 陆雄文主编. 管理学大辞典[M]. 上海：上海辞书出版社，2013.

为政，适用各自的宪法和法律，管辖不同的案件和地域。联邦法院系统由地区法院、上诉法院和最高法院组成。联邦地方法院是审理联邦管辖的普通民事、刑事案件的初审法院，每州根据本州人口多少，设立1~4个地方法院，法官1~27人不等。联邦上诉法院分设在全国11个司法巡回区，受理本巡回区内对联邦地方法院判决不服的上诉案件，以及对联邦系统的专门法院的判决和某些具有部分司法权的独立机构的裁决不服的上诉案件，法官3~15人不等。联邦最高法院是联邦法院系统中的最高审级，由1位首席法官和8位法官组成，其判决为终审判决，并享有特殊的司法审查权。联邦与州法院系统一般均设三级法院。州法院系统主要受理违反州法律的刑事案件，设置基层法院(区法院、巡回法院)、州上诉法院、州最高法院。州法院系统极不统一，一般由州初审法院、州上诉法院和州最高法院组成。州初审法院是属州管辖的一般民事、刑事案件的一审法院。州上诉法院审理不服州初审法院判决的上诉案件。州最高法院是州的最高审级。此外，还有国会根据需要通过有关法令建立的特别法院，如联邦权利申诉法院等。法官实行不可更换制、专职制、高薪制、退休制。美国没有统一的行政法院，行政纠纷案件除由普通法院审理外，各独立机构也有权受理和裁决。

此外，加拿大与美国法院体制基本相同，都是联邦和州(省)两级法院系统。加拿大各省有省法院和高级法院两级，省法院法官由省政府任命，高级法院法官由联邦政府任命。联邦也有两级法院，加拿大最高法院和联邦法院。

(二)大陆法系国家的地方司法系统

大陆法系包括两个支系，即法国法系和德国法系。属于大陆法系的国家和地区除了法国、德国外，还包括意大利、西班牙、瑞士等欧洲大陆国家，也包括曾是法国、西班牙、荷兰、葡萄牙四国殖民地的国家和地区如阿尔及利亚、埃塞俄比亚等，以及拉美洲的一些国家。

1. 德国的地方司法系统。

德国是大陆法系国家，全部法律都以成文法或制定法为主，不仅有体系完备的各种法典，也有大量的单行法规，几乎涉及生活的所有领域，从而形成十分完备的司法体系。德国联邦法包括1900多项法律和3000多项法规，其主要包括三个部分：公法、私法和社会法。公法是调整国家机关相互之间关系、国家与公民之间关系的法律，主要包括：宪法、行政法、财政法、刑法和诉讼法。私法是调整公民之间关系的法律，主要包括民法和商法两大部分。社会法是介于公法和私法之间的中间领域，它是以社会保险为中心的社会福利和社会救济方面的法律，德国的社会法主要包括劳动法和经济法。

德国法院体系相对于欧洲其他国家来说有其自身的特点和复杂性，其特点体现在权力下放和特殊性相结合。根据基本法规定的整体法院体系，每一个州都有自己的法院系统，都有自身司法、管辖权和程序。公民之间的民事行为，州与公民之间的犯罪行为都由普通法院管辖，这些法院在每个州都有三个层级，分别为基层法院、地区(州)法院、高等上诉法院，其中最低层级的法院为基层法院。

2. 瑞士的地方司法系统。

瑞士属于大陆法系国家，在诉讼制度上与中国的有很多的相似之处，但主要采用对抗制的审理模式，与美国诉讼制度相去甚远，不采用陪审团审理制。在瑞士，民事案件中的一审和二审法院的组织架构、法院资格和法院的任命或选举方法是由各州法律规定的。某些州，如苏黎世、伯尔尼、阿尔戈维亚和圣格尔，有专门的商事法庭，基本上处理的都是商业实体之间的纠纷，而劳动和租赁领域有专门的法院。

3. 法国的地方司法系统。

法国是大陆法系的发源地，其现行司法制度是在 18 世纪末法国大革命后逐步建立起来的，是维护资产阶级专政和资本主义所有制的重要制度。1789 年法国大革命前，封建国王集行政、立法和司法于一身，“朕的意志即法律”。法院和司法人员依附于国王，无独立审判活动，封建主在其领地内各行其是。法国大革命推翻了封建专制制度，以三权分立、司法独立为原则，逐渐建立起资产阶级的司法体系。19 世纪初，拿破仑一世主持制定了民法、刑法、商法、民事诉讼、刑事诉讼等一系列重要法典，设置了普通法院系统和行政法院系统，确立了司法人员的独立地位，使法国司法制度自成体系和完备起来，形成全国统一的司法体系。

(三)中国的地方司法系统

根据我国宪法和法律的规定，人民法院的组织系统是最高人民法院、地方各级人民法院和专门人民法院。最高人民法院是最高国家审判机关；地方各级人民法院包括基层人民法院、中级人民法院和高级人民法院。此外还有专门法院，即军事法院、海事法院、铁路运输法院。

1. 基层人民法院。

基层法院包括县、不设区的市、自治县、市辖区的人民法院。基层法院负责审判第一审案件，但是法律另有规定的除外。基层法院还要依法办理不需要开庭审理的民事纠纷和轻微刑事案件。基层人民法院还可以在城市街道办事处、农村的乡、民族乡、镇设立人民法庭，作为基层人民法院的派出机构。

基层人民法院是中华人民共和国地方最低一层的人民法院，根据《中华人民共和国人民法院组织法》，在县、县级市、自治县、市辖区设立基层人民法院。在称谓上，基层法院名称为“××县(市、区)人民法院”，而不出现“基层”字样。基层人民法院由院长一人、副院长和审判员若干人组成，设立刑事审判庭、民事审判庭和经济审判庭，庭设庭长、副庭长。基层人民法院根据地区、人口和案件情况可以设立若干人民法庭。基层人民法院审判刑事和民事的第一审案件，但是法律、法令另有规定的案件除外。除审理案件之外，还要处理不需要开庭审判的民事纠纷和轻微的刑事案件，并指导人民调解委员会的工作。

2. 中级人民法院。

中级人民法院，是人民法院体系的一个层级，其上级单位是高级人民法院，中级人民法院包括省、自治区内按地区设立的中级人民法院，各直辖市、较大的市及自治州设立的中级人民法院。主要负责审理法律、法令规定由它管辖的第一审案件、基层人民法院移送审判的第一审案件、对基层人民法院的判决或裁定提出上诉或抗诉的第二审案件、人民检察院按照审判监督程序提出抗诉的第二审案件。中级法院对它所受理的刑事案件和民事案件，认为案情重大应当由上级法院审判的时候，可以请求移送上级法院审判。中级人民法院设刑事审判庭、民事审判庭、行政审判庭，根据需要可以设其他审判庭。根据《中华人民共和国人民法院组织法》第二十四条之规定，中级人民法院由院长一人，副院长、庭长、副庭长和审判员若干人组成；设刑事审判庭、民事审判庭、经济审判庭，根据需要可以设其他审判庭(如行政审判庭等)。中级人民法院管辖下列第一审刑事案件：

(1)危害国家安全案件，恐怖活动案件；

(2)可能判处无期徒刑、死刑的普通刑事案件；

中级人民法院管辖下列第一审民事案件：

(1)重大涉外案件；

(2)在本辖区有重大影响的案件；

(3)最高人民法院确定由中级人民法院管辖的案件。

根据《行政诉讼法》第十四条规定，中级人民法院管辖下列第一审行政案件：

(1)确认发明专利权的案件、海关处理的案件；

(2)对国务院各部门或者县级以上人民政府所作的具体行政行为提起诉讼的案件；

(3)本辖区内重大、复杂的案件。

(4)其他法律规定由中级人民法院管辖的案件。

3. 高级人民法院。

高级人民法院，是指设在各省、自治区、直辖市的人民法院。由院长一人、副院长、庭长、副庭长和审判员若干人组成。设刑事、民事、经济、行政审判庭和其他需要设立的审判庭，并设审判委员会。其上级人民法院为最高人民法院。高级人民法院对产生它的省、自治区、直辖市人民代表大会及其常务委员会负责并报告工作。高级人民法院的主要任务是对本辖区内中级人民法院和基层人民法院的审判活动进行指导和监督，审理不服中级人民法院判决、裁定的上诉案件。依照《中华人民共和国民事诉讼法》之规定，高级人民法院也管辖少量的第一审民事案件，即管辖在本辖区内有重大影响的民事案件。高级人民法院的职责包括：

(1)依法审判法律规定由高级人民法院管辖的和其认为应当由自己审判的刑事、民事、行政、海事等第一审案件。

(2)依法审判法律规定由高级人民法院管辖的刑事、民事、行政、海事等第二审案件。

(3)依法核准死刑缓期二年执行的案件。

(4)审理死刑缓刑缓期二年执行、无期徒刑的减刑案件和依法应由高级人民法院审理的假释案件。

(5)受理不服全省各级人民法院、专门法院生效裁判的各类申诉和再审申请，对其中确有错误的，提起再审或指令下级人民法院再审。

(6)依法审判由省人民检察院按照程序提出的抗诉案件。

(7)依法审判最高人民法院交办的刑事、民事、行政、海事等案件。

(8)依法对下级人民法院行使指定管辖权。

(9)监督下级人民法院的审判工作。

(10)根据《国家赔偿法》规定，办理赔偿案件。

(11)执行高级人民法院已经发生法律效力的第一审判决、裁定以及法律规定应当由高级人民法院执行的其他生效法律文书和外省区市法院委托执行的案件。

(12)对法律、法规、规章等草案提出意见；针对案件审理中发现的问题提出司法建议；组织、指导全省法院的调研工作。

(13)组织全省各级人民法院、专门法院同外国司法界、国际组织之间的司法交流活动；办理有关国际司法协助事项。

(14)在审判工作中宣传法制，教育公民自觉遵守宪法、法律。

(15)管理高级人民法院直属事业单位和社会团体。

(16)承办其他应由高级人民法院负责的工作。

二、地方司法活动的原则

(一)法治原则

司法法治原则是指在司法过程中，要严格依法司法，案件的审理和执行是依照法律程序运行的。既要遵循实体法又要遵循程序法，具体体现为：“以事实为依据，以法律为准绳”的原则。以事实为根据，就是司法机关对案件作出处理决定，只能以被合法证据证明了的事实和依法推定的事实作为适用法律的依据。以法律为准绳，就是指司法机关在司法时，要严格按照法律规定办事，把法律作为处理案件的唯一标准和尺度。社会行为如果没有相关的法律程序去界定或没有经过正当法律程序审理当归属于无罪，不得进行审判，也不得进行治罪。

(二)司法独立原则

司法独立原则在现代各国宪政中得到普遍尊重和确认。作为一项现代法治原则，尽管各国的立法和制度设计有所不同，但基本认为其指法院、法官独立地行使司法权，法院、法官的审判活动只服从法律与良心，不受外来干涉。法官在案件审理中必须坚持自身的独立性。在审判与执行中，法律的神圣和庄严要求法官必须具备独立的品性，在案件中依从法理而不是其他。

(三)司法平等原则

法律面前人人平等原则是指在法律形式上宣布公民有获得平等保护的权利，并可通过控诉制度请求法院排除侵害，予以保障。人人并非平等，然而人人在法律面前是平等的。神祇之理给予人同样的赐福也给予了人同样的惩罚，不因个人的财富，地位、名望、身世有丝毫的改变。作为法律的掌管者必须克服偏见歧视，秉持公义、一视同仁地看待所有人。这一原则在司法、审判上得到运用，同封建社会“刑不上大夫”的阶级特权相比，无疑是历史的巨大进步，它有助于鼓舞人民为争取平等权利而斗争。

(四)公正审判原则

公正指的是公平、公开、公正按程序执行法律赋予。公正审判在西方国家司法制度中历来被认为是司法独立、平等诸原则的总体现，这就是说，没有公正审判，就没有司法独立，也就没有司法平等。所谓公正审判，一般认为，合乎“正义”或“自然正义”，就是公平，合乎“正义”的审判，自然也是公平审判了。为此，西方国家又把“正义”原则在司法制度上加以具体化，如法院公开审判；当事人有权请辩护律师；原告负举证责任；陪审团参加裁定；判决书要写明理由；判决书公开；当事人有上诉权利等。显然，这些“正义”原则的实现，在审判过程中就必须要有公正的法院，公正的诉讼法程序，才有可能做到公正的判决。

(五)诉讼立案原则

每一起社会事件都是协约事件，其中所涉及的关系既有应享的权利也有应尽的义务。个人事务中利益每一方都可以上诉法院，公共事务中由应由代理机构或受害一方进行上诉，没有一起案件是无诉而立案的。

(六) 实证原则

审案应依凭证进行。无论罪犯有多大的过错，如果受害一方找不到相应的犯罪证据，应遵循疑罪从无法则，不能进行无罪推定强制执行审判，也不能进行治罪。

(七) 罪刑相适应原则

判决的实行要根据事实对社会的危害程度定性，不可一概而论。对于一般性利益纠纷事件和社会侵权行为或许用极重的刑事惩罚不当，但对于公共性的犯罪、危害他人生命安全的行为，我们就有必要严厉制止，避免恶行泛滥。

第三节　地方政府行政执法体系

一、地方政府行政执法的含义、种类与原则

(一) 地方政府行政执法的含义

广义的执法是与立法相对应的，而行政执法是狭义上的执法。行政执法是建立在近代国家权力的立法、执法、司法三分立的基础上的国家行政机关和法律委托的组织及其公职人员依照法定职权和程序行使行政管理权，贯彻实施国家立法机关所制定的法律的活动。行政执法是指行政主体依照行政执法程序及有关法律、法规的规定，对具体事件进行处理并直接影响相对人权利与义务的具体行政法律行为，是国家行政机关在执行宪法、法律、行政法规或履行国际条约时所采取的具体办法和步骤，是为了保证行政法规的有效执行，而对特定的人和特定的事件所做的具体的行政行为。

行政执法具有以下功能与作用：

第一，从执法与立法的关系来分析。立法是执法的前提，是执法的基础，没有立法，无法可执，无从谈执法。执法则是立法实现的途径和保障，没有执法，立法在很大程度上只能等于废纸一堆，立法调控社会关系的目的无从实现。

第二，从执法与公民权利、自由的关系来分析。实现、保障和维护公民权利、自由是执法的目的，离开了公民权利、自由，执法就失去了意义；而执法是公民权利、自由实现的手段，没有执法，公民权利、自由在很多情况下就可能成为“画饼”，而且随时可能被侵犯，被蚕食，被践踏。

第三，从执法与社会秩序和市场经济秩序的关系来分析。保障和维护社会秩序、市场经济秩序是执法的重要任务，离开了保障和维护社会秩序、市场经济秩序的任务，执法在很大程度上就失去了社会需要和存在的理由；而执法则是保障和维护社会秩序、市场经济秩序的重要条件，没有执法，社会秩序和市场经济秩

序将不可避免地出现混乱，人们可能不得不恐惧地生活于某种“无序状态”中。①

（二）地方政府行政执法的种类

根据不同的标准，行政执法主要可以分为以下几类：抽象执法和具体执法、羁束性执法和自由裁量性执法、依职权的执法和依申请的执法、强制性执法和非强制性执法。

从体系结构上看，行政执法主要分为：政府的执法、政府工作部门的执法、法律授权的社会组织的执法、行政委托的社会组织的执法。行政执法行为因受法律拘束的程度不同而分为羁束行政执法与自由裁量行政执法。羁束行政执法是法律法规对需执行的事项有明确、具体的规定，执法者必须严格按法律法规的规定执行，没有自由处置的执法行为；自由裁量行政执法在法律法规规定中，执法者可在范围、方式、数额等方面有一定的选择余地的执法行为。羁束与自由裁量是相对的，如征收个人所得税的条件与税额一般都没有伸缩余地，治安管理处罚却有一定的幅度，可供行政机关自由裁量。但后者较之那种“可以处罚”而无任何种类、幅度的规定，显然又属于羁束执法。行政执法在多数情况下都属自由裁量。自由裁量也必须根据法律法规的授权和在法定的幅度以内进行，否则行政执法将无所适从，因执法而引起的行政诉讼也难以裁判。如何使行政行为既受法律的约束，又有根据具体情况作出处置的主动权，是行政法学研究的重要任务之一。

（三）地方政府行政执法的原则

1. 依法行政原则。

依法行政原则，或称合法性原则，是各国行政法的共同理念或基本原则，其基本含义在于行政机关和其他行政公务组织必须依法行使行政权或者从事行政管理活动。法律优位和法律保留是依法行政的重要组成部分。

法律优位或称法律优先，是指上一层次法律规范的效力高于下一层次法律规范。②“法律优先”一词，源自德国行政法鼻祖奥托·迈耶之首创，他认为，法律为国家意志中法律效力最强者。地方行政机关必须受到法律的约束，一切行政活动均不得与法律相抵触。

法律保留是指在特定范围内对行政自行作用的排除。地方行政行为只有在法律有明确规定的情况下才能做出积极的行政行为，否则就构成违法。

2. 行政合理性原则。

行政合理性原则，是指行政主体不仅应当在法律、法规、规章规定的范围内

---

① 姜明安．行政执法的功能与作用[J]．湖南社会科学，2004(1)．

② 周佑勇．行政法中的法律优先原则研究[J]．中国法学，2005(3)：49-55.

实施行政行为，而且要求行政行为要客观、适度，符合公平、正义等法律理性。

3. 信赖保护原则。

信赖保护原则最先由德国等大陆法系行政法学者提出，后为立法所接受。行政法上的信赖保护原则是指行政管理相对人对行政权力的正当合理信赖应当予以保护，行政机关不得擅自改变已生效的行政行为，确需改变行政行为的，对于由此给相对方造成的损失应当予以补偿。①

4. 行政比例原则。

行政比例原则是许多国家行政法上一项重要的基本原则，指行政主体实施行政行为应兼顾行政目标的实现和相对人权益的保护，如为实现行政目标可能对相对人权益造成某种不利影响时，应使这种不利影响限制在尽可能小的范围和限度内，保持二者处于适度的比例。

5. 越权无效原则。

越权无效原则最初创制于英国，也是英国行政法的首要原则。越权无效原则的基本含义是行政机关必须在法定权限范围内行为，一切超越法定权限的行为无效，不具有公定力、确定力、约束力和执行力。

二、地方政府行政执法制度

（一）信息公开制度

政府信息公开具有行政性。一方面，政府信息是与行政行为有关的信息，或者是政府机关以职权获取的信息，这些信息都与政府公共行政权力的运行有关，是行政权力运行过程或其结果的表现形式，没有行政权力，就没有我们所说的公共信息，也就没有政府信息公开。另一方面，政府信息公开也需要行政权力的运行，信息的产生离不开行政权力，信息的公开同样离不开行政权力，有时信息公开的过程也就是信息产生的过程，行政性贯穿始终。信息公开是以公民获得政府信息的权利为基础的，而不是以行政权力为基础。

从一些发达国家行政公开的演进历史过程及趋势来看，行政公开最终表现为专门的政府信息公开法律。早在 1766 年，北欧的瑞典就制定了具有宪法效力的《新闻自由法》，是国外最早的政府信息公开实践。政府信息公开立法影响最大、体系最完善的当属于美国。美国于 1966 年制定了《信息自由法》，该法规定政府文件具有公共财产的性质，明确规定了除可以不公开的九种例外情形，如国防外交机密、国家机密信息、机构内部人事信息、个人隐私信息等，政府文件都应该

① 汪永清．中华人民共和国行政许可法教程[M]．北京：中国法制出版社，2003.

公开。在亚洲国家中，韩国率先于1996年制定了《公共机关情报公开法》，日本随后于1999年也制定了《情报公开法》。

现代宪政观念告诉我们，政府是否应当公开信息，是否向民众提供信息，这并不是政府的权力决定的，而是由民众的权利决定的，这种权利是民众所享有的宪法权利。所以说，民众需要什么信息，政府信息公开什么信息，政府就要提供什么信息，只有这样，相应的宪法上的权利才能够实现。公民个人根据宪法权利和具体的法律规定，自由地获取政府信息，是公民和公共权力机关之间关系的一项基本原则。并不是所有的政府信息都是可以公开的，实际上，相当一部分政府信息是不可予以公开的。政府所掌握的很多信息是具有"秘密"等级的，这是基于国家安全的需要，也是世界各国普遍的做法。当政府信息的内容涉及国家的安全，公开会影响国家的利益时，其公开就会受到严格禁止，并通过《保密法》予以严格规制。所以，政府信息公开具有例外规定，并且，由于对可以公开的信息难以一一列举，因而，在立法技术上，一般把例外信息作为研究的重点，除去例外信息以外，其余政府信息均应当公开。政府信息是无形的，它必须通过一定的方式体现出来，一定的方式实质就是一定的载体的表现形式。比如，通过政府公开刊物刊载出来，通过设立阅览室展现出来等，这些表现形式均离不开一定的载体，所以说，政府信息公开要以载体为依托，离开载体，政府信息无法传递。载体的范围是多种多样的，既可以是纸张书面形式，也可以是电子形式，并且，随着科技的发展，通过计算机网络形式获得信息的方式更为普及，但是，不同的载体的成本是不一样的，这就需要法律的规定与选择。因而，政府信息公开要以载体为依托的特性，尽管不显得那么重要，但是，它却影响着信息的传递，甚至也直接影响政府信息公开收费标准的确定。

（二）说明理由制度

行政主体在作出对行政相对人合法权益产生不利影响的行政行为时，除法律有特别规定外，必须向行政相对人说明该行政行为的事实依据、法律依据以及进行自由裁量时所考虑的政策、公益等因素。

（三）告知制度

行政主体在作出行政行为时，应将有关事项告诉相对人的制度。根据法律、法规的规定，行政执法机关及其执法人员告知当事人下列权利：陈述权、申辩权；依法要求举行听证；依法申请行政复议或者提起行政诉讼以及复议、诉讼的时效和地点；因违法给予行政处罚或者行政强制受到损害可以依法要求赔偿。

（四）听取陈述和申辩制度

行政主体作出涉及行政相对人合法权益的具体行政行为时，行政主体应当听取行政相对人的讲述案情和作出对自己有利辩解的制度。听取陈述和申辩制度具有程序性、强制性、平等性、协商性、附属性。

(五)听证制度

在法律规定的条件下，由非本案调查人为主持人，采用准司法的方式听取利害关系人的申辩的制度。听证制度的基本内容主要是：告知和通知、公开听证、委托代理、对抗辩论、制作笔录。

三、地方政府行政执法行为

(一)行政许可

行政许可，指国家行政机关对不特定的一般人依法负有不作为义务的事项，在特定条件下，对特定对象解除禁令，允许他作为的行政活动。根据《中华人民共和国行政许可法》第二条之规定，行政许可，是指行政机关根据公民、法人或者其他组织的申请，经依法审查，准予其从事特定活动的行为。设定行政许可，应当遵循经济和社会发展规律，有利于发挥公民、法人或者其他组织的积极性、主动性，维护公共利益和社会秩序，促进经济社会和生态环境协调发展。①

行政许可具有以下几个方面特征：

1. 行政许可是依法申请的行政行为。行政相对方针对特定的事项向行政主体提出申请，是行政主体实施行政许可行为的前提条件。无申请则无许可。

2. 行政许可的内容是国家一般禁止的活动。行政许可以一般禁止为前提，以个别解禁为内容。即在国家一般禁止的前提下，对符合特定条件的行政相对方解除禁止使其享有特定的资格或权利，能够实施某项特定的行为。

3. 行政许可是行政主体赋予行政相对方某种法律资格或法律权利的具体行政行为。行政许可是针对特定的人、特定的事作出的具有授益性的一种具体行政行为。

4. 行政许可是一种外部行政行为。行政许可是行政机关针对行政相对方的一种管理行为，是行政机关依法管理经济和社会事务的一种外部行为。行政机关审批其他行政机关或者其直接管理的事业单位的人事、财务、外事等事项的内部管理行为不属于行政许可。

5. 行政许可是一种要式行政行为。行政许可必须遵循一定的法定形式，即应当是明示的书面许可，应当有正规的文书、印章等予以认可和证明。实践中最常见的行政许可的形式就是许可证和执照。

(二)行政处罚

行政处罚是指行政主体依照法定职权和程序，对违反行政法规范但尚未构成

---

① 邹东升．公共行政学[M]．北京：北京大学出版社，2014.

犯罪的相对人，给予行政制裁的具体行政行为。行政处罚是行政制裁的一种形式，具有行政处罚权的行政主体为维护公共利益和社会秩序，保护公民、法人或其他组织的合法权益，依法对行政相对人违反行政法律法规而尚未构成犯罪的行政行为所实施的法律制裁。地方政府规章可以设定除限制人身自由、吊销企业营业执照以外的行政处罚。

行政处罚具有以下几个方面的特征：实施行政处罚的主体是作为行政主体的行政机关和法律法规授权的组织；行政处罚的对象是实施了违反行政法律规范行为的公民、法人或其他组织；行政处罚的性质是一种以惩戒违法为目的、具有制裁性的具体行政行为。行政处罚的种类，主要是指行政处罚机关对违法行为的具体惩戒制裁手段。

根据《行政处罚法》和其他法律、法规的规定，中国的行政处罚可以分为以下几种：人身罚也称自由罚，是指特定行政主体限制和剥夺违法行为人的人身自由的行政处罚。这是最严厉的行政处罚。人身罚主要是指行政拘留和劳动教养。行为罚又称能力罚，是指行政主体限制或剥夺违法行为人特定的行为能力的制裁形式。它是仅次于人身罚的一种较为严厉的行政处罚措施。财产罚是指行政主体依法对违法行为人给予的剥夺财产权的处罚形式，它是运用最广泛的一种行政处罚。罚款指行政主体强制违法者承担一定金钱给付义务，要求违法者在一定期限内交纳一定数量货币的处罚。没收财物(没收违法所得、没收非法财物等)是指行政主体依法将违法行为人的部分或全部违法所得、非法财物包括违禁品或实施违法行为的工具收归国有的处罚方式。申诫罚又称精神罚、声誉罚，是指行政主体对违反行政法律规范的公民、法人或其他组织的谴责和警戒，它是对违法者的名誉、荣誉、信誉或精神上的利益造成一定损害的处罚方式。

(三)行政指导

行政指导就是行政机关在其所管辖的事务范围内，根据国家的政策规定，或者法律原则，针对特定的公民、法人或其他组织，用非强制性的方法或手段，取得该行政相对方的同意或协助，有效地实现一定的行政目的的主动的管理行为。地方政府的行政指导，是指地方政府及其工作部门在其职权、职责和管理事务范围内，为适应地方行政管理的需要，所做出的的不具有强制力的指导、劝告、建议等行为。①

行政指导可以分为以助成、促进对方为目的的助成指导和以限制对方的行为为目的的限制指导。行政指导的特点在于，只要取得相对人的同意即可形成所期

① 李霞，楼晓，王月平．地方政府行政指导存在的问题与对策[J]．政府法制，2006(16)．

望的行政秩序，而无须使用权力手段。行政指导可以消除相对人的抵触，确保行政得以顺利、切实地进行；国民也期望得到行政指导以趋利避害。但是行政指导一般没有法律依据，它虽不存在权力的强制作用，但由于行政机关的地位，有可能使相对人违心接受行政指导，因此潜存着极大的危险性。如何控制行政指导，是立法、学术界及判例要解决的重大课题。

(四)行政规划

行政规划是指行政主体为了实现特定的行政目标，而作出的对行政主体具有约束力、必须采取具体措施在未来一定期限内予以实现的、关于某一地区或某一行业之事务的部署与安排。行政规划的目的是为了实现特定的行政目标。如加快城市的公共实施建设、促进当地经济的发展、使城市的布局更加合理等。行政规划对行政主体具有约束力，任何行政规划一经确定，就对行政主体具有约束力，非因法定理由、非经法定程序，不得违反和变更。

(五)行政给付

行政给付一般是指行政主体依照有关法律、法规，向符合条件的申请人提供物质利益或者赋予其与物质利益有关的权益的具体行政行为。行政给付的对象是具有特定情形的行政相对人；行政给付是指行政机关通过行政给付行为赋予给付对象一定的物质上的权益或与物质相关的权益，物质上的权益表现为给付相对人一定数量的金钱或实物；与物质有关的权益主要表现为让相对人免费享受教育、享受公费医疗待遇等。① 行政给付的主体一般是行政机关，但是也包括法律、法规授权的社会组织。

(六)行政监督

行政监督是指对国家行政机关及其工作人员的职务行为是否合乎宪法和法律而实施的全面监督和督促。我国已初步建立起较为全面的行政监督体系，可分为行政内部的监督和外部的监督。内部监督体系主要包括上级行政机关对下级行政机关的监督、下级行政机关对上级行政机关的监督、互不相隶属的行政机关直接的监督和行政机关内部特别机构的监督。外部监督体系包括国家权力机关、政党、司法机关、人民政协、社会组织、公民对地方政府的监督。

复习思考题

1. 什么是地方立法？
2. 地方立法具有哪些特征？

---

① 张光杰．中国法律概论[M]．上海：复旦大学出版社，2005.

3. 地方立法包括哪些内容？
4. 地方司法活动遵循什么原则？
5. 地方政府行政执法行为有哪些？

案例分析

打准、打狠、打深、打透

——五部门印发4个关于扫黑除恶专项斗争法律政策文件

全国扫黑办2019年10月21日在京举行新闻发布会，公布国家监察委员会与最高人民法院、最高人民检察院、公安部、司法部联合印发的《关于在扫黑除恶专项斗争中分工负责、互相配合、互相制约严惩公职人员涉黑涉恶违法犯罪问题的通知》、“两高两部”联合印发的《关于办理非法放贷刑事案件若干问题的意见》《关于办理利用信息网络实施黑恶势力犯罪刑事案件若干问题的意见》《关于跨省异地执行刑罚的黑恶势力罪犯坦白检举构成自首立功若干问题的意见》等4个法律政策文件。

中央政法委秘书长、全国扫黑办主任陈一新表示，出台上述法律政策文件，是认真贯彻全面依法治国部署要求的具体体现，也是完善专项斗争法律政策保障的重要举措，对于确保扫黑除恶“打准、打狠、打深、打透”，推动专项斗争依法深入健康发展产生积极而深远的影响。

（资料来源：刘奕湛：《打准、打狠、打深、打透——五部门印发4个关于扫黑除恶专项斗争法律政策文件》，新华网，2019年10月22日。）

第五章　地方政府财政管理

财政是国家治理的基础和重要支柱，① 在优化资源配置、维护市场统一、促进社会公平、实现国家长治久安中承担着重要职责。各级地方政府财政，是国家财政的重要组成部分，它体现地方政府与所属或所辖区内企业、事业单位，社会、组织、居民之间以及各级政府之间的分配关系。加快建立现代财政制度，建立权责清晰、财力协调、区域均衡的中央和地方财政关系，建立全面规范透明、标准科学、约束有力的预算制度，深化税收制度改革，健全地方税体系，有利于地方政府履行政府职能，提高公共服务水平。

第一节　地方政府财政管理概述

一、地方政府财政管理的内涵和特点

（一）地方政府财政管理的内涵

地方政府财政管理是指国家和地方有关部门对地方财政收支活动所进行的计划、预测、组织、指挥、协调、监督和控制。它是运用财政立法、司法、制度、政策和措施对地方各方面的财政经济运行过程所进行的综合性、科学性管理。地方财政管理的基本要素包括人力、物力，财力、信息、机构，法律制度和现代管理工具等。

地方财政管理在国民经济管理中和社会主义国家财政管理中具有重要作用。加强地方财政管理，做到地方人力，物力和财力诸方面的综合平衡，是实现各地经济建设和各项事业健康发展，促进整个国民经济有计划按比例地协调发展的重要条件。《中华人民共和国宪法》规定了我国基本的政治经济管理制度："中央和地方的国家机构职权的划分，遵循在中央的统一领导下，充分发挥地方的主动性、积极性的原则。"国家的政治经济制度和职权划分原则决定了我国的财政管理

① 中共中央关于全面深化改革若干重大问题的决定[M]. 北京：人民出版社，2013.

体制必须实行集中领导下的分权制，实行统一领导、分级管理，建立中央财政和地方各级财政。也就是说，除接受中央统一的财政领导外，各级政权都应具有自己的施政范围，都应建立同级财政，并按国家财政管理体制确定的收支范围和管理权限行使地方财政管理权。我国地方财政管理体系实际上分为四级财政，即省(自治区、直辖市)财政、市财政、县(市、自治区)财政、乡(镇，自治旗)财政。这四级财政与中央财政共同构成了我国社会主义财政体系，四级地方财政管理也就成为社会主义财政管理的重要组成部分，是国家财政管理的基础。

(二)地方政府财政管理的特点

地方财政管理是一项联系面和影响面广，综合性和政策性强的工作，它具有以下重要特点：

1. 地方财政管理呈现多级次、多结构、多层次。地方财政管理从纵向上讲包括省级财政的宏观管理，市、县两级财政的中观管理、乡镇财政的微观管理等；从横向上看主要有城市财政管理、乡镇财政管理、民族地区财政管理、特区财政管理和内地经济开发区财政管理，以及农村集体经济财务的管理等；从理论内容上讲，主要包含地方税收管理、地方企业与事业财务管理、地方财政信用管理。地方预决算管理，预算外资金管理，等等。地方财政管理的多级次、多结构，多层次，是它区别于其他财政管理的一个显著特点。

2. 地方财政管理要处理好纵向和横向的一系列关系。地方财政管理工作不仅要处理好地方各级之间、财政与其他各部门之间、各企业之间、各环节之间的关系，还要处理好地方与中央之间的关系。特别是在制定地方性财政法规、制度、计划、决策时，一定要与国家的法规、制度、方针、政策和计划相配套，而不能有抵触。

3. 地方财政管理工作涉及面广、地区差异性大，政策性强，工作头绪多，管理任务艰巨，直接接触基层，与“千家万户”相联系。这是它区别于中央财政管理的又一个显著特征。

二、地方政府财政管理的原则

地方财政管理作为一种对政府财政活动的管理，在管理中既要遵循一般经济管理原则，又要考虑到政府部门与其他非政府部门的差异，因此，地方财政管理原则既有一般管理的共性，又有财政管理的特性。其主要原则可以归纳如下：

(一)法制化原则

法制化原则也就是规范化原则，指地方政府通过运用法律手段调节财政分配关系，强化地方财政分配管理，使地方财政运行的全过程都纳入法制化轨道。法制化包括以下四层含义：

1. 财政分配全过程及所有活动都必须有法可依，也就是要立法。建立健全财政法律、法规，使一切财政活动都做到法制化。这是实现政府依法理财，进行规范化管理的前提条件。

2. 一切财政活动的当事人，或财政法律关系的主体，都必须遵守财政法律规范，依法办事。不允许以言代法或以权代法，这是理财法制化的关键。

3. 财政税务机关以及其他执法机关，都必须严格依法行政。坚持按财政法律、法规的内容和程序规范财政行为。

4. 对一切违反财政法律规范的行为都必须严格依法予以追究和制裁，做到有法必依，违法必究。

从法学意义上讲，地方财政部门实际上是一个执法部门，它担负着国家税法、财政法规、财务会计法规、国有资产法规等财经法规的执行、监督工作。众所周知，市场经济是法制经济。随着我国社会主义市场经济体制的日益完善，地方财政部门作为地方社会经济的组成部分，必须按照市场经济的要求，规范地执行国家的有关法律法规；而作为一个执法机关，必须严格按照财政法律、法规的内容和程序规范财政行为，依法办事。

（二）科学化原则

科学化原则是指在财税管理过程中，要以科学的管理思想和管理理论为指导，把当代先进的管理方式方法运用到理财实践中，实现财税管理的科学化。地方财政管理行为科学化的关键是财政决策行为的科学化，而地方财政决策的科学化，首先必须明确地方财政决策的范围。确定决策范围，实际上就是确定地方财政在行使财政调控权中的实际权力。因此，在研究地方财政的决策时，必须首先明确地方财政与地方政府、各上下级财政、地方财政与国家权力部门的权力分配关系，地方财政与市场的分工，从而实现财税管理科学化。

（三）公开化原则

公开化原则是指地方财政活动的整个过程都必须公开，在人民的监督下进行，这是一国政治民主化的重要内容之一。其目的在于增加财政办事的透明度，提高社会的参与意识。我国财政取之于民、用之于民，根据市场经济中权利与义务对等原则，纳税人既有缴纳税款的义务，更有了解这些税款使用情况的权利，因此，有必要将政府理财过程公开化，这也是地方财政科学管理的一项重要内容。

三、我国地方政府财政管理体制的发展历程

财政管理体制是包含税收、公共支出、转移支付以及决定政府间分配关系的财政体制，其中政府间的分配关系是财政制度的中心内容。中华人民共和国的财

政体制经历了一个比较复杂的变迁过程，大致由中华人民共和国成立初期中央对地方实现高度集权的财政“统收统支”制度到20世纪80年代中期逐渐过渡到比较分权的财政包干制度，又到90年代中期（1994年）实行了相对较为集权的分税制体制。

（一）“统收统支”高度集中

20世纪50年代早期，中华人民共和国财政体制是在借鉴前苏联财政体制的基础上建立起来的，呈现出中央高度集权的特征。各级地方政府没有自己单独的预算，财政部不仅负责统一财政预算的编制，而且负责批准省级政府的财政收支计划，同时下达转移支付的额度。另外，这种财政安排也把国有企业包括进来，国有企业须向国家上缴所有利润或剩余，而国家则通过财政拨款来满足国有企业的各项支出。其中，1958年的财政体制改革，虽是中华人民共和国成立以来传统体制下的第一次财政分权，但是由于财力下放过度，中央财政收支所占比重锐减，于是在1959年开始实行“收支下放，计划包干，地区调剂，总额分成，一年一变”的财政体制，即各地的财政收支相抵后，收不抵支的部分由中央财政给予补助，收大于支的部分按一定比例上缴中央财政。“文革”后，中央与地方财政体制变动频繁，1969—1978年的12年间，中央共出台了六种不同的体制安排，给高度集权化的财政体制引入了一定的分权化体制因素。从1959年到1970年，以及1976年到1979年，实行的“总额分成”的管理体制存续了16年。

（二）两步“利改税”与分权包干体制

1979年后，财政体制须与整体经济体制改革相适应，为此在处理中央和地方政府间财政关系方面进行了多次改革。首先，“让利”打破了财力的集中。党在十一届三中全会做出了改革开放的战略决策，我国的经济开始由单一的封闭式产品经济向多样化的开放型商品经济转变。在国营经济为主导、多种经济形式并存的政策引导下，城乡集体所有制经济迅速发展，个体经济也日益活跃。随着经济体制改革的整体推进，作为国家现代化建设的重要力量以及国家财政收入主要来源的国营企业，特别是大中型企业，面临着许多困难和问题。为增强企业活力，国家推行了一系列放权让利的改革。在实行“利改税”前，国家对各部门和企业实行不同的利润留成制度，允许企业按规定留用一部分利润留给企业支配。在利润留成制度实行的1978—1982年间，留给企业的利润共有352.50亿元，其中，1978年为10.3亿元，1982年达到127.6亿元，留用利润占实现利润的比重从2%提高到21.1%，企业自主财权的扩大调动了企业和职工的积极性，增强了职工的责任感，对搞活经济、促进发展起到了积极的作用。但是，利润留成制度的缺点也在实施过程中逐步暴露出来。由于企业情况千差万别，利润留成只能“一户一率”，常常发生地方、企业与国家争利的扯皮现象。为了解决这些问题，

“利改税”应运而生。即把国营企业向国家上交的“利润”改为缴纳“税金”，将所得税引入国营企业利润分配领域，税后利润全部留归企业，以使国营企业逐步走上自主经营、自负盈亏的道路，把更多的企业经营决定权留给企业。1983 年开始的这次税制改革，从根本上改变了我国税制的整个面貌，形成了中央固定收入、地方固定收入和共享收入，改变了以前主要是根据对国有企业的所有权来划分，新的划分标准则与税种相联系。地方各级政府自主支配的财力大大增加，由此调动了地方政府发展经济的积极性。同时让利中包含着放权，1980 年“划分收支、分级包干” 的分灶吃饭体制、1985 年“划分税种、核定收支、分级包干”和 1988 年推行的“财政大包干”这三次财政体制调整，财政放权也不断加大。在整个 80 年代，中国的财政制度经历了许多重要的变化，从一种单一的由中央政府完全控制收入集中的预算分配制度变为一种相对分权化的制度安排。通过对集中权力的逐步下放，使政府职能分散化，从而扩大了地方政府在组织收入和在预算中安排支出方面的自主权，强化了地方的利益主体意识，同时也使地方政府在计划经济下被束缚的主动性和积极性得到释放，促进了国民经济和各项社会事业的发展。

与此同时，1992—1993 年，中国通货膨胀率迅速上升，国民经济过热、形势严峻，在一定程度上，使政府尤其是中央政府对许多宏观领域的经济活动失去控制。由于财政包干体制的不完善，中央和地方的财政关系未能完全理顺，因而政府间财政往往体现为讨价还价的博弈。包干制把中央财政收入的增长给“包死”，增量大部分留给了地方政府，导致中央财政收入在全国财政收入中的比重不断下降。财政包干制下，地方独立性和自主权迅速扩大，地方上缴中央财政收入数量通过谈判达成，在一定时间内还可以再谈判和修改，因此地方政府害怕“鞭打快牛”，愿意放慢预算收入的增长，藏富于企业，刺激地方经济发展。中央政府因中央财政收入占 GDP 比重下降，于是将更多的公共支出责任下放给地方政府；而地方政府则通过非预算收入来解决资金来源问题。这样，财政包干制强化了地方封锁、分割的“诸侯经济”倾向，客观上助长了低水平重复建设和投资膨胀，使得中央和地方的关系仍缺乏规范性和稳定性，导致国家财力分散、“两个比重”过低、地方缺少必要的税权和稳定财源、中央缺乏必要的宏观调控主动权，形成了更加明显的讨价还价的行政性分权模式。这种模式具有严重的随意性，造成预算约束弱化，中央和地方的互相侵权，客观上鼓励了每个地方政府少征税从而在基数体制下受益。

（三）1994 年后分税制财政体制

有效解决上述中央和省一级地方的集中和分权关系中循环往复问题的办法是实行分税制。如果说放权主要是原有集中体制框架内的“松绑”和外在激励，那么分权则是突破传统改革思路，试图对新体制框架的构建。1992 年我国确立了建立有中国特色的社会主义市场经济体制。这一重大决策内在要求我国财政体制的变革要与社会主义市场经济体制相适应。

1994 年的分税制改革主要就财权和财力这两个体制要素作了新的组合，中央财政和地方财政的分配关系，从体制上实现了规范化。即通过划分税种重新界定财权，通过转移支付制度重新配置财力，而事权则未做正式调整。中央财政收入下滑的势头得到遏制，从机制上保证中央财政收入的较快增长。在经历了一系列"放权""分权"的财政改革探索之后，以分税制改革为中心的中国财税体制改革，进入了比较稳定的运行阶段，由分税制带来的非经济性财政增长因素已基本消化，从各级政府财政自给能力可以看出，财政收入逐步向中央财政倾斜。地方财政收入占总收入的比重从 1993 年的 78%下降到 2007 年的 46%，与此同时，地方政府财政支出占总支出的比重从 1993 年的 72%增加到 2007 年的 77%。

同时，1994 年分税制改革主要是由中央政府的预算压力驱动的，改革实施时，主要着眼于调整中央和省级政府间的财政分配关系，而并未明确省以下各级地方政府之间的财政关系。省以下各级政府的事权、财力是不确定的。事权、财力的演变轨迹取决于各级政府间博弈的程度、方式和手段。那时，省以下政府间经济社会事务管理责权与财政支出责任划分不合理。从理论上看，地方政府的事权与财权应该统一，但就每一个具体的地方政府而言，它负担着多大的支出责任，获取哪些财政收入的权力，在实际操作中却是不易办到，能够办到的只是事权与财力的基本一致。然而，在地方政府管理体制改革中，无论采取何种分税制方式，都不可能使每一个地方政府恰好得到与自身支出责任相等或者相对应的财权，"财权与事权相统一"是不易做到的。

四、我国地方政府财政管理体制的改革历程

改革开放以前，我国财政分配体制是"总额分成、一年一定"，也就是所谓的"统收统支"。

1980 年 2 月，国务院颁发《关于实行"划分收支、分级包干"的财政管理体制的暂行规定》，决定从 1980 年起统一实行"划分收支、分级包干"的新体制，按照行政隶属关系明确划分中央和地方的财政收支范围，地方以收定支，自求平衡，包干使用。

实行两步"利改税"后，为适应新形势的需要，1985 年国家调整了政府间财政分配关系，实行"划分税种，核定收支，分级包干"的体制。

1988 年，国家再次调整政府间财政分配关系，实行了"多种形式包干"的体制。1992 年，十四大将社会主义市场经济正式确定为我国经济体制改革的目标模

式之后，随着市场经济的全面建构，财政包干体制已明显滞后，要求财政分权改革进一步深化，并建立新的更加规范的财政管理体制与之协调配套。

1993 年 12 月，国务院发布《关于实行分税制财政管理体制的决定》。新体制按照中央与地方政府的事权合理划分各级财政的支出范围，并根据财权与事权相统一的原则明确划分了中央和地方政府的财权，进一步理顺和规范了政府间财政分配关系，还建立了中央财政对地方税收返还和转移支付制度。

从 1994 年至今，在分税制框架内推进了一系列具体改革，包括出口退税机制改革、农村税费改革、财政支出管理体制改革、所得税改革、《预算法》修订、营业税改增值税改革、国地税征管体制改革、中央与地方财政事权和支出责任划分改革、地方政府性债务管理改革、资源税改革，并开征车辆购置税、出台环境保护税法、推动政府和社会资本合作、推进财政资金统筹使用、调整相关税种收入中央地方划分比率等。

2014 年 6 月，中共中央政治局审议通过《深化财税体制改革总体方案》等方案。新一轮财税体制改革 2016 年基本完成重点工作和任务，2020 年基本建立现代财政制度。

近年来，中央财政和地方财政部门结合实际，积极开展各种形式的体制和机制创新，推进了财政管理体制的完善。具体措施有：

（一）实行“省直管县”的财政管理体制

“省直管县”财政体制是将我国现有的中央、省、市、县、乡五级行政体制所对应的四对财政关系即中央对省、省对市、市对县、县对乡打破，在现有的行政隶属关系不变的情况下，直接建立起来一种省对县、市的财政体制。财政体制“省直管县”改革，是省政府与县政府的财政之间在收支范围、转移支付、财政结算等方面直接关联的改革举措。改革所依据的核心思想是“留利于县”，从而缓解县政府的财政困难，达到“保工资、保运转、保民生”的目的，确保我国经济稳健发展。浙江省除在“省直管县”中建立增收分成机制，对财政收入过亿元的县（市）和增收的贫困县进行奖励外，在事权改革方面，主动向县一级下放经济管理职权，从 2002 年 8 月起，该省把地级市的经济管理权限直接下放给绍兴、温岭、慈溪等 20 个县（区），扩大的管理权限涵盖计划、经贸、外经贸、国土资源、交通、建设等 12 个大类、313 个具体事项，几乎囊括省、市两级政府所有的经济管理权限，并包括部分社会管理权限，使地（市）和县（市）成为平行的预算单位，县财政和地（市）财政一样直接对省财政负责。

（二）理顺县乡财政关系，改革县乡财政管理体制

各地根据乡镇经济发展水平、财政收入状况及财力增长能否满足自身支出需要的情况，因地制宜，区别对待，理顺县乡财政关系，大致形成三种县对乡财政管理体制类型：

1. 较为规范的分税制财政体制。

即县财政在合理界定乡镇政府财权与事权的基础上，实行一级政府一级预算，对乡镇实行比较规范的分税制财政管理体制。实行这种体制的主要是经济较为发达、财政收支规模较大、财政保障能力较强的乡镇。目前，珠三角、长三角等经济发达地区、城市郊区的乡镇（如广东省虎门镇）大多采用这种管理体制。

2. 包干型财政体制。

即县与乡镇按照税种划分收入，收支均由县财政核定，实行超收分成（或留用）、短收不补（或补助）的财政管理体制。这种体制主要是原财政包干体制的延续。

3. 统收统支加激励财政体制。

在一些经济欠发达的乡镇，免征农业税、农村义务教育经费上划县后，乡镇收入规模偏小，自身财力无法满足支出需要，为保障基层机构正常运转，实行这种管理体制。从河北省试点情况看，其主要特点有：一是收入统缴。撤消乡镇国库，乡镇财政收入计划由县直接下达给收入征管部门，乡镇财政收支预算统一纳入全县财政预算编制范围。二是支出统管。乡镇人员经费、日常公用经费、专项经费、村级经费由县财政按县（市）统一标准安排。三是政策激励。对各乡镇实行“核定收支、收支挂钩、超收分成”的办法，形成激励机制，以一定年份为基期，核定各乡镇地方预算收入基数，从第二年起，乡镇级地方预算收入比上年增长部分，乡镇按照一定比例分成，从而调动乡镇发展经济、增加财源的积极性。

（三）建立激励约束机制，缓解县乡财政困难

2005年，为切实缓解县乡财政困难，中央财政开始建立激励约束机制，通过“三奖一补”政策，引导省、市两级政府在财力分配上向财政困难的县乡倾斜，鼓励县乡增收节支、精简机构和人员，力争用几年的时间使县乡财政困难得到初步缓解。“三奖一补”政策调动了省、市、县政府缓解县乡财政困难的积极性和主动性。许多省份比照中央财政的做法，采取措施大力缓解县乡财政困难。福建省实行“六挂六奖”措施，对县级收入增长、削减赤字、精简机构、增产粮食、化解债务、向下转移财力等方面进行奖励。重庆市筹集资金3.3亿元，对化解乡村债务的区、县实行奖励和补助，并要求各区、县将“三奖一补”资金的80%以上用于偿还债务。

（四）税收征管体制改革

2018年7月20日，中共中央办公厅、国务院办公厅印发了《国税地税征管体制改革方案》（以下简称《改革方案》），《改革方案》明确了国税地税征管体制改革的指导思想、基本原则和主要目标，提出了改革的主要任务及实施步骤、保障措施，并就抓好组织实施提出工作要求。国税地税征管体制改革是对税收征管制度的一次重塑，以改革为契机，税务部门全面清理修订与“放管服”改革精神不相适应的制度，积极构建科学严密、规范统一的税收征管体系。

1. 开启税收征管体制改革新进程。

改革开放40周年之际，此次改革备受关注。这是改革开放以来，继20世纪80年代“利改税”和1994年分税制改革后，我国税收征管体制迎来的第三次重大改革。相比以往，此次改革力度大、涉及面广、情况复杂、任务更艰巨，涉及国税地税机构合并、税费管理制度和中央与地方税务行政管理体制三个方面的改革，其中最重要的就是国税地税机构合并改革。

在营改增推进国税地税机构合作的基础上，此次国税地税机构合并是顺应新时代发展要求的重大制度变革，有助于降低征纳成本、提升征管效率，为全面提升税收治理能力和治理水平提供制度保障，推动构建更为有序、合理、完善的财税制度。改革的背后，既是税收征管流程的优化重塑，也是税收征管方式的与时俱进。随着税务机构改革的持续深入，税收在国家治理中的基础性、支柱性、保障性作用持续增强，一幅税收现代化的美好图景正在徐徐展开。

2. “六个统一”增强纳税人获得感。

根据部署，随着省市县三级新税务机构逐级、分步挂牌，届时税务系统将实现“六个统一”：国税地税业务“一厅通办”；国税地税业务“一网通办”；12366“一键咨询”；“实名信息一次采集”；统一税务检查；统一税收执法标准。

国税地税合并解决了办税两头跑的问题，使用统一数据口径的“金三”系统，实行“一厅通办”，进一步统一、简并、规范了涉税材料报送，更方便群众咨询办理涉税事项，减少了企业的税收成本，大大节约企业办税时间。而且，新机构挂牌后，为便利纳税人办税，绝大部分办税服务厅保持现有办税服务场所、地点不变。

3. 推动税收征管更规范、统一。

国家税务总局透露，改革后税收管理机构将在规章文件、执法标准等多方面实现统一和规范，无疑将对推进税收治理现代化产生深远影响。

目前，从中央到地方各级税务机关正同步开展文件清理，逐件逐条梳理税务系统现行文件，确保国税地税机构合并后执法依据统一、执法尺度统一。全国范围内一个税制、一把尺子，将有利于提高税收执法的统一性、规范性。

下一步国家税务总局将进一步推进税收征管和信息系统的整合优化工作，由“物理反应”过渡到“化学反应”，建成一套制度体系、一套运行机制、一套岗责流程、一套信息系统，推动构建优化高效统一的税收征管体系。

平稳推进国税地税机构合并，必将全面提高税收征管科学化水平，为国家财政收入的可持续增长奠定良好的体制机制基础。

4. 社保费等交由税务部门征收。

此次改革强调了收入管理机构的职能整合，将社保费和非税收入划转税务部门征管。此前不少地区已经采用地方税务局征收社保费，此次改革将国税地税机构合并完成后，2019 年开始，将协调处理好税务部门与财政、社保、医保等部门的关系，将基本养老保险费、基本医疗保险费、失业保险费等各项社会保险费交由税务部门统一征收。这将有助于消除部门间的信息壁垒，推动建立可持续性的社保基金制度，有助于降低征管成本、提升征管效率，推进税费制度改革，夯实国家治理现代化基础。

第二节　地方政府预算管理

一、地方政府预算的含义和特点

预算是经法定程序审核批准的国家年度集中性财政收支计划，它规定国家财政收入的来源和数量 、财政支出的各项用途和数量，反映着整个国家政策、政府活动的范围和方向。

地方政府预算是各级地方政府财政收支计划的统称。从省、自治区、直辖市级到乡、民族乡、镇级所建立起的预算都属地方预算，地方各级政府预算由本级各部门(含直属单位）的预算组成。地方各级政府预算包括下级政府向上级政府上解的收入数额和上级政府对下级政府返还或者给予补助的数额。地方预算担负着保证地方行政管理支出，发展地方经济、文化建设事业等重要任务，它是国家预算的组成部分，在国家预算体系中占有重要地位，国家预算收入的一部分由地方预算组织实现，国家预算支出的相当部分通过地方预算分配。

地方政府预算的特点如下：

(一)法律性

根据《预算法》，“全国人民代表大会审查中央和地方预算草案及中央和地方预算执行情况的报告”，“县级以上地方各级人民代表大会审查本级总预算草案及本级总预算执行情况的报告”。“经本级人民代表大会批准的预算，非经法定程序，不得改变。”可见，我国的地方预算具有法律性，地方预算的编制、执行、调整、决策等有关程序、内容都应该符合《预算法》的相关规定。

(二)级别性

《预算法》第二条规定：“国家实行一级政府一级预算，设立中央，省、自治区、直辖市，设区的市、自治州、县、自治县，不设区的市、直辖区，乡、民族乡、镇五级预算。”第五条规定：“地方预算由各省、自治区、直辖市总预算组成。地方各级总预算由本级政府预算和汇总的下一级总预算组成；下一级只有本级预算的，下一级总预算即指下一级的本级预算。没有下一级预算的，总预算即指本级预算。地方各级政府预算由本级各部门的预算组成。地方各级政府预算包括下级政府向上级政府上解的收入数额和上级政府对下级政府返还或者给予补助的数额。”我国的预算总体上可以分为中央政府预算、地方预算、各部门预算、单位预算四种类型。

（三）年度性

地方预算是对一定财政年度内地方财政收支的安排和计划，具有年度性。我国《预算法》第十条规定：“预算年度自公历 1 月 1 日起，至 12 月 31 日止。”

（四）全面性

地方预算实际上是地方的理财，其收入主要来源于税收、地方国有资产受益、专项收入和其他收入，支出主要包括经济建设支出、教育、科学、文化、卫生、体育等事业发展支出、国家管理费用支出、国防支出、各项补贴支出和其他支出。通过地方预算，可以基本了解地方国民经济的整体运行状况。

（五）公开透明性

地方预算必须向公众公开，让公众了解预算资金的来源、去向、效益等地方预算管理情况。只有保证地方预算的公开、透明，公众才能真正实施对地方预算的监督。

二、地方政府预算的原则和形式

（一）地方政府预算的原则

地方预算的编制质量直接影响到预算执行，因此，各级地方政府要按照预算编制的原则、依据、内容、程序和方法，科学、合理地编制预算，并按照法定程序审批预算。地方预算的编制原则有：

1. 以地方国民经济计划和社会发展计划为依据，以经济效益为准绳。

（1）地方预算指标不是完全根据计划指标来计算编制的。

（2）在国家计划控制的范围内，预算指标并不是直接根据经济计划指标来求得，它还要依靠财政部门运用各种核算杠杆，如产值利润率、税率、单位税额和定员定额等，通过计算来求得。

（3）编制地方预算是对地方国民经济计划和社会发展计划的检验。

2. 坚持经济平衡稳步发展的原则。

地方政府预算要坚持以习近平新时代中国特色社会主义思想为指导，按照新发展理念和推动高质量发展要求，坚持稳中求进工作总基调，全面做好“六稳”

工作，统筹推进稳增长、促改革、调结构、惠民生、防风险、保稳定等各项工作，进一步提升经济与社会发展的协调性、匹配性、均衡性，高质量发展不断取得新突破，为地方“五位一体”建设提供坚实基础。

3. 加强地方预算的后备力量

地方预算的后备力量有两种形式：一是按地方预算支出规模，留出一定比例的预备费，用以解决预算执行过程中因意外事故引起的临时开支。如果没有发生意外开支，预备费可控制在下半年使用。二是各级地方总预算的预算周转金。用于预算资金季节性周转的临时垫付，防止收支脱节，当各月各季收不敷出时，可用于周转，到年终时归还，恢复原数。为了保证经济稳定发展，就必须建立一定的后备力量，使国民经济计划和地方预算建立在积极可靠的基础上。①

(二)地方政府预算的组织形式

地方预算的技术组织形式是指统一预算级次内，与预算项目的划分、编制和平衡等方面相关的预算编制技术结构体系，视为实现预算目标而设计的反映政府财政活动的技术组织形式，是预算编制方法、结构和格式等预算内容的载体。

1. 单式预算。

单式预算是最简单的预算组织形式，也是从国家预算产生以来就普遍使用的预算组织形式。其基本特点是：

(1)将政府各种财政收入与支出分别汇集，共同编入单一的总额形式的预算报表内。

(2)不是按照财政收支的经济性质，而是按照财政收入的具体来源(如各类税收收入、非税收收入)和财政支出的具体目标(如购买办公设备、日用消耗物品、支付雇员薪金等)，分别进行总额预算。单式预算在美国又称为“分项排列预算”。

(3)整体性强。预算收支安排情况与全貌和预算平衡情况一目了然，便于对预算收支规模、结构及平衡关系的合理性、科学性进行全面分析，也便于立法机构的审议和社会公众的了解和监督。

(4)便于统筹实施，组织预算执行，增强政府运用财政资金的力度。

(5)结构简单，易于编制实行。

由于把全部的财政收入和支出分列于预算表上，单一汇集平衡，因此单式预算能从总体上反映年度内财政收支情况，完整性强，便于立法机关的审议和被社会公众理解。单式预算的这种编制组织方法完全符合根据古典预算平衡理论而确

① 黄肖广．论地方预算的职能作用和编制原则[J]．苏州大学学报(哲学社会科学版)，1988(3)．

立的传统预算原则，它体现了国家预算的完整性、统一性、可靠性、公开性和年度性。

单式预算的不足是不加区分地把不同性质的财政收支项目编制在一个预算内，不能真实反映预算收支平衡结果，不利于财政部门对不同性质的财政收支进行分别管理，不利于政府对财政收支活动进行经济分析和比较，特别是各种性质的不同收支之间没有对应关系，难以具体反映预算赤字和盈余的成因及性质。同时，单式预算将国有资产收益(所有者收益)与国家税收混在一起，国家经常性支出和投资支出混在一起，使国有资产产权关系凝结，企业经营责任不明确，参与企业分配的依据不清晰等。

2. 复式预算。

复式预算是相对于单式预算而言的一种预算组织形式，是指在预算年度内，将各项预算收支按其经济性质汇集编成两个或两个以上预算的一种预算组织形式。①

复式预算与单式预算比较，对于加强预算资金管理，提高资金使用效益有重要作用：

(1)可以清楚地区分经常性预算与建设预算的收支情况，增强预算的透明度。

(2)用特定的收入保证特定的支出的需要，在预算收支之间建立比较稳定的对应关系，便于分析各种预算资金来源及使用情况有利于加强管理和监督。

(3)可以清楚反映国家预算平衡状况，坚持经常性预算的收支平衡，建设性预算的量力而行。

(4)有利于国际间的信息交流，借鉴国际经验，提高我国的财政管理水平。

三、地方政府预算管理的内涵和步骤

(一)地方政府预算管理的内涵

地方政府预算管理是指预算职能部门根据特定时期的方针政策及有关法律法规，对预算资金进行的计划、协调、监督活动，使预算资金得以有序、高效运行。

根据《预算法》的相关规定，地方政府预算管理的内涵包括以下三个方面②：

1. 地方政府预算管理的主体包括各级人民代表大会及其常委会、国务院以及其他地方各级政府以及各级财政部门。其中各级人民代表大会及其常委会主要负责行使地方预算管理的监督职能；国务院以及其他地方各级政府主要负责行使

① 孔昭林．实用行政管理[M]．北京：高等教育出版社，2007.

② 黄燕．地方公共财政发展研究[M]．北京：中国社会科学出版社，2007.

地方预算管理的计划、执行职能；各级财政部门主要负责地方预算的编制和具体组织。

2. 地方政府预算管理的对象是预算资金。地方预算管理工作是围绕着预算资金的筹集和使用进行的，但是，对地方预算资金的管理同时也是对地方国家物资的管理，不能仅仅就资金而论资金，而需要积极研究与预算资金运用相关的各种关系，并根据预算管理的目标开展工作。

3. 地方政府预算管理的目标是保证预算资金的有序和高效运行。保证预算资金的有序运行是指使预算资金的运行符合经济发展的规律。保证预算资金的高效运行是指在预算资金有限的前提下，使预算资金的分配和使用取得最大的经济效益和社会效益。

(二)地方政府预算管理的步骤

1. 第一步，编制前的准备。

《预算法》第三十五条规定："国务院应当及时下达关于编制下一年预算草案的指示。编制预算草案的具体事项，由国务院财政部门部署。"即由国务院确定下一年经济发展计划，并向省、自治区、直辖市政府下达编制下一年预算草案的指示，提出编制草案的原则和要求。①

2. 第二步，地方预算的编制。

《预算法》第二十四条规定："各级政府、各部门、各单位应当按照国务院规定的时间编制预算草案。"第三十六条规定："省、自治区、直辖市政府应当按照国务院规定的时间，将本级总预算草案报国务院审核汇总。"第三十七条规定："县、自治县、直辖市、设区的市、自治州政府财政部门应当在本级人民代表大会会议举行的一个月前，将本级预算草案的主要内容提交本级人民代表大会有关的专门委员会或者根据本级人民代表大会常务委员会主任会议的决定提交本级人民代表大会常务委员会有关的工作委员会进行初步审查。""县、自治县、不设区的市、市辖区政府财政部门应当在本级人民代表大会会议举行的一个月前，将本级预算草案的主要内容提交本级人民代表大会常务委员会进行初步审查。"可见，我国地方预算的编制主要由各级人民政府及其财政部门负责。

3. 第三步，地方预算的审查和批准。

《预算法》第三十八条规定："国务院在全国人民代表大会举行会议时，向大会作关于中央和地方预算草案的报告。地方各级政府在本级人民代表大会举行会议时，向大会作关于本级总预算草案的报告。"第三十九条规定："中央预算由全

---

① 黄燕．地方公共财政发展研究[M]．北京：中国社会科学出版社，2007.

国人民代表大会审查和批准。地方各级政府预算由本级人民代表大会审查和批准。”第四十条规定：“乡、民族乡、镇政府应当及时将经本级人民代表大会批准的本级预算报上一级政府备案。县级以上地方各级政府应当及时将经本级人民代表大会批准的本级预算及下一级政府报送备案的预算汇总，报上一级政府备案。”“县级以上地方各级政府将下一级政府依照前款规定报送备案的预算汇总后，报本级人民代表大会常务委员会备案。国务院将省、自治区、直辖市政府依照前款规定报送备案的预算汇总后，报全国人民代表大会常务委员会备案。”第四十一条第九章规定：“国务院和县级以上地方各级政府对下一级政府依照本法第四十条规定报送备案的预算，认为有同法律、行政法规相抵触或者有其他不适当之处，需要撤销批准预算的决议的，应当提请本级人民代表大会常务委员会审议决定。”第四十二条规定：“各级政府预算经本级人民代表大会批准后，本级政府财政部门应当及时向本级各部门批复预算。各部门应当及时向所属各单位批复预算。”可见，我国的地方预算的审查和批准由各级人民代表大会及其常委会负责。

4. 第四步，地方预算的执行。

《预算法》第九条规定：“经本级人民代表大会批准的预算，非经法定程序，不得改变。”可见，经过各级人民代表大会批准的预算是具有法律效力的。第四十三条规定：“各级预算由本级政府组织执行，具体工作由本级政府财政部门负责。”第四十五条规定：“预算收入征收部门，必须依照法律、行政法规的规定，及时、足额征收应征的预算收入。不得违反法律、行政法规规定，擅自减征、免征或者缓征应征的预算收入，不得截留、占用或者挪用预算收入。”第四十七条规定：“各级政府财政部门必须依照法律、行政法规和国务院财政部门的规定，及时、足额地拨付预算支出资金，加强对预算支出的管理和监督。各级政府、各部门、各单位的支出必须按照预算执行。”

5. 第五步，地方预算的调整。

所谓地方预算的调整，是指经地方各级人民代表大会批准的本级预算，在执行中因特殊情况需要增加支出或者减少收入，使原批准的收支平衡的预算的总支出超过总收入，或者使原批准的预算中举借债务的数额增加的部分变更。我国《预算法》第五十四条规定：“各级政府对于必须进行的预算调整，应当编制预算调整方案。”“县级以上地方各级政府预算的调整方案必须提请本级人民代表大会常务委员会审查和批准；乡、民族乡、镇政府预算的调整方案必须提请本级人民代表大会审查和批准。未经批准，不得调整预算。”第五十八条规定：“地方各级政府预算的调整方案经批准后，由本级政府报上一级政府备案。”

6. 第六步，地方预算的决算。

通过编制地方预算的决算，能够对地方预算执行情况进行总结和分析，为提高今后的地方预算管理水平创造条件。《预算法》第五十九条规定："决算草案由各级政府、各部门、各单位，在每一预算年度终了后按照国务院规定的时间编制。编制决算草案的具体事项，由国务院财政部门部署。"第六十条规定："编制决算草案，必须符合法律、行政法规，做到收支数额准确、内容完整、报送及时。"第六十二条规定："县级以上地方各级政府财政部门编制本级决算草案、报本级政府审定后，由本级政府提请本级人民代表大会常务委员会审查和批准。乡、民族乡、镇政府编制本级决算草案，提请本级人民代表大会审查和批准。"

四、地方政府预算管理体制的历史演变

（一）统收统支的预算管理体制

这是一种高度集中的预算管理体制，是中华人民共和国成立初期和国家经济恢复时期实行的，它的主要特点是：地方收入全部上缴中央，地方所需要的支出由中央拨款解决。这种办法对解决中华人民共和国成立初期经济困难，促进国民经济恢复起了重要作用。但由于财力高度集中，地方积极性受到影响，所以，从"一五"以后就很少采取这种预算体制了。

（二）统一领导、分级管理的预算管理体制

从 1953 年到 1978 年基本上实行这种预算体制。属于以中央预算集中为主，适当给地方下放财权的类型。它的主要特点是：主要财权和财力集中在中央，地方预算收支指标由中央确定和下达，但地方有一定的机动权，并实行了收支挂钩的办法，地方政府增收节支可以适当地留一部分给地方。这一时期各不同年限实施的具体形式有：划分收支，分级管理，以收定支，五年不变；总额分成，一年一变；定收定支，收支包干，保证上缴，节余留用，一年一定；收支挂钩，总额分成等。

（三）划分收支、分级包干的预算管理体制

这一体制从 1980 年到 1993 年这段时期实行的。这一体制俗称"分灶吃饭"或"财政包干"体制，是我国预算管理体制一次重大改革。它的主要特点是：

1. 变过去全国"一灶吃饭"为"分灶吃饭"，地方财政收支平衡由过去中央一家平衡，改为各地自求平衡。

2. 各项财政支出不再由中央各部门为口下达，均由"快快"统筹安排，调剂余缺。

3. 包干比例和补助数额由一年一定改为五年不变。

"分灶吃饭"体制的实施，大大增强了中央和地方财权的与事权的统一性，大大增强了地方权责利结合程度，更好地调动了地方当家理财，增收节支的积极性。但在实施中，这种体制也暴露出一些突出问题：①造成财力偏于分散，削弱

了中央财政宏观调控能力；②造成地方重复建设、盲目建设趋向，影响国家产业结构的调整；③加重了中央财政收支平衡的困难。所以，这种财政包干体制进一步改革势在必行。

(四)分级分税的预算管理体制

分级分税预算体制是实行市场经济国家普遍采取的一种预算管理体制，我国在1985年调整后的分级包干制已经吸收分级分税体制中的分税因素，1994年实行的“分税制”改革，则从我国的实际出发，借鉴市场经济国家的分级预算体制，初步形成具有中国特色的多级预算体制。①

综观全国的实践，分级预算体制可归纳为以下几个要点：

1. 一级政权、一级预算主体，各级预算相对独立自求平衡。

分级预算体制也就是多级预算体制，即所谓的财政联邦主义，国会只审批中央预算，地方预算由地方立法机构审批。各级地方预算经常收入由本级税收，本级服务收入和中央补助组成，以上收入不满足需要时，允许发行地方债券或向银行借款，自求平衡。

2. 在明确市场经济下政府职能边界的前提下划分政府职责(事权)范围，在此基础上划分各级预算职责(财权)范围。

中央预算应当承担国防费、行政管理费、社会福利社会保障以及经济发展为主的费用，地方应当承担文教、卫生保健和市政建设为主的费用，应当对各级政府的投资职责也有明确的分工，不应该引起错位、越位、缺位等现象的繁复出现或由中央和地方分别承担，或由地方承担中央给予补助或中央和地方联合投资。

3. 收入划分实行分税制。

在收入划分比例上中央预算居主导地位，保证中央的调控权和调控力度，在税收划分方法上，有的按税种划分，各级预算都有本级的主体税种，大宗收入的税种归中央，如：所得税、消税、关税等，收入弹性小的销售税和财产税归地方，如：营业税等；有的对同一税种按不同税率分配，并通过中央的基础税率限制地方税率；有的实行分成或共享制，即属于中央的税种按一定比例分给地方，如增值税75%归中央、25%归地方，或者属于地方的税种按一定比例分给中央，双方共享。分设国税局和地方税局，分税、分管与分征相结合。

4. 预算调节制度，即所谓转移支付制度。

转移支付制度就是一个国家的各级政府之间在既定的职责、支出责任和税收划分基础上，财政资金的相互转移，有纵向调节和横向调节两种形式。纵向调节

---

① 陈共．财政学(第二版)[M]．北京：中国人民大学出版社，2000.

的典型做法是补助金制度。中央从全国各地征收国税，同时对每个地方给以补助，实行双向调节。横向调节是由“富川”直接向“穷川”转移支付，实行地区间的互助式调节，不再通过中央预算。

补助金分为无条件补助、有条件补助和专项补助。无条件补助是上级政府拨给下级政府的补助金不限，使用范围与要求即不附带任何条件。有条件补助是中央政府给下级政府的附带条件的补贴拨款，补贴的性质和目标是确定的，指明如何具体使用该笔资金，不得移作他用，因而不会产生地方政府在共管辖范围内节省开支的诱导。专项补助是上级政府对于接受补贴的下级政府要规定这种财政补贴的使用方向。

当前，我们要加大开源节流力度，弥补减收缺口，实现预算平衡和财政稳健运行。主动挖潜、多管齐下，认真清点“家底”，盘活变现长期低效运转、闲置等政府存量资产，继续清理结转结余资金，上缴特定国有企业利润，多渠道缓解财政收支压力。硬化支出预算执行约束，严控预算追加事项，坚决禁止违反预算规定乱开口子。严把支出政策关口，强化财政可承受能力评估，凡是不具备实施条件、超出财力可能的支出政策，一律不得实施。地方要统筹转移支付资金和自有财力，按照“县级为主、省级兜底”的原则，在优化支出结构上多下工夫，坚持“三保”支出在财政支出中的优先顺序，坚持国家标准的“三保”支出在“三保”支出中的优先顺序，切实保障“三保”支出需求。

第三节　地方政府财政收支管理

一、地方政府财政收入的含义与内容

(一)地方政府财政收入的含义

地方政府财政收入是中央财政收入的对称，具体指地方财政年度收入，包括地方本级收入、中央税收返还和转移支付，由省(自治区、直辖市)、县或市(自治州、自治县)的财政收入组成。

(二)地方政府财政收入的内容

地方财政预算收入的内容主要如下：

1. 主要是地方所属企业收入和各项税收收入。

2. 各项税收收入包括地方企业所得税、个人所得税、城镇土地使用税、固定资产投资方向调节税、土地增值税、城镇维护建设税、房产税、车船使用税、印花税、农牧业税、农业特产税、耕地占用税、契税、增值税、证券交易税(印花税)的25%部分和海洋石油资源税以外的其他资源税。

3. 中央财政的调剂收入，补贴拨款收入及其他收入。

地方财政预算外收入的内容主要有各项税收附加，城市公用事业收入，文化、体育、卫生及农、林、牧、水等事业单位的事业收入，市场管理收入及物资变价收入等。

需要指出的是，1994 年以后的地方财政收入与以前实行总额分成财政体制下的地方财政收入在内容和范围上有一定差别。另外，从 2002 年 1 月 1 日起，我国所得税收入分配方式又有重大改革，2002 年所得税收入中央分享 50%，地方分享 50%，以后逐年还要调整分配比例，使用时要注意区分口径变化。

(三)地方政府财政收入的筹集方式

在中国，财政收入主要形式是以国家政权所赋予的权力为依据的课税和以生产资料所有者身份参与的利润分配。中国财政收入的类型有工商税收类、关税类、农牧业税和耕地占用税类、国营企业所得税类、国营企业调节税类、国营企业上缴利润类、国营企业计划亏损补贴类、国家能源交通重点建设基金类、国家预算调节基金类、专款收入类、国营企业承包收入退库类、预算调拨收入类和其他收入类等。

地方财政收入的筹集，主要依靠地方各级财政和税务部门组织入库。中国的财政管理体制规定，地方各级财政收入由地方自行组织征收，但涉及全国性财政、财务、税收制度则由中央统一制定下达。

二、地方政府财政支出的含义与内容

(一)地方政府财政支出的含义

地方财政支出是地方政权为行使其职能，对筹集的财政资金进行有计划的分配使用的总称。地方财政总支出，体现政府的活动范围和方向，反映财政资金的分配关系。

(二)地方政府财政支出的内容

财政总支出主要包括基本建设支出、企业挖潜改造资金、科技三项费用、流动资金、农林水利气象等部门事业费、工业交通等部门的事业费、支援农村生产支出、文教科学卫生事业费、抚恤和社会救济费、行政管理费、公检法司支出。

1. 基本建设支出是指地方预算内的基本建设拨款，不包括地方预算外自筹的各种基本建设资金。

2. 增拨企业流动资金是指地方预算增拨各部门所属国有企业的流动资金。

3. 企业挖潜改造资金是指地方预算安排用于企业挖潜、革新、改造方面的资金。

4. 文教、科学、卫生事业费是指地方预算用于科学、文化、教育、卫生、公费医疗、体育、通信和广播、地震、文物、计划生育等方面的事业费。

三、地方政府财政风险管理

(一)地方政府财政风险的含义

所谓地方财政风险是指在种种不确定的因素影响下，地方财政资金遭受损失或财政支出出现困难而危及地方政权正常运转及其职能行使的可能性。地方财政风险是指地方财政在运行过程中，由于各种主、客观因素，特别是一些不确定性因素的影响，财政的正常支出发生困难而导致政府机器难以正常运转、地方经济停滞不前甚至下降、社会稳定受到破坏的可能性。地方财政风险具有诱发空间广、传导性快、隐蔽性强、危害性大等特点。

(二)地方政府财政风险的表现形式

地方财政风险程度如何，一方面取决于致险因素及危害程度，另一方面取决于当地财政的实力，即抵御风险的能力。由于我国各个地区的经济发展水平有很大的差别，地方财政风险的程度和抗风险的能力也有所不同。经济发展相对滞后的省份及地区，地方财政风险的问题就相对比较突出，且风险形式呈多样化；经济发展水平比较高的省份及地区，抵御财政风险的能力相对比较强，风险形式也相对比较集中。地方财政风险主要有以下一些表现形式：

1. 债务风险。

按照世界银行经济学家 Hana Polackova 的风险矩阵，政府债务可分为政府直接债务和政府或有债务两大类。前者是指政府在任何条件下都无法回避的责任和应履行的义务；后者是指在特定条件下政府必须承担和履行的责任和义务。

政府债务实际上可分为四类：显性直接债务、隐性直接债务、显性或有债务和隐性或有债务。相应的政府债务风险也有四种：显性直接债务风险、隐性直接债务风险、显性或有债务风险和隐性或有债务风险。

(1)显性直接债务风险。地方财政的显性直接债务主要包括国债转贷而形成的债务、欠发工资而形成的债务、粮食亏损挂账和乡镇财政债务。

(2)隐性直接债务风险。隐性直接债务主要是指社会保障资金缺口所形成的债务。

(3)显性或有债务风险。这主要是指由政府公开承诺、担保而形成的债务，其中包括由地方财政部门担保转给地方企事业单位使用的国债转贷资金。

(4)隐性或有债务风险。这主要是指政府没有承诺和担保的债务，但这些债务一旦出现危机，政府从公众利益的角度考虑，必然会加以干预。

2. 收入风险。

财政收入风险，集中体现为财政吃紧，其内在意义是财政经常性预算平衡难度大。由于财政收入增长乏力，收入结构单一，加上存在“虚收”现象，预算安排的法定支出难以正常、足额地及时地支付。主要表现如下：一是财政收入占GDP的比重偏低，地方各级财政可调配财力十分有限，抗风险能力很低；二是税源结构单一，“资源型”财政发展受限，收入总量增长缓慢；三是地方财政“虚收”的现象严重。

3. 支出风险。

地方财政的支出风险就是因收入短缺而造成地方财政基本职能的部分丧失所形成的风险，比如政府部门的人员工资、办公经费、教育、卫生、农业和公检法经费等法定支出不能按时足额拨付，严重影响政府职能实现和社会稳定运行。

由于受经济规模、质量、结构及体制的制约，一些地方的财政收入增幅虽小，但又必须为政府运转、各项改革和经济发展、政治和社会稳定提供必要的资金保障，特别是深化改革、社会转轨的过程中，诸如加强农业基础地位、深化粮食流通体制改革、完善地方社会保障体系、调整提高公务员和事业单位职工工资等方面的改革和措施，以及财政供养人口逐年增加等因素，都使地方各级财政刚性支出不断增加。因此，财政负担过重，增支压力大、刚性强，收支矛盾突出是地方财政支出风险的集中表现。

4. 赤字风险。

地方财政的赤字风险主要来自于县乡两级。由于县、乡财政税源有限，收入增长缓慢，而经常性支出却呈刚性增长，财政入不敷出的矛盾已经累积到了一定程度。县乡财政是各级财政的基础，县乡财政状况的好坏，直接关系着整个地方财政运行的基础。县乡财政出现赤字，且赤字金额不断增长，并开始向上一级蔓延，其结果必然导致整个地方的财政状况的恶化和财政风险的积聚。

地方财政风险虽然直接表现为财政的收支失衡，但这种失衡会影响各地社会经济的发展、各级政府的权威及基层政权的稳固，因此，地方财政风险就不仅仅是一个经济问题，而且是一个政治问题，必须采取有效措施，加以控制和化解。

(三)地方政府财政风险产生的原因

新《中华人民共和国预算法》颁布实施及国务院出台系列文件后，我国地方政府转变债务管理制度框架已基本形成。2017年财政部下发了关于债务限额分配管理、规范融资行为、预算管理、风险评估、应急处置以及监督问责等一系列相关文件，但部分地方政府仍存在违法违规举债担保、伪PPP项目、政府购买服务、产生隐性债务等现象。根据相关统计数据显示，截至2017年12月末，我国地方政府债务余额约为16万亿元，在人大批准的限额之内，政府性债务负债率低于国际相关条约规定的风险控制参考标准，但部分地方政府债务风险防范体系不健全，在实际操作中存在“合理不合法”的不规范行为，使财政收入出现虚增的现象，导致地方财政风险增加。

财政风险来源的广泛性，决定了其成因的复杂性。既有财政系统内的内部因素，又有系统外的外部因素；既有历史与时代的客观必然性，又有政策、体制与管理等人为因素。

1. 财政事权与支出责任未理清。

改革开放以来，中央与地方的财政关系先后经历了从统收统支、分类分成、分级包干制到分税制的变革。其中 1994 年之后实行的分税制，内容完整，涵盖范围比较全面，在一定程度上规范了中央与地方之间的分配关系，进一步释放了市场主体的活力，也增强了中央的宏观调控与再分配能力。但事权和支出责任划分不够明确，转移支付制度不完善，公共财政制度的建设仍无法实现国家治理体系和治理能力的现代化，导致地方政府收支不能实现均衡。虽然 2016 年国务院下发的《关于推进中央与地方财政事权和支出责任划分改革的指导意见》对中央与地方事权和支出责任划分改革的总体要求、划分原则、内容和配套措施等做出了明确规定，但由于中央和地方政府共同事权范围比较广，容易出现空白与重叠区域，给地方政府债务风险埋下了隐患。

2. 地方政府投融资机制不健全。

我国以公共财政为导向，经历了部门预算、政府收支分类、收支两条线、国库集中收付、完善税制等改革，但整体仍未脱离分税制框架。一是目前的预算编制需进一步实现科学化和精细化。政府公开的预算决算信息反映的会计事项并不全面，未能完全体现政府的运行数据和财务状况，地方政府债务的使用项目和偿债来源等未能进行有效对比，进而不能保证还债来源和偿债来源有明确的对应关系，一定程度影响了财政资金的使用效率。二是地方政府融资渠道需进一步拓宽。经过近几年的置换，地方政府债券已经成为地方政府债务的主要构成形式，虽然目前我国地方政府的债券已实现在银行间、上交所、深交所、上海自贸区等发行，但交易型投资者持有比例仍相对较低，投资人结构以商业银行为主。

3. 地方政府债务监督机制不完善。

地方政府债务风险的形成，一定程度上与地方政府投融资管理的法律监督机制滞后有着直接的关系。一方面，目前地方政府未设立专门的监管机构对相关债务进行监管，举债的决策主体、偿债主体及投资主体的责任缺乏法律认定依据，举债规模尚未受到严格的限制，部分地方政府未以本地区经济发展基础作为确定最优的债务规模的前提条件，一旦过度举债，容易出现道德风险，导致地方政府债务风险加大；另一方面，地方政府在投融资过程中，由政府承担主导地位，缺少社会公众的监督，降低了地方政府项目的安全性和效率性，也间接制约了宏观货币政策的调整空间。

（四）地方政府财政风险的防范对策

严控地方政府债务风险已经成为防范系统性风险的重点之一。党的十九大强调，要坚决打好防范化解重大风险的攻坚战，为实现我国经济在高质量发展上取得新进展，需要采取有力措施，规范地方政府举债融资的机制，使地方政府债务风险管控更具科学性。

1. 明确边界，完善债务风险控制机制。

任何制度改变都是受到动态交易成本的约束，制度变迁应选择动态交易成本最小化路径。在治理地方债务制度的变革中，应按照十九大的部署加快建立现代财政制度，使中央和地方财政关系权责清晰、财力协调。一是进一步明确中央政府和地方政府的财权和事权的责任对应关系，编制完成以权责发生制为基础的地方政府举债准则，使地方政府能够以统一标准记录和报告政府发行债券信息，及时以政府财务报告披露资产负债状况，实现政府性债务的信息共享。二是不断完善地方政府债务风险控制体系，综合运用负债率、偿债率、债务率、赤字率等多元化和透明化指标对债务风险进行检测和评估，加强债务高风险地区的风险预警，控制地方政府债务规模，杜绝地方政府不规范融资行为。

2. 拓宽投资人结构，推进政府投融资体制改革。

一是进一步加快确定地方政府投融资平台公司的功能定位，适度放宽对开展PPP模式的限制性要求，促进转型后融资平台与社会资本的合作，完善二级市场流动性，推动投资主体的多元化。二是推进地方政府专项债券的管理。在满足没有收益的公益性项目建设融资需求的资金下，继续推进地方政府专项债券的管理改革，积极发行项目收益与融资需求平衡的专项债券。三是地方政府根据本地区产业发展对资金的需求，建立与其相匹配的新增债务限额，满足公共服务与基础设施性项目的建设需求。四是借助社会资本参与存量地方政府基础设施项目改造，化解地方政府存量债务，一定程度减轻地方政府举债压力。

3. 完善监管机构组织设置，严控发债规模。

一是目前在中央政府一级财政部门已经设有地方债务管理机构，但地方政府对于地方债务的管理通常是由预算部门或金融处室协助完成。地方政府应建立专门机构对地方政府债务进行垂直监管，明确监管责任，使地方政府债务处于常态化监督之中，防范地方政府债务风险。二是严格控制发债规模，提高债务监管效率和债务资金使用效率。地方政府债务的本质是地方政府的未来税收收入，无论是分税制改革后的财政收入缺口，还是预算软约束的限制，地方政府的举债收入都需要匹配最优的发债规模，对于违法违规或是不按规模举债的行为应加大查处和问责力度。①

复习思考题

1. 什么是地方政府财政管理？
2. 什么是地方政府预算？
3. 地方政府财政管理的原则有哪些？
4. 什么是地方财政收入？什么是地方财政支出？
5. 如何加强地方政府财政风险管理？

案例分析

以持续深化改革 赢未来发展机遇

31位！北京时间2019年10月24日上午，世界银行发布《全球营商环境报告2020》。中国以15个名次的跃升，首次跻身全球营商环境排名前40。

营商环境就是“软实力”，中国连续第二年跻身全球营商环境改善幅度最大的经济体排名前10背后，是中国迈向高质量发展路上持之不懈的改革开放，更是面向未来再出发的机遇和信心所在。

翻开今年的世界银行营商环境报告，中国总排名从去年46位升至31位背后，是一个个印证中国营商环境改善硬指标的跃升。

从2013年到2019年，这一排名持续提升，尤其近3年从第78位到46位再到31位，对应的是在中国做生意“越来越简易”的变化。

在世行营商环境评价中，中国有8项指标全球排名显著提升，其中办理建筑许可的全球排名从去年的121位跃升至33位，提升了88位，获该指标质量指数满分15分。

中国用实际行动告诉世界：不论对内资还是外资，对国企还是民企，中国一视同仁，在优化营商环境、深化“放管服”改革的道路上，中国没有“休止符”。

“营商环境只有更好，没有最好。”这是面向未来中国对世界的承诺。一个拥有更加优化营商环境的中国，欢迎各国企业前来投资兴业，共享中国大市场机遇，造福世界各国人民。

（资料来源：韩洁等：《以持续深化改革　赢未来发展机遇——中国营商环境跃居全球第31位背后》，新华网，2019年10月25日。）

---

① 王钠．地方政府债务风险的成因与防控[J]．金融时报，2018-07-02.

第六章　地方政府危机管理

危机无处不在，时有发生，作为维护百姓生命财产安全的官员必须具有居安思危、未雨绸缪的思想。地方各级政府作为区域突发公共事件危机管理工作的行政领导机构，是各种突发事件的先期处置主体，建立健全有效应对突发事件的应急体系对各级地方政府至关重要。

第一节　地方政府危机管理概述

一、危机的含义、特征与分类

(一)危机的含义

"危机"的概念最初来源于希腊语，普遍用于医学领域，以形容一种至关重要的、需要立即做出相应决断的状态。"危机"在古希腊语中指游离于生死之间的状态。危机只是离开原来的位置，走向一种未知状态，结果可能好也可能坏。危机即"危险"+"机遇"，它既意味着危险，也意味着机遇，关键在于我们如何管理危机。

1. 西方学者对危机的研究。

福特斯认为："危机是对一种社会系统的基本价值和行为准则架构产生了严重威胁，而且在时间压力和不确定性极高的情况下，必须对其作出关键决策的事件。"巴顿认为，危机是"一个会引起潜在负面影响的具有不确定性的大事件，这种事件及其后果可能随组织及其人员、产品、服务、资产和声誉造成巨大的损害"。Kathleen Fearn-Banks 认为，危机是"一个主要事件可能带来阻碍组织正常交易及潜在威胁组织生存的负面结果"。唐纳德·A·菲什曼(Donald A. Fishman)认为，危机是"发生不可能预测的事件、组织重要价值受到威胁、组织对外回应的时间较短、危机沟通情境涉及多方面关系的剧烈变迁"。米特罗夫将危机界定为"一个事件实际威胁或潜在威胁到组织的整体"。史蒂芬·芬克认为，危机的出现"不一定是坏消息，而是一个事实"，是一种进入关键性阶段的情境。它是不稳定的时期或者事物状态，具有决定性的变化即将发生，既包括产生负面结果的可能性，也包括产生预想、正面结果的可能性。

世界著名的政策科学家叶海尔·德罗尔(1996)在《逆境中的政策制定》一书中提道："危机管理对许多国家具有极大的现实重要性，对所有国家则具有潜在的至关重要性。危机越是普遍或致命，有效的危机应对就越显得关键。危机中做出的决策非常重要而且大多不可逆转。"叶海尔·德罗尔认为，地方政府的危机管理是政府针对自然界或者社会可能发生的危机和正在发生的危机，进行事先预测防范，事后妥善解决的一种战略管理手段。政府危机管理的目的是"最大限度地降低人类悲剧的发生"。

早期西方学术界对危机的研究主要集中在对自然灾害的研究上，这种研究也处于一种不自觉的状态。危机管理作为一门学科则是在第二次世界大战后的美国开始萌芽，始于1962年的古巴导弹危机，主要是针对自然灾害进行研究。直到20世纪80年代后，一些学者开始关注频繁发生的危机事件。20世纪60到80年代，西方危机管理的研究出现了一次高潮，研究领域从政治领域向经济、社会领域扩展，从自然灾害领域向公共危机管理领域扩展，危机管理成为了一门学科，形成了企业危机管理和公共危机管理两个既独立发展又相互融合的学科分支。前者的代表人物如巴顿、福斯特、格林、米卓夫等，后者的代表人物是罗森塔尔、罗伯特·吉尔、科塞等。

2. 中国学者对危机的研究。

危机管理的古典理论诞生于中国。关于政府的危机管理问题，我国古代就有相关的实践和总结。"居安思危""祸兮福之所倚，福兮祸之所伏""亡羊补牢，时犹未晚"等。但与国外相比，我国现代公共危机管理的研究起步晚，对该领域最初的研究始于政治，尤其是国际政治方面的研究。我国现代真正的危机管理理论研究是自21世纪初以来，在美国"9·11"事件，特别是2003年国内的SARS危机之后，伴随着我国政府危机管理建设进程的加快而得以发展的。

吴宜秦认为，"危机就是在无预警的情况下所爆发的紧急事件，若不立刻在短时间内做出决策，将状况加以排除，就可能对企业或组织的生存与发展造成重大的威胁"。张成福认为，"所谓危机，它是这样一种紧急事件或者紧急状态，它的出现和爆发严重影响社会的正常运作，对生命、财产、环境等造成威胁、损害，超出了政府和社会常态的管理能力，要求政府和社会采取特殊的措施加以应对"。薛澜和张强认为，"在危机情境下，突发紧急事件以及不确定前景造成了高度紧张和压力，为使组织在危机中得以生存，并将危机所造成的损害降至最低限度，决策者必须在相当有限的时间约束下做出关键性决策和具体的危机应对措施。相对于政府的常规性决策环境而言，危机事件往往处于一种非常态的社会环境，是各种不利情况、严重威胁、不确定性的高度集聚"。杨冠琼认为，"危机性事件是指那些导致社会系统或子系统的基本价值和行为准则趋于崩溃，在较大程度上和较大范围内威胁到人们生命和财产安全、引起社会恐慌和社会正常秩序与运转机制瓦解的事件”。汪玉凯认为，公共危机是指那些突然发生的、攸关公共利益的、对于组织的生存与发展具有重大影响的、急需管理者快速应对的事件。公共危机与危机一样，不是指一个事件，而是指一种情境；公共危机不一定突然发生，其演进过程可能是逐渐的，但确实出人意料；公共危机不只是组织危机，它影响的是整个社会系统的正常运行；公共危机的紧急性要求人们快速决断，更要求人们正确决断。台湾学者詹中原认为，危机具有价值的中立性，危机的产生，可能会带来整个事件更佳的结局，亦可能造成更恶劣的下场，其决定的关键即在决策者危机管理的能力。所以，危机对组织来说是一个契机，是组织命运“转机与恶化的分水岭”，既可能是组织走向衰亡的开始，也可能是走向兴盛的契机。究竟会朝着哪个方向发展，既取决于危机环境的压力状况，更取决于危机管理主体的能力状况，而后者更具决定性的意义。

本书认为，公共危机是指突然发生，造成或者可能造成重大人员伤亡、重大财产损失、重大生态环境破坏和对全国或一个地区的经济社会稳定、政治安定构成重大威胁和损害、有重大社会影响的涉及公共安全的紧急事件。

（二）危机的特征

一般而言，危机事件普遍具有以下特征：

1. 突发性和紧急性。

危机事件爆发前的征兆不是很明显，难以做出准确预测；危机爆发的时候一般是没有准备的，在危机状态下，政府面临的环境达到了一个临界值和既定值。决策者面临着巨大的压力，亟须快速做出决策，并且缺乏必要的训练有素的人员、物质资源和时间。政府必须在有限的信息、资源和时间的条件下寻找“满意的”危机处理方案，迅速地从正常情况（常态）转化到紧急情况（非常态）。危机爆发后可能还会带来比较严重的物质损失和负面影响，因此决策者必须在缺乏人力、物力和时间的条件下快速地做出决策。

2. 不确定性。

由于外在环境变动急剧，同时人类理性认识有限，无法完全掌握信息，也就无法进行精确估量，不确定性由此产生。也就是说，危机的发生不能用常规判断，而且其后的发展趋势和结果也难以估量。在这个事物有着千丝万缕联系的信息时代，很容易出现“涟漪效应”，导致危机波及更广阔的范围。

所谓不确定性，按照奈特的界定，是指人们不可能或无法对问题进行客观分类的情形。面对具有不确定性的危机时，人们的行为在很大程度上依赖于“其对自己正确估计机会的估计”，或者说依赖于他们对自己信念的自信度。也就是说，在不确定性情形下，人们只能对问题给出主观分类并赋予这种主观分类以一定的主观概率。因此，在这种情形下，人们能否正确预见事物的发展，完全依赖于洞察力、敏感性、专业知识以及运气。危机事件的开端无法用常规性规则进行判断，而且其后的衍生和可能涉及的影响是没有经验性知识可供指导的，一切似乎都处于瞬息万变之中。特别是在信息社会，网络下的信息更快、更新、更奇，许多消极或虚假信息进入网络并快速传播，这都在一定程度上加快了公共危机的不可预知性。

3. 危害性。

危机的危害性(或者说破坏性)是指任何危机都会带来不良后果，而且这些不良后果在强度和烈度上表现明显，它们直接威胁到政治、经济秩序和民众的生命财产安全，导致社会混乱、经济衰退、政治不稳，使社会公众产生舆论恐慌，并质疑政府管理社会的能力。

4. 扩散性。

所谓危机的扩散性是指危机事件虽然是因为某种因素引起的，但它所产生的影响却往往会延及社会诸多领域。比如说，某一个危机事件经常会导致另一个危机事件的发生，有的危机事件不仅影响人们正常的生产、生活秩序，还会影响更深层次的社会经济发展、政治稳定、民族团结，也有学者将这种扩散性称为“涟漪效应”。

5. 双重性。

危机具有危险性和机会性相结合的特征。危机在给社会带来巨大破坏和损失的同时，也带来了机会和转机。这正如汉语中“危机”一词的含义，“危”表示“危险”，“机”表示“机遇”。对于政府来说，如果能直面危机，并恰当地处理好危机，危机就很有可能转变为促进社会进步的良机。尽管危机可能导致原有的不足充分暴露，对社会进步起一定的促进作用，但是从危机导致的社会混乱、经济衰退、秩序失衡等方面分析，危机的负面影响要大于正面影响。

(三)危机的分类

关于危机的类型，罗森塔尔将其分为四种：龙卷风型(快速发展，快速终结)、腹泻型(逐渐发展，快速终结)、长投影型(快速发展，逐渐终结)、文火型(逐渐发展，逐渐终结)。也有西方学者根据危机情境中主体的态度，将危机划分为一致性危机和冲突性危机两类。一致性危机如地震、洪涝，冲突性危机如战争、革命等。

我国关于危机类型的划分，比较有代表性和影响力的有六种。

从危机的诱因角度，主要有以下五类危机：自然灾害型，主要包括自然灾害(洪涝、地震等)、公共卫生事件(如“H7N9”禽流感危机)；权益失衡型，主要包括罢工、静坐、示威游行、集会等；权力异化型，主要包括集体上访、暴力抗法、刑事案件等；意识冲突型，主要包括大规模群体冲突、妨碍公务、刑事案件等；国际关系型，主要包括国家间的紧张局势，经济制裁甚至局部战争等。

根据突发公共事件的发展过程、性质和机理，可以划分为以下五种危机：自然灾害，如台风、沙尘暴、森林火灾等；事故灾难，如民航、铁路等重大交通运输事故，供水、供电等城市生命线事故等；突发公共卫生事件；突发社会安全事件；经济危机，如亚洲经济危机等。

从公共危机综合标准的角度，危机事件可划分为结构良好性危机和结构不良性危机两类。

从危机类别划分的原则角度划分，危机可划分为五类：政治性危机事件、宏观经济性危机事件、社会性危机事件、生产性危机事件、自然性危机事件。（杨冠琼，2003）

从自然的还是人为的角度，危机可划分为：地质和气候因素所引发的危机；环境因素引起的危机；工业和技术系统的失败所引起的灾害和危机；战争和冲突引发的危机；大规模的传染病所引起的公共卫生危机。

参照联合国的分类方法，危机可划分为：第一，自然灾害，又可分为地质方面，如火山、地震等；水文气象方面，如海啸、洪涝等；生物学方面，如瘟疫、流行病等。第二，技术灾难，如污染、爆炸、泄漏等。第三，环境恶化，如生物绝种，资源破坏等。

各种危机事件按照其性质、严重程度、可控性和影响范围等因素，一般分为四级：Ⅰ级（特别重大）、Ⅱ级（重大）、Ⅲ级（较大）和Ⅳ级（一般）。

二、地方政府危机管理的含义与类型

（一）地方政府危机管理的含义

危机管理是政府管理的一种特殊形式，从通俗意义上讲，即政府应对危机状态的一种管理形式；但同时政府的危机管理具有自身的特殊属性，从公共管理学科的视角来分析危机管理，不可避免地带有很强的公共性特征。政府的危机管理无论从影响范围、层次、程度都与企业的危机存在着较大的差异，政府危机管理的影响远远大于企业的危机管理；就危机管理目的而论，企业的危机管理主要降低私人组织的损失，政府的危机管理则是最大限度内保证人民群众的生命和财产安全，维护良好的社会和秩序。因此，地方政府危机管理是指地方各级政府从公共利益出发，通过监测、预警、防控、紧急状态处理等措施，降低行政管辖范围内危机爆发的可能性或最大限度内降低各种危机造成的危害，从而起到最大限度内保障广大民众的生命和财产安全，维护公共秩序的目的。

(二)地方政府危机管理的类型

政府危机管理，可以按照不同的属性进行分类。按危机产生的诱因不同，可以将其划分为外生型危机、内生型危机、内外双生型危机；按照危机发生的速度不同，可以将其划分为“龙卷风型”“腹泻型”“长投影型”和“文火型”；按照危机爆发产生的影响不同，可以将其划分为“有形损失危机”和“无形损失危机”。薛澜等人将我国国内的危机事件具体划分为五大类型：自然灾害型、利益失衡型、权力异化型、意识冲突型和国际关系型。① 这种分类方式主要是以危机爆发的诱因为基础的。杨冠琼从公共性的角度出发，将危机事件划分为政治危机事件、宏观经济危机事件、社会性危机事件、生产性危机事件以及自然性危机事件。② 我国政府颁布的《国家突发公共事件总体应急预案》的相关规定，则将突发公共事件划分为自然灾害、事故灾难、公共卫生事件和社会安全事件四大类别。

综合借鉴已有理论研究的成果，本书按照危机产生的原因将地方政府危机管理划分为自然灾害型危机管理、事故灾难型危机管理、群体事件型危机管理和恐怖袭击型危机管理。

1. 自然灾害型危机管理。

自然灾害型危机管理，不仅是我国地方政府经常面对的危机管理事件，而且也是世界各国面临的危机管理事件。自然灾害型危机，顾名思义是由于自然环境的破坏或疾病的扩散蔓延，从而威胁到公众生命和财产安全，引发社会危机的公共安全事件。其一般表现形式可以分为两种：一类是自然灾害，如洪涝灾害、地震、泥石流、山体滑坡、沙尘暴、台风、重大生物病虫害等；另一类为流行疾病的传播，特别是细菌性流行疾病的发生蔓延等。由于人类社会对自然界高度依存的关系，自然灾害一直是威胁人类生存的公敌。特别是工业革命以来，伴随着科学技术的快速发展，人类征服自然界的能力获得了很大的提高。但与此同时，由于忽视了对自然和生态环境的保护，自然系统自我平衡的能力遭到人类活动的破坏，全球气候变暖以及臭氧层遭到破坏的负面影响日益体现，进一步加剧了自然灾害对人类生存安全的威胁。环境问题日益突出，各种自然灾害造成的生命和物质财产损失越来越大。从世界范围来看，仅 20 世纪 90 年代，全世界自然灾害造成的经济损失就高达 6080 亿美元。2004 年 12 月，印度尼西亚苏门答腊岛附近海域发生的 8.9 级地震所引发的海啸灾难，波及印度尼西亚、斯里兰卡、印度和泰

① 薛澜．危机管理：转型期中国面临的挑战[M]．北京：清华大学出版社，2003.

② 杨冠琼．危机性事件的特征、类别与政府危机管理[J]．新视野，2003(6)．

国等多个国家，造成了严重的人员伤亡和财产损失，地震以及海啸造成15万人死亡①；2005年8月发生在美国墨西哥湾的卡特里娜飓风，造成的经济损失更是高达1250亿美元②。可见自然灾害的威胁不容忽视①。流行疾病引发的危机则以禽流感和SARS的爆发为典型代表。

由自然灾害和流行疾病引发的危机，对我国而言尤其值得重视。该类型的危机对我国地方政府的危机管理能力形成了巨大的挑战。第一，由于我国幅员辽阔，从东到西呈阶梯状分布——平原、山地和高原三种地形，不仅地质结构比较复杂，而且地貌千变万化，容易发生山体滑坡和泥石流等自然灾害；第二，自南向北气候横跨热带、炎热带、温热带和寒带等气候类型，同时拥有绵长的海岸线，每年5月至6月的梅雨天气，以及7月和8月的台风活动频繁，都潜在地增加了洪水或台风自然灾害爆发的可能性。至于流行疾病引发的危机，更是直接威胁到公民生命安全的重大隐患，尽管SARS危机爆发后，各级政府对公共卫生安全事件的重视有所增强，但并未构筑起稳定的危机管理体制，特别是地方各级政府千差万别，公共卫生危机的管理能力仍有待提高。

自然灾害型危机爆发的特点是由自然环境的变化而引起，爆发的潜在性比较明显，不容易预测，不确定性程度较高。但是，对于地方政府而言，由于行政辖区内的自然灾害具有很强的地域特征，比较容易识别，所以相对比较容易采取预防性的措施。自然灾害型危机管理的核心内容主要是减少危机爆发产生的消极作用。“包括对可能形成灾害的危机的识别、社会环境中存在的脆弱性分析、减少或避免危险发生的手段以及对社会成员的相关教育”③，在政府危机管理中发挥着最重要的作用。

2. 事故灾难型危机管理。

事故灾难型危机是指由民航、铁路、公路、水运、轨道交通等重大交通运输事故引发的危机，或者工矿企业、建筑工程、公共机关以及企事业单位产生的重大安全事故，以及公共基础设施如供水、供电和供气以及通信等安全事故和核辐射事故引发的危机事件。现代社会是一个高度相互依存的社会，科学技术的日益发达和城市化水平的不断提高，加深信息化和全球化的推动作用，一方面，加快了科学技术和文明的传播，资源可以在全球范围内配置，增进了全人类的福利水

---

① 赵蜀蓉．印度洋海啸与中国的东南亚战略［J］．西南民族大学学报（人文社科版），2005（04）．

② 何章银，曹广伟．救灾外交的特点和功能探析［J］．太平洋学报，2013（05）．

③ 夏保成．美国公共安全管理导论［M］．北京：当代中国出版社，2006．

平；另一方面，它也前所未有地将社会个体紧密联系在一起，社会生产和生活的链条上的任何一个环节存在着风险爆发可能性和总体破坏力。人类在增强自身能力的同时，又使社会个体处于不断增加的风险之中，人类社会正日益转变成为一个风险社会。

事故灾难型危机管理，具有突发性和不可预测的特点。与自然灾害型危机管理相比，此危机不可预测，多半是由偶然性事件引发，不确定程度强，常常在较短的时期爆发，并迅速形成破坏力。事故灾难性危机在世界范围内都可以找到其踪影，比如苏联切尔诺贝利核电站的爆炸事故，属于典型的代表，其产生的破坏性后果，足以引起人们的重视。改革开放以前，我国的城市化水平比较低，科学技术不发达，因而事故灾难型危机爆发率逐年上升，所引发的危害也逐渐增强。如由石油化工企业爆炸引发的松花江污染事件，不仅直接威胁到哈尔滨等重要城市的饮水安全问题，而且爆炸本身产生的破坏性就足以产生恐怖效应；2007 年 7 月因太湖污染而引发的无锡市居民饮水安全问题，也是一例明证；此外各地因为生产安全爆炸的危机也层出不穷，尤其突出的是各地频繁爆发的煤矿安全事故和交通安全事故。

尽管事故灾难性危机具有突发性和不可预测性的特点，但是该类型危机的产生常常是“三分天灾、七分人祸”，许多重大事故的产生都有人为的因素在里面。地方政府在进行危机管理的过程中，既要增强针对行政辖区内危机爆发后的处置能力，减少危害的影响，更为重要的是建立严密的防范机制，增强各个行为主体的忧患意识，严格安全生产和管理规则，未雨绸缪，保护社会的正常秩序和公民的生命和财产安全。

3. 群体事件型危机管理。

群体事件型危机一般是由群体事件引发的。从法律角度来看，群体性事件是指聚众共同实施的违反国家法律、法规、规章，扰乱社会秩序，造成社会不稳定，直接挑战政府行政权力的行为。从社会学角度来看，群体性事件是指由社会原因而引起的，有众多人参加的，并且破坏正常社会秩序，必须及时采取紧急措施予以处置的重大的社会性事件；其突出表现为集体上访、示威游行、暴力抗法和大规模群体性冲突等群体性行为。根据社会学的理论，“群众事件”有广义和狭义之分。“广义的群众事件并不一定具有反社会性，而是基于某个特定或不特定的事件或目标，纠集一群不特定的人，本着其高涨的情绪，或请愿，或游行示威；狭义的群众事件则指具有不法的反社会性、破坏性特征，因特定或不特定的目标，由少数不法分子煽动、纠集一群不特定的人，利用群众盲目附和的弱点，以偏激的言辞鼓动群众，煽动不满情绪，纠集闹事，扰乱社会秩序。”①群体性危机的爆发相对比较复杂，既有政治经济的因素，也有社会的因素。经济发展不平衡带来的群体分化以及经济秩序紊乱，社会剥夺感的增强，政治参与机会的不平等，以及传统道德文化体系的失衡，都容易引发群体性事件，如果得不到合理的疏导，必将引发群体性危机事件。

我国目前正处于经济转型和社会转型的关键时期，政治、经济改革已经进入社会结构全面分化的阶段，变革带来的利益和权力在不同主体之间的重新分配和转移，不可避免地增加了社会矛盾的激化，易引发群体性事件。中国社会科学院2010年《社会蓝皮书》指出：据不完全统计，1993年我国发生群体性事件0.87万起，2005年上升为8.7万起，2006年超过9万起，2008年群体性事件的数量及激烈程度都超过以往。这些事件，不仅体现了我国深层次的社会矛盾与危机，更直接的是对我国地方政府的危机管理能力提出了严峻的挑战。

群体性事件的危机具有群体性、突发性、非理性、反复性、局部的对抗性等特征，而且其触发机制多半具有社会因素的影响。因此，地方政府在危机管理的过程中，一方面要及时应对，因势利导，防止事态的扩大蔓延；另一方面，更应看到这种事件，与贫富差距的扩大、城乡差别的社会问题都有十分密切的关系，特别是一些地方政府官员的非规范性行为，也是危机爆发的根源。政府在危机处理的过程中，必须尊重公众的合法权益，才能真正地消除危机产生的社会基础，更好地建设和谐社会。

4. 恐怖袭击型危机管理。

恐怖袭击型危机是由地方政府所在的行政区域受到恐怖主义袭击所引发的危机。恐怖袭击型危机最为突出的特点是它以暴力行为威胁到公民的生命和财产的安全，并以之为基础制造恐怖气氛，从而影响社会正常的生产秩序，这也是许多学者将恐怖袭击归为突发社会安全事件的原因。一般而论，恐怖危机属于人为制造的社会危机，按照危机制造主体的身份特征和恐怖袭击的目标，可以将恐怖袭击型危机划分为国际恐怖主义袭击性危机与国内恐怖主义袭击型危机。

在通常情况下，恐怖袭击型危机多半属于跨国危机事件，即恐怖主义袭击的对象多半不是恐怖主义组织成员自身所在的民族国家，因而人们多半将恐怖袭击型危机理解为国家的公共事务，多从民族国家的视角进行分析。事实上，这种视角是不够准确的，它主要受到“9·11”事件的影响，由于国际恐怖袭击的对象通常是某个国家某个地区的某个城市，因而对其进行防范，尽管需要中央政府的支

① [美]巴克主编．社会心理学[M]．天津：南开大学出版社，1984.

持，但具体的管理事务却脱离不了地方政府层面的管理；另外，对于国家内部恐怖主义的防范则更直接体现为地方政府层面的管理。所以，恐怖袭击型危机管理是地方政府危机管理的重要组成部分。

伴随着我国改革开放的深入进行，政府管理的各个方面日益融入国际社会之中，这不仅带来了经济生活的全球化，也在一定程度上带来了社会生活的全球化，国际恐怖袭击的因素不可避免地渗入国境之内。首先，目前一些国际贩毒组织在我国境内活动频繁，常常制造一些恐怖事件；其次，我国是一个多民族的国家，境内存在一些与国际反华势力勾结的民族分裂主义分子，常常制造恐怖主义行为，进行分裂国家的活动，“三股势力”的存在，已经对边疆地区的和平与安定产生了严重的影响；最后，我国处于急剧的社会转型时期，社会转变带来的极大压力和社会心理的失衡，可能孕育出仇视社会的个体，为报复社会而产生恐怖主义行为。这些都是地方政府危机管理必须考量的因素。

由于恐怖袭击型危机严重威胁到公民的生命和财产安全，而且具有较强的恐怖效应，因此，地方政府在危机管理的过程中，应针对行政管辖范围内各种恐怖主义行为，采取严厉打击的态度，努力产生邪不压正的社会效应，遏制恐怖主义行为产生的心理基础，坚决消除恐怖主义行为产生的“示范”效应；与此同时，采取前瞻性的措施，认真贯彻国家的民族政策，增强民族团结，减少民族恐怖主义产生的社会基础；在政府的日常管理过程中，注意和谐社会的建立，关注社会弱势群体的生产和生活，打击各种形式的犯罪组织，减少国内恐怖主义产生的思想诱因和组织基础。

（三）公共危机管理中的地方政府角色

1. 地方政府是公共危机管理中的“防御员”。

公共危机管理重在“防”。这样可以花少量的钱做大量的事。预防公共危机就是要及早善于发现和查找可能引起公共危机事件的诱因、征兆和隐患，防止其蔓延扩散。地方政府要重视公共危机的预防，做好公共危机的“预防员”。

2. 地方政府是公共危机管理的“信息员”。

信息化社会中的客观信息非常重要，它是社会及其成员生存与发展的重要资源。地方政府应该建立公共危机信息管理系统，使危机信息管理贯穿于危机管理全过程。

3. 地方政府是公共危机管理的善后处理者。

危机的结束不等于危机处理的结束，当公共危机被有效控制而且趋于稳定并逐渐消除后，地方政府公共危机管理的重点应该转向公共危机的善后处理，恢复民众的生产生活秩序，使社会组织及其成员尽早地从危机状态恢复到正常状态。

三、地方政府危机管理的基本特点

由于地方政府之间存在较大的差异性，经济实力相差甚远，危机爆发的种类、程度以及频率互不相同，因此在危机管理上也存在较大的差异。但是，地方政府的危机管理还是呈现出一些共同的特点。

（一）地域性特点

地方政府危机管理存在着地域性的特点。首先，从宏观层面上讲，由于民族国家内部存在较大的差别，这些客观环境的差别，必然映射到危机管理方面，使地方政府的危机管理存在着地域性的特色。按照危机管理的分类，以自然灾害型危机管理为例，由于各地地理纬度和地质结构的不同，因而自然灾害引发危机的类型分布也存在着较大的差异，进而使危机管理具有地域性的特点。例如在平原地区就不存在山体滑坡和泥石流暴发的危险，而在内陆地区也不用担心海啸和台风登陆的危险，使得地方政府应对危机的类型存在较大的差异性；在广大农村地区不可能有由于安全事故而爆发的公关危机事件。其次，从微观层面上分析，一个地方的危机管理多半可以通过科学的论证和研究，能够前瞻性地进行识别，诸如重大安全事故引发的危机，多半与一个地方的产业结构布局和大型工矿企业的地理分布相关，因而具有较强的特殊性，使地方政府危机管理具有较强的地域性特色。了解危机管理的地域性特色，不仅可以增强我们对危机爆发的预测能力，而且可以增强地方政府危机管理的针对性，提高危机管理能力。

（二）管理主体的特殊性

地方政府危机管理的第二个特点是其管理主体的特殊性。自从美国遭受“9·11”恐怖袭击事件以来，非传统安全问题引起世界各国政府的重视，特别是忽视公共安全管理的国家。但是，对公共安全管理意识的提高，却陷入一个误区，即将一个国家的危机管理能力等同于民族国家中央政府的危机管理能力，纷纷出台法规和措施，建立全国危机管理体系，为危机管理立法。这样一来，忽视了地方政府才是危机管理的真正主体，从而使国家的危机管理能力得不到应有的提高。以我国的危机管理为例，SARS 的爆发大大提高了国家进行危机管理的意识，但主要体现在中央政府层面，并未引起地方政府的高度重视；在一些发达的沿海城市，虽然相对比较重视危机管理，但多半将危机管理理解为应对恐怖袭击，这无疑不利于国家整体危机管理能力的提高。

充分认识地方政府危机管理主体的特殊性，就是要将地方政府主体在危机管理中的地位提高到一个相当重要的层面，切实使地方政府认识到其作为危机管理主体的责任与义务，以增强危机管理意识。唯有如此，才能使地方各级政府认真分析行政辖区内危机存在的可能性和具体的类别，制定危机管理的政策措施，提高危机管理的基本能力。

(三)多层次性

地方政府危机管理的第三个特点是其多层次性，这是与地方政府作为组织结构的多层次性联系在一起的。地方政府是一个典型的层级组织结构，每个地方层级都具有特定的行政管辖范围，同时又受到上级地方政府的制约，并统一受中央政府的管辖，所以地方政府的危机管理具有多层次性的特点，具有复合行政的特色，即在本级政府进行危机管理的同时，必须接受上级人民政府的管辖与指导，多级政府机构对特定的危机管理负责。比如在我国频繁爆发的矿难事件中，在本级政府进行危机管理的过程中，常常要分级向上级政府报告，并接受上级政府的指导，上级政府在指导危机管理的同时，需要向危机爆发地的本级政府提供援助和指导。

地方政府危机管理多层次性的特点，一方面提高了特定危机事件的处理能力，多层级政府的负责机制，可以为危机管理提供充分的资源支持；另一方面，多层级的危机管理体制，容易导致权责配置不清晰、信息交流不畅通，制约危机管理能力的提高。地方政府危机管理多层次性的特征，也凸显了进行危机管理立法、合理并清晰界定不同层级政府危机管理的具体职责，以及信息传递机制的必要性。

(四)管理能力的有限性。

管理能力的有限性也是地方政府危机管理的一个特点。认识地方政府危机管理的这个特点非常重要。它客观上决定了地方政府危机管理的特殊性。地方政府危机管理能力的有限性表现在两个方面：首先，由于地方政府一般处于特定的行政组织结构的层级之上，而特定行政组织的行政职权是由行政法律授予的，属于典型的有限政府，因而在危机管理权限方面存在一定的限制，外在地限制了地方政府的危机管理能力。其次，由于地方政府行政职权的限制，其所拥有的资源是有限的，因而在实际的危机管理过程中调动资源的能力是有限的。

地方政府危机管理能力有限性的特点，为地方政府危机管理能力的提高造成了一定的限制，地方政府在进行危机管理的过程中必须充分认识到这一局限性。在危机管理的过程中，一方面，要积极应对，尽可能降低危机的危害性；另一方面，在危机爆发时，积极向上级政府汇报危机发生的规模、危害以及进展情况，积极寻求上级政府的支持，降低危机处理能力有限性所带来的负面影响。

第二节　地方政府危机管理面临的挑战和提升路径

一、地方政府危机管理面临的挑战

（一）危机事件增加

危机事件增加对地方政府的危机管理能力提出了最为直接的挑战。“随着中国社会从计划经济向市场经济的转型、市场经济改革所出现的失业人群的扩大、地区之间和内部收入差距的扩大、社会利益主体的多元化、科技发展所带来的负面影响、恐怖主义的泛滥、社会压力和冲突的增加等诸多因素的存在及相互作用，使得各种危机发生的可能性大大增加。”①事实证明这种预测是正确的，从现实情况看，近些年来我国危机事件的爆发一方面呈现出不断上涨之势，既有传统的安全生产的危机事件，也有因为社会危机而产生群体性事件；此外，因为环境污染而引发的非传统危机管理也呈增长之势，2007 年太湖蓝藻的爆发，直接威胁到无锡市城市居民的饮水卫生安全，给该地的生产和生活带来了极大的影响。这些传统的或非传统的危机事件的增加，不仅增加了地方政府进行危机管理的压力，而且增加了地方政府危机管理的困难，成为地方政府危机管理面临的最为直接的挑战。

（二）危机诱因增多

危机的诱因增多，与危机事件的增加相联系，加大了地方政府进行危机管理的复杂性。危机的爆发常常与风险联系在一起，而在一个日益复杂的社会体系中，风险来源的多样化，大大增加了危机爆发的可能性。引发风险的因素既来自自然界，也来自人类本身，而且后者已经成为风险的根本性来源。在全球范围内危机管理的中心从高政治性转向低政治性的背景下，我国地方政府危机爆发的诱因也在不断增多。我国目前已经进入人均 GDP 500—3000 美元阶段，庞大的人口基数和历史原因形成的资源、环境、效率与社会公平的社会矛盾日渐突出，社会发展进入“瓶颈”时期，容易出现社会秩序和心理失衡问题，容易诱发群体性事件，特别是弱势群体得不到有效救助而引起的社会矛盾逐渐积累；科技发展的负面效应逐渐凸显，除了传统的自然危机外，全球气候变暖不仅加重了旧有的自然危机，而且诱发了新型的自然危机，如气候变暖引发的台风和飓风肆虐，都增加了危机爆发的可能性；科技革命自身所引发的危机也日渐凸显，如电力供应危机

① 李程伟．公共危机管理：理论与实践探索[M]．北京：中国政法大学出版社，2005.

等事件的不断出现，都在警示地方政府危机管理面临的复杂诱因。

(三)危机预防困难

首先，地方政府预警机制不完善。正如前文所言，公共危机爆发的诱因增多。在当前的社会发展阶段，社会整体、组织运作和个体行为领域的危机诱发因素逐步增多，在一个常规管理运作的管理体制下，地方政府充分估计各种危机爆发的可能性的成本比较高昂，加大了危机预防的困难。一方面，由于地方政府在资源、技术等方面的有限性，造成目前我国地方政府的预警机制不完善，主要表现在对于危机预案制定的不重视以及危机预案的实际操作性不强等。由于缺乏完善的危机预警机制，导致地方政府对一定时间内可能出现的各类危机事件缺乏宏观上的总体考虑，对于一些极有可能发展为危机事件的问题缺少事先具体的预警分析，造成相同类型的危机事件相继发生，政府这种处理危机事件的被动反应模式使得政府处理危机事件的效率不高，从而影响地方政府的形象。另一方面，目前，我国现有的地方政府公共危机管理体系缺乏常设的综合协调机构，主要还是依赖于地方政府现有的行政机构。地方政府公共危机管理体系中的领导机构仍然以临时抽调人手组成的应急指挥机构为主。应急指挥机构的临时性使其专业性不强，使得指挥活动不能连贯地贯穿危机管理的全过程。同时，应急指挥机构的临时性导致其在面对危机时没有足够的权威和信息基础，不利于危机管理工作有效进行。一旦发生需要动用各方资源的危机事件，或是多种危机事件并发，就会使得政府不同部门之间在处理危机事件中的政策不能很好地加以协调，从而严重影响政府危机管理的效率。

其次，科学技术的发展，使社会各个组成部分日益紧密地联系在一起，人类社会联系网络化的特征日益明显，增加危机爆发可能性的同时，也增加了危机预防的困难。因为除了高科技自身风险以外，社会联系链条上的任何一个环节，都有可能背离日常的规范运作状态，进而威胁人类的网络化日常生活状态，产生危害公共安全的各种危机。由于我国地方政府长期以来一直比较偏重以 GDP 增长为核心指标的经济增长，财政收入对公共服务的投入不足，对公共危机管理的投入更加不足，地方政府缺乏危机管理的基本资源，加剧了危机预防的困难。

再次，地方政府危机管理的信息系统不够成熟。主要有三个方面的问题：第一，信息的共享程度低。虽然当前地方政府危机管理系统已初具规模，但是地方政府间以及政府各部门之间信息不共享的问题仍普遍存在。第二，信息的不对称。在我国这样一个多层次、多区域的复杂系统内，信息流的多层传递不可避免地带来组织信息的丢失或失真，降低组织信息流的有效性与可靠性，信息的扭曲或不对称必然存在。第三，信息的不准确性。当危机发生时，与此相关的信息量增多，信息交流加快，但是信息分布杂乱无序，各种信息充斥着整个社会空间，难以鉴别真伪。

（四）危机影响加剧

危机影响的加剧，是地方政府危机管理面临的又一挑战。在现代社会，危机爆发的影响逐渐加剧，扩大了危机爆发的破坏力，从而给地方政府的危机管理带来比较严重的挑战。危机影响的加剧主要表现在三个方面。第一，现代社会是一个社会个体高度依存的网络化关联社会，客观上加大了危机所产生的影响。以我国 SARS 危机的爆发为例，由于 SARS 病毒传播的特点，在广东地区爆发后，迅速扩展到全国，在世界范围内产生了广泛的影响；2005 年松花江干流发生的石化爆炸产生的危机，沿松花江的流动蔓延，威胁到哈尔滨等沿江城市的饮水安全，诱发了哈尔滨等城市的饮用水危机事件，该事件甚至影响到松花江下流俄罗斯境内一些城市的公共安全。第二，科学技术的发展在增加人类改造自然力量的同时，也增加了其对人类社会自身安全的威胁。科学技术是把双刃剑，科学技术不当使用与人类社会的灾难基本是联系在一起的，苏联切尔诺贝利核电站爆炸所产生的危害，至今令人触目惊心；科学技术对环境污染所导致的危机事件，大大超出了传统社会所面临的风险。第三，全球化的发展扩大了危机产生的影响，使许多公共危机管理带来一定程度的国际性。全球化的迅猛发展，一方面增进了国际的交流与合作，另一方面也带来了许多地方性事务的国家化，扩大了危机影响的范围，许多本来意义上的国内危机也蒙上了国家化的色彩，许多国内危机事件常常由于涉及国际合作和国际援助等事务，而体现出国家性的特征。以印度洋地震产生的海啸为例，海啸给印度尼西亚带来了巨大的灾难，而且发生在其国土范围内，属于典型的国内灾难危机管理。但是由于国际红十字会等国际组织的介入，加上许多国家为维护本国在该国公民的生命安全，纷纷开展救援活动，从而使其演变成为国际性的灾难危机。此外，全球化促进资源在全球的配置，进而可能使在一个国家内部产生的危机扩展到国际层面，从而扩大了危机所产生的影响范围，这主要表现为环境污染和跨国家的流域污染问题。危机管理的国际化，增强了危机产生的影响，如果处理失当，可能会诱发国际事件，大大增加了地方政府进行危机管理的难度，也为我国政府整体的危机处理能力带来了全新的挑战。

（五）地方政府危机管理法律法规不完善

由于种种原因，我国的危机管理法律制度尚未健全，相关法规缺失。第一，在危机管理的法律基础方面，我国先后制定了一些针对公共紧急事件的法律，但这些法律本身的部门管理色彩，缺乏对于政府各部门之间和政府与社会之间协调合作的法制保障，在应对现代出现的高频度、多领域的公共危机事件时，往往显得力不从心。第二，我国现有的法律法规，大部分是针对特定的紧急事件的，统一的紧急状态法的缺失直接导致我国在发生公共危机时缺少综合性的法律对我们的行动提供指导和约束。第三，法律法规对危机管理中的行政越权和滥用权力的监督机制不健全。危机管理过程中存在违法行政、滥用司法权力等行为，法律在如何对政府危机管理行为进行有效监督、如何推进危机管理法制化等问题上还有待提高和完善。

二、地方政府危机管理存在的问题

(一)危机管理意识不强

危机管理的实质是非常规的决策，长期以来我国的地方政府习惯于常规决策的思维，缺乏危机管理的科学管理理念，甚至习惯于隐藏危机的真相，试图蒙混过关，因而往往错失了解决危机的最佳时机，并人为地扩大了危机的危害和影响，SARS危机的爆发就表明了这一点。许多地方政府习惯于常规状态下的政府管理行为，而对危机爆发潜在的可能性以及巨大的破坏性估计不足，对行政管辖范围内爆发危机的可能性诱因缺乏研究和论证，不注重加强危机管理能力建设；在危机管理理论教育和思想教育方面的严重滞后，致使广大社会公众危机心理承受能力羸弱，自我保护意识、自我救助的意识和知识准备不足，增加了危机管理的难度，制约了地方政府的危机管理能力。

(二)危机预警机制不健全

"公共危机预警，指根据有关危机现象过去和现在的数据、情报和资料，运用逻辑推理和科学预测的方法、技术，对某些危机现象出现的约束性条件、未来发展趋势和演变规律等做估计与推断，并发出确切的警示信号和信息，使政府和民众提前了解危机发展的状态，以便及时采取应对策略，防治和消除不利后果的一系列活动。"①公共危机预警机制的建立，可以帮助地方政府预见到爆发各种危机的可能性，提前做好各种危机管理预案；还可以提示危机爆发可能被波及的民众或区域，向公众提示危机爆发的可能性，警示社会公众产生心理预期和防范准备，最大限度内减少危机可能造成的损失，因而许多公共服务体系比较发达的国家或地区，都建立了相对比较完善的危机预警机制。

目前，我国除了中央政府层面上建立了局部危机预警系统外，地方政府层面的危机预警机制建设尚有待健全。以2007年7月19日云南腾冲县爆发的泥石流灾害为例，尽管当地政府声称夺去29人生命的重大自然灾害主要是持续的强降雨诱发的，但地方政府难辞其咎，这一事件充分暴露出地方政府的危机预警能力低下。事实上据记者调查，在事故发生之前，当地已经出现了小规模的滑坡，爆

---

① 肖鹏军．公共危机管理导论[M]．北京：中国人民大学出版社，2006.

发大的灾难的迹象比较明显，而当地政府并未发布任何预警信息，也未组织相关人员的撤离，导致惨剧的发生。与此相对照的是，SARS危机在新加坡爆发之前，新加坡的卫生部门已对东亚疫情持续严密地进行了监测，并向公众发布了大量的公共信息，从2003年3月2日起，新加坡卫生部门就启动了危机预警机制，从而在危机爆发后的管理过程中，能够积极主动地应对危机，充分体现了危机预警机制建立的必要性。

(三)危机管理制度不健全

危机管理与正常状态环境下的政府管理行为存在着重大的区别。“一般而言，对于常态性事务，通过包括在法律范围内集中所有的行政资源采取强制性的措施就能够化解、消除常态性事务中所出现的问题。”①非常态状态下的危机管理则具有不同于常态的各类特征，“许多突发性事件已经远远超出了由单一管理部门独立行使职责的能力和范围，在这种情况下，就需要依赖更多部门之间的相互配合和支持，有的要求更高一级政府甚至需要报请中央政府直接掌管”②。在这种情况下，危机管理的方法和手段常常超越正常状态的管理行为模式，但是非常态管理并不等于恣意行政、不择手段，危机管理同样需要健全的管理制度和管理规则。在危机管理的过程中，必须由政府出面在全社会范围内进行资源整合，需要一个组织有序、反应灵敏和约束严格的规则体系，在危机到来时，各个不同的政府管理机构能够统一、协调地行动，但我国目前的地方政府危机管理尚缺乏这样的规则和制度，因而常常在危机管理过程中引发不必要的冲突，影响了地方政府危机管理能力的提高。

(四)危机管理专业人才缺乏

政府危机管理能力体现为政府机构和专业人员的能力。是否具有专门的危机管理人才，成为衡量一个地方政府危机管理能力的重要标志。目前我国地方政府尚缺乏专门的危机管理人才，往往在危机爆发时，由当地的行政首长直接指挥，以提高危机管理的行政权威。然而，危机管理所需要的并不只是简单的行政权威，它需要专门的危机管理知识和训练有素的危机管理专业人才。因此，提高地方政府的危机管理能力，必须注重危机管理的教育和专业人才的培养。

(五)危机管理动员能力不足

危机管理需要全面整合的政府危机管理体系，需要“在各种资源支持系统的支持下，通过整合的组织和社会协作，通过全程的危机管理，提升政府的管理能力，以有效地预防、回应、化解和消除各种危机，从而保障公共利益以及人民的

---

① 徐家良. 危机动员与中国社会团体的发展[J]. 中国行政管理，2004(1).

② 李程伟. 公共危机管理：理论与实践探索[M]. 北京：中国政法大学出版社，2005.

生命、财产安全，实现社会的正常运转和可持续发展”①。在危机管理的过程中，社会动员是危机管理的基础环节。有效的社会动员不仅能够减轻民众的心理负担，降低恐慌，防止危机的人为扩散，而且可以提高民众的危机意识，增强自我保护能力。同时，危机的控制需要民众与社会的配合，社会动员在其中发挥重大的作用。只有充分调动人民的积极性，克服政府能力的不足，才能最终战胜危机。而我国的许多地方政府在危机管理过程中，往往囿于自身的利益，拒绝披露危机状态的相关信息，造成危机扩散；或者片面地将大众作为危机管理的对象，忽视发挥民众在解决危机中的作用，不愿动员群众或动员群众不足，因而往往降低了政府危机管理的能力。

(六)危机管理法律体系不完备

法律体系不完备是制约地方政府危机管理能力的主要方面。一个国家或地区进入危机状态后，无论是自然系统引发的危机，还是群体性行为引发的危机，都将引致一种非常规的状态。在这种非常规状态下，为了进行危机管理，政府部门必须享有一定的紧急处理权力。如果这种紧急处理权力得不到法律的约束和支持，必将制约政府的危机管理能力。因此，危机管理的法治化是国际通行的规则，许多国家都通过了相应的危机管理法案。如法国《紧急状态法案》、英国的《国内紧急状态法案》和美国的《国家紧急状态法案》，同时都允许地方政府以国家的紧急状态法案为指导，制定出地方性的危机处理法案。我国目前地方政府危机管理的法律法规体系尚不完备，从而制约了危机管理能力的提高。由于法律规范不完备，地方政府在危机管理状态下，往往存在恣意行政行为，这尤其体现在地方政府对于群体性事件产生的影响方面，地方政府急于消除危机，多采用严格的管制行为，封锁相关信息，压制有余、疏导不足，加剧了危机的程度。

(七)危机管理善后机制不完善

危机状态的消除并不意味着危机管理的结束，因此，危机的善后处理是危机管理的重要组成部分，直接决定了危机管理的质量和效益。我国地方政府的危机管理，还缺乏规范的善后处理机制，在危机管理的过程中，比较重视危机爆发后的控制和处理，而轻视危机管理的善后处理。事实上，危机的善后处理不仅可以有效地从危机管理过程中吸取经验教训，而且善后处理还可以通过弥补危机中群体的物质和精神损失，稳定人心，减少社会振荡，增强辖区内政府的公信力和公众的凝聚力，有利于社会的和谐与健康发展，防止危机再度爆发。地方政府必须

---

① 张成福．公共危机管理：全面整合的模式与中国的战略选择[J]．中国行政管理，2003(7)．

从根本上改变轻视危机善后处理的不良倾向，建立起规范的危机善后处理机制，使社会公众迅速从危机状态中恢复过来，提升重建工作的能力。

三、地方政府危机管理的提升路径

（一）树立科学的危机管理意识

1. 明确界定地方政府公共危机管理机构及其职能。

专业化的职能部门和高效精简的公共危机管理机构是提升地方政府公共危机管理能力的必要条件。地方政府应设立专门的公共危机管理部门，并授予其较大的职能权力，以便更好地进行社会资源的整合。可先进行试点运行然后大范围推广，最终在地方政府建立一个统一领导、协调分工、人员精简、快捷高效的公共危机管理机构。政府高层应该鼓励扶持地方政府公共危机管理机构和专业部门的设置，适当进行权力下放，提高地方政府对社会资源的调控能力，并颁布有利于地方政府发展的相关政策，至上而下地处理好地方政府公共危机管理机制和专门性机构的建立问题。

2. 强化地方政府的危机管理意识。

有效的危机管理需要全社会的危机治理意识，危机意识是危机治理的起点。各级地方政府必须认识到现阶段公共危机管理的重要性，认识到公共危机对我国社会和经济发展的危害性，克服侥幸心理和麻痹大意思想，切实做好公共危机防范工作。因此，各级政府必须树立起公共危机管理不只是危机发生后政府的迅速回应和对公共危机局势的严厉控制，更重要的是政府要有及时有效解决社会问题、防止危机爆发的意识的思想。换言之，各级政府必须有忧患意识，要能将公共危机管理于日常的制度建设和管理之中，优化政府常态管理。在日常的公共决策中，以广大群众利益为先导，采取科学民主的决策方式，在源头上降低危机事件发生的概率。

3. 树立正确的公共危机管理思维。

传统政府的公共危机管理思维没有利用数据信息，没有意识到数据信息对政府公共危机管理的重要性。在新时代，政府应积极转变思想，将大数据思维融入到公共危机管理中，改变政府的管理理念和方式。要意识到信息监控对公共危机管理的重要性，并善于利用数据信息提升管理效率。地方政府要积极转变思想，主动投入到大数据技术学习中，结合大数据技术的特点，发挥多维性数据思维意识，在公共危机管理中综合考虑各方面影响因素，制定合理有效的公共危机管理政策，提高公共危机管理能力。

（二）建立与完善危机预警机制

由于公共危机事件具有高度的不确定性，因此地方政府有必要建立科学的危机预警机制和常设管理机构，以搜集分散的各类信息，同时负责整个公共危机事件的处理。预警机制强化政府责任，从地方到中央分别制定出突发事件的应急预案，建立突发事件的预警监测制度，定期、定点对可能的危机范围进行科学预测，并采取相应防范措施进行避害或将危害的影响降至最低。地方政府危机预警机制的建立，一般需要以下几个过程：一是评估行政管辖范围内存在风险的类型，确定危机预警系统的范围；二是评估危机的征兆与类别；三是确定危机监测的评价指标体系；四是确立向公众传递危机信号的步骤与途径；五是建立预警体系的维护与技术体系。就危机预警系统的具体构成而言，危机预警系统包括信息收集子系统、信息加工子系统、决策系统、警示系统和咨询服务系统。此外，在建立危机预警机制的过程中，要构建大数据治理平台。大数据技术应用必须具有相应的基础设施，互联网、云计算等都是大数据技术的载体，政府应搭建大数据应用平台，确保大数据技术基础设施的完善。政府应以强大的资金和人才供给为前提，科学进行平台规划，实施全程监督管理，也可以利用政策上的倾斜，确保平台顺利运营。同时，政府要提高信息处理能力和共享能力，将数据库、云储存等作为平台框架，实行现代化电子政务，提高政府公共危机管理能力。

(三)培养专业性危机管理人才

地方政府的危机管理能力是政府体制和政府组成人员相互作用的结果，其中政府组成人员是主体，一切政府行为的实施和政府职能的实现都是通过政府组成人员来承担和落实的。所以，政府组成人员的素质和能力直接影响政府公共危机管理能力的强弱和公共服务质量的高低。要想最大限度地提高地方政府应对公共危机的管理能力，首先应该考虑的是人的因素，在行政人员的自觉和完善中不断增强政府公共危机管理能力的积极性和主动性，在行政人员的理性政治行为中实现政府公共危机管理能力的正向整合。

同时，面对突如其来的危机，仅仅靠普通公众的自救互救是远远不够的，还需要一定的专业人员来执行决策指挥、紧急救援、危机控制、后勤保障等任务。这些专业性的工作需要专业人员去做，非专业人员一般是很难做出及时正确的处理的。我国虽有消防、公安、防汛等行业性处置公共危机的部门和相关专业人才队伍，但尚无跨部门、跨地区、跨行业的综合型公共危机管理部门和管理人才。这样就造成了在公共危机管理工作中紧急处置多、科学预案少，人员临时抽调多、长期预备少的被动局面。危机管理愈复杂，愈需要拥有高素质的、训练有素的危机管理人才。泰罗在其科学管理的基本理论中指出，为了实现科学的管理，提高劳动生产率，必须为工作挑选“第一流工人”，危机管理中高素质的人才队伍，正是防范和应对危机的“第一流工人”。地方政府在构筑危机管理体系的过程中，不仅要大力引进专门的危机管理人才，而且要对危机管理体系的从业人员及时进行培训，全面提升危机管理体系的知识储备，提升所在行政辖区的危机管理能力。专业化的、训练有素的公共危机管理人才队伍应该包括各种类型的人才：信息型人才、决策型人才、操作型人才、执行型人才、监督型人才。为了保证公共危机管理部门做到及时预警、准确识别、高效指挥、工作有序，必须对这些人才队伍进行合理的人力资源整合。

（四）构建危机联动机制

危机管理联动机制是一种对各种相关资源进行整合的高度集成的危机管理协调机制，是危机管理各部门、各方面人员的协调与配合。有效的危机管理联动机制可以把个体的力量转化为整体的力量，从而发挥出整体的最大优势。构建地方政府危机管理联动机制应从加强地方政府各危机管理主体之间的联动、政府与非政府之间的联动、政府与媒体的良性互动等几个方面入手，达到协调一致、动态管理、化危为机的目的。

1. 构建地方政府各危机管理主体之间的联动机制。

组建统一的危机管理专门机构。为统一受理各类突发危机事件和应急求助的报警，采取联合行动，为民众提供相应紧急救援服务，地方政府应该组建统一的危机管理专门机构，以保证其权力的行使。在该机构的统一组织下，保证地方政府各个危机管理部门负责人员经常有效的沟通和交流，开展危机演练工作提高民众的危机防范意识和能力；进行人力、物力及财力的有效协调，使损失和危害降到最低。

实行属地化管理。为适应现代危机管理注重信息、分级管理的要求，应实行属地化危机管理，即实行“条块结合、以块为主”的管理模式。只有这样，各级政府才能将危机管理整合到职能体系中，并作为日常工作的重要组成部分予以高度重视。属地化管理使各地方政府承担起对危机管理措施的落实情况进行督查的责任；各辖区内的所有单位不分行政隶属关系，都接受各级党委、政府统一安排，做到职责分明、条理清晰，以实现危机管理系统与社会支撑体系的“无缝对接”。这种模式有利于将各方置于社会整体中，群防群控，形成合力，提升危机处理效率。

加强区域性危机管理协作。在现代社会，随着城市化和区域一体化进程的快速推进，人力资本等生产要素在区域内高度集聚，公共危机也越来越呈现出跨地区的特征。应对区域性公共危机，需要加强地方政府合作。

2. 构建政府与非政府组织之间的危机管理联动机制。

传统公共管理理论认为，危机管理是政府针对潜在的或者当前的危机，在危机发展的不同阶段采取一系列有组织、有计划、持续动态的控制行动。而伴随着治理理念的提出，社会日益达成的共识是：危机管理是指政府、非政府组织等主体通过对公共危机的预测、预防、控制、处理，以及达到避免、减缓危机危害和弥补危机损失的行为过程，在这个过程中，公共危机治理主体除了政府之外，还包括非政府组织以及公司、企业甚至公民个人。在这一前提下，地方政府需要主动寻求与非政府组织建立联合治理的格局，同时非政府组织也要积极地探寻与地方政府协作的途径，填充地方政府传统治理中及权力回撤后出现的真空，主动回应公共服务领域中出现的治理结构的转型。

3. 构建地方政府与媒体之间的良性互动机制。

就政府而言，更多的是应该通过制度性的信息公开，第一时间告知真相，或者允许鼓励媒体深入探知真相，最好的效果是两者在一开始便能形成互动。比如在汶川大地震中，媒体自发主动的报道和跟进与政府公开透明的表态和告知形成了良好的互动，这样在危机中能维护、提升或重构公众对政府的信心，不仅能够更好地解决危机，更能够保持或提升政府的公信力。对于媒体，首先是在尽可能短的时间内通过报道新闻，探究真相，为政府的决策提供依据，为受众的判断提供参照。同时，第一时间将政府的权威声音传递给受众。其次是通过直接的评论跟进事态的发展，与媒体新闻报道形成合力，聚合为舆论监督的态势。需要注意的是，在执行环境监测的过程中，媒体的监督功能始终是发挥作用的。

(五)扩大公民参与

危机管理是公共性课题，当然离不开公众参与。面对范围广、种类多的公众场合、公共活动，地方政府面临着专业力量有限，监控视野无限的矛盾，而危机最有可能在最薄弱的链条上爆发。尊重民间的自发与自觉，充分调动民智、发挥民力，无疑是上佳选择。地方政府应该把问题和答案都提交给民众，让民众知道危险可能在哪里，引导大家有效地自我保护，这样可以最大限度地避免损失，也容易得到公众的理解，还可能会收到“集思广益”的意外之喜。当然需要特别注意的是，防范措施要依靠民众，取得民众的配合与支持，需要合理平衡安全与生活便利的关系。具体而言，地方政府应该不断拓展公众参与机制。

1. 建立健全危机信息公开制度。良好的公共危机信息公开制度有利于加强公民对地方政府行为的理解和有效配合，从而有序地参与危机管理，提高地方政府公共危机管理的效率。在公共危机治理中，对于涉及公共利益的各种信息，地方政府必须及时准确地向社会公布，充分尊重公民的知情权，引导公民乃至整个社会积极参与公共危机治理，把公共危机带来的损失降到最低。危机信息公开可采取多种形式：一是政府主动的信息公布；二是媒体及时公正的报道；媒体是政府与公民之间信息沟通的桥梁，能及时地将政府部门的指示传达给公众，稳定人心，引导公众选择正确的行为；三是公民主动的咨询行为，如公共危机管理办公室应有专门接待公民来访的机构，及时地为不知情民众提供信息。

2. 畅通参与渠道。引导社会组织参与到地方政府的管理中来，并保证这个机制能最大限度地发挥它们的作用。社会团体直接参与公共政策制定过程，公平机会和政治参与也会增加，地方政府所要做的就是给他们构建好这个平台。

3. 要拓宽社会公众参与大数据应用的渠道。新时代，公众是社会治理的重要参与主体，政府利用大数据进行公共危机管理，应让广大社会公众参与其中，对政府治理行为进行监督。政府应拓宽公众参与社会治理的渠道，通过微信、微博等社交媒体，实现社会公众与政府的有效沟通。这不仅能够拓宽社会公众的参与途径，也能及时获取公众网络数据信息，有利于更好地开展公共危机管理活动。

（六）建立健全地方政府危机管理的法律体系

公共危机往往是在非常态下发生的危及社会安全的事件，超越政府一般管理权限，为了积极应对危机，政府需要采取非常措施，但是这些非常措施可能不在我们日常法律授权范围之内或者是法律法规没有涉及的权力，因此，地方政府管理的制度化和法治化水平的提高是提升地方政府危机管理能力的有力保障。提高地方政府的危机管理能力，必须建立与完善危机管理的法律体系。在危机状态下，为最大限度降低危机产生的危害，地方政府必须采取各种有效的紧急措施，保证公众生命和财产的安全。然而，现代社会是一个法制化的社会，政府在危机管理状态时，采取的行为措施必须约束在一定的范围之内。“离开了法制化的基本要求，政府危机管理就可能违背宪法和法律的要求，就可能滥用职权、超越职权，不仅不能很好地解决公共危机状态所造成的消极后果，而且还可能会因为不受限制地行使危机管理的权力给公民的宪法权利造成不应有的损害。”①而且，如果缺乏明确的法律规范，还可能诱发相关的政府部门在危机状态下的不作为行为，降低地方政府的危机管理能力。因此，地方政府危机管理相关法律的建立与逐步完善，标志着我国地方政府危机管理能力的提高。我国地方政府管理法律的建立与完善，主要是在中央政府的推动下取得的。张小明的研究表明，我国涉及公共部门危机管理的主要法律法规有 118 部，其中与公共部门危机管理联系最为紧密的主要法律法规有 18 部。“这 18 部主要法律法规为：公共卫生事件类 3 部，社会安全事件类 6 部，事故灾难类 5 部，自然灾害类 4 部。”②这些法律法规的出台，直接成为地方政府危机管理的基本指导。

建立健全地方政府危机管理的法律体系，首先必须保证不与现行宪法、法律相冲突，即要具有合法性；其次要合理，政府在应对不同性质、不同情况的危机

① 肖鹏军．公共危机管理导论[M]．北京：中国人民大学出版社，2006.
② 张小明．公共部门危机管理[M]．北京：中国人民大学出版社，2006.

时，要根据危机的具体情况合理地采取措施；再次要建立明确、有效的责任制，在相关法律法规中严格划分责任人，明确其在危机管理中具有的权力及要承担的责任，尤其要制定出相关处罚措施，对那些失职、渎职等人员的处罚要严。同时，法律法规的制定终究是为了维护广大人民的利益，因此最根本的是保障人民的合法权利。

(七)完善危机善后处理机制

危机事件发生时，公众由于各种原因，难免出现压抑、恐惧及焦虑等非正常现象。这时候，地方政府领导要坚持第一时间出现的原则，以体现政府机关对公众的人文关怀。危机消除后，还要尽快出台措施，恢复公共基础设施，恢复正常社会秩序，评估损失，制定方案重建毁坏家园，赔偿或补偿危机中破坏的私人物品，救济生活困难者，组织专家帮助群众走出心理阴影，吸取经验教训等。危机的善后处理工作不仅是危机管理过程的重要组成部分，而且也是工作的难点和重点。它不仅包括物质方面的善后工作，而且还包括社会层面的善后工作，对资源的投入和精力投入的需求比较大，因而许多发达国家都制定了规范、完善的危机善后处理操作体系，进行危机的救援与救助工作，明确善后处理的机制和责任。我国地方政府必须借鉴发达国家的做法，完善灾难评估、社会救济、心理治疗和反馈机制等，以健全地方政府的危机管理体系。

复习思考题

1. 什么是公共危机？
2. 什么是地方政府危机管理？
3. 地方政府危机管理有哪些类型？
4. 地方政府危机管理有什么特点？
5. 加强地方政府危机管理的路径有哪些？

案例分析

北京大学新设应急管理学科

5 月 22 日，北京大学发布消息，按照教育部、应急管理部相关工作要求，决定在公共管理一级学科下设置应急管理二级学科，从 2020 年开始招收博士生、硕士生。

应急管理学科下设应急管理理论与方法、应急管理体系与能力、风险管控与应急管理、智能化应急管理、比较应急管理五个研究方向。北京大学将把应急管理学科建设与北京大学文理医工学科布局结合，通过整合公共管理、公共卫生与预防医学等学科优势资源，协同校本部及医学部相关院系，开展应急管理理论方法、体系能力和实施技术研究，培养厚基础、高素质、复合型应急管理人才，推进应急管理学科的发展和创新。将从2020年开始招收博士生、硕士生。

据了解，北京大学正在推动在公共卫生与预防医学学科下设置应急管理相关学科的论证工作，将在公共卫生领域应急管理学科建设和人才培养方面探索经验，进一步完善应急管理学科发展。

（资料来源：《北京大学新设应急管理学科》，《新京报》，2020年5月24日。）

第七章　地方政府城市管理

城市管理是一项规模庞大的系统性工程，如何科学定位和充分发挥政府作用，关乎我国城市化发展进程。可见，城市管理是一门科学，是一种艺术，更是一项政府行为。城市管理，绝不仅仅是一个部门的事，其涉及科技、教育、文化、经济等多个部门。在城市管理过程中，地方政府的作用举足轻重，地方政府要充当领导者、协调者，明确各部门分工，细化各方职能，为城市管理各项工作开展保驾护航。

第一节　地方政府城市管理概述

一、城市管理的含义

考察人类城市的发展史，可以说，自从有了城市便开始有了城市管理的实践。在现代社会生活中，城市人口的迅速增加，城市政府管辖事务日益繁重，城市政府组织的日渐庞大，城市本身的管理也随之发生着改变。至于何谓城市管理，归纳起来，主要有以下六种不同观点：

1. 城市管理就是市政管理，主要是城市政府部门对城市的公共事业、公共设施等方面的规划和建设进行控制、指导。

2. 城市管理就是城市各部门管理的总和，即包括人口管理、经济管理、社会管理、基础设施管理、科技管理和文化教育卫生管理在内的城市群体要素管理。

3. 城市管理是城市政府对城市经营行为，即以城市为对象，对城市运转和发展所进行的控制行为，其主要任务是对城市运行的关键机制——经济、产业结构进行管理和调节。①

4. 城市管理是指以城市基础设施为重点对象，以发挥城市综合效益为目的的综合管理。作为一个综合概念，城市管理包含城市经济管理、城市社会管理和

① 张跃庆．城市管理概论[M]．北京：北京经济学院出版社，1990.

城市环境管理三个方面。①

5. 城市管理是城市中非政治、非经济的社会公共事务的管理活动。它由八大管理子系统构成：教育管理、医疗卫生管理、文化体育管理、社会保障管理、人口管理、安全管理、生态环境管理、基础设施管理。②

6. 城市管理是以城市的长期稳定协调发展和良性运行为目标，以人、财、物、信息等各种资源为对象，对城市运行系统作出的综合性协调、规划、控制和建设活动。因此，城市管理的内容包括城市的社会管理(含人口、治安、生活服务、文化管理等)、经济管理、社区管理的生态环境管理和基础设施管理。③

上述各种对城市管理概念的不同界定都是从城市管理对象和范围的不同的角度来进行的。管理作为人类一种有目的的、通过发挥自身主观能动性来改造客观世界的活动，对其内涵的确定，在明确其对象和范围的同时，还必须明确其主体。如果把管理的主体和对象结合起来考虑，我们首先发现，管理有两大类：企业的经营管理和政府的行政管理。而前者主要是指在"私域"的管理，其主体是企业组织、企业经营者等；后者主要指行政管理，用于"公域"的管理，即公共管理，其主体是政府机构和政府公务人员。城市管理在总体上应属于公共管理范畴，因为它谋取的是城市居民的公共利益，而不是某一组织的私利。具体地说，城市管理是指以城市这个开放的复杂巨系统为对象，以城市基本信息流为基础，运用决策、计划、组织、指挥等一系列机制，采用法律、经济、行政、技术等手段，通过政府、市场与社会的互动，围绕城市运行和发展进行的决策引导、规范协调、服务和经营行为。城市管理的根本目的在于在政府的科学引导下，充分利用城市资源，维持和促进城市发展，以持续提高城市居民的生活质量。

二、城市管理的基本特征

人们通常理解的城市管理是城市政府对城市公共事业、公共设施、公共事务进行的管理活动。当然，也有人从广义上理解这一概念，把地方政府承担的所有以城市为对象的管理活动都统称为城市管理，但它们都有一个共同特征，即城市管理是以地方政府为主体的管理活动。基于现代城市的特点，归纳起来，现代城市管理的特征可以包括以下四个方面：

第一，协调管理目标的前瞻性与持续性。城市发展战略是对城市发展方向与

① 尤建新．现代城市管理学[M]．北京：科学出版社，2005.

② 张钟汝等．城市社会学[M]．上海：上海大学出版社，2001.

③ 叶南客，李芸．战略与目标：城市管理系统与操作新论[M]．南京：东南大学出版社，2000.

模式的预想，是城市短期目标与长期目标的统一。发展战略的选择与制定是前瞻性与持续性的有机结合。城市管理最终要贯彻城市的发展战略，因此城市管理也应当具有前瞻性与持续性。所谓前瞻性是指城市管理不仅要解决现存的问题，而且要预想到未来可能产生的问题，做好预警；持续性则强调城市管理的各种措施要有始有终，不能朝令夕改，以免浪费资源。

第二，注重城市管理主体的多元性与参与性。城市这一庞大的系统工程的正常动作需要社会的各个组成部分、城市各项活动的参与者对于城市经济社会活动的运行规则的建立以及对于城市未来发展方向的选择达到共识。城市管理的多元性强调了管理主体不仅包括政府，还包括非政府组织、企业、市民等，多元化主体共治才能可能将复杂化、多样化的现代城市内外部关系理顺。然而，众多治理主体也需要协调，充当城市角色的主要是城市政府，其他非政治性主体起到参与治理以及监督、评价、回应的作用。

第三，注重管理决策的合法性与科学性。合法性指的是社会秩序和权威被自觉认可和服从的性质和状态，它与法律规范没有直接的关系。正式的制度框架，如法律、政策、公约(包括城市公约与国际公约)等一般比较容易被认可和服从；非正式的制度、地方习俗等，一旦被自觉认可及遵守，就同样具有了合法性。城市管理的顺利、有序进行依赖其合法性的建立。因此，现代城市管理不仅注重法制，而且也要更加尊重传统与习俗。在知识化、信息化、全球化的时代中，城市管理的手段以及工具是科学技术发展的产物。正常的决策依赖于科学的思维方式与预测方法，良好的治理也要依靠信息的大量获取。数字城市、电子政务的运用已经逐步地使城市政府功能强化，并且加速了城市政府管理的民主化。

第四，培养管理方式的系统化与市场化。城市作为一个“人群运动”的综合社区，其诸系统要素错综复杂。因此，现代城市需要被当作一个系统来进行管理，才能做到有针对性并实现优化。对现代城市的大量信息，只有经过系统分析归纳，才能使管理有序化、决策科学化。城市管理的市场化就是在城市管理的过程中引入竞争机制。这一方面是因为政府自身是一个“经济人”，要追求自身利益的优化；另一方面政府对变化的反应可能不够敏捷。因此，现代城市管理具有市场化导向，许多事情政府已经交给营利性部门。

三、城市管理的基本内容

现代城市是以一定的物质为载体的高度复杂的社会综合体，具有各自运行规律和特征的社会、经济、环境资源等系统共同构成了现代城市。这些系统既自称体系，又相互影响、相互制约，并同外界环境有着密切的联系，这就决定了城市管理也具有综合性的特点。现代城市管理必须对城市的各个构成要素进行协调、控制，基础设施管理、经济管理、社会管理、生态环境管理也就构成现代城市管理的主要内容，而规划是城市管理的前提和基础。

城市规划是以发展眼光、科学论证、专家决策为前提，对城市经济结构、空间结构、社会结构发展进行规划。城市规划是对城市人口、土地利用、产业结构、建筑物、公共场所、交通场所等进行的一种事先筹划和安排，是政府干预城市发展的一种手段，是城市建设和城市管理的基本依据。城市规划管理的主要任务是保证规划的科学编制和有效实施。

城市基础设施包括能源生产和供应设施、供水和排水设施，对外交通设施和市内交通设施、邮电通信设施、环境卫生和园林绿化等生态环境设施、防火防洪防震等防灾设施，它是城市存在和发展的物质前提和物质基础。城市基础设施水平的高低是衡量城市化的一个标志。完善城市功能，建设现代化城市，必须建设和管理好作为维持整个城市系统正常运转的各种基础设施。

城市是经济活动的空间集聚地，经济管理是城市管理中的核心部分。经济管理是城市管理的重点，并不意味着城市政府要陷于城市经济运行调控的具体事务之中。城市经济管理的主要内容是城市宏观经济和城市产业发展的调控、城市市场秩序的维护、城市公共建设项目管理和城市财政税收管理。

城市社会管理是与城市居民生活直接相关的各种社会事务的管理，它包括人口管理、社会福利事业管理、文化教育卫生事业管理、社会治安管理以及为居民生活服务的社会管理。城市是一个异质性居民聚居的社会共同体。为了使城市居民愉悦地生存在一个良好的社会环境里，必须对城市的人口、社会秩序、居民的物质生活和精神生活等进行整体、动态、综合的全面控制和管理。

城市环境，广义上包括城市的经济环境、人文社会环境、生态环境。城市环境管理指的是城市生态环境管理，其主要任务是通过污染的防治、不让自然环境变坏；通过绿化和美化，力求自然环境更适宜于人们的居住。在由于经济发展导致的环境问题日益突出，人类对干净的生活环境愈加渴望的现代社会，城市生态环境管理在城市管理中的地位越来越突出。

四、城市管理的基本职能

首先，我们要了解一下城市功能与城市职能之间的差别。“城市功能”与“城市职能”之间仅有一字之差，在现实中经常被混用，深究起来，它们却是两个不同的概念，两者在性质上存在显著的差别。① 表现在，“城市功能”指的是城市在

① 陈光庭．西方国家城市行政体制的改革趋向[J]．城市问题，1999(5)：2-7.

国家和区域的经济、政治、文化生活中所担负的任务和所起的作用，反映了城市的个性和特色。具体又分为主导功能、一般功能、基本功能三类。其中主导功能与城市中心作用是一致的，是指政治、文化、科技等功能，它决定着城市的性质，诸如政治中心、文化中心、金融中心等。一般功能是主导功能以外的并为其服务的功能。基本功能是城市为生产、生活和提高人的素质提供服务的功能，它反映了城市的共性，如城市规划中所说的居住、休息、工作、交通四大主导功能。"城市职能"，更为确切地说，应该称之为"城市政府职能"，是指城市政府在城市和区域经济社会发展当中所应肩负的责任和所起到的作用。职责的范围、绩效的高低，能够在一定程度上反映政府的权力配置、运作效率和管理水平。

其他学者也持有类似的观点。例如，夏书章教授把"城市作用"理解为"功能"，而将"职能"与"政府的任务、职责"联系在一起。他还区分了政府的管理要素与政府职能的关系，认为政府的职能是属于个性的东西，即仅针对城市政府而言；而管理要素是属于共性的东西，为一般城市政府所共有。

依照上述界定，尽管"城市功能"与"城市职能"有着明确区别，但是，两者并不是截然分开，而是联系密切、相互影响、不可分割的。城市功能的正常发挥离不开城市职能的配套服务与协调，城市功能的培育需要城市政府提供一个必要的孵化环境，这就需要城市政府及时提供高质量的管理与服务，并且及时调节，引导城市功能的发展方向。城市政府应该根据城市发展的特点和需求，制定相应的政策，行使特定的职能，调控、提升城市的功能。反过来，城市功能反作用于城市职能，决定着城市政府职能新一轮定位的方向，进而影响、引导着城市政府职能的演变。

首先，城市政府职能直接影响到城市功能的有效发挥。城市政府职能的发挥，归根结底是为提升城市功能服务的。城市的功能强弱，取决于其在区域经济社会发展中的地位，当然也离不开城市政府在产业结构、工作思路、社会事业、发展构想等诸多方面的政策调控和战略调整，而后者或构成了城市政府职能的主体内容，或需要得到城市政府职能的有力保障。城市政府职能的科学精简与合理定位，有助于为区域发展释放制度空间，极大地促进生产力的发展。反之，城市政府职能揽得过多、过死，必然会极大地压抑城市的健康发展，抑制区域经济、社会发展的活力。

其次，城市功能是城市政府职能重新定位所需要着重考虑的主导要素之一，引导着城市政府职能转变的方向。城市发展的阶段性更多地体现于城市功能的不断优化和升级。城市功能的提升又会对城市政府的管理和服务提出新的要求，从而影响到城市政府职能的配置。城市政府需要把发挥城市功能的客观要求作为确立政府行为和工作内容的依据和奋斗目标，需要根据城市功能的特点与要求制定相应的管理政策。为此，当城市功能培育到一定阶段时，城市政府的职能亦应适时调整、适应，以期达到相互匹配、互相促进的目的。随着城市功能的逐渐强大和各项事务的不断繁杂，会给城市发展的各个方面带来许多新的问题，只有城市政府加速职能的转变，进行新一轮创新和体制改革，重新界定政府职能，才能从容应对这一挑战。例如，以上海、北京、武汉等为首的特大城市在全国率先开展了“两级政府、三级管理”体制的试点，区级政府的职能得到了有效的扩张，就充分反映出城市政府职能为适应日益繁多的城市建设和管理事务而作出的积极的、有效的调整与回应。

总之，城市政府应当将不同时期城市功能的特点和客观要求作为确立政府行为和工作内容的依据，根据城市功能的特点与要求制定相应的管理政策，进行科学、合理的职能定位。按照地方城市政府所具有的权限以及管理事务的性质来看，将其职能划分为经济调节、市场监管、社会管理、公共服务、环境保护五个方面。

五、地方政府城市管理引入国家治理理论的必要性和可行性

(一)地方政府城市管理引入国家治理理论的必要性

国家治理理论是一种综合的新型治理理论，它对于实现我国城市管理综合执法的善治目标有着不可估量的意义和价值，对于弥补传统管理视角的局限性、提供治理的新思路和新方法有着积极的作用。

国家治理理论的意义与价值。从传统的国家统治转向现代的国家治理，是一种具有革命性的思想和理念转变。中共中央提出“国家治理体系和治理能力现代化”是一种全新的政治理念转化，表明中国共产党对社会治理规律的认识有了质的提升，这是对马克思主义唯物辩证法在国家建设层面的创新和运用，是中国共产党从革命党向现代执政党转变的重要理论标志。① 法治是国家治理的基本方式，而国家治理法治化是国家治理现代化的必由之路。② 国家治理的基本要求是实现国家治理的法治化，这是中国共产党执政理念的必然要求，也是人民群众的共识和关注焦点，更是国际社会的潮流和共识。

传统“管理”视角的局限性。如果说引入国家治理理论是改善城管执法困境的外部因素，那么传统执法的“管理”视角则可以视为需要引入国家治理理论的内部因素。管理视角根源于我国古代社会直至近代的专制统治，这种长期的封闭、专制、自上而下的管制型政治传统导致我国当前的执法和社会建设中仍旧残留着这些旧体制的余念。中华人民共和国成立以后，盛行运动型治理方式，在传

① 俞可平．推进国家治理体系和治理能力现代化[J]．前线，2014(1)．

② 张文显．法治与国家治理现代化[J]．中国法学，2014(4)：5-27.

统管理逻辑的影响下，我国的城市治理结构中的执法者习惯性地沿袭计划经济时代的管理模式，在执法过程中更多依赖的是强制、罚款、没收等方式，忽视普通民众的生存利益和发展权益。① 这种管理视角威胁着我国的城市管理综合执法的健康发展和形象塑造。进一步而言，这种管理视角已经与现代社会的市场经济、民主政治、多元文化和社会和谐等诸体制严重脱节，需要我们反思与转换。令人欣慰的是，当前已经有部分城市通过立法方式在积极探索城市治理之道，实现从传统的管理理念转型升级为治理服务的观念。②

（二）地方政府城市管理引入国家治理理论的可行性

治理是解决复杂问题的新思路。作为一种理论的治理，它强调主体的多元性、协作的积极性和结果的共赢性。在这一过程中，涉及治理理念、治理方式、治理制度等因素，其中制度是最重要的，只有在科学合理的制度保障下，才能规范各个主体的行为，进而实现共赢的目标。因此，从这一角度来看，治理实际上就是制度的实现。只有成功改革和设置了制度，治理目标才能真正实现。而运用治理理论解决问题，其实质是构建治理体系。治理体系是包括治理理念、治理方式、治理制度在内的有机整体，其核心是制度体系。这也就是为什么习近平同志说“国家治理体系就是一系列国家制度体系”。

城市管理综合执法特征的契合性。国家治理理论既是一种宏观性的大方略，又是一种微观性的操作理念和实践技艺，它能够应对大规模和广泛性的社会事务的管理与服务，实现善治的伟大目标。反观我国的城市管理综合执法现实，它本身就具备复杂性、全局性、广泛性和实践性等一系列特征，这些特征正好与国家治理理论契合起来，实现两者有效链接的可能。

首先，城市管理综合执法职能的综合性适合引入治理理论。城管综合执法承担着综合性和复杂性的各种职能，使得执法过程中出现权责交叉、多头执法，与各个行政机关之间的关系也就很混乱，无法形成高效而合理的合作。③ 而这些复杂的情况正是现代治理理论所要应对的局面，它适合处理这种综合性和复杂性的权责关系。

其次，城市管理综合执法对象的特殊性和执法方式的多样性适合引入治理理

① 杨亚南．街头行政场域中城管综合执法的研究——基于柔性执法的视角［J］．城市发展研究，2014(8)．

② 莫于川，雷振．从城市管理走向城市治理——《南京市城市治理条例》的理念与制度创新［J］．行政法学研究研究，2013(3)：56-62.

③ 王敬波．论我国城管执法体制改革及其法治保障［J］．行政法学研究，2015(2)：16-22.

论。执法对象的特殊性体现在城管执法面对的是社会上的弱势群体或底层群众，而执法方式的多样性则表现在既有行政处罚、行政管制和行政检查等强制性措施，也有说服、教育、协商、建议等柔性方式。① 这种执法对象的特殊性及执法方式的多样性均需要治理理论提供动力，因此它与治理理论存在契合性。

最后，城市管理综合执法的目标适合引入治理理论。城市管理综合执法是我国城市管理的重要组成部分。城市管理包括城市建设管理、城市环境管理、城市空间管理、城市基础设施管理、城市交通管理，等等。其中，城市综合执法涉及的事项可以分别归入到上述的每一个管理分类之中。而不管是国家治理，还是城市管理，它们与城市管理综合执法其实分享着共同的目标：良法善治。②

（三）地方政府城市管理引入国家治理理论的实效性

当前，现代治理理论并未充分应用于城市管理综合执法之中，但城市管理综合执法在无意识的治理过程中已经取得了一定的治理效果，体现出了实效性。

首先，中国城市管理综合执法治理是在相对集中的行政处罚权的基础上，从法律层面和体制机制层面对行政执法体制的改革和创新，是我国城镇化建设时期所特有的一项行政执法制度，③ 有效解决了以往行政执法领域存在的诸多弊端，进一步深化了行政执法体制改革，在城市管理领域推进了国家治理体系和治理能力的现代化。

其次，由于我国尚处于城镇化建设时期，各项法律制度不健全，城市管理体制不完善，严重制约了我国城市管理综合执法的进一步发展。如若将现代治理理论充分应用于城市管理综合执法进而形成完善的治理体系，必将有效解决我国城市管理综合执法存在的诸多问题。

总之，鉴于国家治理理论的价值优势、传统执法沿袭落后“管理”理念和方式，使得引入国家治理理论有了必要性。鉴于国家治理理论是解决复杂问题的新思路和新方法，城管综合执法本身的职能综合性、执法方式多样性、执法对象特殊性等特征都与之契合，使得引入国家治理理论有了可能性。鉴于相对集中的行政处罚权设置已经取得初期成效，全面深化改革的重点目标在于推进行政执法体制改革，使得引入国家治理理论有了一定的实效性。如果我们进一步深入思考，

① 陈立兵．弱势群体的自雇就业权利与提升城市治理水平——基于城市流动商贩治理问题的分析[J]．中国行政管理，2009(12)：35-38.

② 陈立兵．弱势群体的自雇就业权利与提升城市治理水平——基于城市流动商贩治理问题的分析[J]．中国行政管理，2009(12)：35-38.

③ 江凌，张水海．相对集中行政处罚权制度：发展历程、实施情况与基本经验——城管执法体制改革 12 年回顾[J]．行政法学研究，2008(4)：13-18.

不难看出：城市管理综合执法问题，不是单一的对策能够解决的，而必须有一个整体的、体系化的、全局的解决方案。这些要求与治理理论的特征恰好契合，也暗示了城市管理综合执法问题的解决与治理理论的一致性。所以，统合治理理论与城管综合执法有理有据，既是应然要求，也是实然体现。

第二节　地方政府城市管理改革

一、地方政府城市管理体制

城市管理体制是指城市管理的组织结构、职能结构、管理方式和运行机制的总和。在我国，城市管理体制主要指城市政府管理体制，它既包括城市政府与其上一级政府(如中央或省政府)之间的权利划分和相互关系，也包括城市政府与其下一级政府(区或县政府)间的职权划分和相互关系，城市政府职能机构与其下一级政府职能间的职权划分和相互关系。前两项可概括为城市外部管理体制，后两项则是城市内部管理体制。

城市管理类体制在本质上是国家政权组织形式在城市的延伸。在西方国家，城市管理体制的形式多种多样，如美国，有市长会议制、市经理制和市委员会制等不同形式；英国实行市议会制，市议会就是市政府；而在法国，市长在执行决策方面有很大的权力，不受市议会的制约，反映了中央集权的需要。城市管理体制形式上的多样性取决于各国社会各阶段、阶层、社会团体力量的对比，以及经济发展水平、政治体制和历史传统等具体国情。我国的国家政权组织形式是人民代表大会制度，这决定了我国城市管理体制的主要形式是市人民代表大会制。市人民代表大会是城市国家权力机关，它具有广泛的代表性和民主性，拥有监督市—府两院的权力，中共市委要善于把自己正确的决定转化为市人民代表大会的意志。

城市管理的核心是城市的权力在国家机构、政党组织之间的配置及其相互制约的关系。城市管理体制规范城市中的国家机构之间、政党组织与国家机构之间以及国家机构上下级之间的关系，涉及许多方面，如决策的审批权、人事任免、经费分配、业务指导和工作联系等，但是其中的核心是城市中心的国家权力在待议机构、行政机构和司法机构之间，在政党组织与国家权力机构之间等的配置及其相互制约关系。这种权力配置，表现为各种公共政策的决策权、执行权和监督权在城市的国家机构、政党组织之间的分权和制衡。在西方国家，如英国，市议会就是市政府，市议会独揽城市公共政策的决策权和执行权；而美国实行市长议会制的城市，在决定和执行公共政策方面，市长和议会相互制约。但是，西方国家城市权力的中心，既不是在城市的议会、政府或法院，也不是在城市的政党组织，而是在城市的商会，尤其是在商会的少数头面人物的手中，城市公共政策中的重大问题的决定，其实是在他们之间的冷餐会、舞会和高尔夫球比赛等中作出的，这是由西方国家的国体决定的。我国城市权力的中心在中共市委，尤其是在市委常委，这是社会主义制度和现阶段我国的国情决定的。

具体而言，城市管理体制分类的标准主要依据三个要素：城市管理领域职能的综合范围、城市管理执法职权的综合范围、城市管理部门与城市管理执法部门之间的行政关系。从总体来说，首先可以分为两个大类，一类是城市管理和执法机构合并设置；另一类是城市管理机构与执法机构分别设置，在这两大类下根据上述的分类标准划分更为具体的城市管理执法体制类型。

(一)合并设置情况

城市管理执法机构与不同城市管理领域机构合并在一起，在全国城市管理执法类型中占有很大的比例。根据城市管理领域职能的综合范围、城市管理部门与城市管理执法部门之间的行政关系，这类情况又可以细分为五种城市管理执法体制类型。

1. 城市管理局与城市管理行政执法局合署(合并)。

城市管理领域集中了市容环卫、市政公用与园林绿化三个方面的城市综合行政管理工作。城市管理行政执法领域除了市容、市政、园林绿化的全部行政处罚权之外，还集中行使城市规划、工商、环保、水务、公安交通等方面的行政处罚权。城市管理领域职权综合范围与城市管理执法职权综合范围均较广，两者由一个机构同时承担的，即属于这一类型。不过各个地方机构设置的名称上不尽一致，又可分为四种情况：(1)城市管理委员会与城市管理行政执法局合署(如深圳市、杭州市)；(2)城市综合管理局与城市管理行政执法局合署(如东莞市)；(3)城市管理局与城市管理行政执法局合署；(4)城市管理行政执法局(或城市管理与行政执法局)，如昆明市，实际上是昆明市城市管理局与昆明市综合行政执法局合并而来。

这种类型单从名称上并不足以完全区分，在合并设置这一大类中，区分本类型的标准在于城市管理领域综合的职能范围。大致推算，本类型在地级市中占比30%弱一点，在县(县级市)占比在23%左右。属于本研究区分的几种类型中占比最高的一类。

2. 市容局与城市管理行政执法局合署(合并)。

市容局与城市行政执法局合并，也是较为常见的城市管理执法类型。绝大多数地级市设置有专门的市容环卫的主管部门，有的是市容局，可能附加上园林绿化或部分市政工作，有些没有。其职权与广义的城市综合管理相比较为狭窄。各个地方机构名称也不尽一致，又可分为两种情况：(1)市容局与城市管理行政执法局合署(上海市 2015 年前合署设置，2015 年以后单独设置)；(2)市容市政管理局与城市管理行政执法局合署(苏州市)。

这一类型与前一类型相比，主要是城市管理领域综合的职权范围较小，基本上限于市政、市容、园林绿化三大方面中的部分或大部分职能。相应，城市管理行政执法的职权也往往比前一类型范围要小一些。本类型大致在地级市占比 20%左右，在县(县级市)中占比 5%左右。

3. 住建委(局)下设城市管理行政执法部门。

在住建委(局)下设置城市管理行政执法部门也是比较普遍的情况。地级市中，云南 8 个地级市有 7 个是在住建委(局)下设置城市管理行政执法部门，而在县(县级市)中，云南 113 个县市中有 89 个，新疆 83 个县市区中有 42 个，四川 131 个县市中也有 47 个是城市管理行政执法部门设置在住建局下。

本类型中，也至少可以分为两种情况，一种是并没有实施过相对集中城市管理领域行政处罚权，只是城市管理领域的行政处罚权一直主要是住建局行使；第二种是实施了城市管理领域综合行政执法，但把城市管理的综合行政执法权归入到住建局。但这两种情况，要严格区分，不大容易，在一些小的县市，名义上实施了城市管理领域行政执法机构综合设置，实际上只是挂了牌子，职权行使没有实际变化。

4. 住建局与城市管理行政执法局合署。

一些城市直接在住建局组建城市管理行政执法局，这种类型又存在几种情况。一种是城市管理行政执法局属于虚设。如平凉市，作为地级市，市区很小，仅有一个城区，因而不适合在市区两层均设置城市管理执法队伍，让执法力量下沉，城市管理执法机构设置在区一级更为合理，但上下左右协调的必要又导致需要在市一级设置城市管理行政执法部门。第二种是城市发展较为落后的县或县级市，为不增加机构数量，直接在住建局设置城市管理行政执法局。有的县市如四川筠连县、盐边县是住房、城乡规划、城市建设与城市管理执法全部集中在一个机构，叫住房城乡规划建设与城镇管理局，综合范围更为庞大。在这一格局下，城市建设管理执法均集中在一个机构。本类型在全国市县中占比 5%左右。

5. 规划局与城市管理行政执法部门合并。

有少数城市在规划局设置城市管理行政执法部门，一般是规模较小的县市，如江苏的建湖县、响水县均为规划与城市管理局，山西寿阳县城市规划与管理局，嘉鱼县城市规划与管理执法局。规划局承担的城市管理职能较为狭窄，相应城市行政执法部门行使的行政处罚职权也较为有限，与城市管理领域及城市管理行政执法领域进行综合设置的要求有较大差距。本类型在全部市县中的占比不到 1%。

还有一些市县的城市管理执法机构设置无法归入上述任何一种类型，有少数县市由市场监督管理局行使城市管理行政执法职权，如云南省福贡县、贡山县。有一些县市单独设置城市管理办公室，如四川省的金阳县、会东县、喜德县。有的仅有个位数的在编工作人员，配备一支协管队伍。

(二)单独设置情况

不少城市单独设置城市管理行政执法局，还有的叫城市管理综合执法局，有的叫城市管理综合行政执法局。一般来说，综合执法局比行政执法局行使的行政处罚权范围要广一些，但也有一些实际上集中行使非常宽的行政处罚权的机构，还是维持城市管理行政执法局的名称。到 2017 年 11 月底，本文调研的 8 个省自治区中，地级市有 20.8% 属于本类型，县(县级市)有 16.4% 采取这种类型(见表 1)。

表 1 **城市管理行政执法机构单独设置情况**

省(自治区)	城市管理执法机构单独设置的地级市(个)	该省(自治区)地级市数量(个)	占比(%)	城市管理执法机构单独设置的县市(个)	该省(自治区)县市数量(个)	占比(%)
广东	2	21	9.5	7	57	12.3
江苏	1	13	7.7	2	41	4.9
浙江	3	11	27.3	14	52	26.9
辽宁	7	14	50.0	16	41	39.0
四川	4	18	22.2	20	131	15.3
云南	0	8	0.0	2	113	1.8
甘肃	4	12	25.0	20	69	29.0
新疆	0	4	0.0	15	83	18.1
合计	21	101	20.8	96	587	16.4

数据来源：本文各表所有数据均来自 2017 年 11 月各省市自治区住建部门向住建部申报，并经作者根据网络政务公开信息比对。

城市管理执法机构单独设置的情况下，一般都赋予了城市管理执法机构比较广泛的行政处罚权，在比较宽泛的意义上，可以说有些城市综合的行政执法权更宽，有些综合的行政处罚权范围要窄一些，并且很多城市部分领域的行政执法权划转变动较大，因此要进行标准化的比较，难度很大。目前就相应的城市管理领域机构是否综合设置，可以区分为两种情况：

1. 城市管理执法机构单独设置且城市管理领域机构已综合设置的情形。直辖市中，北京市属于这种情况；地级市中，浙江省嘉兴市属于这种情况。

2. 城市管理执法机构单独设置而城市管理领域机构未综合设置的情形。直辖市中，上海市属于这种情况；地级市中，辽宁省营口市属于这种情况。

二、地方政府城市管理综合行政执法

党的十八届三中全会通过的《关于全面深化改革若干重大问题的决定》明确指出，要“整合执法主体，相对集中执法权，推进综合执法，理顺城管执法体制，提高执法和服务水平”，同时党的十八届四中全会通过的《中共中央关于全面推进依法治国若干重大问题的决定》与《法治政府建设实施纲要（2015—2020 年）》也对推进综合行政执法与执法队伍建设做了新的制度安排。

城市管理综合行政执法改革最早起步于 1996 年《行政处罚法》颁布实施后进行的“相对集中行政处罚权”试点工作，至今已有 17 年时间。“相对集中行政处罚权”这一概念，来源于《行政处罚法》第 16 条规定：国务院或者经国务院授权的省、自治区、直辖市人民政府可以决定一个行政机关行使有关行政机关的行政处罚权，但限制人身自由的行政处罚权只能由公安机关行使。其具体含义是指将若干有关行政机关的行政处罚权集中起来，交由一个行政机关统一行使；行政处罚权相对集中以后，有关行政机关不得再行使由一个行政机关统一行使的行政处罚权。不过，在国务院下发的规范性文件中，既有“相对集中行政处罚权”的称谓，也有“综合行政执法”的称谓，在各地方法制实践中二者也没有进行严格的区分。例如各地相关立法的名称为《北京市实施城市管理相对集中行政处罚权办法》《上海市城市管理相对集中行政处罚权暂行办法》《杭州市城市管理相对集中行政处罚权实施办法》等。行使城管相对集中行政处罚权的机构名称，则大多称为“城市管理综合行政执法局”，如“北京市城市管理综合行政执法局”“大连市行政管理城市管理综合行政执法局”等。

城市管理综合行政执法，是指在城市管理领域，根据《行政处罚法》的规定将若干行政机关的行政处罚权集中起来，交由城市管理综合行政执法机关行使，行政处罚权相对集中之后，有关行政机关不再行使已经集中由城市管理综合行政执法机关统一行使的行政处罚权。但是在实践中，由于行政处罚权作为一种制裁手段，不能独立于其他执法手段而单独存在，因此，综合行政执法机关除了行使行政处罚权之外，通常还会具备相关的行政强制权、行政调查权等。尤其是《行政强制法》颁布实施后，根据《行政强制法》第 17 条第 2 款规定，依据《中华人民共和国行政处罚法》的规定行使相对集中行政处罚权的行政机关，可以实施法律、法规规定的与行政处罚权有关的行政强制措施，因而城市管理综合行政执法机关已经被明确赋予了行政强制权。所以，我们认为，相较于“相对集中行政处罚权”而言，“城市管理综合行政执法”这一概念更为准确。

城管领域的执法体制改革是根据《行政处罚法》第16条“国务院或者经国务院授权的省、自治区、直辖市人民政府可以决定一个行政机关行使有关行政机关的行政处罚权”而展开的。这是对传统上条块分割的行业管理格局的打破。关于城管职能的范围，从中央层面的文件规定看，主要是两个文件，一个是1997年国务院批准北京市宣武区开展城市管理综合执法试点工作的复函(国法函〔1997〕12号)中确定的7个方面，分别是：(1)执行市容环境卫生管理法规、规章规定的行政处罚；(2)执行城市规划管理法律、法规规定的对违法违章建设(不含未按规划许可证规定进行的建设)的行政处罚；(3)依据市容管理法规规定，强制拆除不符合城市容貌标准的建筑物或设施；(4)执行工商行政管理法规、规章规定的对无照商贩的行政处罚；(5)执行城市绿化管理法规、规章规定的行政处罚；(6)执行道路交通管理和市政管理法规、规章规定的对侵占城市道路的行政处罚；(7)执行环境保护法律、法规、规章规定的行政处罚。概括规定的是“行使法律、法规、规章和市、区两级人民政府赋予的其他职能。”这种职能范围被称为“7+X”。另一个是2002年《国务院关于进一步推进相对集中行政处罚权工作的决定》(国发〔2002〕17号)将相对集中行政处罚权工作确定为城市公共事务的管理领域，职权范围基本沿用了“7+X”的模式，主要包括：(1)市容环境卫生管理方面法律、法规、规章规定的行政处罚权，强制拆除不符合城市容貌标准、环境卫生标准的建筑物或者设施；(2)城市规划管理方面法律、法规、规章规定的全部或者部分行政处罚权；(3)城市绿化管理方面法律、法规、规章规定的行政处罚权；(4)市政管理方面法律、法规、规章规定的行政处罚权；(5)环境保护管理方面法律、法规、规章规定的部分行政处罚权；(6)工商行政管理方面法律、法规、规章规定的对无照商贩的行政处罚权；(7)公安交通管理方面法律、法规、规章规定的对侵占城市道路行为的行政处罚权；省、自治区、直辖市人民政府决定调整的城市管理领域的其他行政处罚权。

鉴于国家治理理论的引入，我国城市管理综合执法体制改革的前景就是要构建一个治理体系，它既具有国家治理的共性，也具有综合执法治理体系的特性。具体而言，包括组织体系、制度体系、文化体系和方式体系四个方面。

一是城市管理综合执法治理组织体系。城市管理综合执法治理组织体系既包括城市管理综合执法组织，又包括执法相对人，主要指综合执法行政组织。城市管理综合执法组织体系是地方城市政府实现城市管理目标的重要组织系统，具有不可替代的重要地位。长期以来，城管执法机关只存在于市级及以下人民政府，省以上包括国家部委均没有对应机构，这就导致很多城管问题上升不到国家层面去解决。令人欣慰的是，2017 年 3 月 31 日，住房与城乡建设部出台了《城市管理执法办法》，明确规定国务院住房与城乡建设部门作为城市管理综合执法工作的主管部门，城市管理综合执法在治理组织体系方面迈出了实质的一步。

二是城市管理综合执法治理制度体系。对于治理体系的构建来说，其实质是构建制度体系。城管执法的治理首先在于要有“法”，且这种“法”必须是“良法”。而目前在国家层面尚没有城管执法的法律规范，地方层面也是良莠不齐，有的地方甚至没有，根本达不到法律的“善”。因此，制定城管法律，使城管有良法可依是重中之重。① 综合执法治理制度的核心是相对集中行政处罚权制度，目前只有《中华人民共和国行政处罚法》做出了原则性的规定，而具体的实施细则至今尚未制定。同时，城市管理综合执法制度体系还包括一系列执法规范制度，比如案卷管理制度、法律文书制度、执法队伍建设制度等一系列不同层级的制度规范，形成了一整套相互联系、不可分割的综合执法治理制度体系。

三是城市管理综合执法治理文化体系。我们需要开展城市管理综合执法治理文化体系的研究以完成中国“城管”的再造，这种治理文化体系客观上要求树立法治、民主、文明、和谐的现代执法理念，在思想层面要求做出根本的转变。具体到城管执法方面，其一就是要实现依法执法、文明执法、和谐执法，这可以解决当前城管执法活动中所面临的被“妖魔化”这一突出问题。其二就是树立“以人为本”和“执法就是服务”的理念，推行柔性执法，不断提高执法人员的综合素质，提高执法和服务水平。其三就是在现代执法理念的指引下创新执法方式方法，采取疏堵结合、批评教育、引导激励、公众参与等，这些都是解决城管执法问题的有效办法。

四是城市管理综合执法治理方式体系。在治理方式体系方面，城市管理综合执法治理方式体系主要是指相对集中行政处罚权的实现方式，既包括城市管理综合执法机关依法行使行政处罚权的方式，又包括城市管理综合执法机关的具体行政管理方式。此外，还有政策、道德等其他方式可以运用，即在制定法律不成熟的情况下可以先行制定政策予以规范，也可以运用道德方式开展培训引导。实践中出现过的城管综合执法时所采取的围观执法、眼神执法等创新方式均是城管综合执法治理方式的集中体现，但作为一项具有规范性的法律制度，这些做法有违“法无授权即禁止”的公法原则。若在现代治理理念和治理方式体系的大视角下看待这些创新作法，唯“结果论”似乎成了这些方式方法创新的有力借口。

---

① 夏德峰．综合行政执法改革的难题及其破解[J]．中国行政管理，2016(6)：35-39.

引入国家治理理论解决我国城市管理综合执法困境，是全面推进依法治国和深化城市管理综合执法体制改革的题中应有之义，具备必要性、可行性和实效性。具体到城管综合执法治理体系而言，既需要国家层面的顶层改革设计来推动，又需要各地方政府的探索实践积累经验，也需要学习借鉴西方发达国家的城市治理经验，从组织体系、制度体系、文化体系和方式体系四个方面着手努力，采取一切有利于城市管理综合执法制度的有效模式，从而推进中国特色城市管理综合执法治理体系现代化。

三、六类城市管理综合执法体制比较

全国城市管理综合执法体制按照城市管理领域职能的综合范围、城市管理执法职权的综合范围、城市管理部门与城市管理执法部门之间的行政关系，大致可以区分为上述六种不同类型：(1)城市管理局与城市管理行政执法局合署(合并)(以下简称类型 A)；(2)城市管理行政执法局单独设置(以下简称类型 B)；(3)市容管理局与城市管理行政执法局合署(以下简称类型 C)；(4)住建局下设立城市管理行政执法机构(以下简称类型 D)；(5)住建局与城市管理行政执法局合署(以下简称类型 E)；(6)规划局与城市管理行政执法局合并(以下简称类型 F)。

(一)六类城市管理综合执法体制东西部省区分布比较

前面对六类城市管理综合执法体制在全国八个省区的比例做了大致推算，但全国总体数据掩盖了区域差异，把广东、浙江、江苏和辽宁作为东部沿海四省，四川、甘肃、云南和新疆作为西部四省区进行对比，会发现存在显著的差异。由于地级市与县市在城市规模与城市发展程度上有很大的差别，因此这里分别予以统计比较(见表 2)。

表 2　　**八省区地级市六类城市管理综合执法体制占比分布**

区域	地级市数量	类型 A	类型 B	类型 C	类型 D	类型 E	类型 F	其他
东部沿海四省	59	25	16	10	3	2	0	3
占比	100%	42.4%	27.1%	16.9%	5.1%	3.4%	0.0%	5.1%
西部四省区	42	6	8	12	7	6	1	2
占比	100%	14.3%	19.0%	28.6%	16.7%	14.3%	2.4%	4.8%

在东部沿海四省的地级市中，城市管理局与城市管理行政执法局合署(合并)、城市管理行政执法局单独设置、市容管理局与城市管理行政执法局合署三种类型已经占据了 85% 以上的比例，其余三种类型占比仅占 8.5%。但在西部四

省区，除了市容管理局与城市管理行政执法局合署达到 28.6% 的比例外，另外几种类型基本平分秋色(见表 3)。

表 3　　八省区县市六类城市管理综合执法体制占比分布

区域	县级市数量	类型 A	类型 B	类型 C	类型 D	类型 E	类型 F	其他
东部沿海四省	190	56	41	10	10	5	4	15
占比	100%	29.5%	21.6%	5.3%	5.3%	2.6%	2.1%	7.9%
西部四省区	394	22	58	77	183	10	9	35
占比	100%	5.6%	14.7%	19.5%	46.4%	2.5%	2.3%	8.9%

六类城市管理综合执法体制在县市的分布情况，与地级市出现很大的不同，城市管理局与城市管理行政执法局合署(合并)、城市管理行政执法局单独设置。这两种类型在东部沿海四省中，依然属于占比最高的两类，但市容局与城市管理行政执局合署却下降到仅有 5.3% 的水平。最突出的差异，是西部四省区中，住建局下设城市管理执法机构的类型，达到 46.4% 的巨大比例。其中尤其以云南、新疆和四川最为突出。

(二)六类城市管理综合执法体制内部机构设置比较

城市管理综合执法机构在政府部门中的地位，机构的性质以及部门所拥有的资源、内部机构设置对于城市管理与执法的效能都有显著的影响。由于 D、E、F 三种类型中城市管理与执法部分的业务在机构整体业务占比有限，因而把 ABC 三种类型的城市管理执法部门与 DEF 三种类型的政府部门直接对比，可比性不大。因而，首先对其内设机构进行对比，对呈现不同类型城市管理综合执法体制的效能更有意义。

表 4　　六类城市管理综合执法体制下主要内设机构比较(地级市)

类型	内设机构(办公室、人事处、财务处及党群机构之外的业务机构)
A	市容管理处、环卫管理处、市政管理处、园林景观处、行政审批处、执法管理处
B	政策法规处、执法协调处、行政审批处、综合协调处
C	市容景观处、环卫管理处、行政审批处、综合协调处
D	住房保障科、房地产市场监督科、房产管理科、城市建设科、建筑市场监管科、工程质量安全监管科、设计科技科、市政管理科、市容环卫科、园林绿化科、行政执法科

续表

类型	内设机构(办公室、人事处、财务处及党群机构之外的业务机构)
E	住房保障科、房地产市场监督科、房产管理科、城市建设科、建筑市场监管科、工程质量安全监管科、设计科技科、市政设施科、市容环卫科、园林绿化科、行政执法科
F	政策法规科、行政审批科、规划建设管理科、市政运营管护科、质量评估科、行政执法科

根据表 4 可以发现，如果以国务院〔2015〕37 号文界定的市政设施市容环卫景观园林作为城市公共空间管理的核心职能，则六类城市管理综合执法体制可以分为两类，一类是以城市公共空间管理职能科室为主构成的机构，一类是城市公共空间管理类型科室在业务科室中占比不超过 1/3 的机构。类型 A、B、C 属于第一类，而类型 D、E、F 属于第二类。

(三)六类城市管理综合执法体制优劣对比

要判断六类城市管理综合执法体制的优劣，主要衡量标准有城市管理职权的完整性、城市管理综合行政执法的专业性、城市管理机构在政府部门中的相对地位、城市管理综合执法机构内部的整合难度、城市管理综合执法机构与其他部门的协调难度。

在类型 D、E、F 中，类型 F 所行使的城市管理职权最少，主要是城市规划及部分市政设施的管护，同时行使部分城市管理领域的行政处罚权，可以推断该类型机构行使城市规划类的行政处罚权会比较顺畅，但行使其他领域的行政处罚权会面临相当大的协调难题。类型 D 与 E 总体职能一致，差异是城市管理及综合行政处罚执行职能在机构中的地位。这两类体制的机构在行使住建领域的行政处罚权方面有显著优势，协调成本较低，但城市管理及综合执法职能在整个机构中地位较弱，合署设置比设置在住建局下，城市管理及综合行政执法职能的地位要高一些。一般而言，就国务院〔2015〕37 号文推进的城市管理综合执法体制改革目标而言，类型 E 高于类型 D，类型 D 高于类型 F。类型 F 由于城市管理领域的职能综合程度太低，与国务院〔2015〕37 号文要求不大符合，可以预计在不久的改革中会逐步减少。总体来说，这三类城市管理综合执法体制，城市公共空间管理职能的发展还处于比较初级的发展阶段，一旦城市公共空间管理的职能越来越重要，这三种城市管理综合执法体制就难以容纳。如果一个城市规模比较小，外来人口很少，人口密度低，那么城市公共空间管理面临的冲突与矛盾也低很多，城市管理综合性质执法的紧迫性也就比较低了。还有一些城市，正处于快速发展过程中，城市建设具有更为优先的地位，在这种情况下，加强城市管理综合执法部门建设，还是有相当合理性。城市规模急剧扩张之后，人口密度高、外来人口比重大的城市，就不大适合再以这三种类型的体制来管理了。

类型 A、B、C 中，类型 A 与 C 非常接近，而且两种类型也存在多种不同情况。如类型 A 中，可能城市管理职能超出市政设施、市容环卫、景观园林三大领域，在类型 C 中，三大领域除了市容环卫必须包括之外，另外两个领域也可能包括至少一个。城市管理综合行政执法的范围差异尤其大，一般而言，类型 A 的综合行政执法范围会比类型 C 更为广泛。在同等情况下，由于类型 A 比类型 C 的职能更广，实行 A 类体制的城市管理综合执法机构在政府部门中的地位要高于类型 C 的机构，掌握的资源更充分，行使职权更有保障。但类型 A 容易出现城市管理职能综合范围过宽，对管理能力要求更高，导致职能整合更为困难。因而对于具体城市，适用哪一种城市管理综合执法体制，需要各个城市根据自身具体情况来权衡。类型 B 与类型 A、C 完全不同。实行类型 B 的不同市县的城市管理综合执法机构，自身综合的行政执法范围也有较大的差异。由于实行类型 B 的城市管理综合执法机构，职能相对单一，在全国城市管理行政执法队伍普遍专业性不高的情况，专业执法机构定位让机构有更大可能在城市管理行政执法规范及执法人员管理上做出显著改进。但也由于职能相对单一，在市县政府部门中的地位一般相对较弱，资源掌握相对偏少，在与其他职能部门协调时，困难要大。

城市管理执法机构单独设置的类型是否合理，值得进一步探讨。浙江省的改革方案是城市管理职能优先要求整合，实行综合设置，并鼓励城市管理部门与综合执法机构合署设置，但城市管理执法机构单独设置的，可以维持，不统一要求合并。浙江全省地级市有 11 个，其中 5 个明确实行城市管理与综合执法机构合署设置，3 个城市管理执法机构明确为单设。考虑到浙江省多数市县综合执法机构的执法职权远远超出《指导意见》的建议范围，省政府的改革方案，要求各市县综合执法机构行使的行政执法权多达 21 个领域，城市管理执法机构单设的必要性大大增加。

特别值得注意的是北京市与上海市。上海市从原来绿化市容局与城市管理行政执法局合署，在 2015 年改变为城市管理行政执法局单独设置（由上海市住建委管理）（沪委〔2015〕725 号）。上海市城市管理行政执法局在单独设置后，在推进城市管理综合执法的专业化建设上有突出进展。北京市城市管理综合行政执法局是由原来市政市容管理委员会的二级局独立出来分设。城市管理局与城市管理行政执法局合署中，由于城市管理事务繁多，城市管理局的工作任务重心自然放在城市管理事务上，而城市管理行政执法事务，一般由一位副局长分管，下面处室中，一般只有 2 个处室最多 3 个处室管理执法事务，直接导致城市管理行政执法职能难以得到重视，专业化规范化发展水平低。在当前城市管理行政执法矛盾严重的情况下，特别有必要加强城市管理行政执法的专业化与规范化，而单独设置城市管理行政执法局这一方面的作用显著。另一方面，由于城市管理领域也非常庞大，城市管理与城市管理行政执法合署，城市管理执法人员在整个机构中地位不高，也导致整个执法队伍的认同度较低，归属感较弱。北京、上海城市管理行政执法局单独设置的情况下，机构内部同一性提高，归属感增强，有助于提高执法人员的主动性与积极性。也避免由于城市管理与城市管理行政执法合署，而城管执法人员往往需要协助完成管理性的事务工作，导致执法的专业性下降，权威性变弱。

城管执法局单独设置，也存在自身的缺陷，与城市管理机构分设之后，管理与执法之间的衔接难度更大，一方面城市管理执法局难以掌握相关城市管理部门的完整信息，另一方面管理与执法之间的职责界限并不那么容易厘清，导致一些领域的管理反而受到削弱。

按照中共中央国务院《关于深入推进城市执法体制改革　改进城市管理工作的指导意见》(中发〔2015〕37 号)的要求，合并设置是指在将城市管理机构和职权与城市管理执法职权结合，以达到管罚结合的管理效果。从理论上分析，城市管理领域相关职能综合到一起，城市管理机构与城市管理执法部门合并是最为合理的城市管理领域机构设置类型，但其效能会受到两方面的限制。一是职能整合是否顺利，与机构管理能力是否匹配；二是机构综合设置与其中部分管理职能及执法职能的专业化发展存在紧张关系，城市管理领域综合的职能越多，内部协调成本越大。同时，原来分立的各个部门，尤其是原来专业化发展水平比较高的专业管理部门综合到一起，内部整合的过程也需要一定的时间。在机构的综合设置与部分职能的专业化发展之间存在难以两全的问题。城市管理领域职能整合的范围的合理程度，一方面与职能之间是否属于同一领域，职能是否存在交叉有关系，另一方面也与该政府机构的管理能力有关。管理能力较弱的政府部门如果综合过多的职能，势必导致管理效能下降。由于发展较为成熟的大城市之前各城市管理部门分立，城市管理碎片化现象较为严重，把城市公共空间管理的各专业部门重新整合起来，就有了很大的合理性与必要性。但综合的边界并不容易确定，超出适当范围的职能整合给综合管理部门带来了管理能力的巨大挑战。而对于发展水平还比较低的城市，由于职能分化本身还不高，机构与职能的综合设置比较容易实现，但对于相应职能的专业化发展就有较大难度。

总之，全国城市管理综合执法体制大致可以分为六种类型：(1)城市管理局与城市管理行政执法局合署(合并)；(2)城市管理行政执法局单独设置；(3)市容管理局与城市管理行政执法局合署；(4)住建局下设立城市管理行政执法机构；(5)住建局与城市管理行政执法局合署；(6)规划局与城市管理行政执法局合署。前三种类型在发展程度较高的城市占主导地位，在发展程度较低的县市，第五种类型最为普遍。理论上类型(1)较为理想，但城市管理职能的综合程度与职能整合及职能专业化发展之间存在一定冲突；类型(2)城市管理行政执法局单独设置对于城市管理执法的专业化规范化发展有较大促进作用，但在城市管理与行政执法的衔接上存在较大困难；类型(3)市容局与城市管理行政执法局合署模式也较为常见，城市管理职能的专业化发展及城市管理与执法之间的衔接均有一定优势，但职能综合范围偏小；类型(4)住建局下设城市管理行政执法部门模式对规模小发展水平低的小城市可能还能够适用，但对于规模较大的城市，会有重大的局限；类型(5)住建局与城市管理行政执法局合署在特定情况还是有合理性的，但一般会让部门职责过于繁杂，对于城市管理与行政执法事务难以兼顾；类型(6)规划局与城市管理行政执法局合署模式城市管理职能综合范围过于狭小。

某一种城市管理执法类型(体制)的利弊，常常需要比较长的时间周期才能做完整考察，一方面是城市管理行政执法工作本身具有累积性，短期变更并不足以体现一种体制类型的成效；另一方面城市规划、建设与管理方面的合理性也会极大影响城市管理行政执法的成效；第三，政府及公众对本地城市管理执法目标的设定，城市各种客观环境因素如规模、人口密度、外来人口比重、经济形态等也对城市管理执法成效构成较大的影响，另外，不同城市管理执法机构及人员本身的管理能力也是城市管理综合执法体制之外的重要影响因素。

由于影响城市管理执法工作的因素很多，对不同的城市，何种类型的城市管理执法体制更为适合，还需要进一步根据具体情况作出研判。例如单就城市管理职能与城市管理执法职能是合署合并设置还是分别设置，全国管理水平领先的几个大城市就有不同的反复。北京市和上海市都曾经是城市管理部门与城市管理行政执法部门合署设置，却都在近年选择了分别设置，而广州市和青岛市原本是城市管理部门与城市管理行政执法机构分别设置，却又在近些年改革，调整为合署设置。①

当前我国城市化快速推进，大城市规模快速扩张，城市系统复杂程度日益提高，城市管理呈现出两个相互矛盾的趋势。一是城市管理专业化分工越来越细。

---

① 曾纪茂，周向红．城市管理综合执法体制的分类与比较[J]. 中国行政管理，2019(2)：23-28.

如管理一条马路，就涉及交通、城管、市政、环卫等部门；即使同一部门，也存在分工过细问题。分工细化，有利于提高专业化水平，但容易造成管理资源浪费、管理成本增加，甚至管理缺位。二是城市综合管理要求越来越强。按照“重心下移、属地管理”原则，城区成为城市管理的主体，行使辖区范围内城市综合管理权力，要求“事务”和“事权”维持平衡。城市管理综合执法体制的改革宗旨，实际上是要根据城市自身面临的情况在城市管理的专业化分工要求与城市综合管理要求这“两个趋势”之间做出平衡，任何一种单一的城市管理综合执法体制都有自身的局限。

复习思考题

1. 什么是城市管理？
2. 城市管理有什么特征？
3. 城市管理包括哪些基本内容？
4. 简述六类城市管理综合执法体制。

案例分析

将党的政治优势转化为城市精细化治理优势

习近平总书记指出，城市治理是国家治理体系和治理能力现代化的重要内容。党的十八大以来，以习近平同志为核心的党中央高度重视城市工作，先后召开中央城镇化工作会议、中央城市工作会议，对基层党的建设作出明确部署。

一、提升组织力构建简约高效的城市基层管理体制

面对新形势新任务加强和改进城市基层党的建设，必须坚持和加强党对城市工作的全面领导，落实新时代党的建设总要求和新时代党的组织路线，完善城市治理体系，提高城市治理能力，确保党长期执政、国家长治久安、人民安居乐业。

二、加强服务型党组织建设完善城市公共服务体系

抓城市工作，一定要抓住城市管理和服务这个重点，不断完善城市管理和服务。当前，城市基层党建的一项重要任务是坚持以人民为中心的发展思想，以服务型党组织建设为引领加快完善城市公共服务体系，不断满足人民群众日益增长的美好生活需要。

三、发挥党组织核心作用打造共建共享的基层治理格局

城市基层实现从社会管理到社会治理的重大转变，必须坚持和完善党委

领导、政府负责、社会协同、公众参与、法治保障的社会治理体制，推进党建引领下的一体化建设，不断提高社会治理社会化、法治化、智能化、专业化水平，努力实现群众安居乐业、社会安定有序。

（资料来源：张克：《将党的政治优势转化为城市精细化治理优势》，载《光明日报》，2019 年 10 月 23 日。）

第八章　民族自治地方政府体制

中国作为一个具有悠久历史的统一多民族国家，自中国共产党以马克思主义民族理论为指导处理国内民族事务以来，逐步建立起以民族平等、团结为根本原则的民族事务管理机制，从而走出了一条有中国特色的民族事务管理之路，为保障统一多民族国家的现代化发展提供了良好的条件。民族区域自治制度是调整我国民族关系解决民族问题的一项基本政治制度。在中国的政府体系中，民族自治地方政府既有一般的政府的共性，又有其自身的特殊性。民族自治地方政府在国家政治体系中的特殊职责和功能，决定了民族自治地方政府发展具有鲜明的特点和独特的要求。科学发展、和谐发展和跨越式发展是我国民族自治地方现代化发展的必然选择。

第一节　民族区域自治制度的内涵

一、行政设置

我国的少数民族人口虽少，但分布很广。全国各省、自治区、直辖市都有少数民族居住，绝大部分县级单位都有两个以上的民族居住。这些少数民族主要分布在内蒙古、新疆、宁夏、广西、西藏、云南、贵州、青海、四川、甘肃、辽宁、吉林、湖南、湖北、海南、黑龙江、浙江、台湾等地。其中，世居民族最多的是云南省，有 25 个民族。

随着民族区域自治制度在我国的确立，全国先后建立起了自治区、自治州和自治县(旗)。目前全国共有 5 个自治区、30 个自治州、120 个自治县(旗)。5 个自治区分别为：内蒙古自治区(1947 年 5 月 1 日成立)、宁夏回族自治区〔1958 年 10 月 25 日成立)、新疆维吾尔自治区(1955 年 10 月 1 日成立)、广西壮族自治区(1958 年 3 月 5 日成立)、西藏自治区(1965 年 9 月 1 日成立)。

统计数据显示，全国 55 个少数民族中，有 44 个建立了自治地方，实行区域自治的少数民族人口占少数民族总人口的 71%，民族自治地方的面积占全国国土面积的 64%。此外，全国还建立了 1100 多个民族乡，作为民族区域自治制度的补充。

民族自治地方是民族区域自治制度的重要组织基础，坚持和完善民族区域制度，必须保持民族自治地方行政设置的相对稳定性。为此，《民族区域自治法》明确规定："民族自治地方一经建立，未经法定程序，不得撤销或者合并；民族自治地方的区域界线一经确定，未经法定程序，不得变动；确实需要撤销、合并或者变动的，由上级国家机关的相关部门和民族自治地方的自治机关充分协商拟定，按照法定程序报请批准。"

二、自治机关与行政地位

我国《宪法》明确规定，"民族自治地方的自治机关是自治区、自治州、自治县的人民代表大会和人民政府"。自治机关实行民主集中制的原则。民族区域自治法从保障民族自治地方自主管理本民族内部事务出发，规定了民族自治地方的自治机关依法享有的自治权，主要包括：(1)立法权；(2)变通执行权；(3)人才培养使用自主权；(4)公安部队组建权；(5)经济建设自主权；(6)对外经贸自主权；(7)财政自治权；(8)自主发展税收信贷事业；(9)自主发展民族教育事业；(10)自主发展民族文化事业；(11)自主发展科学事业；(12)自主发展民族医药卫生事业；(13)自主发展民族体育事业。

民族自治地方的行政地位具有一定的特殊性。我国宪法和法律对民族自治地方赋予了双重身份。一方面，与同级的其他地方的国家机关相比，具有同等行政地位，享有宪法规定的同级地方国家机关的职权。民族自治地方的人民代表大会及其常务委员会作为地方国家权力机关，民族自治地方各级人民政府作为地方国家行政机关，两者的选举产生、人员组成、任职届期等，与其他地方国家机关相同，其他地方国家机关所具有的法定职权，同级民族自治地方的自治机关均依法享有。另一方面，民族自治地方的自治机关依法享有其他地方国家机关所不具有的自治权，主要是有权依照当地民族的政治、经济和文化的特点，制定自治条例和单行条例；报经该上级国家机关批准，变通执行或者停止执行不适合民族自治地方实际情况的上级国家机关的决议、决定、命令和指示；依照国家的军事制度和当地的实际需要，经国务院批准，可以组织本地方维护社会治安的公安部队，以及相关的经济、社会事业建设发展的自主权。

由于我国各少数民族主要居住在西部和边疆地区，自然条件各不相同，社会发展程度参差不齐，生产生活方式差异较大，风尚习俗各有特点。为尊重和保障少数民族依法自主管理本民族的内部事务，宪法和法律还就民族自治地方的自治机关的组建、少数民族的干部培养做了相应的特别规定，如自治区主席、自治州州长、自治县县长由实行区域自治的民族的公民担任，民族乡的乡长由建立民族乡的少数民族公民担任；民族自治地方的人民代表大会中，除实行区域自治的民族的代表外，其他居住在本行政区内的民族特别是少数民族也应有适当名额代表，对人口较少的民族的代表名额和比例分配将依法给予适当的照顾。

三、民族自治地方环境的特殊性

政府体制要以行政环境为基础，行政环境是政府体制目标设定、组织结构的重要限定条件。少数民族地区环境的特殊性决定了政府体制的特殊性。

(一)民族自治地方政治环境特殊性

政治环境，主要是指作用于行政系统的国内外政治因素。我国许多民族自治地方地处边疆，地域广袤，且大多分布于高寒、荒漠、山地、草原等自然条件相对恶劣的地区。由于客观条件限制，民族地区文盲比例远高于全国其他地区，而各项教育指标均普遍偏低。此外在许多地区还存在着性别失衡，城市化水平低，农牧业生产人口比例高，青壮年人口多，就业压力大等诸多问题。近年来，国内外敌对势力利用民族宗教问题，干涉我国的民族问题，制造事端，极大地破坏了民族团结和民族关系的健康发展。民族分裂活动主要表现为：1. 利用我国经济社会发展中存在的问题，鼓吹西方社会的种种优势，借此制造各种障碍来阻止我国在国际社会中的活动；2. 利用跨界民族的地域、文化的特殊性，宗教信仰的一致性以及民族意识的统一性来寻找认同感，进行分裂活动；3. 打出“人权”旗号，利用民族宗教问题进行渗透，极力宣扬西方的价值观念，培育民族分裂势力，挑战民族关系。中国有陆地边界线 2 万多公里，分布着 135 个县、旗、市、市辖区，其中 107 个是民族自治地方，边境线总人口约 2000 多万，其中近半数是少数民族。在中国 55 个少数民族中，有 30 多个民族与境外同一民族相邻而居。近年来，随着中国快速崛起，国际反华势力企图利用所谓中国的民族问题，牵制分裂中国，而“三股势力”活动十分猖獗。因此，维护边疆各地区社会稳定与国家安全，也是民族自治地方政府一项重要而紧迫的职责。

(二)民族自治地方文化环境特殊性

文化既是一种社会现象，是人们长期创造形成的产物，又是一种历史观念，是社会历史的积淀物。文化环境，主要是指作用于行政系统的科学技术、文化教育、思想意识形态、宗教道德、社会心理等。我国是多民族统一的管理制度，但在不同的民族地区，那些行政文化是不同的，因此影响了公共管理的差异。少数民族地区文化有着特殊又极其鲜明的特点，这和当地的经济、社会、地理环境、人口、文化等方面有着重要的关系，这在一定程度上也体现了少数民族地区与其他一般地区存在的差异。少数民族或多或少、或重或轻都有着自己的民族信仰，这在他们的生活中都是现实存在的一部分，也就使得他们的政治文化也带有独有的特征，这对当地的行政过程、行政体制、公共行政文化有着重要影响。少数民族过多依赖自己所认同或是所熟悉的传统文化即本民族的文化，对于新鲜的、其他民族的文化不太愿意接受或者接受程度较浅，这种情况制约着政府体制文化形成。

（三）民族自治地方经济环境特殊性

改革开放以来，我国民族自治地方的经济社会发展取得了显著成绩，但是由于自然地理条件、基础薄弱、思想观念等原因，与东部发达地区存在一定的差距，地区间发展不均衡、不协调的问题日益突出。据 2017 年统计，西部地区 GDP、人均地区生产总值与东部地区 GDP、人均地区生产总值，二者差距还是较大，西部民族地区贫困状况较严重，一些地区贫困问题仍然非常严重。一些少数民族地区仍处于整体贫困状态。因此，民族区域自治地方政府发展经济，改善民生的任务十分艰巨。

四、民族自治地方政府体制的历史演变

（一）革命时期民族地区政府体制

中国共产党早在革命斗争年代，便依据中国多民族国家的特点，高度关注国内民族问题，并在马克思主义民族理论指导下，逐步探索解决民族问题的道路，推动了马克思主义民族理论中国化的进程。

在中国共产党创立之初，虽然一些党的基层组织在活动中已涉及当地民族事务，但是民族事务并没有作为一个单独的管理领域纳入党的工作之中。1928 年，《中国共产党第六次全国代表大会关于民族问题的决议案》提出："特委托中央委员会于第七次大会之前，准备中国少数民族问题的材料，以便第七次大会列入议事日程并加入党纲。"此后中共中央在给内蒙特支、满洲党部、云南省委的指示中都正式提出需要解决这些地区的少数民族问题，并要求党的地方组织提供相关问题的资料以便于制订政策。1930 年，中共六届三中全会扩大会议正式提出，"在有少数民族区域的省委，应组织少数民族工作委员会"，以管理和组织少数民族运动。由此可以看出，在 1937 年中央成立专门的民族事务管理机构"少数民族工作委员会"之前，民族事务的管理一直是由党的地方组织直接负责，党的地方组织将地方性的民族关系调节和民族事务处理纳入日常的组织活动中，中央给予政策和原则上的指导。红军长征开始后，一系列民族政策的制定和民族事务的处理实际上均由红军总政治部负责，这从当时发布的相关指示、政策、原则的文件中可以得到证实。1937 年 7 月，中共中央成立少数民族工作委员会，将原蒙古和定边工作委员会改为少数民族工作委员会蒙古工作部和回民工作部。1938 年 9 月至 11 月在延安召开的党的六届六中全会上，决定成立几个中央工作委员会。1939

年，中央西北工作委员会正式成立，主持西北地区陕甘宁边区以外的陕、甘、宁、青、新、蒙各省党的工作，同时管理少数民族工作，其下还专门设立民族问题研究室，以系统地研究和解决国内少数民族问题。1941 年，西北工作委员会与陕甘宁地区中央局合并，成立少数民族事务委员会。

中国共产党专门设立民族事务管理工作机构不仅标志着在民族平等团结原则指导下中国民族关系将进入一个新的发展时代，也标志着以毛泽东为代表的中央领导集体对国内民族问题有了更深刻的认识。直到 1949 年中华人民共和国政务院设立民族事务委员会之前，民族事务管理一直属于党的工作机构负责的一项重要工作。而中华人民共和国成立初期，地方民族事务管理还归大区军政委员会下设的民族委员会管理，尚不属于行政化管理。

另外，中华人民共和国成立以前，中国共产党曾在地方政府中设立过管理民族事务的机构，如中华苏维埃西北联邦临时政府回番夷少数民族委员会(1935 年成立)，但是这一机构并未对民族事务管理产生实际效应，因为西北苏维埃联邦政府的建立，本身就是在对当时革命形势错误认识基础上做出的决策。1935 年 8 月红军一、四方面军会合后，在中共中央政治局会议上就此问题进行了讨论，会议指出“目前建立西北苏维埃联邦政府是过早的”，批评了张国焘的错误计划。后来，陕甘宁边区政府开始了对民族事务的管理工作，这些工作可以看成是中国共产党主张的民族平等原则的一次重要实践，但是这些管理仍然是区域性的管理，而且受到当时国内社会政治环境的约束，从而在相当程度上仍然属于“党政合一”式的管理。

(二)民族地区政府体制的发展

1949 年，中华人民共和国的成立和第一届中国人民政治协商会议的召开，标志着中国各民族人民的关系进入了一个新时代。随着阶级压迫和剥削制度的废除，民族压迫和剥削制度也被消除，各民族逐渐建立起平等、团结、互助的新型民族关系。我国民族事务管理也随之发生了重要变革，即从党的系统转入国家行政管理系统，而且在管理实践中逐步规范管理机制。

20 世纪 50 年代初，中共中央为统战部门确定“了解情况，掌握政策，调整关系，安排人事”的基本职能，并由统战部的一个专门局来负责完成有关少数民族的人事和政策工作。在 50 年代至 60 年代，统战部在具体参与民族事务管理过程中与政府行政管理机构形成了一种互相协助的工作机制。50 年代末期直至“文化大革命”时期，统战部虽然仍然能完成基本职能，但是由于“阶级斗争”扩大化，在民族政策的掌握上遇到极大困难，一些行之有效的民族政策得不到落实，民族事务管理进入一个非正常时期。这一状况直到中国共产党十一届三中全会后才得到根本改变。进入以经济建设为中心的新的历史时期后，爱国统一战线得到了进一步巩固和发展，统战部门的基本职能也围绕中国共产党的中心工作变得更加丰富。

在民族工作方面，统战部门担负起调查研究、协调检查有关民族、宗教工作的重大方针、政策问题，联系少数民族和宗教界的代表人物，协助有关部门做好少数民族干部的培养和举荐，协同有关部门与国内外敌对势力分裂祖国的活动进行斗争等工作。1953 年以后，政治协商会议也逐步建立自己的工作规范，设立了民族与宗教专门委员会。各级政协所属的民族工作机构，主要通过对民族工作的调研，反映情况，提出建议，对相关的工作部门给予指导和监督。

1954 年以后，中国政府体制基本确定，形成了比较合理和比较稳定的政府结构、功能和组织体系以及管理方式。以平等团结为原则的中国民族事务管理机制进入宪法规约时期。《宪法》(1954 年)规定："人民行使权力的机关是全国人民代表大会和地方各级人民代表大会。"民族委员会和法案委员会，在全国人民代表大会闭会期间，受全国人民代表大会常务委员会的领导。"1975 年第四届全国人民代表大会由于在特殊时期召开而未设专门委员会，直到第五届全国人民代表大会民族委员会才得以恢复，此后历届全国人大均设立这一专门委员会，民族委员会工作职能也日益清晰化。改革开放以前，由于中国法制建设整体滞后，使得民族事务管理法制化进程受到根本性的影响，相关法律制度难以执行，这种情况直到改革开放以后才得到不断改善，人大常委会民族事务委员会才在逐步推进中国民族区域自治制度化和民族法律体系发展与完善方面发挥出应有的作用，特别是《民族区域自治法》的出台和修订加快了民族事务管理法制化的进程。

民族事务关系社会生活的各个方面，对于一个常态发展的多民族社会来说，民族事务的行政管理在很大程度上体现着政府对社会事务管理的能力和效力。1949 年，中国政府民族事务行政管理体系建构进入了一个重要的历史时期，专门负责民族事务管理的民族事务委员会成为政务院最早成立的工作机构之一。1949 年 10 月 19 日，中央人民政府委员会第三次会议批准任命李维汉为中央民族事务委员会主任委员，乌兰夫(蒙古族)、刘格平(回族)、赛福鼎(维吾尔族)为副主任委员，以及委员若干人；会议提出的任务有：用各民族文字翻译政协三大文件，调查研究各民族情况，研究民族政策的各项具体问题，起草民族事务委员会组织条例和工作条例。至此，按民族平等团结原则管理全国民族事务的机构在政府行政管理系统中建立起来，并逐步走向规范管理。从 1949 年至 1965 年，政府的机构设置经历了几次调整和变动，在政府的一系列变动中，民族事务委员会的工作和职能除"文化大革命"这一特殊时期外，均处在职能不断完善的过程中。政务院于 1951 年发布了《关于民族事务的几项决定》，责成各委、部、会、院、署、行注意建立有关民族事务的业务。依据该《决定》的精神，政务院有关部委建立了相应的机构，如原商业部设立了民族贸易处，教育部设立了民族教育司，政务院文化委员会设立了民族语言文字指导委员会，等等。1952 年 2 月 22 日，中央人民政府政务院原则通过《各级人民政府民族事务委员会试行组织通则》，民族工作规模不断扩大，工作不断深入。随着中央政府民族事务管理机构的建立，地方政府民族事务管理部门的建立也提上日程，各级地方政府民族事务管理机构先后成立，为民族工作全面展开和各项民族政策的制定及其在全国各民族地区的落实提供了组织保障。各级民委成为政府部门中管理民族事务的职能部门和专门机构。1954 年以前，六大行政区作为地方最高一级政权机构对区域内民族事务进行管理。省、县、乡三级地方行政机构确立后，大行政区撤销，地方民族事务管理由省、县等民族事务管理机构负责。到 1957 年，全国除了江西、西藏和台湾以外，26 个省、市、自治区都建立了民族事务委员会或民族宗教局(处)、民族事务处。改革开放以后，民族事务管理经过一系列的拨乱反正回到正常发展的轨道，民族事务管理机构逐渐恢复、建立和完善，不同部门的工作职责也更加明确。《中华人民共和国国务院组织法》明确了国家民族事务委员会是国务院管理民族事务的行政机构。《地方人民政府组织法》也明确规定地方各级人民政府民族事务委员会为地方各级人民政府管理民族事务的机构。依据改革开放的具体社会环境，民族事务管理机构的职能有所调整。如民族教育机构得到不断加强。1980 年，教育部、国家民委颁发了《关于加强民族教育工作的意见》，重申 1952 年政务院的决定，要求各民族自治地方的教育机构应把发展民族教育作为主要任务，少数民族人口较多的省、地、县，应在教育行政部门内设置民族教育机构，调配热心为少数民族教育事业服务的同志，专司其事。国务院组成部门中的民族事务委员会、国家教育委员会(教育部)均设有专司民族教育的机构，如 2004 年，国家教育部所设专司民族教育工作的机构为民族教育司，司内设综合处、民族语言教育与教材处、协作处和“教育部援藏工作办公室”(作为非常设性质的专项工作机构设在民族教育司，挂靠在协作处)。在一些少数民族人口较多的省、区政府教育管理部门中也设立了专门管理民族教育的部门，如云南省教委就设有民族教育处。

民族自治地方政府在我国地方民族事务管理方面担负着重要的职责。民族自治地方政府在社会管理过程中，一方面要充分保障实行自治民族的一系列合法权益，同时必须保障民族平等、团结、互助原则在自治地方社会事务管理中得到实现。实践证明，民族区域自治是保障民族平等团结和国家统一的有中国特色的正确道路，也是有效管理国内民族事务的良好机制。

第二节　民族自治地方政府发展

一、民族自治地方政府发展的目标

从民族自治地方的情况来看，当前绝大多数民族自治地方尚处于社会主义初级阶段的低层次阶段，经济社会发展较为落后，而且发展水平极不平衡；人口综合素质不高；政治稳定任务和经济发展任务十分繁重；民族自治地方政府承受的内外部压力比一般地方政府大得多，但政府管理水平又不高，等等。这些现实状况决定了民族自治地方政府发展的优先目标或者说根本目标是政府管理高效化。只有实现政府管理高效化，才能解决阻碍和困扰民族自治地方经济和社会全面发展的主要矛盾问题，另一方面，由于民族自治地方政治关系(特别是民族关系)比较敏感而复杂，如自治民族与汉族之间、自治的少数民族与非自治的少数民族之间，非自治的少数民族与汉族之间，社会各阶层之间，各利益群体之间等等。这些关系相互交织，其复杂程度和解决难度是一般地方政府所不能相比的，由此决定了行政民主在调整和平衡民族关系和其他政治关系，维护社会及政治秩序上有独特功能，特别在维护和发展民族关系上存在重要价值，尽管它在地位上不如行政效率，但绝对不能忽视或否定它的作用，所以应该把行政民主作为民族自治地方政府发展的重要目标看待。也就是说，在民族自治地方政府发展目标的选择上应该采取“效率与民主并重”的协同共进模式。

考虑到民族自治地方的实际要求，在整个社会主义初级阶段，民族自治地方政府发展的目标应该是：以形成行为规范、运转协调、公正透明、廉洁高效的行政管理体制为基础，以全面提高政府工作人员的素质为关键，以引入和运用先进政府管理理念和技术方法为手段，最终实现民族自治地方政府管理的民族化、高效化和民主化。

二、民族自治地方政府发展的动力

(一)民族自治地方政府发展的外部动力

民族自治地方经济发展是政府发展的根本动力，社会的经济状况是上层建筑存在和发展的基础。社会经济发展推动着社会上层建筑的发展。政府作为社会上层建筑的核心组成部分，其发展必然受到社会经济发展水平及状况的影响。政治结构的分化和功能的专门化促进政府发展。政治结构分化最显著的特点是“政治结构分化使政治主体增多，自主性增强”。自主性很强的政治主体增加，意味着利益要求和利益愿望增加，对政府提出更高要求，形成更多的压力，迫使政府采取切实措施提高政府能力，改善管理效能，以使各种政治主体满意。政治运行的法治化促进政府发展。政治运行就是政治权力的运行，包括政治权力的行使和政治权力的制约两个方面。政治运行的法治化意味着不管是政治权力的行使主体还是政治权力的监督主体，都必须以良好的法律为依据和准则，确保政治权力运行的公正、廉洁、高效。政府的行政权力是政治权力的核心组成部分，当行政权力运行实现了法治化，就意味着政府实现了公正、廉洁和高效的政府发展目的。政治文化的世俗化促进政府的发展。政治文化的世俗化是指在扬弃传统政治文化的基础上建构起来的民主化与法理化的政治文化。世俗化的政治文化具有科学性、参与性、开放性、共识性和进步性。世俗化的政治文化实质上就是一套先进的政治理念、政治价值观体系、政治心理和政治情感，它指导政府沿着正确的方向和目标前进，它可以培育和塑造有较高政治素质的政府工作人员，可以调适政府运行过程的各种矛盾以保证政府管理的高效率等。总之政治文化的世俗化对政府发展具有明显的保障功能和支撑功能。政治参与的扩大促进政府发展。政治参与扩大意味着人民广泛地参与民主选举、民主决策、民主管理和民主监督，由此，政府运行也是在公众广泛的行政参与基础上的，政府的合法性基础得到加强。政府决策是在更广泛的知识、信息、智慧等支撑下进行的，政府行为受到民主监督而更加规范、廉洁、高效。可见，政治参与扩大能够有效促进政府发展。

(二)民族自治地方政府发展的内部动力

具有先进管理理念和管理技能的政府工作人员是政府发展最基本的动力。政府中那些具有先进管理理念和技能的成员有更强烈的敏感性和认识深度，他们往往会要求政府进行必要的变革和调整，以克服政府在运行过程中的这些弊端，实现政府运行较高的绩效。那些具有现代化管理理念和取向的开明领导者，能成为自觉推动政府发展的力量。因此，民族自治地方政府应该加大力度培训和培养一支具有先进公共管理理念、具有较高素质和觉悟的专业化的公务员队伍，这是推动民族自治地方政府发展的重要动力。民族自治地方政府应该培养、选拔和任用那些具有世界眼光、战略思维，善于解放思想、突破成规。受过系统公共管理知识和技能训练，具有较强领导力的政府领导者来领导民族自治地方政府的工作，这是保证民族自治地方政府发展的重要动力。先进的科技手段的引进和应用是政府发展的重要动力。在政府管理领域，先进的科学技术手段同样是生产力，它直接影响着甚至决定着政府的管理效能。发达国家政府行政管理实践证明，几乎所有的行政管理运行职能，如计划、组织、指挥、协调、控制等都必须借助先进的科技手段才能获得较高的效率，这些先进的科技手段的应用，极大地改善了政府对信息的收集、处理、分析、运用等的能力，改造了不合理的行政流程，优化了行政关系，降低了行政成本、提高了政府的管理效能。

（三）政府自我改革和创新活动是政府发展的实践性动力

“发展是目的，改革是动力，稳定是前提”，这是邓小平理论就如何处理社会主义建设过程中改革、发展和稳定的关系提出的一个基本原理，其中包括政府发展。这里的“改革”同样包含了社会各领域的改革，也包括政府改革，所以“政府改革是政府发展的动力”是能够成立的。政府改革是指政府为了适应内外环境的变化，及时地调整自己的战略、职能、组织结构、管理方式、文化等，以取得更好的行政管理绩效的过程。可见，政府改革的实质是“适应性的调整”，带有被动性、防御性。而今天，知识社会已经来临，知识爆炸和信息爆炸所导致的社会发展及变迁十分迅猛。在社会发展的新形势、新要求面前，以被动式的、防御式的“适应性调整”这种方式来推进政府发展显然是不够的。我们这个时代迫切需要主动的、进攻式、敢于突破成规的政府创新来拉动发展，所以，政府创新也是政府发展的动力。从理论上讲，民族自治地方政府创新应该是改变民族自治地方政府管理落后面貌的一项根本举措，我国很多发达地区的地方政府，如深圳市政府、江苏省昆山市政府等，在总结地方经济社会飞速发展的经验时都不约而同地归结为：地方政府在职能、管理观念、管理方式、管理体制等方面的大胆创新是根本原因。而审视各民族自治地方政府，不管是自治区政府、自治州政府、还是自治县政府，由于创新意识淡薄，不同程度地存在着“等、靠、要”的依赖思想，在推进政府创新方面一直非常欠缺，需要引起高度重视，要采取有效措施来解决民族自治地方政府创新不足的难题。

三、民族自治地方政府发展的原则

（一）巩固和发展平等、团结、互助的民族关系

在民族自治地方，各民族之间平等、团结和互助关系的形成、巩固和发展至关重要，它不仅关乎少数民族地区经济社会发展有一个健康的环境问题，而且关乎国家的统一、边防的巩固和全国发展的大局。中华人民共和国成立以来，少数民族地区的实践经验反复证明，什么时候能维护好各民族之间平等、团结、互助的关系，则民族地区的经济发展、社会进步；什么时候破坏了这种关系，则造成少数民族地区社会的混乱和停滞。可以说民族平等、团结和互助关系是少数民族地区发展的生命线。所以民族自治地方的政府发展，必须把巩固和发展民族平等、团结和互助关系作为首要原则，它是衡量民族自治地方政府健康发展的一块试金石。

（二）依法自治

民族区域自治是解决我国民族问题的基本政策和基本政治制度。我国民族问题能否得到妥善解决和处理，各少数民族的合法权利能否得到维护、实现和

发展，关键在于民族区域自治的实现程度，核心在于自治权的有效实施程度。民族区域自治，能不能得到实现，实现的程度如何，是民族自治地方的一个重大的政治问题，民族区域自治的实现程度关键取决于民族自治地方政府对行政性自治权的行使水平。所以考察民族自治地方政府发展，关键是看民族区域民族自治地方政府依法自治的程度，也就是《民族区域自治法》所规定的自治权能在多大程度上得以行使，并且保障自治权得以行使和落实的宏观制度和微观机制是否建立和健全，运作的效能如何等。当然，这种自治不是超越于国家法律之上的，而是存于国家宪法、民族区域自治法以及其他有关法律之内的充分自治。

（三）统一原则

统一原则要求坚持国家行政体系的一体化方针，但要注意处理好统一领导与依法自治的关系。民族自治地方政府发展必须注意其“双重特征”。一是尊重少数民族社会—历史—文化结构的特殊性，实事求是地规划发展目标和发展方式，使民族自治地方的政府发展与本地区本民族的行政生态相适应、相协调；二是必须在保持民族自治地方行政体系与国家行政体系一体化的基础上实现政府发展。总之，民族自治地方政府发展绝对不是要形成同国家行政体系矛盾甚至对立的行政体系，而是要在国家行政体系的总体框架内，在严格遵循国家法律法规和基本政治准则的前提下，促进民族自治地方行政体系向着高效、廉洁、协调、统一的方向发展，增强其对经济和社会发展要求的适应能力，缩小乃至消除民族地区与非民族地区政府能力上的差距，有效地促进民族自治地方的经济社会的全面发展。

（四）效能原则

民族自治地方大多地处边境地区或边远山区，由于交通、通信等基础设施的落后，与外部世界的交流较少，处于相对隔绝状态，社会发育程度较低。民族自治地方的这一特殊性，不但使这些地区的经济关系十分落后，而且政治关系也非常复杂。如每个民族都有自己的宗教信仰，而且一个民族信仰多种宗教和多个民族信仰一种宗教的情况交织存在，造成民族的、宗教的、地域的政治权威超越于其他权威之上，政治生活中所表现出来的民族矛盾、宗族矛盾十分尖锐和复杂。中华人民共和国成立后，党和政府采取了较有效的政治、经济政策，帮助少数民族和少数民族地区顺利走上健康发展的道路，生产力状况和社会形态都发生了根本性的变化。但也要注意，到目前为止，这些地区的经济相对于沿海发达地区来说仍然较为落后，民族间的关系尽管已得到极大改善，但局部的民族矛盾仍然存在，并且伴随着一定的宗教矛盾或宗族冲突于其中。

（五）精干原则

即民族自治地方政府机构设置和岗位设置是以政府承担的职能为依据，以胜任职能要求为基准，机构和岗位数量尽可能少，办事程序尽可能简便有效，公务员队伍从年龄结构、知识结构、学历结构、性别结构等都比较合理。民族自治地方政府在设置上是否符合精简原则的要求，直接关系到民族自治地方政府财政负担之大小，直接关系到民族自治地方政府行政效能之高低，直接关系到对官僚主义现象之克服，也直接关系到各族群众对民族自治地方政府的满意程度。

（六）现代化和民族化相统一

民族自治地方政府发展必须坚持现代化的发展取向，但又不能丢掉民族化取向。民族自治地方政府发展的现代化是指随着政治、经济、文化、科技等的发展。民族自治地方政府通过自我变革和创新，实现管理理念、方法、体制传统向现代的演进过程。民族自治地方政府发展的民族化是指政府的发展必须寻求与本地方、本民族传统文化相适应，其特点是从本民族特有的思想方法和行为方式中吸取发展动力和创新才能，并使政府发展与民族的文化价值、思想现状、现实需求相融合，从而有利于在行政组织乃至整个社会建立良好的社会关系和人际关系以保证社会稳定和政府发展。民族化是民族自治地方政府之所以成为民族自治地方政府最鲜明的体现，最显著的标志。

（七）扩大行政参与

行政参与是普通公民通过一定的方式去直接或间接地影响政府的决定或与政府活动相关的公共政治生活的政治行为。扩大行政参与是行政民主化的具体表现，也是政府发展的重要动力，行政参与的水平是衡量政府发展的重要指标。民族自治地方政府要实现稳步的政府发展，就必须扩大各族群众的行政参与。主要途径和措施有：一是持续推进基层民主自治制度建设，在基层自治性民主实践中锻炼和提高各族群众的政治参与能力，提升政治参与的效能感；二是建立和健全民主决策、民主管理、民主监督、民主选举的具体渠道和机制，如政府决策听证制度，要扩大其实施范围，在实践过程中逐步完善这一制度，使它真正成为民族自治地方政府了解民情、反映民意、集中民智的制度安排。另外，要借助现代信息技术及手段，健全信访制度、协商对话制度等，使这些制度成为反映民意要求、监督政府行为、实现各族群众政治民主权利的重要制度平台。当然，行政参与必须是在法律和秩序范围内的理性的、有序的参与，这样才能保证民族自治地方政府发展的持续性和健康性。

第三节　民族自治地方政府创新

一、民族自治地方政府创新的意义与原则

（一）政府创新内涵

政府创新是指政府在准确把握社会及政府发展基本规律和趋势的基础上，创立新观念、新制度、新技术、新方法，以改善政府管理水平和绩效水平的活动。这个界定内在地包含以下几层含义：一是政府创新不是盲目活动，而是政府在准确把握社会及政府发展基本规律的基础上，政府面对未来发展，在某些方面所做的设计和建构；二是政府创新的根本目的是改善或提高政府管理水平和绩效水平；三是政府创新包括观念创新、制度创新、技术创新、方法创新等方面的内容。

（二）民族自治地方政府创新的原则

民族自治地方政府创新表现为不断突破旧的管理模式，创建新的管理模式，具体体现为行政观念的解放和更新、行政职能的转变与创新、管理制度的变革和重建、行政技术的革新和发展、政府公共政策的创新和完善等。当然，民族自治地方政府的这些创新不是无原则的"破旧立新"或是"学新除旧"，而是有一定的原则界限。只有在一定原则界限内的创新才是积极的、有价值的，才能有效地促进民族自治地方政府发展。民族自治地方政府创新必须遵循以下原则：

第一，民族自治地方政府创新必须有利于更好地贯彻执行国家法律法规和政策。

自治区政府、自治州政府和自治县政府都是中央政府统一领导下的一级地方政府，都必须自觉接受中央政府的统一领导。集中地体现为民族自治地方政府能够在国家法律范围内开展活动而不超越于法律之上；能够自觉地贯彻围家的法律法规和政策，而不能以"特殊"为名，违背国家法律法规和政策的原意和精神另搞一套。由于民族自治地方经济、政治、民族文化、民族素质、民族心理等的确又具有特殊性，所以民族区域自治法赋予民族自治地方政府广泛的自治权，可以自主发展和管理本民族、本地方各项事业，可以对国家规定的有关法律法规、政策变通执行或停止执行等。国家赋予包括民族自治地方政府在内的自治机关以自治权，其实质是要求自治机关在严格遵循国家法律法规、政策原意和精神的前提条件下，以采取适宜本民族、本地方实际的方法、途径、手段等来贯彻国家法律法规和政策，而不必拘泥于具体的内容要求和条文规定，绝不是说自治机关可以超越国家法律法规和政策之外另搞一套。赋予自治机关自治权的最终目的，是为

了使自治地方能够以更加灵活、更加有效的方式，更好地贯彻执行国家法律法规和政策。也就是说包括民族自治地方政府在内的自治机关，在任何情况下都不能背离国家法律法规和政策的原意与精神，这是一条绝对不允许突破的原则界限。民族自治地方政府创新本身就意味着民族自治地方政府的行政管理从理念到制度，从方法到手段，从政策到职能等，都可以突破旧模式，采用新模式。但这种突破是有条件的突破，即民族自治地方政府创新必须是为了有利于更好地贯彻执行国家的法律法规和政策。

第二，民族自治地方政府创新必须有利于维护和发展平等、团结和互助的民族关系

在多民族国家里，各民族之间的平等、团结、互助的和谐民族关系是社会稳定、国家昌盛、民族振兴的必要条件。民族自治地方政府是维护和发展平等、团结、互助民族关系的主导力量，民族自治地方政府必须把全力维护和发展平等、团结、互助民族关系作为自己的重要职责。民族自治地方处于社会主义初级阶段低层次的区情、州情或县情，决定了民族自治地方政府必须把经济建设放在一切工作的中心来抓。但这并不意味着可以忽视其他工作。事实上，民族自治地方政府全力以赴抓经济建设的过程中会有意无意地忽视其他工作，其中就包括了发展民族关系的工作，体现在民族自治地方政府在进行观念创新、制度创新、政策创新过程中，往往以是否有利于经济发展作为衡量标准，而较少考虑诸如是否有利于民族关系发展作为衡量标准。所以，在这里特别需要强调民族自治地方政府创新必须把是否有利于巩固和发展平等、团结、互助的民族关系作为一条基本原则，只有有利于民族关系和谐和持续改善的政府创新才是值得肯定和鼓励的。那些不利于民族平等、团结、互助关系的形成和发展的政府创新，不管是观念的、制度的，还是政策的，都必须严格禁止。

第三，民族自治地方政府创新必须有利于各民族的共同发展和进步。

能否加快少数民族和民族地区的发展与进步是关系国家统一、民族团结、社会稳定、边防巩固的大事业。在当前的国际、国内环境下，做好这项事，不仅具有重要性，而且具有紧迫性。民族自治地方政府从观念创新、政策创新、制度创新到技术创新等，不是为了创新而创新，而是为了完成这项大事业而创新。也就是说，民族自治地方政府的任何创新都必须紧紧围绕有利于自治地方经济、政治、文化发展和社会全面进步而展开，这是民族自治地方政府创新的根本任务，在任何情况下都不能背离这个根本任务。另外，由于我国的各民族自治地方都不是由单一民族构成，而是多民族杂居和共居在一起，自治民族尽管在组织政权的过程中发挥着主导作用，但并不意味着自治民族就拥有高于别的民族的特权。各民族所享有的权利是完全平等的。所以民族自治地方政府创新，不能只单纯地考

虑自治民族发展进步，而忽视其他民族的发展进步，必须把民族自治地方各个民族的共同发展和进步作为民族自治地方政府创新的出发点和落脚点，如果背离了这一点，民族自治地方政府的任何创新都可能带来极其消极的影响或后果。有利于促进各民族的共同发展和进步，是民族自治地方政府实施创新过程中必须坚持的一条基本原则。

二、民族自治地方政府创新的重点

(一)行政观念的创新

政府及其工作人员具有特定的行政观念，这种观念是政府部门及其工作人员在长期行政活动中逐渐形成并积淀下来的基本价值观念或精神信念，它在行政管理实践中形成，反过来又强烈地影响和支配着政府的行政管理活动和政府工作人员的行政行为。政府行政观念也称为行政理念，它是行政系统得以存在运行的文化心理条件。落后的、保守的行政理念阻碍行政系统的有效运行，先进的行政理念催生和巩固新的行政管理制度、方法等。我国有两千多年的封建历史，封建专制主义的行政观念根深蒂固。中华人民共和国成立以来，尽管对封建专制主义行政观念进行了批判，但其仍然以不同形式和方式表现出来，其消极影响仍然广泛而深远。改革开放以来，尽管以市场经济为导向的改革强烈地冲击着传统的行政观念，但由于行政观念具有相对的独立性，时至今日，这些行政观念仍然深刻地影响着我国各级政府的行政管理实践和政府工作人员的行政行为，如“官本位”观念、“管制行政”观念、“人情”行政观念、“行政万能”观念、“干部万能”等，这些传统行政观念严重阻碍和制约了政府的变革和创新。因此，民族自治地方政府的全方位改革、创新和发展，没有行政观念的创新作为先导，是不可能实现的。民族自治地方政府应该抛弃那些陈旧的不适应当代社会发展要求和时代特征的行政观念，主动地创新，培育和塑造政府行政的全新理念。

(二)行政制度的创新

民族自治地方政府的制度创新是民族自治地方政府创新的核心内容。自治地方政府在民族自治地方的社会管理中是最大的制度供给者，政府制度供给的质量，直接关系着民族自治地方各项事业的兴衰发展。所以，民族自治地方政府必须把制度创新作为自身的一项基本职责。民族自治地方政府的制度创新涉及政府行政的全过程和方方面面，内容十分丰富。

(三)行政技术和行政实践的创新

行政技术和行政实践创新是提高民族自治地方政府行政绩效的重要途径。当代发达国家和地区的政府通过行政技术和行政实践创新，在公共行政领域获得了巨大成效，如20世纪90年代以来，美国政府加速运用信息技术进行行政流程再造，“重塑政府”，不断创新公共政策，大力推动“新经济”的发展，使美国经济保持了10多年的连续增长，创造了美国历史上经济成长的奇迹。发达国家通过政府行政技术创新和行政实践创新有力地推动政府发展的经验对民族自治地方政府是有很好的借鉴意义。

三、民族自治地方政府创新的策略

（一）信息化建设与政府创新

政府信息化主要指利用当代先进的信息技术改造政府内部业务流程，使政府的各个单位、各个部门、各个工作环节能够通过健全的信息网络连接起来，便于信息的收集、传递和处理。政府信息化最显著的优势是大幅度降低了行政成本，提高了行政效率；推进了民主行政，改善了公共服务质量；特别是提高了行政信息传播速度和处理速度，为政府创新提供充分的“原材料”和创造了良好的创新条件。

（二）创新文化建设与政府创新

在创新文化发达的组织里，人们普遍的都有强烈的创新冲动和自觉性，以超越和突破旧事物为荣耀，以保守和墨守成规为耻辱。创新文化是培育和形成创新行为、创新成果的精神动力和心理环境。在政府中没有创新文化提供心理支持，创新活动就容易遭遇各方非议，甚至遭到指责和否定，创新活动就因各种阻力而难以开展下去。所以要有效推动政府创新，首先就要在政府中培育创新文化，培育创新活动的支持力量。政府创新实际上是一种特定的生活方式的创新，它需要特定的人文科技环境和特定的社会文化土壤。孤立地进行政府创新是不会取得成功的。政府是典型的科层制组织，其森严的等级服从关系、按部就班的工作方式、严格的规制约束，使政府长期以来形成了与创新文化相对立的“官僚文化”。因此，要培育和塑造政府创新文化，不仅需要批判“官僚文化”，而且要改革官僚文化赖以存在的官僚制组织体制，还要通过教育培训、人才引进等方式把新思想、新观念、新知识大规模地输入到政府中来。通过长期的努力来驱逐“官僚文化”，另一方面扶持创新文化从小到大、从弱到强慢慢生长起来，政府创新也将逐渐成为政府的一种工作方式和精神状态。

（三）政府人才资源开发与政府创新

知识化、专业化的优秀人才群体是政府创新的主体。知识化和专业化的人才往往具有强烈的“成就欲望”，把做好公共管理工作作为一种事业追求，而不仅仅只是一种满足于养家糊口的职业，为此他们更愿意为事业全心全意地投入其聪明才智。民族自治地方政府要牢固树立“人才资源是第一资源”的意识，要研究和制度切实可行的人才发展规划及战略，通过引进和培养两种方式双管齐下来解决民族自治地方政府公共管理人才缺乏问题。人才引进不仅仅靠待遇，更重要的是民族自治地方政府是否有一个良好的用人环境，良好的用人环境就容易吸引人才和留住人才。民族自治地方政府的人才培养，除了建立和完善培训制度外．要给政府工作人员的成长施加压力和提供机会。工作上压担子或独立负责有挑战性的工作都是使人才快速成长的有效途径。有了密集的知识人才群体，就有了持久创新的动力源；有了创新，政府就有了精神之本、力量之源。

(四)压力制度与政府创新

企业由于存在激烈的市场竞争的压力，迫使它们必须不断创新才能降低成本，才能生存，于是外在的压力就转化成为企业创新的内在动力，而政府天生就有垄断性特点，没有竞争压力的情况下，自然就没有创新的内在动力，于是政府公共管理活动就始终存在低效的特点。通过建立对政府工作的压力制度，在民族自治地方政府中，这些压力制度的建立，必将使各政府部门之间出现激烈竞争，迫使各政府部门想尽办法进行管理创新，以提高履行职能的水平，提高行政效率，改善公共服务水平。

(五)参与型政府与政府创新

在民族自治地方，历史上遗留下来的“草民”思想根深蒂固。客观地说，在民族自治地方，社会公众与政府之间不同程度地存在感情隔膜，在某些地方甚至存在对立情绪，造成政府体制内的决策官员无法获得制定政策所需要的准确信息和重要信息。缺乏准确、全面、及时、实用信息的支持，政策常常发生失误，要谈政府创新更是不可能的。因此，建设参与型政府模式，实现行政民主化，可以防止和打破封闭和僵化的体制，广泛吸收社会公众和普通工作人员参与行政过程，既利于发挥他们的聪明才智和首创精神推动政府创新，也利于行政信息的获取以促进政府创新，还有利于沟通感情，改善民族自治地方政府的公共关系。

(六)创新环境建设与政府创新

任何创新不是靠一个人能完成的，而是靠既分工又合作的集体来完成。政府创新更体现了合作性特点。如政府管理理念创新，单靠政府的个别工作人员确立了新理念，这还不现实。因为他对政府的管理行为不能产生质的影响。只有政府中大部分人放弃了旧理念、树立了新理念，新理念的力量指导和改变了政府管理行为，这才能是政府管理理念创新。政府的制度创新和实践创新靠集体力量才能完成，这个集体不仅仅指政府内部的团结协作群体，甚至还要包括靠政府之外的各种力量有效协作。“政府创新要顺利实现，必须要有社会各阶层的通力合作。这就像企业的团队精神一样。实际上，要求取得政府创新的成功，不仅有赖于各级政府之间的合作，也有赖于政府公共部门和私人部门的合作；不仅有赖于政界与企业界的合作，也有赖于政界和研究界的合作。以上论述告诉我们，民族自治地方政府要推进政府创新，不但要加强内部各部门之间、各层级之间、个人之间的交流、沟通与合作，还要加强政府与企业、政府与社会、本地政府与外地政府等的交流、沟通与合作。当然，不管哪种合作都离不开开放的心态和开放的制度安排。所谓开放的心态是指要虚怀若谷，善于学习和吸取他人所长，要懂得用宽容的胸怀看待和对待他人。所谓开放的制度安排是指政府建立了开放的渠道和机制，并使之制度化、规范化。民族自治地方政府只有营造了这种开放的环境，才能使外部的"信息流""人才流""资金流""技术流""经验流"等得以在政府中聚集，经过反复的思想和思维碰撞，便能够激发出政府管理的新思想、新制度、新政策、新技术和新方法，而这正是政府创新。可见，良好的合作环境和全方位的开放环境是民族自治地方政府创新的基本条件，也是推动民族自治地方政府创新的重要动力。

（七）政府体制改革与政府创新

要推进民族自治地方政府创新，就必须对民族自治地方政府体制进行改革。目前，民族自治地方政府体制的弊端主要是：行政权力过于集中、等级过于森严、政府部门间的本位主义严重、法治不足、缺少人本关怀等，这些弊端压制了政府工作人员的积极性、主动性和创造性，极不利于政府创新和政府发展。

当前，对民族自治地方政府体制的改革应该从以下方面着手。一是应当给下级政府下放适当的权力。为调动下级政府积极性，使下级政府因地制宜地管理本地事务和强化对危机事件的反应能力和处置能力，民族自治地方政府有必要把一定的事权和决策权下放下去。知识社会所要求的政府管理体制也是要给基层政府和官员一定的自主权，以对变化多端的事务及时做出反应。二是配合政府信息化建设，减少政府组织层级增加政府灵活性：政府组织的层次与组织效率是反比关系，组织层次越多，信息流失量越大，组织反应越迟缓，因此，当前伴随着政府信息化建设的机遇，尽量地减少组织层级，增强政府的灵活反应能力。组织层次减少，相应的办事程序也会大大减少，政府开支也会下降：如美国 1992 年到 1996 年的政府信息高速公路建设，削减政府工作人员 24 万，关闭了 2000 多个政府办公室，使联邦政府开支减少 1180 亿美元。三是在民族自治地方政府体系中加快发展信息和咨询部门。民族自治县政府的政策研究室表面上为咨询部门，但并没有充分发挥咨询参谋功能，往往成为政府领导者的秘书部门使用。在发达国家或地区，信息和咨询部门已经发展成为政府中地位最重要的部门之一。推进民族自治地方政府创新和发展，必须强化信息和咨询部门的作用，加快发展两个部门。

复习思考题

1. 民族自治地方环境的特殊性表现在哪些方面?
2. 民族自治地方政府发展的动力是什么?
3. 民族自治地方政府发展要坚持哪些原则?
4. 如何推进民族自治地方政府创新?

案例分析

中共中央办公厅　国务院办公厅印发《关于全面深入持久开展民族团结进步创建工作铸牢中华民族共同体意识的意见》

新华社北京2019年10月23日电 中共中央办公厅、国务院办公厅印发了《关于全面深入持久开展民族团结进步创建工作铸牢中华民族共同体意识的意见》。

《意见》指出，中华民族共同体意识是国家统一之基、民族团结之本、精神力量之魂。新时代民族团结进步创建工作的指导思想是：高举中国特色社会主义伟大旗帜，坚持以习近平新时代中国特色社会主义思想为指导，全面贯彻党的十九大和十九届二中、三中全会精神，加强党对民族工作的领导，坚持稳中求进工作总基调，坚持以人民为中心，紧扣"中华民族一家亲，同心共筑中国梦"总目标，紧紧围绕共同团结奋斗、共同繁荣发展主题，秉持"重在平时、重在交心、重在行动、重在基层"理念，按照人文化、实体化、大众化总要求，全面深入持久开展民族团结进步创建工作，突出创建主题，把握创建方向，深化创建内涵，丰富创建形式，扩大参与范围，提升创建水平，大力营造中华民族一家亲的社会氛围，为实现中华民族伟大复兴中国梦凝聚磅礴的精神力量。

《意见》指出，新时代民族团结进步创建工作要坚持以铸牢中华民族共同体意识为根本方向，坚持以加强各民族交往交流交融为根本途径，坚持以"中华民族一家亲，同心共筑中国梦"为总目标，坚持依法治理民族事务促进民族团结，遵循社会团结规律，坚持正面引导，坚持齐抓共管、形成合力。

第九章 特别行政区政府体制

特别行政区制度是中国的一项重要的政府制度，是为了解决国家统一和领土完整问题而提出和建立的。宪法规定：“国家在必要时得设立特别行政区。在特别行政区内实行的制度按照具体情况由全国人民代表大会以法律规定。”特别行政区制度是针对历史遗留下来的香港、澳门、台湾问题而采取的特别措施。它体现了在处理中央与特殊地方关系上的灵活性，充分考虑到香港、澳门、台湾的历史和现实情况以及这些地区的人民的意愿。

第一节 “一国两制”构想的理论依据和基本内涵

一、“一国两制”构想的理论依据

中国是实行单一制的国家。但在单一制的前提下又实行民族区域制度和特别行政区制度。《中华人民共和国宪法》第三十一条规定：“国家在必要时得设立特别行政区。在特别行政区内实行的制度按照具体情况由全国人民代表大会以法律规定。”1997 年 7 月 1 日，香港特别行政区已正式成立。1999 年 12 月 20 日，澳门特别行政区也宣告诞生。台湾一旦回归祖国也将成立特别行政区。

从政治制度的角度看，特别行政区的建立给中国的国家结构形式增添了新的特点。特别行政区是对单一制下地方政府传统权力范围的一种突破。它享有各省、直辖市、自治区所没有的高度的自治权，这种权力在许多方面甚至超过联邦制下成员邦的权力。特别行政区可实行与各省、直辖市、自治区不同的社会经济、政治、文化制度，在立法、行政、司法制度方面都有高度的独立性。但是特别行政区是统一的中华人民共和国的组成部分，不能行使国家主权。整个国家的外交、国防等权力由中央统一行使。在国际上代表中国的只能是中华人民共和国中央人民政府。

“一国两制”是中国共产党和政府为了实现祖国统一大业，根据世界的现实、历史的状况和中国的实际提出来的科学构想。

(一)“一国两制”的科学构想是根据世界现实提出的

当代世界的现实，简言之，就是一个世界市场、两种社会制度。“二战”以后，社会主义制度在十几个国家建立。由于资本主义经济、政治发展不平衡规律的作用，使得社会主义首先在经济并不十分发达的国家胜利。在当今世界上，资本主义国家还是占多数，它们的科学技术比较发达，生产力发展水平比较高。虽然资本主义的固有矛盾无法解决，但经过某些调整，有所缓和。而社会主义制度还非常年轻，缺乏实践经验，尚需在很长一段时间内进行改革与完善。这就决定了社会主义与资本主义两种制度作为一种特定历史阶段的矛盾统一体，在一个相当长的时期内和平共处，不仅是可能的，而且是现实的，世界范围内两种社会制度的共存与竞争，也就为一个统一国家内两种社会制度的共存提供了客观可能性。

世界的现实性还在于，两种不同的社会制度，拥有一个共同的世界市场。随着现代科学技术的发展，世界经济正在走向国际化。各国经济之间的互相渗透、互相依存、互相竞争已成为经济发展的不可缺少的重要因素。由此而决定，当代世界和平力量在增长，和平与发展已成为当代世界的两大主题。因而，用和平方式来解决一些国际问题，缓和国际紧张局势，推动和平与发展时代的到来，是人心所向，大势所趋。这就为用和平方式解决台湾与港澳问题提供了有利的国际背景。

(二)“一国两制”的科学构想是在尊重历史的条件下提出的

台湾与港澳，历来是中华民族的不可分割的组成部分。它们与大陆的分离，是一定的历史条件造成的，给国家和人民带来了极大的痛苦和耻辱。中国应该统一，而且必须尽快统一，是炎黄子孙的共同夙愿。因为只有实现了祖国的统一，才可能最大限度地集中全民族的智慧与力量，去实现国家富强、民族振兴。

但是，必须承认这样的历史状况，即自 1949 年以来，祖国大陆已经建立起比较巩固的社会主义制度，而台湾、港澳则实行资本主义制度。两种社会制度的差异乃至对立，是实现祖国和平统一中不可回避的历史课题。从经济上看，台湾、港澳的资本主义经济发展程度比较高，人均产值超过大陆，他们担心国家统一之后会影响其生活水平；从政治上看，台湾和港澳同胞已经习惯于资本主义制度及其生活方式，他们对社会主义制度不了解，有的人也可能怀疑和反对社会主义制度。历史条件造成的这种复杂的状况表明，以某一种制度统一中国并不现实。中国必须从实际出发，寻求一个能够照顾各方面利益的、能够为各方面所接受的祖国和平统一方案，这个方案就是“一个国家、两种制度”的科学构想。

(三)“一国两制”的科学构想是依据中国现代化建设的客观实际提出的

自中共十一届三中全会以来，中国进入了社会主义现代化建设的新时期，党和国家的中心任务就是进行现代化建设，实现民族振兴。为此，就必须最大限度地调动一切积极力量，创造一个有利于现代化建设的政治与经济环境。中国从20世纪80年代初，就面临着现代化建设、和平统一祖国以及维护世界和平三大任务。而这三大任务，又都同能否妥善地解决好历史上遗留下来的台湾与港澳问题有直接关系。国际经济发展的趋势表明，环太平洋地区将日益凸显其重要地位。而台湾与港澳则处于太平洋地区的中心，经济和政治战略地位都比较重要。妥善地解决台湾与港澳问题，有利于太平洋地区和全世界的和平与稳定，也有利于中国的社会主义现代化建设。

“一个国家、两种制度”的构想是在中共十一届三中全会以后逐步形成的。1982年9月，邓小平在会见英国首相撒切尔夫人时，第一次使用了“一国两制”的概念，并试图用之解决香港问题。他说，关于收回香港主权问题，可以用“一个国家、两种制度”的方案解决。这次谈话，标志着“一国两制”理论的正式形成。在此之后，又继续对它进行了阐发。

1982年12月，五届全国人大五次会议通过的新宪法，明确规定，国家在必要时设立特别行政区，这就为在统一的中华人民共和国内实行两种制度提供了法律依据。1983年6月26日，邓小平在会见美国新泽西州西东大学教授杨力宇时，除了重申叶剑英所谈的九条方针外，进一步指出：中国统一后，台湾行政区可以有自己的独立性，可以实行同大陆不同的制度；司法独立，终审权不须到北京；台湾还可以有自己的军队，只是不能构成对大陆的威胁；大陆不派人驻台，不仅军队不去，行政人员也不去；台湾的党、政、军等系统，都由台湾自己来管，中央政府还要给台湾留出名额。并强调指出，制度不同，但在国际上代表中国的，只能是中华人民共和国。

1984年1月16日，中国总理在纽约按照“一国两制”的构想阐述了对香港的基本政策：第一，1997年中国对香港恢复行使主权后，香港仍然继续实行资本主义制度；第二，由香港人治理香港，不是北京派人治理香港；第三，对香港政策长期不变，1997年后至少50年不变；第四，全国人大将通过能体现上述内容的香港特别行政区基本法，香港将按基本法办事。1984年5月15日，中国总理在六届全国人大二次会议上所做的《政府工作报告》，进一步阐述了“一国两制”构想，并获得会议通过。这意味着“一国两制”已成为既定的基本国策。

1984年6月22日、23日和7月31日，邓小平在会见香港同胞和外国友人时对“一国两制”构想的背景、条件、依据、前景和意义等作了精辟的论述，指出这是一项重大的战略决策，并非权宜之计。邓小平满怀信心地预言，“一个国家、两种制度”是能够行得通的。

二、“一国两制”构想的基本内涵

在“一国两制”科学构想指导下形成的特别行政区制度，其特定含义是：在统一的中华人民共和国的主权范围内，在大陆坚持社会主义制度的前提下，在台湾、香港和澳门设立实行资本主义制度的、享有高度自治权的特别行政区。具体说来，特别行政区制度包含以下三层内容。

（一）特别行政区是中华人民共和国的地方行政区域

“一个国家、两种制度”其前提与核心是“一个国家”，即中华人民共和国。“一个国家”表明了国家主权的不可分割和中华民族的统一性，中国只有一个最高国家权力机关，即全国人民代表大会；一个中央人民政府，即国务院。在恢复对香港、澳门行使主权和台湾回归祖国后，国家依照宪法规定在那里设立特别行政区。特别行政区是中华人民共和国的一个地方行政区域，特别行政区政府是一级地方政府，直接接受中央人民政府管辖。两者之间是地方与中央的关系。特别行政区的基本法，由全国人民代表大会制定。特别行政区的立法机关可以根据基本法规定，按既定程序制定法律，但须报全国人大常委会备案。特别行政区的行政长官在当地通过选举或协商产生，再由中央人民政府任命。特别行政区的外交事务，由中央人民政府统一管理，香港特别行政区和澳门特别行政区的防务，也将由中央人民政府派军队负责，但驻军军费不由特别行政区负担，负责防务的部队不干预特别行政区内部事务。这些规定表明，中华人民共和国中央人民政府是国家主权的实体，特别行政区是祖国大家庭的一员。

关于特别行政区与中央的关系。以香港特别行政区为例，香港《基本法》规定：香港特别行政区是中华人民共和国的一个享有高度自治权的地方行政区域，直辖于中央人民政府。中央负责香港的有关外交事务，外交部在香港设立机构处理外交事务。中央授权香港依照基本法自行处理有关的对外事务。中央派军队负责香港的防务，香港特别行政区政府负责维持社会治安。中央政府依法任命香港特别行政区行政长官和行政机关的主要官员。香港特别行政区享有行政管理权，依照香港《基本法》的有关规定自行处理香港特别行政区的行政事务。香港特别行政区享有立法权。所定法律须报全国人大常委会备案。全国人大常委会如认为香港立法机关制定的任何法律不符合基本法有关条款，可将有关法律发回，但不作修改。全国人大常委会宣布战争状态或香港进入紧急状态，中央政府可发布命令将有关全国性法律在香港实施。香港特别行政区还享有司法权和终审权。香港居民中的中国公民依法参与国家事务管理。香港《基本法》还规定：中央政府所属各部门、各省、自治区、直辖市均不得干预香港特别行政区依法自行管理的事务。香港特别行政区应自行立法禁止任何叛国、分裂国家、煽动叛乱、颠覆中央人民政府及窃取国家机密的行为，禁止外国的政治性组织或团体在香港特别行政区进行政治活动，禁止香港特别行政区的政治性组织或团体与外国的政治性组织或团体建立联系。

（二）在坚持社会主义制度的前提下实行资本主义制度

一个国家内的“两种制度”，一个是社会主义制度，一个是资本主义制度，但社会主义制度是主体。邓小平指出：“中国的主体必须是社会主义，但允许国内某些区域实行资本主义制度，比如香港、台湾。”①台湾是2000万人口，香港是600多万人口，澳门是48万人口，全部加起来还不到全国人口的3%；面积约占全国的3%，无论那里的资本主义怎样发展，也绝不可能在全国占主体地位，不可能改变中国的社会主义性质。

“一国两制”就是在坚持大陆实行社会主义制度的同时，在台湾、香港、澳门设立特别行政区，实行资本主义制度，这是一项长时期的稳定的政策，不是权宜之计。在中英关于香港问题的《联合声明》中，中国政府声明了对香港的现行法律基本不变。

（三）特别行政区享有高度的自治权

“一国两制”下的特别行政区享有高度的自治权。特别行政区同其他省、自治区、直辖市有相同的一面，即都是中华人民共和国的地方行政区域。所不同的是，特别行政区拥有其他省、自治区、直辖市所没有的自治权。主要包括：第一，享有行政管理权，立法权，独立的司法权力。立法机关和政府机构均由当地人组成，现行法律基本不变。全国人大及其常委会制定的法律，除了有关国防、外交的法律以及其他有关体现国家统一和领土完整并且不属于特别行政区高度自治范围的法律外，其他均不在特别行政区实施。而特别行政区的立法机关，在不与特别行政区基本法相抵触的前提下，可以制定、废除和修改法律。特别行政区的立法机关制定的法律须报全国人大常委会备案，但备案不影响该法律生效。第二，享有独立的地方财政权，实行独立的税收制度。特别行政区的财政收入全部用于自身需要，不上缴中央人民政府。中央人民政府也不在特别行政区征税。就香港而言，将继续保持其自由港和单独的关税地区的地位，保持其金融中心的地位，继续开放外汇、黄金、证券市场，资金进出自由，港币继续流通，自由兑换。第三，享有独立的外事权。特别行政区可以“中国台湾”“中国香港”“中国澳门”的名义单独同各国、各地区以及有关国际组织保持和发展经济、文化联系，签订双边和多边经济、文化、科技等协定，参加各种民间国际组织，还可以自行

① 邓小平．邓小平文选（第3卷）［M］．北京：人民出版社，1993.

签发出入本特别行政区的旅行证件。外事权与外交权不同。外交权属于中央人民政府，即在国际上代表中国的只能是中央人民政府。中华人民共和国外交部已在香港特别行政区设立特派员公署，处理外交事务。

三、完善“一国两制”制度体系

“一国两制”是党领导人民实现祖国和平统一的一项重要制度，是中国特色社会主义的一个伟大创举。必须坚持“一国”是实行“两制”的前提和基础，“两制”从属和派生于“一国”并统一于“一国”之内。严格依照宪法和基本法对香港特别行政区、澳门特别行政区实行管治，坚定维护国家主权、安全、发展利益，维护香港、澳门长期繁荣稳定，绝不容忍任何挑战“一国两制”底线的行为，绝不容忍任何分裂国家的行为。

（一）全面准确贯彻“一国两制”“港人治港”“澳人治澳”、高度自治的方针

坚持依法治港治澳，维护宪法和基本法确定的宪制秩序，把坚持“一国”原则和尊重“两制”差异、维护中央对特别行政区全面管治权和保障特别行政区高度自治权、发挥祖国内地坚强后盾作用和提高特别行政区自身竞争力结合起来。完善特别行政区同宪法和基本法实施相关的制度和机制，坚持以爱国者为主体的“港人治港”“澳人治澳”，提高特别行政区依法治理能力和水平。

（二）健全中央依照宪法和基本法对特别行政区行使全面管治权的制度

完善中央对特别行政区行政长官和主要官员的任免制度和机制、全国人大常委会对基本法的解释制度，依法行使宪法和基本法赋予中央的各项权力。建立健全特别行政区维护国家安全的法律制度和执行机制，支持特别行政区强化执法力量。健全特别行政区行政长官对中央政府负责的制度，支持行政长官和特别行政区政府依法施政。完善香港、澳门融入国家发展大局、同内地优势互补、协同发展机制，推进粤港澳大湾区建设，支持香港、澳门发展经济、改善民生，着力解决影响社会稳定和长远发展的深层次矛盾和问题。加强对香港、澳门社会特别是公职人员和青少年的宪法和基本法教育、国情教育、中国历史和中华文化教育，增强香港、澳门同胞国家意识和爱国精神。坚决防范和遏制外部势力干预港澳事务和进行分裂、颠覆、渗透、破坏活动，确保香港、澳门长治久安。

（三）坚定推进祖国和平统一进程

解决台湾问题、实现祖国完全统一，是全体中华儿女的共同愿望，是中华民族的根本利益所在。推动两岸就和平发展达成制度性安排。完善促进两岸交流合作、深化两岸融合发展、保障台湾同胞福祉的制度安排和政策措施，团结广大台湾同胞共同反对“台独”、促进统一。在确保国家主权、安全、发展利益的前提下，和平统一后，台湾同胞的社会制度和生活方式将得到充分尊重，台湾同胞的

私人财产、宗教信仰、合法权益将得到充分保障。①

第二节 特别行政区制度的推行

一、特别行政区政府体制建立的法律依据

设立特别行政区及其制度是我国的重大决定事项，根据宪法的规定，设立特别行政区及其制度是属于全国人民代表大会的职权。根据中华人民共和国宪法第六十二条的规定，全国人民代表大会行使决定特别行政区的设立及其制度的职权。特别行政区是指在我国行政区域内，根据我国宪法和法律的规定，专门设立具有特殊法律地位，实行特殊的社会、政治和经济制度的行政区域。它是中华人民共和国不可分离的部分，但又具有特殊的法律地位。我国现行《宪法》第三十一条规定："国家在必要时得设立特别行政区。在特别行政区内实行的制度按照具体情况由全国人民代表大会以法律规定。"

根据《基本法》，特别行政区可享有全国人民代表大会和全国人民代表大会常务委员会及中央人民政府授予的其他权力。特别行政区居民中的中国公民依法参与国家事务的管理。中央人民政府所属各部门、各省、自治区、直辖市均不得干预香港特别行政区根据《基本法》自行管理的事务。中央各部门、各省、自治区、直辖市如需在特别行政区设立机构，须征得香港特别行政区政府同意并经中央人民政府批准。中央各部门、各省、自治区、直辖市在香港特别行政区设立的一切机构及其人员均须遵守香港特别行政区的法律。

二、香港特别行政区的建立

香港地区由香港岛、九龙和"新界"等部分构成，面积1095(含填海面积)平方公里。现有人口约600多万，其中中国人占98%。在清朝时，香港归广东省新安县管辖。1842年8月，清政府签订了丧权辱国的《南京条约》。按照该条约规定，中国割让香港岛给英国。1856年，英国又联合法国发动第二次鸦片战争。1860年，英法联军攻入北京，强迫清政府签订《北京条约》，据此，英国又得到了九龙半岛界限街以南的中国领土。1898年6月，英国再次强迫清政府签订《展拓香港界址专条》，强行租借深圳河以南，九龙半岛界限街以北地区及附近的200多个岛屿(后统称"新界")，为期99年。1947年，英国国会同意香港设立布

---

① 《中共中央关于坚持和完善中国特色社会主义制度 推进国家治理体系和治理能力现代化若干重大问题的决定》。

政司，改革政制。此后，香港利用有利的国际环境和自由港地位，经济得到迅速发展。今日的香港，已由100多年前仅有3000多人的渔村，发展成为国际性的现代化大城市。

中华人民共和国成立以后，中国政府曾多次阐述对香港问题的基本立场：香港是中国的领土，中国不承认帝国主义列强强加的三个不平等条约。对于这一历史问题，应在适当时机通过谈判和平解决，未解决前则维持现状。应中国政府要求，1972年11月，二十六届联大通过决议，从反殖宣言中适用的殖民地区名单里，删去香港和澳门。

1982年9月，英国首相撒切尔夫人应邀访华，并首先同中国总理举行了会谈，中国领导人正式通知英方，中国政府决定在1997年收回香港地区。撒切尔夫人则坚持三个不平等条约仍然有效，提出如果中国同意英国1997年后继续管治香港，英国可以考虑中国的主权要求。针对撒切尔夫人的言论，邓小平在同她会见时作了重要谈话。通过这次谈话，双方同意通过外交途径就解决香港问题进行商谈，从此拉开了中英两国关于香港问题会谈的序幕。经过了历时2年的22轮谈判，1984年9月26日，《中华人民共和国和大不列颠及北爱尔兰联合王国政府关于香港问题的联合声明》在北京草签，《联合声明》全文当天在北京、香港和伦敦公布，迅即得到香港各界人士、海外侨胞和国际舆论的拥护和赞赏。12月19日，中国国务院总理和英国政府首相分别代表中英两国政府正式签署《联合声明》。1985年4月10日，第六届全国人大第三次会议做出决定，批准《联合声明》。在此之前，英国议会也批准了《联合声明》。1985年5月27日，两国政府代表在北京互换批准书，《联合声明》即日起宣告生效。

为了保证1997年政权的顺利交接，中英两国政府决定双方各由4名小组成员组成中英联合联络小组。联合联络小组在(联合声明》生效时成立，以香港为主要驻地，工作到2000年1月1日止。联合联络小组是联络机构而不是权力机构，不参与香港或香港特别行政区的行政管理，也不对之起监督作用。小组成员和工作人员只在其职责范围内进行活动。经双方协议，联合联络小组可决定设立专家小组，以处理需要专家协助的具体事项。

1996年1月26日，香港特别行政区筹委会成立。筹委会由150名委员组成。其中内地委员56名，主要是负责处理香港事务或与香港事务有关的部门的负责人和专家；香港委员94名，占委员总数的63%。香港委员来自香港社会各界，既有商界的代表，也有专业人士、基层组织的代表，还有前港府高官等，代表性比较广泛。

筹委会成立后，围绕着第一任行政长官和临时立法会的产生做了大量的工作。筹委会首先从工商、金融界，专业界，劳工、基层、宗教等界，原政界人士、香港地区全国人大代表、香港地区全国政协委员的代表等各方面产生 5789 名候选人，从这些候选人中，产生 400 名委员并于 1996 年 11 月 2 日，组成了特别行政区第一届政府推选委员会。在选举特别行政区第一任行政长官的问题上，按全国人大的有关规定，筹委会决定采取协商后提名选举的办法。在此基础上产生了 3 位候选人。他们是：董建华、杨铁梁和吴光正。筹委会专门组织了候选人答问大会，由候选人分别介绍各自的施政纲领和主张，并现场回答各界别推选委员会委员的提问。这种方式别开生面，既不同于西方的竞选模式，又比较民主，增进了推选委员会委员和香港社会对候选人的了解。1996 年 12 月 11 日，400 位推选委员会委员在香港会议展览中心，以无记名投票方式选出董建华为香港特别行政区的第一任行政长官。社会舆论称它“创造了香港的选举文化”。行政长官人选的产生过程，透明度很高，选举程序是民主的，真正体现了公正、公平和公开的原则。这次行政长官的选举是香港民主的一个开端。12 月 16 日，国务院召开第十一次全体会议作出决定，任命董建华为香港特别行政区第一任行政长官。李鹏总理签署了关于这项任命的国务院令。江泽民总书记也会见了董建华，重申中央对他是充分信任、全力支持的。舆论称赞董建华的当选是众望所归，有助于增强港人对香港前途的信心。

1997 年 1 月 24 日，香港特别行政区行政长官董建华公布第一届行政会议 15 名成员名单。接着，2 月 21 日，根据董建华的提名，国务院任命香港特别行政区第一届政府的 23 名主要官员，其中 22 人是当时香港政府官员。这样特别行政区第一届政府的构架已具雏形。1997 年 7 月 1 日，香港特别行政区已正式成立，香港正式回归祖国。

三、澳门特别行政区的建立

澳门位于广东省珠江口西侧，原属广东省香山县（今中山市）管辖。这里原来是一个小岛，现在小岛与大陆相连，成为半岛。1553 年，葡萄牙殖民者借口曝晒水渍货物，强行上岸租占该岛。鸦片战争后又不断扩大租占范围。1887 年 12 月 1 日，葡萄牙强迫清政府签订中葡《友好通商条约》（天津条约），正式确认“葡国永驻澳门”的权利，强占澳门。现今澳门地区包括澳门半岛、凼仔岛和路环岛，面积 23.5 平方公里，人口 454607 万人，其中中国同胞占 95%，其余为葡萄牙人及其他国籍人。

澳门自古以来是中国的领土。香港考古学会在路环的考古挖掘中发现的四五千年前的彩陶，商殷的陶器残片，汉朝的五铢钱，宋元年间的青釉陶瓷碎片等，证明了我们的祖先曾不断在澳门地区栖息。另外，《明史》《香山县志》（明嘉靖本）、《东莞县志》（清宣统本）已有澳门归属记载。中国党和政府对澳门问题一贯基本方针是，恢复对澳门主权的行使，并保持澳门的繁荣和稳定。1979 年 2 月 8 日中国与葡萄牙建立外交关系时，双方对此已有谅解。1984 年 2 月国家主席李先念访葡时，曾就澳门前途问题同葡领导人交换意见。1985 年 5 月，葡萄牙总统埃亚内斯访华，再次与中国总理就解决澳门问题进行友好磋商，并同意于 1986 年在京举行正式外交谈判。经过四轮谈判，1987 年 4 月 13 日，《中华人民共和国政府和葡萄牙共和国政府关于澳门问题的联合声明》在北京签署，宣布中华人民共和国政府将于 1999 年 12 月 20 日对澳门恢复行使主权。经中葡两国议会的审议批准，并互换批准书，《中葡联合声明》于 1988 年 1 月 15 日正式生效，澳门从此进入过渡期。

为保证中华人民共和国政府和葡萄牙共和国政府关于澳门问题的联合声明的有效实施，并为澳门政权的交接创造妥善的条件，两国政府同意在《联合声明》生效之日起至 1999 年 12 月 19 日止的过渡时期内进行友好合作，并组成了“中葡联合联络小组”和“中葡土地小组”。

联合联络小组为两国政府间进行联络、磋商及交换情况的机构。双方各指派 1 名大使级的组长和另外 4 名小组成员。每方还可指派必要的专家和工作人员。联合联络小组的职责为：就《联合声明》及其附件的实施进行磋商；就与 1999 年澳门政权交接的有关事宜交换情况并进行磋商；就两国政府为使澳门特别行政区保持和发展对外经济、文化等关系所需采取的行动进行磋商；就双方商定的其他事项交换情况并进行磋商。联合联络小组不能取得一致意见的问题，提交两国政府协商确定，联合联络小组不干预澳门的行政管理，也不对之起监督作用。联合联络小组从《联合声明》生效时成立，工作到 2000 年 1 月 1 日为止。那时，澳门特别行政区政府已经建立并开始正常工作①。

1998 年 5 月 5 日，全国人大澳门特别行政区筹备委员会在京成立，它标志着澳门回归祖国工作进入实质性阶段。筹委会由来自澳门的 60 位委员和内地的 40 位委员组成，由钱其琛担任主任委员。筹委会的具体任务：(1)筹组澳门特别行政区第一届政府，包括制定第一届政府推选委员会和行政长官人选的具体产生办法，并按此办法产生推委会，推选第一任行政长官人选，决定第一届政府机构的设置等；(2)制定第一届立法会的具体产生办法；(3)制定澳门特别行政区司法机关的具体产生办法；(4)提出与平稳过渡有关的重大法律问题的处理办法，包括与基本法抵触的澳门原有法律的处理办法，提请全国人大常委会审议；(5)制定市政机关的过渡办法；(6)关注并提出为澳门经济、社会、文化等方面平稳过

① 浦兴祖主编．当代中国政治制度[M]．上海：复旦大学出版社，2011.

渡及治安稳定应采取的重大措施和有关政策性建议；(7)提出关于《中华人民共和国国籍法》在澳门特别行政区实施的建议，提请全国人大常委会审议；(8)提出澳门特别行政区成立庆典仪式和庆祝活动方案；(9)处理与筹备澳门特别行政区有关的其他重大事宜。随后召开了筹委会第一次全体会议，讨论通过了筹委会工作规则，组成了政务、法律、经济、社会文化四个工作小组。

《联合声明》的签署和澳门基本法的颁布，以及筹委会的成立和投入运作，增强了人们对前途的信心。中国政府确定的"一国两制"伟大方针已深入人心，这是澳门进入过渡期后得以保持稳定和发展的重要因素。香港的顺利回归，生动地证明了"一国两制"构想是可行的，从而极大地鼓舞了广大澳门居民，增强了顺利实现澳门回归的决心和信心。

四、台湾与特别行政区制度

邓小平曾指出，"一个国家、两种制度"这个科学构想首先是从解决台湾问题和香港问题出发的。① 如今，中国已经按照这个构想解决了香港和澳门问题，也一定能够按照这个构想解决台湾回归祖国问题。

自中华人民共和国成立以来，解决台湾问题，实现国家统一，是全体中国人民一项庄严而神圣的使命。中华人民共和国成立后，中国政府为之进行了长期不懈的努力。中国政府解决台湾问题的基本方针是"和平统一、一国两制"。早在20世纪50年代，中国政府就曾设想以和平方式解决台湾问题。1955年5月，周恩来总理在全国人民代表大会常务委员会会议上即提出：中国人民解决台湾问题有两种可能的方式，即战争的方式和和平的方式，中国人民愿意在可能的条件下，争取用和平的方式解决问题。1956年4月，毛泽东主席又提出："和为贵""爱国一家""爱国不分先后"等政治主张。但由于某些外国势力的干预，这些主张未能付诸实现。

自20世纪70年代末开始，国际国内形势发生了一些重要变化：中美建立外交关系，实现了关系正常化；中国共产党召开十一届三中全会，决定把党和国家的工作重心转移到经济建设上来。与此同时，海峡两岸、港澳以及海外的中国人，都殷切期望两岸携手合作，共同振兴中华。在这样的历史条件下，中国政府出于对整个国家、民族利益与前途的考虑，本着尊重历史、尊重现实、实事求是、照顾各方利益的原则，提出了"和平统一、一国两制"的方针。

1979年1月1日，中华人民共和国全国人民代表大会常务委员会发表《告台

---

① 邓小平．邓小平文选(第3卷)[M]．北京：人民出版社，1993.

湾同胞书》，郑重宣告了中国政府和平解决台湾问题的大政方针，呼吁两岸就结束军事对峙状态进行会谈。1981 年 9 月 30 日，全国人大常委会委员长叶剑英发表谈话，进一步阐明解决台湾问题的方针政策。1982 年 1 月 11 日，中国领导人邓小平就叶剑英的谈话指出：这实际上就是“一个国家、两种制度”，在国家实现统一的大前提下，国家主体实行社会主义制度，台湾实行资本主义制度。1983 年 6 月 26 日，邓小平进一步阐发了关于实现台湾与大陆和平统一的构想，他指出，问题的核心是祖国统一。他还就两岸统一和设置台湾特别行政区问题，阐明了中国政府的政策。

1992 年 10 月 12 日，江泽民指出：“我们坚定不移地按照‘和平统一、一国两制’的方针，积极促进祖国统一。”“我们再次重申，中国共产党愿意同中国国民党尽早接触，以便创造条件，就正式结束两岸敌对状态，逐步实现和平统一进行谈判。在商谈中，可以吸收两岸其他政党、团体和各界有代表性的人士参加。”①

鉴于两岸的现实状况，中国政府主张在实现统一之前，双方按照“相互尊重、互补互利”的原则，积极推动两岸经济合作和各项交往，推行直接通邮、通商、通航和双向交流，为国家和平统一创造条件。为了实现两岸人民正常往来和国家统一，中国政府在提出“和平统一、一国两制”主张的同时，也采取了一系列推动两岸关系发展的措施：在政治方面，调整政策措施，化解敌对情绪，最高人民法院、最高人民检察院决定不再追诉去台人员在中华人民共和国成立之前的犯罪行为；在军事方面，主动缓和海峡两岸军事对峙状态，并把福建沿海一些前沿阵地、观察所开辟为经济开发区和旅游点；在经济方面，敞开门户，促进交流，欢迎台商来大陆投资和从事贸易活动，并为之提供优惠条件和法律保障；在人员往来、邮电交通以及科技、文化、体育、学术、新闻等方面，中国政府亦持积极态度，采取了相应措施，鼓励发展两岸在各个领域的交流与合作，还成立了得到政府授权的民间团体“海峡两岸关系协会”（简称“海协会”），同台湾的“海峡交流基金会”（简称“海基会”）及其他有关民间团体建立联系，共同维护两岸人民的合法权益，推动两岸关系的发展。

中国政府的对台政策和措施，得到了越来越多的台湾同胞、港澳同胞和海外侨胞、华人的理解和支持。广大台湾同胞为发展两岸关系做出了很大的努力。台湾当局也相应调整了对大陆的政策，采取了一些松动措施，诸如开放岛内民众赴大陆探亲，逐步放宽对两岸民间交流的限制，扩大间接贸易，开放间接投资，简

① 刘晓博，许庆荣．第三代领导集体对“一国两制”思想的新贡献［J］．成都大学学报（社会科学版），1999（S1）．

化两岸同胞通话、通邮、通汇的手续。这些都是有利于相互交往的。1993 年 4 月举行的“汪辜会谈”签订了 4 项协议，迈出了两岸关系具有历史意义的重要一步。台湾海峡出现了 40 余年来前所未有的缓和气氛。这是有利于和平统一的。

1997 年 7 月 1 日以后，台湾“驻香港事务局”成立，《港澳关系条例》正式生效。香港的回归及其稳定与繁荣对两岸关系的发展有直接影响作用。第一，香港能顺利回归，证明“一国两制”解决祖国统一问题已迈出了成功的第一步，向世界也是向海峡两岸人民表示，中国政府有信心、有诚意、有能力在一个国家中成功地实行两种不同的社会制度。第二，香港回归后，港岛与大陆的经济发展可以更加紧密结合，取长补短，这将使台湾民众更加相信两岸合作可互得其利，大大推动两岸间进一步交流与合作。第三，香港更有效地发挥两岸间的“窗口”“桥梁”与“管道”作用。

尽管要实现国家统一还有一段较长的路要走，但是，中国的统一是中华民族的根本利益所在。“和平统一、一国两制”的基本方针，将有利于促进中国的统一大业，从而最终结束台湾海峡两岸长期分离的局面。

第三节　特别行政区政府的政治体制

一、香港特别行政区的政治体制

香港在实施特别行政区制度以后，按照《香港特别行政区基本法》的规定，确立了新的政治体制。香港特别行政区的政治体制由行政长官及行政机关、立法会、司法机关以及地区组织所组成。

(一)行政长官

按照基本法的规定，香港特别行政区行政长官是香港特别行政区的首长，代表香港特别行政区。香港特别行政区行政长官依照基本法的规定对中央人民政府和香港特别行政区负责。这表明，香港特别行政区行政长官既是香港特别行政区的首长，是香港特别行政区的最高地方长官，又是香港特别行政区政府的行政首长，领导香港特别行政区政府。此外，香港政府还是中国的一个地方政府，香港特别行政区行政长官作为地方政府的首长，接受中央政府的领导。

1. 行政长官的产生。

鉴于行政长官的重要地位，基本法对行政长官的任职资格作了特别规定：“香港特别行政区行政长官由年满 40 周岁，在香港通常居住连续满 20 年并在外国无居留权的香港特别行政区永久性居民中的中国公民担任。”行政长官的任期，根据基本法规定，为 5 年，可以连任一次。

香港基本法明确规定，只有香港永久性居民中的中国公民才有资格充任行政长官。这是国家主权的要求和具体体现。本着“港人治港”的精神，香港永久性居民中的外籍人士没有资格担任行政长官。香港基本法不但对行政长官的资格作了明文规定，而且对行政长官在就职时以及在其任职期间内提出了严格要求。如依照香港基本法第 104 条规定，行政长官在就职时必须依法宣誓拥护香港特别行政区基本法，效忠香港特别行政区；依据香港基本法第 47 条的规定，行政长官必须廉洁奉公，尽忠职守，行政长官就任时应向香港特别行政区终审法院首席法官申报财产，并记录在案。按照《香港基本法》第 52 条规定，行政长官“因严重疾病或其他原因无力履行职务”时必须辞职。

关于行政长官的产生程序，《香港特别行政区基本法》第 45 条和附件一对之作了规定。具体内容如下：根据香港基本法的规定：行政长官在香港通过选举或协商产生，由中央人民政府任命。行政长官的产生办法根据香港特别行政区的实际情况和循序渐进的原则而规定，最终达至由一个有广泛代表性的提名委员会按民主程序提名后普选产生的目标。香港特别行政区行政长官的产生办法应遵从以下规定：(1)行政长官由一个具有广泛代表性的选举委员会根据香港基本法选出，由中央人民政府任命。(2)选举委员会委员共 800 人，由下列各界人士组成：工商、金融界(200 人)、专业界(200 人)、劳工、社会服务、宗教等界(200 人)、立法会议员、区域性组织代表、香港地区全国人大代表、香港地区全国政协委员的代表(200 人)。选举委员会每届任期 5 年。(3)各个界别的划分，以及每个界别中何种组织可以产生选举委员的名额，由香港特别行政区根据民主、开放的原则制定选举法加以规定。各界别法定团体根据选举法规定的分配名额和选举办法自行选出选举委员会委员。选举委员以个人身份投票。(4)不少于 100 名的选举委员可联合提名行政长官候选人。每名委员只可提出 1 名候选人。(5)选举委员会根据提名的名单，经 1 人 1 票无记名投票选出行政长官候任人。具体选举办法由选举法规定。(6)第一任行政长官按照《全国人民代表大会关于香港特别行政区第一届政府和立法会产生办法的决定》产生。(7)2007 年以后各任行政长官的产生办法如需修改，须经立法会全体议员 2/3 多数通过，行政长官同意，并报全国人民代表大会常务委员会批准。

2. 行政长官的职权。

《香港特别行政区基本法》规定了行政长官的职权，包括：(1)领导香港特别行政区政府；(2)负责执行本法和依照本法适用于香港特别行政区的其他法律；(3)签署立法会通过的法案，公布法律。签署立法会通过的财政预算案，将财政预算、决算报中央人民政府备案；(4)决定政府政策和发布行政命令；(5)提名并报请中央人民政府任命特别行政区政府主要官员，建议中央人民政府免除上述官员职务；(6)依照法定程序任免各级法院法官；(7)依照法定程序任免公职人员；(8)执行中央人民政府就本法规定的有关事务发出的指令；(9)代表香港特别行政区政府处理中央授权的对外事务和其他事务；(10)批准向立法会提出有关财政收入或支出的动议；(11)根据安全和重大公共利益的考虑，决定政府官员或其他负责政府公务的人员是否向立法会或其属下的委员会作证和提供证据；(12)赦免或减轻刑事罪犯的刑罚；(13)处理请愿、申诉事项。

香港特别行政区的行政长官，与香港特别行政区立法会之间，存在着类似于英国内阁制下政府内阁与议会之间的关系。首先，行政长官必须对立法会负责。基本法规定，香港特别行政区政府必须遵守法律，对香港特别行政区立法会负责，作为香港特别行政区政府的首长，行政长官自然也就对立法会负责。其次，行政长官与立法会之间互相监督和制衡。基本法规定，香港特别行政区行政长官如认为立法会通过的法案不符合香港特别行政区的整体利益，可在 3 个月内将法案发回立法会重议，立法会如以不少于全体议员 2/3 多数再次通过原案，行政长官必须在 1 个月内签署公布；行政长官如拒绝签署立法会再次通过的法案或立法会拒绝通过政府提出的财政预算案或其他重要法案，经协商仍不能取得一致意见，行政长官可解散立法会。行政长官在解散立法会前，须征询行政会议的意见。行政长官在其一届任期内只能解散立法会一次。反过来，立法会也有制约行政长官的权力。基本法规定，因两次拒绝签署立法会通过的法案而解散立法会，重新选举产生的立法会仍以全体议员 2/3 多数通过所争议的原案，而行政长官仍拒绝签署，这时，行政长官必须辞职。因立法会拒绝通过财政预算案或其他重要法案而解散立法会，重选的立法会继续拒绝通过所争议的原案，行政长官也必须辞职。另外，立法会有权弹劾行政长官。

行政长官在行使职权时，往往借助行政会议进行决策。香港特别行政区行政会议是协助行政长官决策的机构。行政会议既不是决策机关，也不是行政机关，但在行政首长的决策中发挥一定的作用。行政长官在作出重要决策、向立法会提交法案、制定附属法规和解散立法会前，须征询行政会议的意见，但人事任免、纪律制裁和紧急情况下采取的措施除外。行政长官如不采纳行政会议多数成员的意见，应将具体理由记录在案。香港特别行政区行政会议的成员由行政长官从行政机关的主要官员、立法会议员和社会人士中委任，其任免由行政长官决定。行政会议成员由在外国无居留权的香港特别行政区永久性居民中的中国公民担任。行政长官认为必要时可邀请有关人士列席会议。行政会议由行政长官主持。

在行政长官的领导下，还有两个独立的机构，即廉政公署和审计署。廉政公署是政府机关内部反腐败的机构，直接对行政长官负责。审计署主要的任务是审核政府的财务账目，以维护政府财政和财务活动的合法使用。

(二)立法会

香港特别行政区立法会是香港特别行政区的立法机关。立法会根据基本法的规定制定和修改法律，对行政机关行使监督和制约权力。

香港特别行政区立法会由选举产生。按照基本法的规定，立法会的产生办法根据香港特别行政区的实际情况和循序渐进的原则而规定，最终达至全部议员由普选产生的目标。基本法还规定，香港特别行政区立法会由在外国无居留权的香港特别行政区永久性居民中的中国公民组成。但非中国籍的香港特别行政区永久性居民和在外国有居留权的香港特别行政区永久性居民也可以当选为香港特别行政区立法会议员，其所占比例不得超过立法会全体议员的20%。这体现了由本地人管辖的原则，也体现了高度自治的原则。

按照基本法规定，香港特别行政区立法会除第一届任期为2年外，每届任期为4年。

香港特别行政区立法会的职权体现了高度的自治，其职权归纳起来，主要包括：

(1)立法权。香港特别行政区立法会有权依照基本法的规定和法定程序制定、修改和废除法律。只要在自治范围内的事务，立法会均有权制定法律。这些法律十分广泛，包括规范香港社会基本方面的法律，如刑法、民法、诉讼法等。香港立法会制定的法律必须报全国人大常委会备案，但备案与批准不同，备案不影响法律的生效。与内地其他地方政府相比，香港特别行政区立法会的立法权限要广泛得多。

(2)财政权。特别行政区立法会根据政府的提案，审核、通过财政预算；批准税收和公共开支。立法会如果拒绝批准行政长官提出的预算法案，行政长官可以向立法会申请临时拨款，或者行政长官可以按照上一财政年度的开支标准，批准短期拨款。但最终还是需要立法会的正式批准预算法案。立法会对财政预算案的审核，不需要以国家有关的财政计划和中央政府的总编制为依据，通过预算案后即可生效，并报中央政府备案。

(3)监督权。立法会听取行政长官的施政报告并进行辩论；对政府的工作提出质询；就任何有关公共利益问题进行辩论。立法会对行政机关的监督主要体现为对行政机关的施政报告进行听取和辩论，对政府的政策进行监督，防止政策偏差。同时，对政策执行过程中的具体活动进行监督，以保证政策的正确执行。

(4)弹劾权。香港的立法会对行政长官具有弹劾权。行政长官如果有严重违法和渎职的行为，立法会有权弹劾。如立法会全体议员的1/4联合动议，指控行政长官有严重违法或渎职行为而不辞职的，经立法会通过决议进行调查，立法会可委托终审法院首席法官负责组成独立的调查委员会，并担任主席。调查委员会负责进行调查，并向立法会提出报告。如该调查委员会认为有足够证据构成上述指控，立法会以全体议员 2/3 多数通过，可提出弹劾案，报请中央人民政府决定。与英国的政府体制关于弹劾权行使情况不同的是，立法会只能提出弹劾案，但无权审理，而是由中央人民政府决定。其中主要原因是，行政长官是由中央政府任命的，因而中央政府对行政长官的去留具有决定权。中央政府根据立法会提出的弹劾理由，在法定的基础上作出最终决定。

(5)其他职权。立法会的其他职权主要包括同意终审法院法官和高等法院首席法官的任免；接受香港居民申诉并作出处理等。

香港特别行政区的立法会在立法活动时的议事规则，由立法会在不与基本法冲突的前提下自行制定，其主要程序包括：

(1)提出法律草案。行政机关可以提出并拟订法案、议案、附属法规。立法会议员有权个别或联名提出法案。议员提出法律草案，但必须不涉及公共开支、政治体制或政府运作。凡涉及政府政策的议案，在提出前必须得到行政长官的书面同意，立法会议员才可以提出。

(2)审议并通过法案。香港特别行政区立法会审议法案的程序，保留了过去香港立法局的一些做法，并根据实际情况进行了一些修改。具体的审议过程立法会有自己的规定，但基本法对表决程序专门作了规定。根据基本法的规定，香港特别行政区立法会对法案和议案的表决采取下列程序：政府提出的法案，如获得出席会议的全体议员的过半数票，即为通过；立法会议员个人提出的议案、法案和对政府法案的修正案均须分别经功能团体选举产生的议员和分区直接选举、选举委员会选举产生的议员两部分出席会议议员各过半数通过。如果需要对审议和表决程序进行修改，须经立法会全体议员 2/3 多数通过，行政长官同意，并报全国人民代表大会常委会备案。

(3)批准和公布法律。香港特别行政区立法会通过的法案，须经行政长官签署、公布，方能生效。

香港特别行政区立法会由立法会主席主持。立法会主席由立法会议员互选产生。立法会主席行使的主要职权有：主持会议、决定议程(政府提出的议案须优先列入议程)、在休会期间可召开特别会议、应行政长官的要求召开紧急会议等。按照《基本法》的规定，香港特别行政区的立法机关制定的法律须报全国人民代表大会常委会备案。

(三)行政机关

香港特别行政区政府就指是香港特别行政区行政机关。特别行政区政府设财政司、政务司、律政司和各局、处、署。香港基本法规定香港特别行政区政府中的各司司长、副司长以及各局局长，均由行政长官提名并报请中央人民政府任命。

香港特别行政区政府行使的职权包括：

1. 制定并执行政策；

2. 管理各项行政事务；

3. 办理本法规定的中央人民政府授权的对外事务；

4. 编制并提出财政预算、决算；

5. 拟定并提出法案、议案、附属法规；

6. 委派官员列席立法会并代表政府发言。

香港特别行政区政府必须遵守法律，对香港特别行政区立法会负责：执行立法会通过并已生效的法律；定期向立法会作施政报告；答复立法会议员的质询；征税和公共开支须经立法会批准。在特别行政区的政府中，特别行政区财政司是专门负责香港财政政策的部门。政务司是负责香港政府具体政策的贯彻执行。律政司主管刑事检察工作，但不属于司法机关，其工作不受任何干涉。"局"为具有制定政策权力的机关，如工商局、金融局等。"处"为执行行政事务但不具有制定政策权力的机构，如警务处、入境事务处等。"署"为工作具有较大独立性的机构，如廉政公署和审计署。这两个署是不同于其他行政机构的独立部门，只对行政长官负责。

香港特别行政区政府的主要官员，由在香港通常居住连续满 15 年并在外国无居留权的香港特别行政区永久性居民中的中国公民担任。

(四)司法机关

香港特别行政区的各级法院是香港特别行政区的司法机关，行使香港特别行政区的审判权。基本法规定，原在香港实行的司法体制，除因设立香港特别行政区终审法院而产生变化外，予以保留。原来香港的司法体制包括审判机关、检控机关、司法辅助机关(如廉政公署、法律援助署等)、律师组织等。

特别行政区的审判机关即法院，包括终审法院、高等法院、区域法院、裁判署法庭和其他专门法庭。香港特别行政区的终审权属于香港特别行政区终审法院。终审法院受理对香港各级法院的最后一级上诉，其判决具有终审效力。这也是香港特别行政区高度自治权在司法方面的体现。终审法院可根据需要邀请其他普通法适用地区的法官参加审判。高等法院设上诉法庭和原讼法庭。高等法院内部包括民事法庭和刑事法庭，行使民事和刑事方面的属于高等法院管辖的审判权。上诉法院审理对高等法院和地方法院判决上诉的案件。区域法院相当于香港原来的地方法院，为一级中层法院，审判权较为有限。裁判署法庭基本上属于刑事法庭，但与一般的法院不同的是，它在行使审判权时，吸收了一些非专职人士参与，如太平绅士、审裁顾问。专门法庭为专门审理某一类案件的法庭，包括土地审裁处、小额钱债审裁处、劳资审裁处、色情物品审裁处、儿童法院、死因裁判法院等。原来司法体制中的各类专门法庭全部被保留了下来。

按照原来的司法体制，香港特别行政区具有英国特色的审判原则被保留了下来，如独立审判原则、遵循判例原则、公正审判原则、无罪推定原则、实行陪审制度的原则等。

香港特别行政区各级法院在审判时，适用的法律包括《香港特别行政区基本法》、按照基本法规定保留下来的原来法律、特别行政区立法会制定的法律以及根据基本法在香港特别行政区实行的全国性法律（如《关于中华人民共和国国都、纪年、国歌、国旗的决议》《关于中华人民共和国国庆日的决议》《中央人民政府公布中华人民共和国国徽的命令》《中华人民共和国政府关于领海的声明》《中华人民共和国国籍法》《中华人民共和国外交特权与豁免条例》）。另外，法院还可以依据普通法体系所适用的司法判例。

香港特别行政区司法体制中实行法官制度。香港特别行政区法院的法官，根据当地法官和法律界及其他方面知名人士组成的独立委员会推荐，由行政长官任命。香港特别行政区终审法院和高等法院的首席法官，应由在外国无居留权的香港特别行政区永久性居民中的中国公民担任。除基本法规定的程序外，香港特别行政区终审法院的法官和高等法院首席法官的任命或免职，还须由行政长官征得立法会同意，并报全国人大常委会备案。

（五）区域组织

香港原来的政府体制中，市政局、区域市政局、区议会等区域性非政权组织在市政管理、社会公共服务等方面发挥了重要的作用，成为香港政府管理的一个重要组成部分。对于这些组织，基本法规定，香港特别行政区可设立非政权性的区域组织，接受香港特别行政区政府就有关地区管理和其他事务的咨询，或负责提供文化、环境卫生等服务。区域组织的职权和组成方法由立法会制定的法律规定。

（六）公务人员

香港特别行政区的公务人员与原来体制下公务人员的范围不同，覆盖了在香港特别行政区政府各部门任职的人员，范围上包括立法、行政、司法机关的公务人员，性质上包括政务类人员和事务类人员。公务人员必须尽忠职守，对香港特别行政区政府负责。

基本法专门规定了公务人员的任职资格要求。具体规定包括：在香港特别行政区政府各部门任职的公务人员必须是香港特别行政区永久性居民；特别行政区政府可任用原香港公务人员中的或持有香港特别行政区永久性居民身份证的英籍和其他外籍人士担任政府部门的各级公务人员；特别行政区成立前在香港政府各部门，包括警察部门任职的公务人员均可留用；香港特别行政区政府还可聘请英籍和其他外籍人士担任政府部门的顾问，必要时并可从香港特别行政区以外聘请合格人员担任政府部门的专门和技术职务，但这些外籍人士只能以个人身份受聘，对香港特别行政区政府负责。另外，对某些职位，基本法作了相应的限制，各司司长、副司长、各局局长、廉政专员、审计署署长、警务处处长、入境事务处处长、海关关长，必须由在外国无居留权的香港特别行政区永久性居民中的中国公民担任。

《基本法》对公务人员的管理作了一定的规定，如公务人员应根据其本人的资格、经验和才能予以任用和提升，香港原有关于公务人员的招聘、雇佣、考核、纪律、培训和管理的制度，包括负责公务人员的任用、薪金、服务条件的专门机构，除有关给予外籍人员特权待遇的规定外，予以保留。对退休或符合规定离职的公务人员，包括香港特别行政区成立前退休或符合规定离职的公务人员，不论其所属国籍或居住地点，香港特别行政区政府按不低于原来的标准向他们或其家属支付应得的退休金、酬金、津贴和福利费。

香港特别行政区行政长官、主要官员、行政会议成员、立法会议员、各级法院法官和其他司法人员在就职时，必须依法宣誓拥护中华人民共和国香港特别行政区基本法，效忠中华人民共和国香港特别行政区。

二、澳门特别行政区的政治体制

澳门政府体制的特殊性与香港政府体制的情况类似。澳门特别行政区是一个享有高度自治权的地方行政区域。澳门特别行政区政府隶属于中央人民政府，除外交和国防外，享有独立的立法、行政、司法等权力。

（一）行政长官

澳门特别行政区行政长官是澳门特别行政区的首长，代表澳门特别行政区。行政长官依照基本法规定对中央人民政府和澳门特别行政区负责。澳门特别行政区行政长官由年满 40 周岁，在澳门通常居住连续满 20 年的澳门特别行政区永久性居民中的中国公民担任。特别行政区行政长官在当地通过选举或协商产生，由中央人民政府任命。澳门特别行政区行政长官任期 5 年，可连任一次。

《澳门特别行政区基本法》规定，澳门特别行政区行政长官的主要职权包括：领导澳门特别行政区政府；负责执行本法和依照本法适用于澳门特别行政区的其他法律；签署立法会通过的法案，公布法律；签署立法会通过的财政预算案，将财政预算、决算报中央人民政府备案；决定政府政策，发布行政命令；制定行政法规并颁布执行；提名并报请中央人民政府任命主要官员，或建议中央人民政府免除上述官员职务；委任部分立法会议员；任免行政会成员；依照法定程序任免各级法院院长和法官，任免检察官；依照法定程序提名并报请中央人民政府任命检察长，建议中央人民政府免除检察长的职务；依照法定程序任免公职人员；执行中央人民政府就本法规定的有关事务发出的指令；代表澳门特别行政区政府处理中央授权的对外事务和其他事务；批准向立法会提出有关财政收入或支出的动议；根据国家和澳门特别行政区的安全或重大公共利益的需要，决定政府官员或其他负责政府公务的人员是否向立法会或其所属的委员会作证和提供证据；依法颁授澳门特别行政区奖章和荣誉称号；依法赦免或减轻刑事罪犯的刑罚；处理请愿、申诉事项等。

澳门特别行政区行政长官与西方国家的地方长官不同，后者有的由选民直接选举，有的由地方议会选举、任命或聘任，一般无须中央政府任命；而澳门特别行政区行政长官由选举委员会选举产生(以下简称选委会)，而非选民直接选举或立法会选举或任命，并由中央政府任命。澳门特别行政区行政长官也与我国内地的省长、直辖市市长和自治区主席不同。根据我国《宪法》及《地方各级人民代表大会和地方各级人民政府组织法》的有关规定，我国内地的省长、直辖市市长、自治区主席只是地方国家行政机关的首长，而不是辖区内的地方首长。他们由同级人大选举，受同级人大及其常委会的监督，向其负责并报告工作，同时，还要接受中央政府的领导，但不由中央政府任命。相比之下，澳门特别行政区行政长官通过选举或协商产生，由中央政府任命，其不仅是澳门特别行政区政府的首长，还是澳门特别行政区的首长①。

澳门特别行政区行政长官在行使职权时，特别行政区行政会作为协助行政长官决策的机构。澳门特别行政区行政会的委员由行政长官从政府主要官员、立法会议员和社会人士中委任，其任免由行政长官决定。特别行政区行政会由行政长官主持。行政会的会议每月至少举行一次。行政长官在作出重要决策、向立法会提交法案、制定行政法规和解散立法会前，须征询行政会的意见，但人事任免、纪律制裁和紧急情况下采取的措施除外。

(二)立法会

澳门特别行政区立法会是澳门特别行政区的立法机关。立法会议员由澳门特别行政区永久性居民担任，多数议员由选举产生。议员由直接选举、间接选举和委任产生。立法会议员第一届为 27 人，第二届为 29 人，以后随着政治生活的发展，议员的人数增加，直接选举的比例将逐步扩大。澳门特别行政区立法会除第一届另有规定外，每届任期 4 年。

---

① 任进．澳门特别行政区行政长官的法律地位和产生方式[J]．中国宪法年刊，2017(12)：58-66.

澳门特别行政区立法会的主要职权包括：依照基本法规定和法定程序制定、修改、暂停实施和废除法律；审核、通过政府提出的财政预算案；审议政府提出的预算执行情况报告；根据政府提案决定税收，批准由政府承担债务；听取行政长官的施政报告并进行辩论；就公共利益问题进行辩论；接受澳门居民申诉并作出处理；行使弹劾行政长官权，如立法会全体议员 1/33 联合动议，指控行政长官有严重违法或渎职行为，经立法会通过决议，可委托终审法院院长负责组成独立的调查委员会进行调查，调查委员会如认为有足够证据构成上述指控，立法会以全体议员 2/3 多数通过，可提出弹劾案，报请中央人民政府决定，等等。

澳门特别行政区立法会设立主席、副主席各一人。主席、副主席由立法会议员互选产生。立法会主席、副主席由在澳门通常居住连续满 15 年的澳门特别行政区永久性居民中的中国公民担任。立法会主席的职责主要包括：主持会议、决定议程、召开特别会议、召开紧急会议或应行政长官的要求召开紧急会议等。

澳门特别行政区立法会议员依照基本法的规定和法定程序提出议案。凡不涉及公共收支、政治体制或政府运作的议案，可由立法会议员个别或联名提出。凡涉及政策的议案，在提出前必须得到行政长官的书面同意。立法会议员有权依照法定程序对政府的工作提出质询。立法会举行会议的法定人数为不少于全体议员的 1/2。除基本法另有规定外，立法会的法案、议案由全体议员过半数通过。立法会议事规则由立法会自行制定，但不得与基本法相抵触。澳门特别行政区立法会通过的法案，须经行政长官签署、公布，方能生效。

（三）行政机关

澳门特别行政区政府是澳门特别行政区的行政机关。澳门特区政府成立后，为了优化组织架构，设立了审计署、廉政公署、警察总局、海关、民政总署；还根据社会变化与发展，将澳门市政厅及海岛市政厅合并成为民政总署；对行政暨公职局进行内部重组后更名为行政公职局。在公共行政改革路线图颁布后，为科学配置部门职能，特区政府自 2009 年至 2011 年底重组了 18 个部门，撤销了 4 个部门，新设 6 个部门。在理顺民政总署与土地工务运输局的职能后，设立了交通事务局及环境保护局；完成行政暨公职局的重组，以配合公共行政改革的持续发展、落实中央招聘和晋级培训及强化中央人事统筹职能。

澳门特别行政区政府的首长是澳门特别行政区行政长官。澳门特别行政区政府设司、局、厅、处。澳门特别行政区政府的主要官员由在澳门通常居住连续满 15 年的澳门特别行政区永久性居民中的中国公民担任。

澳门特别行政区政府行使的主要职权有：制定并执行政策；管理各项行政事

务；办理基本法规定的中央人民政府授权的对外事务；编制并提出财政预算、决算；提出法案、议案，草拟行政法规；委派官员列席立法会会议听取意见或代表政府发言，等等。

澳门特别行政区必须遵守法律，对澳门特别行政区立法会负责：执行立法会通过并已生效的法律；定期向立法会作施政报告；答复立法会议员的质询。

（四）司法机关

澳门特别行政区的司法机关包括法院系统和检察院系统。澳门特别行政区法院独立行使审判权。澳门特别行政区设立初级法院、中级法院和终审法院。特别行政区终审权属于澳门特别行政区终审法院。澳门特别行政区初级法院可根据需要设立若干专门法院。特别行政区设立行政法院，行政法院是管辖行政诉讼和税务诉讼的法院。不服行政法院裁决者，可向中级法院上诉。澳门特别行政区法院的组织、职权和运作由法律规定。原刑事起诉法庭的制度继续保留。

澳门特别行政区各级法院的院长由行政长官从法官中选任。终审法院院长由澳门特别行政区永久性居民中的中国公民担任。澳门特别行政区各级法院的法官，根据当地法官、律师和知名人士组成的独立委员会的推荐，由行政长官任命。法官的选用以其专业资格为标准，符合标准的外籍法官也可聘用。

澳门特别行政区检察院独立行使法律赋予的检察职能，不受任何干涉。澳门特别行政区检察长由澳门特别行政区永久性居民中的中国公民担任，由行政长官提名，报中央人民政府任命。检察官经检察长提名，由行政长官任命。检察院的组织、职权和运作由法律规定。原来在澳门实行的司法辅助人员的任免制度予以保留。

（五）市政机构

与香港特别行政区类似，按照基本法的规定，澳门特别行政区可设立非政权性的市政机构。市政机构受政府委托为居民提供文化、康乐、环境卫生等方面的服务，并就有关上述事务向澳门特别行政区政府提供咨询意见。市政机构的职权和组成由立法会制定的法律规定。

（六）公务人员

澳门特别行政区的公务人员必须是澳门特别行政区永久性居民，但特别行政区聘用的某些专业技术人员和初级公务人员除外。澳门特别行政区成立时，原在澳门任职的公务人员包括警务人员，均可留用，继续工作。澳门特别行政区可任用原澳门公务人员中的或持有澳门特别行政区永久性居民身份证的葡籍和其他外籍人士担任各级公务人员，但基本法另有规定者除外。澳门特别行政区有关部门还可聘请葡籍和其他人士担任顾问和专业技术职务。

三、香港特别行政区与澳门特别行政区政治体制的异同

（一）香港特别行政区与澳门特别行政区政治体制的相同之处

澳门和香港自古以来都是中国的领土，后来分别被葡萄牙和英国以不平等条约强行霸占。恢复行使对澳门和香港的主权，完全是中国的内政，是包括港澳同胞在内的全体中国人民的共同愿望。同时，考虑到历史和现实情况，为确保澳门和香港在回归祖国后保持稳定和繁荣，我国政府把“一国两制”作为解决历史遗留下来的澳门和香港问题的共同的基本原则和指导方针。根据《中华人民共和国宪法》第31条的规定，国家设立澳门和香港两个特别行政区，并依据“一国两制”的方针制定了澳门和香港两个《基本法》。由于这两个《基本法》都是以“一国两制”作为指导思想和贯彻始终的，再加上澳门《基本法》在制定过程中又吸取了香港《基本法》的成功经验，因此，它们所框定的政治体制在许多方面是相同的。①

1. 主权回归是澳门和香港特区政制确立的共同前提。

两个特区《基本法》明确规定，中国政府分别在1997年7月1日和1999年12月20日对香港和澳门恢复行使主权。在主权回归的前提下，成为中国不可分离部分的澳门和香港特区依据两个《基本法》的规定，都实行高度自治，享有行政管理权、立法权、独立的司法权和终审权；不实行社会主义的制度和政策，保持原有的资本主义制度和生活方式，50年不变，原有法律基本不变；两个《基本法》都由全国人民代表大会制定，修改权属于全国人大，解释权属于全国人大常委会；两个特区制定的任何法律都不得同《基本法》相抵触等等。

2. 澳门和香港都直辖于中央人民政府的特别行政区。

无论是澳门，还是香港，按照两个《基本法》，都是中华人民共和国的享有高度自治权的地方行政区域，直辖于中央人民政府，外交事务和防务都由中央人民政府负责；从行政地位和行政区划结构上看，两个特别行政区与内地的省、自治区和直辖市一样也是相等和相同的，都属于我国地方政权体系中最高的一级地方政权，所以两者的地位是相等的。此外，尽管按照境内地域的划分，澳门特区设有澳门市政议会、海岛市政议会等组织；香港特区设有市政局、区域市政局、区议会等组织，但是，这些组织都是“非政权性的市政机构”或“非政权性的区域组织”。也就是说，澳门和香港特区没有下设的政权单位，政权体系的层次比较单一。

---

① 张维克．论澳门特别行政区政制与香港特别行政区政制的异同[N]．青岛大学学报，1999(1)：69-73.

3. 两个特区政府在主要官员任职资格方面相同。

两个《基本法》都规定，特区的行政长官都必须由年满40周岁、在当地通常居住连续满20年的特别行政区永久性居民中的中国公民担任，都在当地通过选举或协商产生，由中央人民政府任命，任期都是5年，可连任一次。特区政府的其他主要官员也必须由在当地通常居住连续满15年的特别行政区永久性居民中的中国公民担任。澳门和香港特区立法会的主席(副主席)都由立法会议员互选产生，都由在当地通常居住满15年以上的永久性居民中的中国公民担任。行政长官、主要官员、行政会(议)成员、立法会议员、法官、检察官等在就职时都必须宣誓拥护特别行政区《基本法》，效忠特别行政区。按照《基本法》，中央人民政府所属各部门、各省、自治区、直辖市都不得干预特区依据本法自行管理的事务。这些规定体现了特区的高度自治权，有利于实现"港人治港""澳人治澳"。

4. 行政主导和司法独立是两个特区政制运作的基本特征

澳门和香港特别行政区，作为我国享有高度自治权、直辖于中央人民政府的地方行政区域，不是政治实体，不能采用西方的"三权分立"制、总统制或内阁制，在"一国两制"下的特区也不宜采用内地实行的人民代表大会制，当然更不能保留原先带有殖民主义色彩的总督制，而只能依据它们的实际情况，构建新型的行政主导、司法独立，行政与立法相互制约又相互配合的体制。

(二)香港特别行政区与澳门特别行政区政治体制的不同之处

澳门和香港，固然有许多相同之处。然而，两地在历史、政治、经济、文化、社会、习俗、发展程度、国际地位等许多方面又有相当的差异和特点，因而在政制上必然有不同的反映，这恰恰构成了两个特区各自的特色①。

1. 主要公职人员的宣誓效忠方面。

按照"一国两制"的方针和两个《基本法》，香港和澳门特区实行的是"港人治港""澳人治澳"的高度自治政策。但是，与香港特区政制明显不同的是，澳门特区公务人员在就职方面的"宣誓效忠"上增加了内容。澳门《基本法》第102条规定，澳门特别行政区行政长官、主要官员、立法会主席、终审法院院长、检察长在就职时，除按第101条依法宣誓拥护澳门特区《基本法》，效忠澳门特区以外，还必须宣誓效忠中华人民共和国。这种规定恰恰是香港特区《基本法》所没有的。之所以如此，是因为在签署中葡关于澳门问题的《联合声明》时，葡方在致中方的备忘录中称："凡按照葡萄牙立法，在1999年12月19日因具有葡萄牙公民资格而持有葡萄牙护照的澳门居民，该日后可继续使用之。"它的备忘录实际上是承

① 张维克．论澳门特别行政区政制与香港特别行政区政制的异同[N]．青岛大学学报，1999(1)：69-73.

认双重国籍，而中国政府历来是不承认双重国籍的。所以，中方在备忘录中声明：所有在澳门居住的中国同胞，不论其是否持有葡萄牙旅行证或身份证，都是中国公民。由于中葡的备忘录不一致，所以，澳门特区《基本法》第102条特此作出上述规定，圆满地解决了澳门特区行政长官、主要官员等人的国籍问题。这样做，既不损害中国的主权原则，也符合澳门的实际情况，有利于问题的解决。香港特区《基本法》只要求行政长官等主要官员宣誓拥护特区《基本法》，效忠特别行政区，没有要求他们在就职时要宣誓效忠中华人民共和国这一条款。

2. 行政长官的产生办法和任职资格方面。

澳门特区和香港特区一样，实行的都是行政主导的政制，行政长官在其中起着主导作用，所以，行政长官的产生和任职条件有严格的要求。香港《基本法》第45条第2款规定，“行政长官的产生办法根据香港特别行政区的实际情况和循序渐进的原则而规定，最终达至一个有广泛代表性的提名委员会按民主程序提名后普选产生的目标。”香港《基本法》规定了行政长官的“普选”目标，而澳门《基本法》的相应条款没有这种明确规定，仅在《基本法》附件一中说明：“2009年及以后行政长官的产生办法如需修改，须经立法会全体议员三分之二多数通过，行政长官同意，并报全国人民代表大会常务委员会批准。”这种规定有较大的灵活性，先稳定十年的方法有助于澳门特区政制循序渐进地发展，可避免出现大的动荡。

在任职资格上，澳门《基本法》规定：“行政长官由年满四十周岁，在澳门通常居住连续满二十年的澳门特别行政区永久性居民中的中国公民担任。”也就是说，澳门特区行政长官的任职资格不包含“在外国无居留权”这个内容。而香港《基本法》行政长官的任职条件中明确规定，行政长官必须是由“在外国无居留权”的特区永久性中国公民担任。澳门特区行政长官的任职资格中虽然没有包括“在外国无居留权”这个条件，但在就职时他还“必须宣誓效忠中华人民共和国”。澳门《基本法》的这项规定解决了像“在外国无居留权”等此类的敏感问题。澳门特区行政长官有权制定行政法规，委任部分立法会议员，任免检察官。而香港特区行政长官则没有这样的权限。

3. 立法会议员的产生资格和立法会的组成方面。

按照澳门《基本法》第68条，“立法会多数议员由选举产生”，少数议员即每届7人由行政长官委任。这种规定与中葡《联合声明》附件一第三部分是一致的，也反映了根据1976年《澳门组织章程》成立第一届澳门立法会以来，立法会议员产生的特点。也就是说，澳门《基本法》没有规定“普选”的内容。而香港《基本法》则规定了“普选”的目标，即“立法会的产生办法根据香港特别行政区的实际情况和循序渐进的原则而规定，最终达至全部议员由普选产生的目标”。香港《基本法》的这种规定是以保证香港的稳定和繁荣为前提的，而且，这种循序渐进发展香港民主制度的原则，也是符合香港的实际情况的。从立法会议员的资格和立法会的组成来看，香港《基本法》规定，立法会的组成是以由在外国无居留权的永久性居民中的中国公民为主，非中国籍的和在外国有居留权的永久性居民虽然也可以当选议员，但其所占比例不得超过全体议员的20%。与此形成鲜明对照的是，澳门《基本法》对当选的普通议员就有“在外国无居留权”“中国公民”“20%”的限制。关于立法会主席的任职资格，香港《基本法》规定，“由年满四十周岁，在香港通常居住连续满二十年并在外国无居留权的香港特别行政区永久性居民中的中国居民担任。”澳门《基本法》则没有“在外国无居留权”的内容的限制，居住年限由“二十年”改为“十五年”，并增设了副主席一职。在弹劾案方面，香港《基本法》规定是立法会全体议员的“四分之一”的联合动议；澳门《基本法》则规定是“三分之一”。

4. 司法制度的设置方面。

其一，关于司法机构的设置。澳门《基本法》第86条规定，“澳门特别行政区设立行政法院。行政法院是管辖行政诉讼和税务诉讼的法院。不服行政法院裁决者，可向中级法院上诉。”澳门的司法体系主要包括两个司法委员会(司法高等委员会和司法委员会)、高等法院、审计法院(第二审法院)、第一审法院(一般审判权法院、刑事起诉法院和行政法院)和检察院。行政法院是第一审法院的一个组成部分，它由原来的审计评政法院演变而来，是负责审理行政、税务、海关诉讼的初审法院，有权对司级以下的行政官员和有关机关的行政、税务、海关案件进行审理。所以，澳门《基本法》关于设立行政法院的规定，体现了澳门司法机构的特色。而香港地区历来没有设置过行政法院，香港《基本法》也没有这类规定。

其二，关于检察机关的设置方面。澳门《基本法》第90条规定，“澳门特别行政区检察院独立行使法律赋予的检察职能，不受任何干涉。”从编制上看，澳门检察院属于司法机关，第90条还规定，检察长由行政长官提名，报中央人民政府任命，而按照香港《基本法》，类似检察院之类的律政司归属于行政机关，律政司司长属于政府的公务员。澳门与香港特区的规定之所以不同，是因为考虑到它现有的法官、检察官、检察长，都是从葡萄牙派来的，属于葡萄牙政府编制，与葡萄牙的司法制度相对应。

复习思考题

1. “一国两制”构想的理论依据是什么？

2. 简述“一国两制”构想的基本内涵。

3. 特别行政区政府体制建立的法律依据是什么？

4. 香港特别行政区与澳门特别行政区政治体制有什么异同？

案例分析

全国人大常委会通过香港特别行政区维护国家安全法并决定列入香港基本法附件三

2020-06-30　来源：新华网

十三届全国人大常委会第二十次会议于6月30日上午表决通过了《中华人民共和国香港特别行政区维护国家安全法》，国家主席习近平签署主席令予以公布，自公布之日起施行。这部法律共6章、66条，是一部兼具实体法、程序法和组织法内容的综合性法律。法律明确规定了香港特别行政区维护国家安全的职责和机构，分裂国家罪、颠覆国家政权罪、恐怖活动罪、勾结外国或者境外势力危害国家安全罪四类罪行和处罚，案件管辖、法律适用和程序，中央人民政府驻香港特别行政区维护国家安全机构等内容，建立起香港特别行政区维护国家安全的法律制度和执行机制。

法律通过后，全国人大常委会按照《全国人民代表大会关于建立健全香港特别行政区维护国家安全的法律制度和执行机制的决定》的要求，即依法征询了香港特别行政区基本法委员会和香港特别行政区政府的意见，于6月30日下午作出决定，在《中华人民共和国香港特别行政区基本法》附件三中增加全国性法律《中华人民共和国香港特别行政区维护国家安全法》，明确由香港特别行政区在当地公布实施。香港特别行政区维护国家安全法是新形势下坚持和完善"一国两制"制度体系的重要标志性法律，将切实有效维护国家安全，保障香港长治久安和长期繁荣稳定，确保香港"一国两制"事业行稳致远。

第十章　地方政府治理创新

作为国家治理体系和治理能力现代化的重要组成部分，中国地方治理既遵循国家的统一意志与整体利益，又体现地方社会的价值与诉求。伴随着经济全球化和信息技术革命的迅猛发展，我国经济社会转型进入深水区，地方治理在国家整体治理中的重要地位不断强化和凸显，地方治理必将迎来更加深刻的变革。在这个过程中，能否顺应社会和历史发展潮流、准确把握地方治理创新的未来发展趋势，将是决定未来我国地方治理成败的关键所在。

第一节　地方政府治理概述

一、治理

“治理”一词源于拉丁文和古希腊语，原意是控制、引导和操纵。长期以来，它与“统治”一词交叉使用，“无论传统用法或辞书上的解释都以‘治理’为‘统治’的同义”。①

到了20世纪80年代以后，西方经济学家首先赋予治理以新的含义——经济学意义上的治理是针对现代企业制度中存在的所有权和控制权分离以后所产生的委托(代理)关系中激励不足从而导致相关者共同参与并形成一种新的制约机制和激励机制，以促进外生的约束内化为内在的制度结构。1989年，世界银行发布了报告《南撒哈拉非洲：从危机走向可持续增长》，首次通过运用“治理危机”一词分析和解释了南撒哈拉非洲地区的发展情况，把“治理”从企业管理层面引入国家管理层面。此后，“治理”一词越出经济学范畴，成为政治学、社会学、公共管理学广泛应用的一个基本概念和分析方法。詹姆斯·N·罗西瑙认为，治理是一系列活动领域的管理机制，这些管理活动未必能获得正式授权，主体也未必是政府，也无须依靠同家的强制力量来实现，却能发挥有效的作用。

---

① 格里·斯托克．作为理论的治理：五个论点[J]．国际社会科学，1999(19)．

1992年世界银行的年度报告直接以“治理与发展”为题，认为治理就是运用权力对国家经济和社会资源进行管理的一种方式，其中“治理”具有两方面的含义：一是技术层面的治理，其强调建立发展的法律框架和培养参与能力，包括法治、改进政府管理、提高政府效率等；二是支持和培养公民社会的发展，特别是推动非政府组织的发展，提高公民社会对治理的参与度和责任心，最终把一些政府行为控制的权利还归社会。1995年，全球治理委员会发表了《我们的全球伙伴关系》，对治理进行如下界定：“治理是个人和公共或私人机构管理其公共事务的诸多方式的总和，它是使相互冲突或不同的利益得以调和并且联合行动的持续过程。它既包括有权迫使人们服从的正式制度和规则，也包括人民和机构同意的或符合其利益的各种非正式的制度安排。”全球治理委员会认为，治理有四个特点：治理不是规则，也不是一种活动，而是一个过程；治理过程的基础不是控制，而是协调；治理既涉及公共部门，又包括私人部门；治理不是一种正式的制度，而是持续的互动。”①

后来，格里·斯托克对各种治理概念进行总结后，提炼了五种主要观点：

第一，治理意味着对传统的国家和政府权威提出挑战，认为政府并不是国家唯一的权力中心，各种公共的和私人的机构只要其行使的权力得到了公众的认可，就都可能成为在各个层面上的权力中心。第二，治理意味着国家正在把原先由它独自承担的责任转移给公民社会，即各种私人部门和公民自愿性团体。国家、社会、公共部门之间的界限和责任日益模糊。第三，治理明确肯定了在涉及集体行为的各个社会公共机构之间存在着权力依赖，为达到目的，致力于集体行动的组织必须依靠其他组织，组织间必须交换资源、就共同的目标展开谈判。第四，治理意味着参与者最终将形成一个自主的网络，每个参与者在网络结构中发挥不同的作用。第五，治理意味着办好事情的能力并不限于政府的权力，不限于政府的发号施令或运用权威。

国内学者俞可平在《治理与善治》中提出，“治理是一种用于处理广泛问题和冲突的方式或机制，在此过程中，政府和各种社会组织通过谈判来达成彼此满意、对彼此具有一定约束力的决定，在决定的实施过程中相互合作”。② 任维德教授提出，“治理是以政府为主体、多种公私机构并存的新型社会公共事务管理模式，是建立在市场原则、公共利益和相互认同基础之上的国家与公民社会、政府与非政府组织、公共机构与私人机构的合作，政府在管理社会公共事务方面可以而且应当将其一部分职能转交给公民社会，而且应当拥有多种管理手段与方

① 全球治理委员会．我们的全球伙伴关系[M]．英国牛津：牛津大学出版社，1995.

② 俞可平．治理与善治[M]．北京：社会科学文献出版社，2000.

法，以增进和实现公共利益”。① 本书认为，治理指的是官方的或民间的公共管理组织在一个既定的范围内运用权力指引、规范和协调公民以期实现公共利益的最大化的社会活动。

二、地方政府治理

(一)政府治理

蔺丰奇认为，所谓政府治理，包括两层含义。首先，它意味着政府对人们行使属于社会的权力。政府代表社会施政，从社会获取权力以促使全体社会成员履行自己的社会义务并使他们服从法律。同时，它也意味着政府及其公职人员切实履行社会契约规定的条件，即保障社会利益、促进社会公共意志的实现。后一层含义表明了政府治理的实质意义。② 王浦劬认为，政府治理是指政府行政系统作为治理主体，对社会公共事务的治理。就其治理对象和基本内容而言，其包含着政府对于自身、对于市场及对于社会实施的公共管理活动。政府治理概念是一个与我国国情相适应的概念，其基本含义基于国家治理的基本含义而生。在中国共产党人治国理政的话语和理论意义上，“政府治理”是指在中国共产党领导下，国家行政体制和治权体系遵循人民民主专政的国体规定性，基于党和人民根本利益一致性，维护社会秩序和安全，供给多种制度规则和基本公共服务，实现和发展公共利益。③

根据十八届三中全会的《决定》提出，在新的历史时期，政府自身的治理优化，就是要建设法治政府与服务型政府。并且指出“科学的宏观调控，有效的政府治理，是发挥社会主义市场经济体制优势的内在要求”。④ 由此，我国的政府治理通常包含三方面的内容：一是政府通过对自身的内部管理；二是政府作为市场经济中“有形之手”，通过转变政府职能、健全宏观调控对市场经济健康运行，更好地发挥政府的作用，进行经济和市场治理活动；三是政府作为社会管理主体，在党委领导、政府负责、社会协同、公众参与和法治保障的基本格局下，对社会公共事务进行的管理活动。

---

① 任维德．公共治理：内涵　基础　途径[J]．内蒙古大学学报(人文社会科学版)，2004(1)：113-116.

② 蔺丰奇．地方政府治理问题研究——基于公共治理的视角[M]．石家庄：河北科学技术出版社，2015.

③ 王浦劬．国家治理、政府治理和社会治理的含义及其相互关系[J]．国家行政学院学报，2014(3)：11-17.

④ 中共中央关于全面深化改革若干重大问题的决定[N]．人民日报，2013-11-16.

(二)地方治理

20世纪70年代的“新公共管理”运动引发了政府再造。丹哈特夫妇提出:“新公共服务的标准模式的七大特征:服务而非掌舵;公共利益是目标而非副产品;战略地思考,民主地行动;服务于公民而非顾客;责任单一性;重视人而不只是效率;超越企业家身份,重视公民权和公共服务。”①新公共服务运动的出现不仅为地方治理奠定了理论基础,也引起了欧美学者的研究兴趣。联合国开发署将地方治理界定为:“公民、社会组织能够通过完善的社会制度、机制表达自己的利益需求,明确其享有的权利和承担的业务,地方政府有责任对公民的诉求进行回应。在治理的过程中,还需要政府、公民、社会组织共同的参与,授权给公民、社区组织让他们平等地参与地方治理与地方发展过程。”②

Bovaird 和 Loffler 分析了西方国家推行治理的经验,对地方治理给出了下列定义:地方治理是一套正式与非正式的规则、结构以及过程,它决定了个人与组织行使权力的方式,这一方式除了超越一般利害关系人所做出决策的力量之外,也会影响个人或组织在地方层次的福利。他们认为,基于以上定义,地方治理可以进一步导出下列四项含义:第一,多元治理,地方复杂公共问题无法由地方政府单独解决,而要依赖同其他组织或人员的合作;第二,包括正式与非正式的规则在利害关系人互动中,两者均可能会受到重视,彼此间会产生优先顺序;第三,除了新公共管理所强调的市场机制外,也重视政府固有的核心权威以及协调合作的网络关系;第四,基于政治运作传统,考虑各利害关系人之间权力互动以及促进自身利益的情境,不能交由管理者或精英来掌控治理。

从以上分析我们可以发现,地方治理的概念重新界定了地方政府与社会的关系,也就是地方政府将不再是地方事务的唯一主导者,更多地要考虑多元利害关系人。地方治理是政府部门、非政府组织和私人机构共同管理社会公共事务的社会管理模式,管理社会公共事务不再是国家的专利,各种非政府组织、私人机构也是重要的管理机构。

治理具有以下重要特征:第一,地方治理重视社会管理力量多元化。治理强调处于市场与政府之间的第三部门管理社会的必要性,政府作为公共权力中心固然重要,但是除政府外,社会上还有属于第三部门的机构或志愿性机构,如教会、各种基金会、私立协会、民间慈善组织、福利机构、志愿组织、社区互助组织等。它们分别致力于种种社会和经济问题的解决,负责维持秩序、参加政治、

① 罗伯特·B·化丹哈特,珍妮特·V·丹哈特. 新公共服务:服务而非掌舵[M]. 北京:中国人民大学出版社,2004.

② 尹东华. 从管理到治理——中国地方治理现状[M]. 北京:中央编译出版社,2006.

经济与社会事务的管理方而发挥作用。第二，地方治理需重新定位政府角色。治理理论认为，在新的社会治理结构中，政府充当元治理(meta governance)的角色，承担指导责任和确立行为准则的责任，但不具有绝对的权威。第三，地方治理倡导网络管理体系。共识、共治、共享是这个网络管理体系的明显特征，基于市场原则、公共利益、社会认同之上的政治国家与公民社会的合作政府与非政府组织的合作，公共机构与私人机构的合作，是网络管理体系运作的基本路径。治理理论倡导的网络管理体系凸显治理理论的民主特征。

(三)地方政府治理

随着学者研究的不断深入，"地方政府治理"被提出。关于地方政府治理的含义阐释，主要是英国和西欧学者的研究居多。如英国著名学者威廉·L·米勒、马尔科姆·迪克森和格雷·斯托克认为地方政府治理是"关于地方服务的委托、组织和控制，这些地方服务包括地方区域内卫生、教育、治安、基础建设和经济发展等"。西欧和北美的学者 Tony Board and Eke Loffler 给地方政府治理下的定义为：地方治理参与者之间交互作用以此影响公共政策的结果，所以地方治理是由各种结构和过程的相互影响及其他连接参与者的网络机制所构成。在各个参与者之间并没有严格的等级界限，比如，中央政府的愿望不一定凌驾于地方政府之上，因为这种影响发挥作用的方式经常是微妙的并且有可能会破坏由立法确定的等级关系。

当然，在中国目前仍主要以地方政府为治理中心的状况下，地方治理主要是地方政府的治理。依据《中华人民共和国宪法》和《中华人民共和国地方各级人民代表大会和地方各级人民政府组织法》等的规定，地方政府是指地方国家行政机关，包括省、自治区等区域性地方政府和县、乡(镇)等基层性地方政府。地方政府受中央政府的指导，地方治理是国家治理的重要组成部分，因此不少学者将地方治理等同于地方政府治理。

《地方政府组织法》明确规定，地方政府的职能涉及经济、教育、科学、文化、卫生、财政、民族、民政等广泛的社会治理领域。由此可见，地方政府的治理范围十分广泛，我们可以把地方政府治理定义为：在一定的贴近公民生活的地理空间内，依托于政府组织和民间的社会自组织机制等各种组织的网络体系，协同完成公共服务的提供和实现社会事务的管理，进而达成以公民发展为中心并积极回应环境变化的、使地方富有发展活力的新型社会管理体系。因此，地方政府治理具有贴近公众性、在地方发展中的主导性、地区差别性等特点。

三、地方政府治理模式

治理作为一种政治与社会制度的实践，成为发达国家和发展中国家适应环境变化而选择的一种新的政府管理形式，以促使经济的增长，获得社会新的秩序。

任何现实运作中的政府都在特定的生态环境下开展行政活动，生态环境的动态性和复杂性决定了政府行政必须以灵活性和有效性作为根本价值取向。如果没有有效政府，经济社会的发展是不可能的。现代政府在整个社会中依然充当着非常重要的角色，特别是在合法地使用暴力、决定重大的公共资源分配方向和维护公民基本权力、实现公平价值等方面，政府仍将发挥着其他组织不可替代的作用。但是，它不再是实施社会管理功能的唯一权力核心。这意味着，非政府组织、非盈利组织、社区组织、公民自组织等第三部门和私营机构将与政府一起共同承担管理公共事务、提供公共服务的责任。这些组织的权力也将得到社会和公民的认可。正如美国奥斯本和盖布勒在《改革政府：企业精神如何改革着公营部门》中讲到的：政府实现公共服务的方式将是掌舵，而不是直接划桨，其控制的权力将从集中走向分散。这一变革内在的行动逻辑是：公民和民间组织将成为一种主要的发展潮流，公民的个人责任以及个人对自己决定承担的后果将上升为社会选择过程中的主要法则①。

近年来，在西方政府改革过程中，一些学者提出了地方政府治理的模式，其中最具有代表性的有：

澳大利亚学者休斯在《公共管理与行政》一书中说：近年来，西方发达国家公共部门的管理方式已发生了变化，以官僚制为基础的传统行政管理模式正在转变为一种以市场为基础的新公共管理模式。该模式的特征是：注重结果的实现和管理者负个人责任；使组织更具灵活性；注重绩效的管理；公共管理人员更具有政治色彩；将掌舵与划桨分开；用市场化方式减少政府职能②。

世界经济合作组织在 1993 年度的《公共管理的发展：概述 1993》③中指出，OECD 国家的管理主义改革强调，在各个(政府)层级之间、在监督机构与执行机构之间、在公共部门与私人部门之间引入一种更加契约化、更多地参与和更大地选择自由的关系。该模式的特征是：提高人力资源管理水平；员工参与决策与管理过程；放松管制并推进绩效目标管理；信息技术的利用；顾客服务；使用者付费；合同外包；取消垄断性管制规定。

奥斯本和盖布勒在《改革政府》一书中提出“企业化政府”模式，此书成为美国 20 世纪 90 年代开始的美国“重塑政府”改革的理论基础。该模式包含了十大原则：起催化作用的政府；社区拥有的政府；竞争性的政府；有使命的政府；讲究

① 陈建先．政府治理特征及模式抉择[J]．行政论坛，2005(5)：6-8.

② 陈振明．政府再造[M]．北京：中国人民大学出版社，2003.

③ 张康之等．公共管理导论[M]．北京：经济科学出版社，2013.

效果的政府；受顾客驱使的政府；有事业心的政府；有预见的政府；分权的政府；以市场为导向的政府①。

英国学者 E. 费利耶等人在《行动着的新公共管理》一书认为，不存在统一的政府治理模式，只有各种不同类型的政府治理模式，并归纳出四种模式。第一种模式为效率驱动模式：注重控制成本；权力向资深管理者转移、向组织战略层转移；注重绩效管理及评估；强调对顾客负责；强调企业化管理方式。第二种模式为小型化与分权模式：向精致、成熟的准市场的扩展；公共部门批准资源的机制；合同管理；向扁平型组织结构的转变；影响式管理、组织网络形式相互作用；灵活多样的服务系统。第三种模式为追求卓越模式：该模式分为由下而上和由上而下两种途径。在由下而上的形式中，强调组织发展和组织学习；强调由结果判断绩效；主张非中心化。在由上而下的形式中，促进组织的变迁；重视领导魅力的影响；强调人力资源管理。第四种模式为公共服务取向模式：关心提高服务质量；强调产出价值；强调民权理念；强调对日常服务提供的全社会学习过程；强调公民参与和公共责任制等。

美国著名组织理论家 M·盖伊·彼得勒认为，西方国家在近年的政府改革过程中，形成了四种政府治理模式，即市场政府模式、参与模式、弹性政府模式和非管制政府模式，其特征如表 5 所示②：

表 5　**政府未来的治理模式特征**

	市场政府	参与模式	弹性政府模式	非管制政府模式
主要的诊断	垄断	等级制	永久性	外部规制
结构	分权	扁平型组织	虚拟组织	不重视组织结构
管理	绩效工资制及私人管理技术	全面质量、管理、团队	管理临时人事	更大的管理自由
政策制定	内部市场	咨询、谈判	试验	企业化政府
公共利益	低成本	参与、咨询	低成本	行动主义

① 陈国权．论转变中的公共行政范式[J]．浙江社会科学，2002(4)．

② [美]B·盖伊·彼得斯．政府未来的治理模式[M]．北京：中国人民大学出版社，2014.

治理社会经济是政府应有的责任，但政府采取什么样的管理方式、手段，在哪些方面、环节进行管理，以及管理到什么程度，都可能对社会经济的发展产生不同的效果。具体而言，地方政府治理模式有如下类型①：

1. 传统官僚模式。传统官僚模式假定在市场失灵的情况下，政府部门成为公共服务和产品的垄断性供给者，而独自承担设计、生产及维持等治理职能，扮演独占所有治理职能者的角色，确信公共部门与私部门的本质完全不同，以公共利益极大化为目的。传统官僚政府作为统治阶级统治人民的御民之器而存在的，政府模式和行为受政治统治的理念所支配。传统官僚模式是从属于社会等级差别的，是一种以统治的形式来实现等级秩序价值的社会治理方式，一直是公共组织治理的核心概念，其核心——秩序就是价值。

2. 市场模式。地方政府选择市场治理模式是为了节约施政成本、提升服务品质与绩效等，其特征是由市场机制承担生产的职能，设计和维持的职能则仍由官僚体制负责。市场模式也以强化对社会的管理为目标。虽然较传统官僚模式前进了一步，但政府作为管理的主体，处于管理的核心地位，驱使着作为管理客体的整个社会围绕政府的活动转变，所以表现为一种政府中心化的现象。传统官僚模式和市场模式的理念特征：其一为政府本位，即以政府自身为中心的权力体制和运行机制；其二为权力本位，即以集权形式出现的权力本位，整个政府组织结构都是建立在权力基础之上的。总之，这两种类型的政府都凌驾于社会之上，不管是进行统治还是管理，都选择了强制性的作用机制。

3. 政策网络模式。政策网络模式认为在地方治理的过程中，任何行动者透过社会过程的引导作用会形成一种自组织的网络治理②。治理过程中的行动者除了政府机关以外，还包括其他私部门和志愿性团体，且这些行动者彼此之间具有资源互赖的关系，任何治理结果的产出都必须经由行动者之间协商和资源交换而完成。网络治理模式中官僚体制与其他社会行动者分担或分享生产、设计和维持等三类治理职能。在国家涉入的最低程度下，各类行动者与利害相关者通过协商、讨价还价、博弈等形式自发地解决他们自己的问题，借助协力合作关系和资源共享的目的来整合社会各类资源。

---

① 娄成武，张建伟．从地方政府到地方治理——地方治理之内涵与模式研究[J]．中国行政管理，2007(7)：100-102.

② R. A. Rhodes. *Understanding Governance : Policy Net works, Governance, Reflexivity and Accountability*[M]. Buckingham: Open University Press. 1997.

第二节　我国地方政府治理创新的发展实践

一、我国地方政府治理创新的实践

回顾改革开放四十年，我国地方政府治理创新的道路发生了很大的变化。总体来看，我国地方政府治理创新的实践发展大概分为三个阶段：改革开放初期的酝酿阶段、20世纪90年代的产生与发展阶段、2000年之后的快速发展阶段。

（一）改革开放初期：地方政府治理创新的酝酿

改革开放以前，我国地方政府还完全没有治理的概念，属于全能型政府管理模式。政府通过对单位的全面控制，实施对全社会的管理，国家几乎包办了社会的全部事务。这种管理模式在当时的经济发展背景下有其一定的合理性，但随着社会的发展，其弊端日益显现出来。改革开放初期，政府开始转变职能，探索新的管理模式。政府工作的重心从“以阶级斗争为纲”转变到以经济建设为中心，政府职能朝着亲市场化的途径转变。对经济活动的调节由行政手段转变为经济手段；对社会事务的管理由直接干预向宏观调控转变。1982年，政府进行了第一次政府机构改革。在这次改革中，政府机构膨胀、人员膨胀的趋势得到一定程度的遏制，政府机构和人员数量趋于精简。1988年，政府进行第二次机构改革。这次改革着重于大力推进政府职能的转变。政府的经济管理部门要从直接管理为主转变为间接管理为主，强化宏观管理职能，淡化微观管理职能。其内容主要是合理配置职能，科学划分职责分工，调整机构设置，转变职能，改变工作方式，提高行政效率，完善运行机制，加速行政立法。改革的重点是那些与经济体制改革关系密切的经济管理部门。改革采取了自上而下，先中央政府后地方政府，分步实施的方式进行。通过这次改革，政府的经济调节、市场监管、社会管理的职能部门得到了强化。整体来看，改革开放初期，政府在治理模式上有所突破，属于酝酿阶段。

（二）20世纪90年代：地方政府治理创新的产生与发展

随着对于社会主义市场经济体制认识的不断深化，我国政府的各项改革措施不断出台、实施，中国经济也发生着急剧的变化。这种变化的核心是市场力量的不断加强，计划范围、程度的不断减弱。这一时期，治理多元主体中的地方政府主导与治理相混合，治理的力量由自上而下的行政权与自下而上的民权两股力量交汇，这时的地方政府重经济职能，做到计划与市场有机结合，计划经济为主市场经济为辅，政府引导企业，政府主要掌舵，也参与划桨。地方政府是宏观经济的管理者，经济社会的调节者。这一时期，政府治理的重点不仅是政府机构的调整与优化，还注重政府本身机构的运行机制改革。如相继提出了科学民主决策机制、重大决策评估机制、社会听证制度等创新型的运行机制。随着政府运行机制的不断建立和完善，政府的执行力和公信力都得到了一定的强化和提升。除此之外，政府的服务方式也发生了变化，公共服务从封闭开始走向开放、透明，政务公开，行政权力的运作更加公开和透明，政府信息公开的时代已经到来。这一阶段，政府的治理创新产生并开始发展，取得了一定的效果。

(三)2000 年以后：地方政府治理创新的快速发展

改革开放以来，我们国家政府一直在积极探索政治、经济和行政体制改革，对政府的治理活动进行了不断地摸索与创新，并取得了显著的成果。在过去的10 年中，地方政府治理实践不仅涉及依法行政、责任政府、行政效率、公共服务、环境保护、扶贫济困、社会管理等政府公共性改革，而且还广泛地涉及民主选取、政治参与、政务公开、干部选拔、权利监督、立法改革、司法改革、决策改革等政治体制改革。具体来说，这二十年的地方政府治理创新实践主要集中在政治体制改革、行政体制改革、公共服务创新和社会管理创新四个方面。

1. 政治体制改革方面的创新实践。第一，基层民主制度建设。如吉林省梨树县创造的村民委员会“海选”，主要是在全县范围内，各村民委员会的组成人员实行“海选”大海捞针似的进行不定候选人、不加任何干涉的选举，一轮又一轮，直至选出主任、副主任和委员。这种非常民主的选举在全国推广，在世界上发生了很好的影响。又如浙江省台州市的乡镇街道团委书记直选，团员采取直接无记名投票选举产生乡、镇、街道的团委领导班子，是农民当选为团委书记的，试用一届三年，继续当选的转为干部。这种直选在青年中影响较大。还有湖北省广水市村党支部书记两票直选，用两票选出村党支部书记，一票是群众选民的信任票，另一票是根据群众的信任票，党员直接选举村党支部书记和支委。这种选举在全国范围内引起了广泛关注。这些选举形式都是由基层村民直接参与选举，大大提高了选举的民主性，让百姓选出自己信任的官员干部。第二，公众参与。如浙江省温岭市的“民主恳谈”，创始于 1999 年 6 月，最初在全市各乡镇(街道)、村、社区、非公企业和市政府职能部门等各层次全面推开后，取得了明显的效果。“民主恳谈”的主题由最初多为群众提出的与自己切身利益相关的问题转变为涉及村、镇、企业或全市的公益大事为主。随着时间的推移，以“群众出题目，政府抓落实”“一期一主题”为基本形式的“民主恳谈”活动逐步朝制度化、规范化和程序化方向发展，并成为村、镇、企业和市职能部门作出重要事项决策的必经程序。

2. 行政体制改革方面的创新实践。第一，行政审批体制改革。这一时期，行政审批是近些年政府行政体制改革的重点和难点。各地方政府通过积极的探索，创新出了许多行政审批改革机制，并在一定程度上取得了效果。如天津市南开区的“超时默许”新机制，主要内容是行政审批部门对受理的事项，如果在规定时间内未作出准予或不予许可决定，又未经法定程序延长审批时限，逾期未办结的，将自动视为默认同意。经过这项机制的实施，明确了行政审批责任，避免了传统行政审批中的人为因素，提高了行政审批的效率、提高了行政审批的透明化、有效地优化了经济发展软环境。又如成都市的“深化行政审批的改革”，以选定工作突破口为关键、以拟定工作思路为核心、以流程再造为重点、以网络系统为实现并联审批的保障，提出了“一窗式”审批需具有的三项特征，即告知在先，服务在前；逻辑法定，关联清晰；网络保障，信息同步。这个项目一定程度上解决了“一窗式”行政审批形式下存在的不严格依法行政、行政审批效率低、群众办事不便、行政服务不规范等问题。第二，行政绩效改革。为深入贯彻落实科学发展观，促进各级国家行政机关进一步转变工作作风，切实履行职责，提高行政效率，加快建设服务政府、责任政府、法治政府和廉洁政府。近些年来，地方政府开始关注政府行政绩效考核和建设。如北京市市级国家行政机关绩效管理体系的建设就是这一方面的典范。2008 年以来，北京市政府积极研究绩效管理模式，建立了以“三效一创、八大指标”为核心的绩效管理指标体系，制订了《北京市市级国家行政机关绩效管理暂行办法》。绩效管理指标体系的内容“三效一创”绩效管理体系主要围绕履职效率、管理效能、服务效果和创新创优等个方面涉及的项指标进行管理和考评。绩效管理体系的建立有效改变了粗放式的政府管理模式，提高了政府运行的全局性、系统性和规范性，使整个管理体系更加完备，实现各司其职、不误时令。第三，行政管理制度改革。这方面的创新实践形式多样，既包括乡镇的行政管理体制改革，街道管理体制改革，又涉及政务公开、政府采购、行政执法、信访工作、电子政府建设和法治政府的建设等方面。如党政领导机关在制定重大政策之前广泛吸取相关专家和群众对该项政策的意见与建议，并且在可能的情况下吸收有关人员参与决策的政务公开制度；政府通过互联网公布政府工作信息，加强与公众的互动交流，开通网上办公系统的电子政务的实践等。

3. 公共服务方面的创新实践。第一，社会保障。政府一直关注对社会群体的福利保障工作，并通过多种渠道来保障群众的基本生活。如福建厦门政府建立的市民健康信息系统，主要是利用社会保障卡或市民健康卡作为患者唯一的身份识别标识，通过卫生信息专网为厦门市行政区域内每一位居民(包含全体城市和农村居民)建立统一的电子健康档案，内容包括从生命孕育到终结整个过程中与该生命有关的所有健康信息。同时实现区域内医疗卫生单位的业务协同，从而达到减少患者不必要的重复检查和检验，优化患者就诊流程，充分利用信息技术手段来缓解群众“看病难、看病贵”等问题，实现医疗卫生信息资源的互联互通、共享调阅、业务协同，加强医疗卫生信息资源的管理和使用率，提高对突发公共卫生事件的应急处置能力，实现对医疗卫生机构实时的行为监控。第二，弱势群体维护。党和国家一直以来都高度关注弱势群体的生活状况，并制定了相应的福利政策。地方政府也在治理实践上注重这方面的尝试。如河北石家庄的关爱留守儿童机制的建设就是一个典型。留守儿童是农村儿童中的一个特殊群体，他们有着特殊的困难、特殊的需求，需要特殊的关爱。过去一直把他们当作农村一般儿童对待，从而出现或引发了一系列实际问题。现在通过关爱机制的建设，基本上解决了留守儿童无人关爱、生活设施简陋、缺少资金投入等问题。又如外来务工之家的建设，针对外来务工人员的生活保障、权益维护等方面的问题，地方政府给予了高度关注，制定了一系列政策和机制来保障这些外来务工人员的基本权益。第三，公益事业管理。近些年，地方政府在公益事业的管理上也作出了一些尝试，如安徽干汊河镇的小城镇公益事业民营化、广东深圳市公用事业市场化改革等，取得了一些成果，但在实施过程中也暴露了一些问题。

二、我国地方政府治理创新的类型与特点

（一）我国地方政府治理创新的类型

依据不同的划分标准，地方政府治理创新活动可划分为不同的类型。

第一，根据创新的手段不同，可以将我国地方政府治理创新分为制度创新、技术创新和政策创新。制度创新主要是针对政府现存的一些制度进行局部或全部的变革，以满足政府自身的建设发展和公众的需求。如针对行政审批制度进行的一系列变革，针对社区管理制度进行的变革等都属于制度创新范畴。技术创新是在政府创新过程中，充分利用科技工具、先进的管理技术与方法来为政府工作的开展服务，如实施电子政务或数字政府等。大部分创新行为都得以科学技术的辅助，如福建省厦门市政府开展的“市民健康信息系统建设”就是充分利用互联网工具开展的一个电子政务的典型。决策创新的侧重点主要在政府通过推出一系列的鼓励政策，促进社会和企业的良性发展，为企业发展提供良好的外部环境。

第二，根据创新的领域不同，有学者将地方政府治理创新行为分为理论层面的创新、体制层面的创新、人员层面的创新和操作层面的创新。理论层面的创新主要是指关于政府起源、性质、结构功能等方面的理念与知识的创新，近些年来尤其集中于治理理论和善治理论的探讨；体制层面的创新主要关注于包括民主制度、法律制度、经济制度在内的政府整个管理体制的创新；人员层面的创新主要把人做为改革创新的对象，不断提升和发展政府工作人员的行政能力；操作层面

的创新从政府如何处理行政事务的角度，来研究治理创新，主要集中于政府工作的信息化或电子化政府的建设。

第三，根据创新的内容不同，可以将我国地方政府治理创新划分为四个类型，即政治改革、行政改革、公共服务和社会管理。政治改革主要包括民主选举、公众参与、政务公开、权力监督、立法、司法改革及干部选拔等。行政改革主要包括行政审批、绩效管理、行政责任、户政管理等。公共服务主要涉及扶贫济弱、社会保障和农村服务等内容。社会管理则主要涉及社区治理、社会组织管理、公共安全管理等。

(二)我国地方政府治理创新的特点

1. 创新主体多元，类型多样，领域广泛。我国地方政府治理创新的主体呈现多元化的趋势，包括党委、政府、人大、政协、社会团体、自治组织等多个主体。创新类型可以分为政治改革、行政改革、公共服务、社会管理几大类型，里面还可划分为多个子类。领域涉及广泛，不仅包括政治选举、民主参与、民主政治建设等政治性改革，而且涉及依法行政、责任政府、行政效率、政务公开、干部选拔、权利监督等行政改革，还涉及社会保障、弱势群体维护等公共服务改革，以及社区治理、民间组织管理等社会治理范畴，几乎涵盖了政治、经济和社会生活的方方面面。

2. 地方政府治理创新实质上是公共治理创新。我国地方政府治理创新已经不再单纯局限于行政机关的治理创新，还包括广义政府和社会治理创新的内容，因此是典型的公共治理创新。在2000年以来的20年中，我国产生了“民主恳谈”“市民旁听”“电视问政”等大量新的公共治理形式，形成了公共治理多元化的格局。

3. 地方政府治理创新以基层民主政治制度、行政管理制度创新为主。制度创新是中国政府适应市场经济体制改革的需要，制度创新对于整个制度的调整和完善至关重要。政治制度创新的根本目的是解决权力来源于民的问题，行政制度创新主要是解决权力服务于民的问题，公共服务制度创新主要解决的是人民福利问题，社会管理制度创新主要解决社会安全问题。许多地方政府在政治制度、行政管理制度、公共服务制度、社会管理制度的创新方面做出了积极探索。但总体来看，我国地方政府治理创新以基层民主政治制度、行政管理制度创新为主，公共服务与社会管理的制度创新仍显薄弱。

4. 地方政府治理创新的区域分布不平衡。我国地方政府治理创新的区域分布很不平衡，经济发达的东部沿海地区的创新行为要明显多于中西部内陆经济欠发达地区。且东部经济发达地区创新行为涉及范围要广，以行政改革、公共服务和社会管理为主；中西部经济欠发达地区则相对来说创新行为涉及范围较窄，主要以政治选举方面为主，涉及个别行政改革。究其原因，可能和当地资源禀赋、经济发展水平有关。东部地区经济发展水平高，当地可利用的资源丰富，为政府的创新行为提供了优越的物质条件；而中西部地区由于经济不发达，加之资源匮乏，抑制了地方政府的治理创新行为。

三、我国地方政府治理创新的维度

(一)治理空间

这里主要指的是政策空间，即治理主体在治理过程中所处的政策环境和其能自由行动的政策范围。地方治理的政策空间既有其“有限明确”的一面，即应在中央授权、地方职责和法律法规范围之内，又有其“无限模糊”的一面，即必须要尽其所能、创造条件来维护社会稳定、促进经济发展、回应公众需求。因此，笼统地看，地方治理的政策空间是有弹性的。

当下地方治理的政策空间存在一些问题亟须引起重视：一是政策空间有限，地方政府治理的自由度不够，一些公共事务在中央和地方之间的分配不均衡，出现“有责无权”“玻璃天花板”的情况，导致地方政府治理创新的动力不足、勇气不够，生怕碰触红线。二是政策空间不明确，缺乏明确的法律保护、制度支持和政治保护。三是政策重心不稳，地方治理的随意性较大，短期效应、政绩效应明显，运动式、应急式特征突出。

上述问题主要有三个方面的原因：中央授权不明确，在“中央集权与地方自主权”之间存在着巨大的博弈空间；法治化建设滞后，中央和地方的权责关系没有厘清；评价机制不合理，在上级评价和民众评价之间存在矛盾，在政治绩效与民意表达之间时有冲突。

(二)治理资源

治理资源指的是治理主体在治理过程中所能运用或调动的人、财、物和信息等资源。

治理资源不足是当下地方政府治理的主要问题。一是事权与财权不匹配而导致的“治理责任的日益增加与治理资源有限性之间的矛盾”，它“逼迫”地方政府越来越关注预算外收入尤其是那些并不在统计范围之内的收入，这种偏好一旦形成即会产生更大的治理危机。二是政府治理的人手明显不足。越往下，地方治理的事务越庞杂、分散，但行政人员却并未相应增加，一些公共事务的基层经办能力明显不足。三是治理的技术经验不足。有些地方政府还不能及时适应治理形势的变化，缺乏现代化的治理经验，如与市场、社会合作的经验。缺乏现代化的治理技术，如对民意的掌握、回应技术和对信息的掌控、分析技术等。四是多元治理主体的发育还不充分。当自身资源有限时，政府可以也应该借助社会资源来推动地方治理。但在有些地方，市场或社会力量的发育可能并不充分，如社会组织发育不全，有参与能力的企业不多等。

值得注意的是，不同地区之间所拥有的治理资源具有较大的差异，经济发达地区的治理资源通常好于经济欠发达地区，这种差异往往导致地方治理的不均衡，产生地区间的不平等，尤其是在公共产品的提供方面。

(三)治理结构

治理结构指的是以政府为中心所形成的各种不同治理主体之间的关系结构，包括上下级政府所形成的纵向结构，同级政府之间、政府与社会、市场之间所形成的横向结构。

首先，不同层级政府所面临的治理结构具有明显的差异。在纵向结构上，层级越向下，对上负责的部门则越多，表现为“上面千条线，底下一根针”，因此地方治理结构要比中央层面的治理结构更复杂、更精细；在横向结构上，层级越往下，治理结构则越受到本地经济社会结构的影响，一些新兴的经济和文化精英、集团可能会对地方政府尤其是基层政府的治理行为产生直接影响。如在一些经济发达地区，社区企业甚至会取代政府，履行提供公共物品的职能。当然，那些社会结构比较单一的地区，政府主导则可能依然是主要的治理方式。其次，不同地域的地方治理结构也各不相同，这是由经济社会文化发展环境所决定的。一般来说，经济发展水平更高的地域，对治理的现代化要求更高，治理结构也更加多元化和现代化。

(四)治理理念

治理理念指的是对治理现代化的理解和认识，即对治理的多元化、法治化、民主化和协商性、过程性等要素的认识。治理理念有时先于实践，有时则是对实践的总结。

中央和地方的治理理念是存在差异的，其原因首先在于对社会形势的判断具有全局与局部的差异，因此多数地方的治理理念滞后于中央，即使某些地区治理理念比较先进，也往往是对社会形势发展的一种反应。其次则是因为治理任务具有宏观与具体的差别。地方所面对的治理任务更加庞杂、具体，更直接面对多元利益主体和公众需求，矛盾触点更多、压力更大，陷于具体治理任务之中，而较少考虑宏观规划。当然，最根本的原因还在于政策空间的有限性限制了治理理念的发展。

需要指出的是，地方治理理念的现代化程度与其经济社会发展程度、行政人员素质密切相关，因此也呈现出较大的地区差异，还易受到主政人员的影响。这就需要地方政府建立治理的长效学习机制，并通过加强政府问责，建设透明政府、数据政府加以辅助，以不断更新治理理念。

(五)治理成本

治理成本指的是达到治理目标所需耗费的资源与所达到的效果之比。在实践中，治理成本通常被具体化为选择此种而非彼种治理方式所导致的损失或所付出的代价，治理成本高，治理行为产生的几率就小。

地方政府的治理策略与治理成本密切相关。那些资源投入大却耗时长、见效慢的治理方式往往被认为"成本较大"，而经常会让位于一些"短平快"的治理方式，因为后者更容易见到政绩。悖论的情况则是，有些治理项目尽管资源投入巨大，但却是政府中心工作或上级交办任务，即使收效甚微却也可能成为治理重点；而有些并不需要较大的资源投入，但却因为不是首要任务的项目，则有可能被置于治理的边缘地带。而决定是否中心工作或首要任务的，往往是干部评价机制和政绩考核机制。此外，那些区域性或跨界的治理问题，由于无法避免"搭便车"而往往成为无主之地，如环境污染等。①

第三节　我国地方政府治理创新的动因与路径

一、我国地方政府治理创新的动因

政府治理改革与创新，乃是政府随着内外生态环境的变化，有意识地对其结构、功能、行为、政策乃至文化进行不断调整和改变，以谋取政府治理体系与环境之间的动态平衡，从而实现政府治理效能的行为或过程，是寻找和建立新的治理途径和方式(New Approaches and Mean)，从而实现和创造公共目的(public ends)和公共价值(public value)的过程②。

地方政府的全面、持续、有效的治理创新是对全面改革深化阶段实现国家治理体系和治理能力现代化新战略的能动性回应，同时也体现了通过渐进性自我改革，政府的职能和行为方式从统治型到管理型，再到善治型的演化发展的总体逻辑。地方政府治理创新的实质是对治理活动中相关利益格局、传统管理路径所进行的主动性与适应性调整，必然涉及不同区域、不同层级的政府和政府不同部门的观念和利益。地方政府治理创新要能够顺利推开、普遍推行和持续推进，就需

---

① 胡薇．理解地方治理现代化的五个维度[N]．学习时报，2015-11-30.

② 张成福．政府治理创新与政府治理的新典范：中国政府改革40年[J]．国家行政学院学报，2018(2)：33-39.

要建构一种有利于激发地方政府竞进、持续创新的长效实施机制来加以保障①。

地方政府治理创新的动因，是指地方政府作为创新主体的一种客观需要或潜在的利益要求。地方政府治理创新的外部动因，是指由于社会生产力的发展而导致的社会环境的变迁，主要体现为政府和社会关系的变迁与互动。社会环境的发展变化是地方政府治理创新的重要原因和主要动力。地方政府治理创新的内部动因，则是指由于制度及制度结构自身的内在缺陷而导致的地方政府对现有制度的完善和新制度的供给。

(一)外部动因

1. 国家指导思想变化。国家的宏观政策是地方政府治理创新的路线图，反映国家治理体系现代化的总体发展战略，是地方政府增量式、渐进式治理创新的主要依据。改革开放以来，中国共产党和政府把马克思主义的基本原理与中国实际和时代特征相结合，在改革开放的实践中形成了邓小平理论、“三个代表”重要思想、科学发展观等重大战略思想，特别是十八大以来形成的习近平新时代中国特色社会主义思想。这一系列具有战略性、前瞻性和创造性的思想，回答了发展中国特色社会主义的总目标、任务、总体布局、战略布局以及发展方向、发展方式、发展动力等基本问题。指导思想的创新，不仅仅丰富和发展了马克思主义，推动了马克思主义中国化，更是开辟了中国发展的新境界以及政府治理的新境界。由此也对政府治理体系和能力提出了更高的要求。当前，推进国家治理体系和治理能力现代化的宏观战略，以及一系列关于政府官员绩效考核与激励机制，正在促使地方政府对治理能力现代化、治理主体多元化、治理结构网络化形成“需求认知”，同时，对照国家治理现代化的总体战略要求，强化对地方宏观经济调控、市场监管、社会治理和公共服务方面的问题意识，正在促使地方政府形成“压力认知”。在需求认知和压力认识的基础上，推动增强地方政府对治理创新的“责任认知”，从而推动地方政府调整治理方式以提升地方政府政治权力的合法化、治理过程的合理化、治理效果的有效化。

2. 先进技术创新支撑。技术创新鼎立支撑地方政府治理创新效能。正如俞可平教授所言，政府拉开了治理体系现代化改革的序幕，为其创造性地改进治理方式、提高治理效率、增强治理回应性提供了“后发优势”，也缩短了地方政府公众之间的距离，为公众广泛参与治理过程搭建了政民互动的平台，建立起多元治理主体之间的沟通和治理的网络关系。一方面，通过应用新技术，有效节省地

① 胡宁生，戴祥玉．地方政府治理创新自我推进机制：动力、挑战与重塑[J]．中国行政管理，2016(2)：27-32.

方政府治理成本的同时，还可以通过政务公开、集中一站式办公、电子政务等技术手段来为树立现代化地方政府形象提供迅捷、便利的渠道。根据政府再造理论，只有工作重新设计后技术才能充分发挥作用。地方政府只有持续改进政治行政体制的民主决策、行政审批、公民问政和社会监督等治理环节，才能有效地实现政府治理与治理技术之间的“无缝对接”，进而持续强化地方政府的治理创新行为。另一方面，以网络、媒体、移动客户端组成的第三代政治传播方式，对传统的等级制的政府组织形式和管理方式提出了挑战，加快了“网络式”治理结构的生成。电子政务在治理中的广泛运用为“还权于民”，为增加民主参与直接性提供了技术支撑，为公众监督政府，表达利益诉求提供了更为便捷的渠道和方式。随着网络参与的不断深入，不仅需要政府管理者更加睿智和具有创新能力，更需要建立公民社会的远见和洞察力①。通过广泛的网络参与和对话沟通，建构公共话语体系，建立积极的社会洞察力或方向，这也从一定程度上倒逼地方政府为适应时代诉求而转变职能和治理方式。②

3. 民众的需求。随着公民社会的不断壮大，地方政府的改革更多的是回应公民的需求。地方政府日益面临着如何用尽可能小的成本为民众办更多事情的压力。当政府存在许多弊病，或社会存在许多问题，给人民群众带来极大的困扰和利益损失时，人民群众就会用各种方式向政府施加压力，迫使政府不得不进行创新。如行政审批改革就是基于民众所反映的行政审批流程繁冗、工作效率低的问题而进行的。

4. 上级压力与社会的联手推动。在这些改革中，有一些是上级机关推动的结果。例如，公共服务方面的创新就是如此。比如中央号召地方建立服务型政府，并不断推出考核压力，迫使地方政府在公共服务方面做出更多尝试，进行一些创新活动。也有一些是社会推动的结果。改革开放过程中政府放松了社会管制，公民社会崛起，公民的权利意识提升，政治、经济、服务的诉求增多。加之，改革过程是利益关系的重新调整过程，利益受损者必然要提出自己的诉求，要求社会公正，这使得来自社会的诉求与日俱增。在此背景下，地方政府的治理需要回应公民的诉求。如社会组织管理方面的创新就是社会推动的结果。

5. 来自国外的治理经验也在一定程度上推动了地方政府治理创新。改革开放以来，国内学术界对于公共管理的研究有了长足的进步，一方面介绍了国外政府治理的新鲜经验和治理的趋势，另一方面对我国政府管理的弊端也提出了许多

---

① Jeffrey Luke. *Catalytic Leadership*. San Francisco, CA: Jossey-Bass, 1998. p. 124.

② 胡宁生，戴祥玉．地方政府治理创新自我推进机制：动力、挑战与重塑[J]．中国行政管理，2016(2)：27-32.

批评。这些年学术界提出和倡导的“政治文明”“以人为本”“协调发展”“和谐社会”“人权入宪”“服务政府”“责任政府”“透明政府”“法治政府”等相继成为中央和国家的政策。这些都是重大的政治创新，也表明学者在推动社会政治进步中在发挥日益重要的作用。这些理念无疑对地方政府治理创新具有重要的推动和促进作用。

(二)内部动因

1. 地方政府自我推进。首先，由于各地的资源禀赋、经济社会发展程度不同，宏观的外部改革设计既不可能预先规划出符合所有地方政府治理创新的具体而统一的模式，也不能完全预见所有可能的违规意向和投机行为。其次，地方政府作为相对独立的、理性的行为者，必然根据外部制度的激励机制来设定行为预期，选择创新策略，同时有选择的借鉴其他地方政府治理创新的经验，从而最终只能选择成本最小效益最大的治理创新方式。再次，地方政府在治理创新中对制度进行适应性调整时，由于受信息限制、利益导向和路径依赖的影响，有可能阻碍某些创新性治理理念、行为和技术的学习和推广。随着不同区域、不同层级的地方政府治理创新需求的差异化发展，地域性、多样化的治理创新诉求倒逼着地方政府逐渐成为治理创新的能动性主体，地方政府治理创新更多地表现出自我推进的特征，它也将成为今后相当长时期中我国地方政府治理创新的主要实施机制。另外，在旧常态中，财政改革曾为地方政府创造了巨大的逐利空间，地方政府也从“代理型政权经营者”向“谋利型政权经营者”演变①，官员的政治升迁压力、地方经济的发展压力等外部压力都迫切需要地方政府提升平行辖区的实际竞争效能。在新常态下，保持辖区竞争优势、增进辖区民众利益逐渐成为地方政府创新的价值取向，也成为地方政府在自我推进治理创新过程中地方政府利益、政府官员个人利益与上级政府利益、公民利益诉求的“平衡支点”。

2. 地方政府官员自身的责任感。随着近些年来我国政府人事制度的改革，地方政府领导层不断知识化和年轻化，一些有理想、有抱负、有魄力的领导人不断进入基层政府领导层。他们面对目前地方政府或部门中存在的弊病和人民反映的诸多问题，有强烈的责任感去解决问题，这种责任感推动了创新行为。观察“中国地方政府创新奖”的获奖案例，大多数的地方政府或组织的创新行为都是以解决当前民众反应最强烈的问题为目的的。如内蒙古的草原项目，就是在边境走私、偷渡、跨境盗抢牲畜犯罪较为突出的情况下，在草原牧区群众的强烈要求下发起的。

---

① 杨善华，苏红．从“代理型政权经营者”到“谋利型政权经营者”——向市场经济转型背景下的乡镇政权[J]．社会学研究，2002(1)：17-24.

3. 追求政绩的强烈动机。有学者认为追求政绩是地方政府治理创新的动机，不可否认，这的确是事实。任何官员在任期间都或多或少地有政绩追求，政绩追求是政府创新的重要动机，但不是绝对的，不能否认有些官员有着强烈的责任感和为民服务的良好动机。

4. 地方政府之间竞争的需要。地方政府竞争是指在市场经济中作为各区域经济主体的地方政府为了吸引大量的生产要素，包括资本、劳动力和其他投入要素等而展开的竞争，以增强区域的竞争优势，尽可能地改善当地的公共服务和投资环境。特别是近年来，我国中央政府主要是通过财政转移支付和相关资源分配政策来调控地方政府的行为，为了获得中央政府更多的资源分配，地方政府纷纷进行治理创新。因此，治理创新就成为竞争的主要手段之一。比如同属于直辖市的北京、天津和重庆，同属于中部地区的山东省和河北省等，在治理创新的同时，不排除考虑竞争的需求。

(三)我国地方政府治理创新的动力模式

在治理视野下，我国地方政府的治理模式不再仅仅局限于传统的政府治理模式。从地方政府治理创新案例来看，治理主体扩大了，除了地方政府作为主体进行创新外，党、人大、工会、妇联、民间组织等多元主体都参与了治理创新的实践。因此，从治理主体角度来看，我国地方政府的治理已经形成以政府为主导的多元共治型模式，即以大政府为核心的公共治理模式。根据治理主体的动机，可以将我国地方政府治理创新划分为三种模式：自上而下的压力模式、自主创新模式及多方压力与自主创新相结合的模式。

1. 自上而下的压力模式。我国地方政府的治理创新活动，有一些是迫于上级政府的压力而进行的。如有些省级政府要追求更高的定位，就会要求市级政府甚至县级政府一起行动，为这一目标而进行相应的改革创新活动。如贵阳市实行的市民旁听制度，在取得了一定程度的成效后，陆陆续续地推广到各级区县，上下一起行动进行创新改革。

2. 自主创新模式。大多数的地方政府创新模式都是采取自主创新的模式。可能出于公众的利益要求，或是自身政绩的要求，地方政府都会积极主动地进行创新活动，以适应我国建设创新型国家的大趋势。如行政审批改革就是基于公众利益的诉求而进行的，公民参与也是为适应我国公民社会的崛起而进行的创新改革。

3. 多方压力与自主创新相结合模式。有些创新活动既有上级政府的压力和本级政府的工作压力，也有寻求解决问题的新制度、新方式的愿望，两者结合推动了地方政府的治理创新活动。如辽宁省沈阳市委市政府的信访工作新机制，就是这一模式的典型。一方面，沈阳作为东北老工业基地城市，历史包袱重，信访任务量大，信访稳定工作面临着非比寻常的复杂形势和严峻挑战。另一方面，十七大提出了关于“完善信访制度、健全党和政府主导的维护群众权益机制”的要求，中央、省两级政府在信访方面对沈阳市政府也有严格要求。在双重压力下，沈阳市委市政府以创新的发展思路积极改革信访机制，构建了“各级党委负总责，两级联席会议为龙头，两级信访大厅为载体，基层信访网络为支撑”的信访稳定工作新格局，同时构建了“四个一”的大厅工作新模式，即一站式接访、一条龙服务、一元化管理、一揽子究底，解决了许多历史遗留问题和积累多年的矛盾问题。

二、我国地方政府治理创新的挑战

“制度分析的关键是考虑到制度性激励体系的不完整特性，并将其纳入分析的框架之中。”①从已有的实践来审视，地方政府治理创新中自我推进机制所需要的交易成本和实际产生的绩效，的确既受到地方政府对外部刚性制度执行和修改的影响，也受到官员治理理念和作风、创新意识等非正式制度的影响。不少地方政府在治理创新中程度不等的存在着“脱实务虚，文字创新；不求实效，形式创新；难获推广，孤独创新；难以持续，短命创新等治理创新实效性不强”②等现象。因此，要构建地方政府治理创新自我推进的长效机制，就必须正视诺斯提出的“在使统治者和他的集团租金最大化的所有权结构与降低交易费用和促进经济增长的有效体制之间，存在着持久的冲突”的难题③。为此，必须着力对深嵌于自我推进机制内部的利益冲突、路径惯性和制度环境等方面的挑战做出分析。

一是潜在利益冲突导致的自我推进机制运用时面临的“偏利性”挑战。利益取向和个人偏好对利益主体的行动策略选择有着重大影响，地方政府治理创新的实施是不同利益集团相互作用的结果。由于地方政府“并不是像习惯上一般认为的那样总是代表社会和集体的利益而不受任何非理性的干扰”④，纵向府际间的信息不对称和横向府际间竞争的激烈化必然加剧府际间的利益冲突，强化地方政府自利性的价值取向，从而使地方政府的官员们在治理创新过程中常常表现出较强的“偏利性”，即规划治理创新行动方案时，选择的基点在于追逐利益的最大

① ［美］道格拉斯·诺斯．理解经济变迁过程．钟正生译［M］．北京：中国人民大学出版社，2013.

② ［美］道格拉斯·诺斯．理解经济变迁过程，钟正生译［M］．北京：中国人民大学出版社，2013.

③ 林冠平．地方政府创新的现存障碍与推动机制［J］．中国行政管理，2014(2)：79-81.

④ 李慧凤．制度结构、行为主体与基层政府治理［J］．南京社会科学，2014(2)：93-99.

化。“偏利性”的直接后果是治理创新中的“短视效应”。凡见效快、实施易的治理创新项目就得到地方政府的优先推崇，而很少去考虑这些项目对政府创新的整体化、持续化和制度化的影响。加之在实际治理中，地方政府又特别看重经济和社会的稳定，因而选择的治理创新方式和内容或者趋于平稳和保守，或者是产生西尔特和马奇所说的“冗余”创新现象，即乐于选择那些具有重复性的投入较小收益更高的创新形式。在这种“偏利性”导向下的自我推进机制，不利于地方政府治理体系的整体平衡发展，相反会滋长急功近利的情绪，甚至出现弄虚作假的现象，从而招致社会大众对地方政府治理创新道德正当性的质疑。

二是原有路径惯性导致的自我推进机制运用时面临的“前摄性”挑战。新制度经济学理论指出，过去的制度是包括政府在内的具有特定利益需求的组织赖以生存的基础，组织利益的分配受制度持久力的影响，因此组织会动用所持有的资源阻止那些威胁其生存、缩小其利益的变革①。当制度设计将地方政府官员的政绩考核标准主要定位于经济增长和社会稳定这类带有片面性的指标上时，具有有限理性的地方政府自然倾向根据之前的管理制度、方法和社会影响，采用平稳增量的方式制定下一步的治理创新决策和策略，从而导致创新行动设计上明显的“前摄性”。另外，地方政府治理创新实施的自我推动机制在现实运用中，不仅受当地经济发展水平和政府行政能力的制约，还受政府官员的行政行为偏好、传统行政文化和集体行动逻辑的影响。这必然导致理性的地方政府及其官员对先期治理创新实施机制的关注和在新的治理创新策略和实施机制选择上持审慎的态度，进而有可能在治理创新自我推进机制内部产生抵制创新的行为或创新不彻底的行为。

三是现实制度环境导致的自我推进机制运用时面临的“盲从性”挑战。“制度环境，是一系列用来建立生产、交换与分配基础的基本政治、社会和法律基础规则”②。新制度经济学理论将制度视为重要的信息传递工具，现实的制度环境成为地方政府计算治理创新行动方案的成本-收益预期的直接信息来源，地方政府的官员总是根据现有的制度安排产生的结果预期来决定其行为模式的。具有选择性激励作用的制度设计通过影响创新收益的分配效应，能够有效克服地方政府治理创新过程中的非合作博弈行为，并保障创新行为的持续性。然而在实际的政府治理创新活动中，考核制度和竞争压力在一定程度上激发出地方政府官员为追求任期内政绩最大化，追求治理创新外在形式和显性形象的不当行为，再加上治理

① 张维平，伍晓鹰．经济自由主义思潮的对话[M]．上海：三联书店，1989.

② [美]道格拉斯·诺斯．理解经济变迁过程，钟正生译[M]．北京：中国人民大学出版社，2013.

创新过程中监督机制的缺失，有些地方出现创新形式化、运动化、跟风化的倾向，有些地方则出现创新“口号化、意识形态化、盆景化”的恶劣现象①。

三、我国地方政府治理创新的路径

(一)优化政府结构

政府治理状况是构成国家竞争力的重要部分，而政府治理结构的优化是提升国家竞争力的一个有效途径。现代治理的理论和实践均已表明，大政府模式已经不合时宜，精干而高效、更具适应性的政府才是政府治理结构优化的价值取向。优化政府治理结构，首先就是要优化政府机构，打造扁平化的治理结构，减少行政层级，使政府内部的组织设计更具弹性和适应性，保证决策制定和执行的独立性和公允性，便于实施战略管理和宏观调控，降低行政成本，提高办事效率。同时要转换政府对经济的调控方式和手段。地方政府要将直接干预与间接干预结合起来并以间接干预为主，将微观干预与宏观干预结合起来并以宏观干预为主。应通过制定有效的产业政策及发展计划，通过运用货币政策、金融政策和财政政策等，有效发挥价格、利率、税率、信贷等经济杠杆的作用，实现政府对经济活动的引导、调控。此外，还要建立健全政府监督机制，不断完善惩治腐败的法律制度、领导体制和工作机制，防范和治理行政道德的失范现象。优化政府治理结构的最终目的，是要提升地方政府的公共服务能力。根据公共需求提供公共服务，是现代政府的基本职责。在我国市场化改革进程中，市场经济赋予政府职能以新的内涵和更高要求，即政府的作用除了提供公平竞争的市场环境和良好的社会环境外，还应当及时而有效地回应公众的需求，尤其是在我国经济社会矛盾比较突出的转型时期，地方政府要有效地为构建和谐社会提供保障，就必须适应社会发展的新趋势，进一步厘定公共服务内容，努力推进公共服务的观念创新、体制创新、技术创新和管理创新，建立与社会主义和谐社会相适应的公共服务体系，为公众提供更公正、更便捷、更优质的公共服务，保证公共服务的效率、品质和水平。

(二)推进治理主体多元化

构建科学、有效的多元治理结构是推进地方政府治理创新走向长效性和制度性的重要步骤。Kooiman 根据治理主体和治理结构的不同，将治理分为科层治

① ［美］R. 科斯，A. 阿尔钦，D. 诺斯．财产权利与制度变迁———产权学派与新制度学派译文集，刘守英译［M］. 上海：上海大学出版社，1994.

理、社会自治和合作治理三类，并将合作治理视为克服各种不可治理问题的新模式①。多元治理改变了政府与公民在传统管理模式中的管理与被管理、控制与被控制的关系，强调政府与公民的相互协作关系。这种协作关系有两层涵义：一是治理主体之间的法律地位平等。这就保证了政府、市场力量和公民社会组织能够在同一个平台上交流，不存在政府随意运用特权发布命令、强制使对方服从的情况。二是机会平等。政府应当而且能够为市场主体、公民社会组织提供平等的参与机会，使各利益群体和个人能够自由表达其意愿，共同管理社会公共事务②。

我国在推进形成合作治理结构的过程中，行政结构不合理、党政机构重叠、政府和社会的功能没有充分分化成为影响合作治理效能的深层次结构问题③。调整治理结构旨在提升公共治理的内在活力和效率、增强公共治理的回应性和多样性，扩充公共治理资源的整合渠道，因此，推进治理结构的调整、规范完善政府权力结构、加强制度和体制的保障作用是调整治理结构的结构性前提，协调多元主体间的利益关系，构建多中心主体的治理结构、利益保障机制、共容利益发展机制④，是培育公民社会、发展社会自治能力、增强治理主体功能互补的潜在要求。此外，在多元治理主体协同合作过程中，还需注意的是，多元治理主体拥有相异的话语体系、价值导向和利益诉求，缺乏整合统一的治理理念和协调机制同样会影响协同、合作治理的形式和质量，在推进治理体系和治理能力现代化的过程中，需围绕市场配置资源的决定性地位、多元治理结构和企业的社会责任重塑政府与市场、政府与社会、企业和社会的关系⑤。对于地方治理而言，责任的分担最为直接的依托就是分权。这种分权化的表现就是市场化和社会化：推动"政府—市场"的二元结构逐渐转向"政府-社会-市场"的三元结构。基于此，政府要主动放权，如通过编制"权力清单""责任清单""职能清单"，让政府在有限的边界内活动并接受监督。政府与市场之间，要革除政府既当"运动员"又是"裁判员"的顽症，注重激发市场的活力。政府与社会的关系同样重要，"政府与社会

① Benz A. Jan Kooiman. *Governing as Governance*[J]. Politische Vierteljahresschrift, 2006(2): 339.

② 肖文涛. 社会治理创新：面临挑战与政策选择[J]. 中国行政管理, 2007(10): 105-109.

③ 汪玉凯. 深化行政体制改革需要进一步解放思想[J]. 河北学刊, 2008(4): 133-135.

④ 杨文圣, 黄英. 论公平视域中政府社会管理的机制创新[J]. 云南行政学院学报, 2009(5): 61-63.

⑤ 胡宁生. 国家治理现代化：政府、市场和社会新型协同互动[J]. 南京社会科学, 2014(1): 80-86.

并不是两个完全独立的实体，它们在交换中相互赋权和变更行动边界，政府与社会之间是一种共赢而非零和博弈关系，良性合作是可欲可求的”。在地方治理现代化过程中，要以开放性的态度支持和培育社会组织，引导社会力量充当政府的助手，并发挥拾遗补缺的积极作用。

(三)完善地方治理合作网络

伴随基层社会治理创新可能性和必要性的显现，各地在基层社会治理创新中进行了大量的有益探索，衍生出“区镇合一”“镇改街”“镇管社区”“社区共治”和“网络化”服务等多种治理模式①，城市社区治理创新呈现出业务综合化、社会参与化、治理数字化和程序制度化等创新趋势②，但同时，社会整体结构、社会资源配置和社会问题情境具有明显的非均衡性特征仍不可小觑③，还需进一步发挥地方政府自我推进基层治理创新的积极性和主动性。在对基层社会治理创新实践发展路径的分类研究中，张再生和张红总结出第三部门等外力推动型、基层部门和民众发起型、上级管理机构设计实施型三种路径类型④；陶建钟将其分为国家监管模式、社会自治模式与合作治理模式三种，纵观各种分类标准，政府主导与社会自主的复合治理模式被多数学者视为我国社会管理创新路径的应然选择⑤。网络化治理成为我国地方治理未来的发展趋势，而当前我国地方治理合作网络无论是内部治理结构，还是外部生态环境都存在着一些发展的困境，一定程度上造成地方治理合作网络十分脆弱和发展乏力。为此，有必要采取一些针对性的措施来破解地方治理发展的瓶颈，增强地方治理的有效性和持续性。

第一，全面整合地方多层面责任体系，加强对地方治理主体的问责。责任可以看作是一种特殊的社会关系，责任就是他人对你采取行动所抱有的一种期望。当前加强地方治理责任体系建设主要从三个方面着手：第一，加强地方责任政府建设。主要从问责制度的建设，扩大问责的范围和领域，加大责任追究的力度，提高责任赔偿的标准，对腐败行为实行“零容忍”制度，延长问责的时限和链条，逐步推行终身问责制度等方面着手。第二，加强市场组织和社会组织行业约束，

---

① 杨顺湘．我国乡镇行政管理体制改革研究[J]．人文杂志，2009(6)：169-175.

② 戴祥玉．地方政府自我推进型治理创新：转型期城市社区自治的发展路径——基于4类社区治理创新典型案例的研究[J]．北京理工大学学报(社会科学版)，2017(3)：75-82.

③ 姜晓萍．国家治理现代化进程中的社会治理体制创新[J]．中国行政管理，2014(2)：24-28.

④ 张再生，张红．基层社会管理创新：模式、路径与对策[J]．理论探讨，2013(6)：144-148.

⑤ 陶建钟．复合治理下的国家主导与社会自主——社会管理及其制度创新[J]．浙江学刊，2014(1)：40-47.

重塑职业主义精神。通过内在的自律和外在的他律相结合，再辅之以严格的问责制度，就构筑起市场和社会组织的行为约束机制和责任追究机制。第三，培育理性负责的现代公民。借助家庭、学校、社会组织、新闻媒体等社会各界的力量，采取分阶段、分类别、分层次的多样化的教育方式推进公民社会化。通过公民参与地方治理过程中的共同学习、模仿和对照，也会无形中发挥了形塑人格和提升素质能力的作用。

第二，大力提升地方治理合作网络绩效，改善合作网络外部生态环境。地方治理合作网络的高绩效离不开各治理主体的通力合作。首先，加强制度规范建设，明确地方治理各主体的角色、权利、义务等，促使合作网络规范化运作。其次，合理分配公共资源，保障各级政府部门、各类社会组织都与其所承担任务相匹配的资源，使其能够发挥在合作网络中应有的作用。再次，通过教育培训，提方政府工作人员、地方组织工作人员和地方居民的整体素质和参与技术，引导各类成员积极有序地参与到地方治理中来。复次，通过加强地方信息化网络平台建设，千方百计地为社会组织和公民参与地方治理开辟渠道。最后，加强地方治理合作网络运行的诊断和反馈，及时发现问题并采取有效措施保护网络的健康可持续运行。

第三，重塑地方治理主体间的信任机制，开发合作网络的动力源泉。信任能够消除谣言、小道消息，重新唤起人们对地方网络治理共同体的信任和合作的信心增强地方合作网络的牢固性和持久性。当前要加强地方治理主体间的相互信任，可以从以下两大方面着力进行：首先，增强共生意识资源依赖意识，增强合作的内在动力。由于公共物品的外溢性和个人、组织的有限理性，使得合作共赢成为当前地方治理主体的最佳行动策略。加之，个人和组织所拥有的资源相对有限，建立命运共同体来加强合作成为必须。其次，利用充分嵌入到正式社会组织和非正式社会网络的互惠规范将各方的利益纳入进来，形成利益共同体。提高地方治理主体之间的信任程度并培育他们的利他主义的道德规范，从而增强他们采取集体行动的积极性，使各主体清楚地认识到，通过彼此间的信任和合作，最终都能因为集体行动而获益。

(四)构建地方治理创新自我推进机制

地方政府作为一个自组织系统，要能够有效的、持续的实行治理创新，就应当坚持主动的“持续机构变革，同时保持其网状组织模式”①的核心特征。要让自我推进机制真正发挥出正向的效用并保持这种效用的持续性，就应当加强地方政

① 杨雪冬．简论中国地方政府创新研究的十个问题[J]．公共管理学报，2008(1)：16-26.

府对治理创新公共性价值的认同、创新成果的制度化以及有效的创新策略的配置，在“三位一体”的动力结构之上构建起以价值认同、制度引导和策略匹配的三层次协同模式，形成治理创新自我推进的网状“反馈环”，只有这样才能真正释放自我推进机制的活力。

一是要重构价值认同，以确保自我推进机制的公共性。价值认同是确保地方政府治理创新自我推进机制长效运行的核心。地方政府变革中的“偏利性”是和公共性相违背的。政府的“偏利性”在自主权力的作用下会日益膨胀，许多地方政府在经营管理型的行政模式下曾一度坚持的“以 GDP 增长为核心”的政绩观、“经济增长压倒一切”的发展观，都是与公共治理的“公共性”价值相冲突的。在自我推进的治理创新中，地方政府最重要的任务之一就是要挑战那些在地方政府和官员身上存在的与新常态不相适应的错误政绩观和发展观，革除繁冗的做事风格，重构地方政府对于自身公共性的价值认同。根据萨义德(Edward W. Said)对于“自我认同”①的界定，应是在对“他者”界定的基础上对自我角色的认知和建构。在原有的地方政府的革新中，既有官员对治理效果预期的考量，也有地方政府对“竞争对手”夺取发展先机的疑虑，还有社会公众对地方政府治理创新效能的希冀，重构地方政府治理创新公共性价值认同，应着力重建官员伦理、绩效、府际关系和组织文化四个维度，并使之形成良性互动。重建官员伦理之维就是要强化公共治理的公共服务意识、责任意识和法治意识，通过政治宣传和自我学习的渠道，引导地方政府官员坚持“以人为本、以民为本”行政伦理，培养官员的科学发展观和全面的政绩观。重建绩效之维就是要建构促进政治、经济、文化、社会、生态五位一体协同治理，坚持创新、协同、绿色、开放、共享五项兼顾全面发展，重在相互学习和自我调整的科学绩效管理体系。重建府际关系之维就是要进一步强调区域、府际之间既竞争又合作的价值意义，积极构建包容性发展的互联互通、协同共治的平台，发挥可持续的府际聚合优势以减少“零和博弈”的损失。重建组织文化之维就是要重视推进“政策行销”和“创新行销”②，倡导地方政府治理创新的公共性、创造性、共享性，培育多元化网路治理文化和创新型组织文化。

二是要重申制度活力，以推动自我推进机制的创造性。制度活力是地方政府治理创新自我推进机制长效运行的关键。在现代治理实践中，新制度主义不仅肯定制度因素的功效，而且特别强调将有效的行为规范制度化，将各类制度整合使

① Frijof Capra. *The Web of Life*: *A New Synthesis of Mind and Matter*[M]. London: Harper Collins UK, 1996.

② [美]爱德华·萨义德. 东方学[M]. 王宇根，译. 上海：三联书店，1999.

之体系化，将制度与责任、激励机制连锁化，让制度运转起来，活动起来，形成制度活力。美国学者拉塞尔·M·林登(Russell M. Linden)认为政府部门规章过多、零碎这一事实可能是公共部门有效改造的最大障碍，在归纳公共部门过程再造设计步骤时提出了“从一张白纸开始”的理念，这种从头来过的改革精神也是地方政府治理创新中取得公众满意度，保持治理创新创造性的最为简捷的方式，就是要对已经证明是成功的创新经验进行总结，完善，并使之制度化，不断的巩固和维持并加以传承。在此基础上，要注重制度设计的巧妙性，如塞缪尔·亨廷顿(Samuel P. Huntington)不止一次强调的，“组织和程序与其制度化水平成正比例关系”①，有效的制度安排具有异于制度安排的其他行为所不可能导致的最优或满意的结果。通过治理创新成果的制度化，制度的体系化和构建良好的激励结构，促使地方政府形成稳定的行为偏好，减少创新过程中“人治”因素，规范地方政府的创新责任和权力限度，从而激励、引导、保证治理创新的基本方向、操作行为和实施结果，达到维持有效的持续的治理创新的目标。

三是要重塑策略匹配，以增强自我推进机制的精准性。策略匹配是地方政府治理创新自我推进机制长效运行的保障。受自然资源状态、人力资源状况、经济社会发展程度、政策环境、社会治理需求等因素的影响，我国东部中部和西部地区发展不平衡，导致了不同区域地方政府治理创新自我推进机制运用效果的差异。虽然任何行动机制都规定了行动的主体及其相应的行动责任，但是从实际出发，采取合适的行动策略也是至关重要的。就事实上存在发展不平衡的不同区域来说，地方政府在具体区域的治理创新中虽然都需要采用自我推进机制，但保持具体的地区特点和回应具体的实践需要才是提高地方政府治理创新效能的出发点和落脚点，为保障地方政府治理创新的精准性和可持续性，在治理创新的行动策略上，就应以区位特点为基点，兼具治理现代化特征的治理创新策略定位，首先要适应当地经济、社会的发展环境和满足当地群众的治理诉求，突出当地的区位比较优势和核心竞争力。其次，在学习和复制成功的治理创新经验时，要把握其地区适用性，减少治理创新实施中的“盲从性”。

正确的设计和建构地方政府治理创新的自我推进机制是地方政府持续性适应治理创新需要，解决治理创新过程中集体行动困境的有效路径。美国著名政治学家塞缪尔·亨廷顿曾指出：“各国之间最重要的政治分野，不在于它们政府的形式，而在于它们政府的有效程度。”②地方政府治理创新的实施的效能不在于创新

① 胡宁生．地方政府创新的配套、认同与扩展[J]．江海学刊，2012(3)：127-132.

② [美]塞缪尔·亨廷顿．变化社会中的政治秩序，王冠华等译[M]．北京：三联书店，1989.

的形式有多新颖，赢得的社会关注度有多高，关键在于治理创新本身是出于治理实践的需要，通过自我推进的内在机制得到实施的，从而使治理创新在持续中走向整体化和制度化。

复习思考题

1. 什么是地方治理？
2. 政府政府治理有哪些模式？
3. 我国地方政府治理创新有哪些类型和特点？
4. 简述我国地方政府治理创新的维度。
5. 我国地方政府治理创新的动因是什么？
6. 我国地方政府治理创新有什么路径。

案例分析

“最多跑一次”的浙江探索与实践

“最多跑一次”改革充分运用“互联网+政务服务”和大数据，从与群众和企业生产生活关系最紧密的领域和事项做起，体现了以人民为中心的发展思想，具有重大的理论与实践意义。

省十二届人大五次会议通过的《政府工作报告》中提出，要加快推进“最多跑一次”。“最多跑一次”改革充分运用“互联网+政务服务”和大数据，从与群众和企业生产生活关系最紧密的领域和事项做起，体现了以人民为中心的发展思想，具有重大的理论与实践意义。

“最多跑一次”充分运用大数据等现代技术，提高政府科学决策、监管市场、公共服务、社会管理和生态文明建设等能力，这不仅是“放管服”改革中政府的一场自我革命，更是从服务、政策、制度、环境多方面优化政府供给，以自身改革撬动经济社会各领域改革的“支点”，推动形成政府、市场、社会和人民的共赢局面。

“最多跑一次”改革不仅代表着新时期大数据的发展方向，而且提升效能、优化服务、激发活力，为发展营造更优的生态环境。因而，必须紧扣大数据这一核心，以“大数据驱动”来强力推进“最多跑一次”改革在基层的落地生根。

（资料来源：徐彬：《最多跑一次的浙江探索与实践》，载《浙江日报》，2017 年 5 月 22 日第 5 版。）

第十一章　地方政府责任制度

责任是民主政治的本质要求和核心问题，是公共行政的重要价值和基本特征。民主政治在现实政治生活中要求作为公共权力行使者的责任主体必须直接或间接地处于人民的监督之下，对人民负责，符合人民的利益和意志。从本质上看，民主政治本身就是一种责任政治，这不仅表现在民主政治蕴含着的为人民服务、对人民负责的价值理念上，而且还表现在民主政治能为政府责任的实现提供良好的制度安排上。

第一节　地方政府责任制度概述

一、地方政府责任制度的内涵

政府责任和政府权力是一对相辅相成的概念，“有权就有责，权责要对等”。① 政府责任意味着对政府权力结果的限定，是对政府行为的一种监督和制约，不承担政府责任的政府权力必然会导致公共权力的滥用。因此，健全、有效的责任制度是地方人民政府形成良性运行机制的重要前提和保障，其内涵的发展和内容的完善对地方政府改革具有重要意义。

“责任”一词，常常被当作“义务”的同义词使用，不仅指主体必须履行的由法律法规和伦理道德所确定的义务即客观责任，而且指主体基于“自由意志”对义务承担的主观责任。从表现上看，责任不仅是一种外部性规定，而且与个体的人的信念紧密联系在一起，是一种个体的道德自觉。

责任是和角色联系在一起的。在私人领域，人是自由的，在人之为人的基本责任之上，个人可以不承担任何责任，也可以承担他愿意承担的任何责任。当然，只要他有了对责任的承诺，就必须履行责任。而在公共行政领域，政府及其公务员从事公共事务的管理，必须考虑国家利益和人民利益，必须承担一系列限

① 习近平．习近平谈治国理政(第二卷)[M]．北京：外文出版社，2017.

制性的责任，而不能随心所欲，为所欲为，将社会引向无序。

在行政理论与实践的发展进程中，学者们对政府责任的内涵进行了深入探讨，美国行政学者詹姆斯·W·费斯勒、唐纳德·F·凯特尔认为，官僚责任这一主题非常重要，"在一个合乎宪法的民主制度里，没有比这更基本的问题了"。① 在西方政治哲学中，责任概念具有重要的地位与作用。罗伯特·格瑞哥瑞(Robert Gregory)认为："西方政治哲学的长久历史中，证实和加固了责任在自由民主政治体制中的中心地位。"责任是良好政治的主要内容，美国总统伍德罗·威尔逊(Woodrow Wilson)认为："权力及使用权力的严格负责态度是良好政治的主要内容。"②在民主政府的价值排序中，行政责任与行政效率同样重要，但从长期来看，甚至比行政效率更为重要。赫尔曼·法因纳(Herman Finer)认为，对于民主政府而言，行政责任与行政效率同样重要；而且，从长期来说，行政责任对行政效率有更大的贡献。实际上，民主政府首要的要求是责任，随后是效率。③

斯塔林指出，政府责任包含以下六个方面的价值：(1)回应。政府及其公务员应快速了解民众的需求，既要了解民众过去的的需求和现在的需求，还要了解民众未来的需求，并作出反应，采取积极措施。(2)弹性。在制定和执行政策的过程中，政府及其公务员充分要考虑各方面的因素，要结合每个地方的特色和实际，不能全国所有政策都完全一致。(3)胜任能力。行政责任要求各级政府的公务员，特别是地方政府的公务员要对结果负责任，要努力提高素质，提升行政能力和行政效率。(4)正当程序。政府及其公务员必须依法而治，未经正当法律程序不得剥夺他人的生命、自由和财产。(5)负责。政府及其公务员对其违法、失职之事必须承担责任。(6)坦白公开，清正廉洁。④ 费里茨·马克思认为，行政责任源自公职人员的忠诚的服务态度，其核心是一个统一的义务观念，它是公职人员对人民利益、社会利益的一种遵从意识。⑤ 费斯勒和凯特则认为，行政责任

① [美]詹姆斯·W·费斯勒、唐纳德·F·凯特尔．行政过程的政治：公共行政学新论[M]．北京：中国人民大学出版社，2002.

② [美]威尔逊著．国会政体[M]．上海：商务印书馆，1986.

③ Finer，Herman，1941. Administrative Responsibility in Democratic Government[J]. *Public Administration Review*，Vol. 1，No. 4：335.

④ Grover Starling，*Managing Pulic Sector*[M]. Chicago：The Dorsey Press，1986.

⑤ Marx，F. *Pulic Management in the New Democracy*[M]. New York：Harper & Brothers，1940.

要求政府及其公务员要严格遵守各项法律、制度，并坚持道德操守，使行政行为符合伦理道德的要求。行政伦理学家库珀则认为，行政责任可以分为客观责任和主观责任。他认为，客观责任具体有职责和应尽的义务两个方面，它来自于对法律的负责，对组织规划、政策和标准的负责以及对服务于公共利益的义务；而主观责任指忠诚、良心以及认同，它来自于公务员对责任的感受和信赖。

地方政府责任制度是指对各级地方政府在各自所辖行政区域内未能按照宪法和法律履行职责所应当承担的后果作出相关规定的制度。这就是说，政府责任意味着政府能够积极回应民众需求，并采取积极措施以实现社会公众需求和公共利益；意味着政府机关及其工作人员要履行其在社会中的职能和义务；意味着政府机关及其工作人员没有履行法定的义务、违法行使职权时，需要承担否定性的法律后果。从负责任的对象来看，地方政府责任制度包括三层责任：地方政府对地方人大及其常委会负责任；地方政府对国务院和上一级政府负责任；地方政府对地方人民群众负责任。从责任内容来看，主要包括政治责任、行政责任、法律责任和社会责任。①

二、地方政府责任制度的理论基础

(一)法治政府理论

2004 年，国务院发布《全面推进依法行政实施纲要》，提出“全面推进依法行政，经过十年左右坚持不懈的努力，基本实现建设法治政府的目标”。2015 年底，中共中央、国务院印发《法治政府建设实施纲要(2015—2020 年)》，确立了到 2020 年基本建成法治政府的奋斗目标和行动纲领，提出“经过坚持不懈的努力，到 2020 年基本建成职能科学、权责法定、执法严明、公开公正、廉洁高效、守法诚信的法治政府”。

法治是人类社会的理想治理状态。早在古希腊时期，亚里士多德就意识到法律权威对国家治理的重要性，他认为法律制度是治理国家的强有力工具。他从柏拉图的理念说出发，提出要推行共和政体，实施法治，通过法治，保障自由人的自由和平等人权，遏制人性恶的出现，推动良法统治的实现。他说：“一个国家的法律如果在官吏之上，而这些官吏服从法律，这个国家就会获得主神的保佑和

① 《地方政府与政治》编写组．地方政府与政治[M]．北京：高等教育出版社，2018.

赐福。”①他认为，法治至少应该包括以下两个思想：第一，法律至上，法律位居一切权力之上，并获得普遍的服从；第二，“大家所服从的法律又是应该本身是制定得良好的法律”，也就是说，要通过健全法律，建立完善的立法制度、执法制度和司法制度，实现法律至上。

后来，法治理论在西方不断发展，西方学者对法治政府进行了很多研究，不同学者对法治政府的内涵做了不同的规定。洛克认为，法治是这样一种状态，“政府所有的权力，既然只是为社会谋幸福，因而不应该是专断的和凭一时高兴的，而是应该根据既定的和公布的法律来行使。这样，一方面可以使人们知道他们的责任并在法律范围内得到安全和保障；另一方面，也使统治者被限制在他们适当的范围内，不致为他们所拥有的权力所诱惑，利用他们本来不熟悉的或不愿承认的手段来行使权力”。现代法治理论又有了进一步发展。哈耶克认为：“法治的基本点是清楚的，即留给执掌强制权力的执行机构的自由，应当减少到最低限度。”②

法治原则的主要内涵是：法律具有极大的权威性，法大于权，任何人在法律面前都是平等的；法律的制定是通过民主、公开的程序进行的，必须反映广大人民的意志并体现客观规律；非经法定程序不得因个别情形面改变法律的普遍性，即使它的目标符合正义；法律的执行必须有严格的制度和程序，权力必须接受法律的制约和程序的控制；对一切违反法律的行为都要依法追究其法律责任，滥用权力应受到追究，因此造成的损害必须经法定程序予以救济。因此，权力必须受到法律的约束，行为主体的一切违法行为都必须承担相应的法律责任，这就是法治的精髓所在。

法治政府必然是责任政府，有权力必有责任。权力是责任的前提，责任是权力的逻辑结果。权力与责任相统一制度的建立，使政府责任不可避免，责任最终归结于制裁，制裁的目的在于对政府公权力形成一种震慑力，使政府在法律既定范围内行使自己的权力。③

依法治国有两个重点：一是规范公权力，二是保障私权利。从规范公权力的角度讲，建设法治政府居于基础地位。因为只有通过法治政府建设，才能实现规

---

① 西方法律思想史编写组．西方法律思想史资料选编[M]．北京：北京大学出版社，1983.

② [英]弗里德里希·奥古斯特·哈耶克．通往奴役之路[M]．北京：中国社会科学出版社，1997.

③ 李军鹏．责任政府与政府问责制[M]．北京：人民出版社，2009.

范公权力的目的。所以，法治政府建设的一个重要特征就是职能科学、权责法定，只有通过科学配置政府职能，严格依法限制政府滥用权力，才能规范公权力。法治即法的统治。习近平总书记讲，“要把权力关进制度的笼子里”。什么方式才能够把权力关进制度的笼子里？只有法治。法治政府是实现把权力关进制度笼子里的重要途径。也只有把权力关进制度的笼子里、法律的笼子里，公民的权利才能够得到有效保障。

我们必须站在历史的、政治的高度认识建设法治政府的重要性。从历史经验和各国实践看，法治是有效的国家治理方式，因为其具有长期性、稳定性和可预见性，不因个别人看法、注意力的改变而改变。当前，我们对法治政府内涵的认识越来越丰富，对法治政府建设的要求越来越明确，只有顺应历史潮流和发展大势，坚定信念，义无反顾，持续不断地推进依法行政，才能早日实现建成法治政府的宏伟目标。①

（二）人民主权理论

“主权是我们的政治思想的主要表达，而且是理解宪政的历史的关键。”②“主权在民，民主的政府是建立在主权在民的基础之上的政府。”③主权学说起源于古希腊。从词源学的角度来看，“主权”在拉丁文中的意思是 Superanus，其含义就是比较高以及最高。在近代资产阶级启蒙思想家看来，主权（Sovereignty）的含义是国家的最高权力，或者说国家最高权力的意志所在，往往是构成国家范畴的核心要素，也属于国体的概念。

人民主权思想，是近代资产阶级启蒙思想家为了顺应市民阶级，反对封建专制，反对“君主主权”思想，回应人民民主的诉求而提出的。它是在对君主主权论中扬弃王权和宗教因素的基础上，根据社会契约论和天赋人权思想所推演出来的民主理念。首次完整提出人民主权理论的是卢梭，卢梭说：“唯有公益才能够按照国家创制的目的，即公共幸福，来指导的各种力量。”④也就是说，在卢梭看来，全体人民享有主权，可以自主选择政府，政府必须是人民选出来的，并且要切实保障人民的利益。现代国家公民所享受的民主权利，就是在人民主权理论基础上产生的。

虽然学术界上对人民主权理念认识各有差异，但都认为，其核心思想是，没

---

① 马怀德．深刻认识法治政府的内涵和意义［N］．光明日报，2017-05-08．

② ［美］斯科特·戈登．控制国家——西方宪政的历史［M］．南京：江苏人民出版社，2001．

③ ［美］弗雷德里克森．公共行政的精神［M］．北京：中国人民大学出版社，2003．

④ ［法］卢梭．社会契约论，何兆武译［M］．北京：商务印书馆，1982．

有人民的授权，就没有政府，人民是主人，政府是人民受托者，政府必须代表人民利益，向人民负责，并接受人民监督。卢梭认为，人民主权高于一切，甚至立法权力也是属于人民的，而且只能是属于人民的。① 恩格斯提出，自由的前提条件也是首要条件，就是所有公职人员必须向每一个公民负责。②在人民主权理论中，无论是民主程序还是民主制度，最终目的都是为了实现人民民主权利。

民主，是一个历史范畴，随着社会的发展，人们对民主的认识不断深化，社会民众对民主权利的要求不断提高，民主权利的内容不断丰富和拓展。在前资本主义社会中，国家是君主家族或者个人的私有财产，毫无民主权利可言。资产阶级兴起之后，为了对抗封建专制主义，维护自身经济利益，提出了“天赋人权说”和“社会契约论”等学说，以人民主权思想跟封建君王思想做斗争。在资产阶级取得胜利之后，他们把夺取的民主权利以宪法、法律的方式确定下来。因此，在当今的资本主义国家，宪法成为“公民民主权利的保障文件”，随着民主和法制的发展，民主制度已趋向于完善，公民在社会生活的方方面面，都享受着宪法和法律所保障的广泛民主权利。③ 在社会主义国家，社会主义制度是人民当家做主的制度，人民更加享受着比资本主义国家更为充实的民主权利。

(三)权力制约理论

权力制约是构建责任政府的一项基本原则。权力制约理论，是围绕权力约束和权力制衡所展开的学说。它强调，要合理设计权力结构，对政府权力运行进行抗衡、制约、监督，使政府权力不超越一定的界限和范围，从而保证政府权力廉洁行使，防止政府权力被异化，使政府权力的运行达到为人民服务的目的。

历史证明，任何权力如果不受监督、不受制约，就很容易造成腐败，必然是危险的。孟德斯鸠认为：“不受约束的权力必然腐败，绝对的权力导致绝对的腐败；道德约束不了权力，权力只有用权力来约束。”④

早在古希腊时期，亚里士多德就意识到法律对权力制约的重要作用，他认为，一个城邦的合理运转，需要加强法律监督，这样才能杜绝某些人滥用手中权力和财富，使行政权力受到约束和控制，改善民主国家的治理。

马克思、恩格斯在批评封建专制主义和资产阶级独裁主义的基础上，对西方资产阶级分权思想进行了批判、吸收，并对巴黎公社失败经验进行总结，形成独具特色的权力制约理论。他们特别强调人民监督政权、实行权力制约的重要意

---

① [法]卢梭．社会契约论，何兆武译[M]．北京：商务印书馆，1982.
② 马克思，恩格斯．马克思恩格斯全集(第3卷)[M]．北京：人民出版社，1972.
③ 黄平．将问责风暴进行到底[J]．海峡通讯，2006(1).
④ [法]孟德斯鸠．论法的精神(上)[M]．北京：商务印书馆，1982.

义，认为要人民想实行当家做主，必须掌握监督政府的权力。在巴黎公社时期，他提出，一切社会公职，包括中央政府，都要由公社的勤务员执行，使所有公职人员处于公社的监督之下。① 马克思主张无产阶级经过大选，选出自己的官吏和代表人物，并且随时可以撤换，从而有效防范官员滥用权力。他于 1871 年 4 月指出，公社要以接受人民监督的勤务员代替那些骑在人民头上作威作福的老爷们，实行真正的责任制。② 恩格斯于 1891 年指出，为了防止国家公职人员由社会公仆变成社会主人，公社必须把一切职位交给由普选选出的人担任，而且如果公职人员出现腐败行为，人民可以随时撤换他们。③ 马克思、恩格斯还提出了低薪制约权力的学说，认为政府的工作人员，应该领取工人的工资水平，官员特权衍生出来的办公费，都应该取消。

邓小平在总结建国以来民主建设经验和反思十年“文革”教训的基础上，形成了自己独特的权力制约思想。首先，他提出了法制制约权力的思想。他认为，制约权力运作的一个根本途径，就是要“依法制权”。为此，国家要不断完善法律，政府机关要严格根据宪法和法律规定行事，做到“有法可依、有法必依”。其次，他提出了制度制约权力的思想。他认为，要通过建立一套有效的制度，如民主集中制、人民代表大会制度、多党合作和政治协商制度、退休制度等，规范权力的运行。再次，他提出了监督制约权力的思想。邓小平提出，要加强群众监督、舆论监督、党内监督，尤其要有“群众监督制度，让群众和党员监督干部，特别是领导干部”,④ 以此推动政治体制改革。

习近平总书记 2018 年 12 月 13 日在十九届中央政治局第十一次集体学习时讲话强调，“国家之权乃是“神器”，是个神圣的东西。公权力姓公，也必须为公。只要公权力存在，就必须有制约和监督。不关进笼子，公权力就会被滥用。”“国家监察是对公权力最直接最有效的监督”“纪检监察机关要马克思主义手电筒既照别人更照自己，不能只照他人、不照自己”“要盯紧公权力运行各个环节，完善及时发现问题的防范机制、精准纠正偏差的矫正机制，管好关键人、管到关键处、管住关键事、管在关键时，特别是要把一把手管住管好。”

(四)社会契约论

现代民主社会是以社会契约为基础建立起来的，社会契约理论是把政府的执政合法性建立在政府与公民之间以及公民与公民之间的政治契约的基础之上，并

① 马克思，恩格斯．马克思恩格斯选集(第 3 卷)[M]．北京：人民出版社，1995.

② 马克思，恩格斯．马克思恩格斯选集(第 3 卷)[M]．北京：人民出版社，1995.

③ 马克思，恩格斯．马克思恩格斯选集(第 4 卷)[M]．北京：人民出版社，1995.

④ 邓小平．邓小平文选(第二卷)[M]．北京：人民出版社，1994.

以政治契约来制约政府行为的一套理论。在社会契约论的形成过程中，霍布斯、洛克、卢梭等西方学者作出了较大的贡献。

根据社会契约理论，政府权力来源于政治契约。为了组成社会共同体，公民与公民之间签订契约，其意志就是“公意”，这是主权者间的行为，是主权的最高体现。为了有效执行“公意”，公民与政府之间也签订了政治契约，公民与政府之间形成了委托—代理关系，政府因承诺维护社会公共利益而成为公共权力的实际“行使主体”，拥有管理社会的公权力，同时也负有服务社会、满足公民需求的责任，不能违背“公意”，否则，政府的权力就是“非正义”的。公民则是公共权力的“所属主体”，公民选择一种长效机制来监督和约束代替他们行使行政权力的政府及其官员。但是每个公民不可能都来行使权力，因此就需要一个代理者——政府及其官员，这些人是公民中的一小部分人，由他们组成代议机构行使公共权力，从而有效地管理国家和社会事务。

当然，这些公共权力并不是无限的，政府不能超越公民生命和社会公共幸福，政府“除了保护社会成员的生命、权利、财产外，就不能再有别的目的”,①政府权力必须置于人民代表的监督约束之下，因此，人民在委托代理的同时，也就保留了对政府工作情况的监督权。由于社会主义国家的一切权力属于人民，人民是国家的主人。因此，我国政府与公民的关系是平等的。从经济学的角度看，公民与政府可以比喻为消费者和供给者，公民通过纳税的方式向政府提供资金，政府这个大机构则用收税得来的资金雇佣政府工作人员，这些工作人员就用服务来回馈公民，履行自己应该承担的责任和义务。公民作为出资方，就应该有权利来选择为自己、为社会服务的工作人员，同时保留对这些工作人员监督和制约的权力。

目前，我国倡导人民民主的进程虽然在不断加快，但权力执行者的意志并没有真正完全顺应人民的意志，一旦权力执行者在行使权力时失去制约而滥用权力，国家和人民的利益就会受到损害，为了有效地防止权力滥用，使权力滥用者受到应有的惩罚，必须构建行政问责制，发挥责任监督和约束机制的作用。如果政府及其公务员不认真履行职责，不能为人民服务、造福于民，人民就有权力追究政府及国家机关工作人员的责任。

(五)善治理论

善治，即良好的治理，是人们持续追求和渴望实现的一种理想的国家治理模式，而不是一种强制的统治。善治，本质上是一个政府与公民共同对公共生活进

① ［英］洛克．政府论(下)［M］．北京：商务印书馆，1964.

行管理合作的过程，是一个国家权力回归于社会、还政于民的实践过程，也是一个实现公共利益最大化的过程。

西方学者认为，善治由六个基本要素构成。

其一，合法性。只有被人们自觉认可和服从的社会秩序和社会权威，才真正具备政治学意义的合法性，才是善治。而且，善治程度与合法性程度成正比，一个政府合法性质越强，相应的善治程度也越高。提高合法性的重要方式，就是尽量增强公民对社会事件的共识和政治上的认同感。因此，相关的管理机构和管理者，应采取各种方法，协调好公民之间、公民与政府之间的利益及矛盾，获得公民最大程度的认可与支持。

其二，透明性。透明性，就是政治信息对社会公众的公开程度。要求政府通过各种媒介，向公众公开政策制定、立法活动、行政预算、法律条款、公共开展等政治信息，从而有利于公众对公共事务的参与，对公共事务的监督。如果政府信息越透明，善治程度就会越高。

其三，责任性。责任性，就是政府机关及其公职人员应当在职务中履行一定义务和职能，并对自己的行为负责。政府机关及其公职人员承担的责任越大，意味着善治的程度也越高。

其四，法治性。善治必须建立在健全的法制基础上，在公共政治生活中，法律乃最高准则，法治是善治的最基本要求。法治性，就是要求政府机关及其公职人员，根据法律的标准行事，运用法律手段来保障公民平等、自由等基本政治权利的实现。如果一个社会秩序没有建立在健全法制的基础上，就不会有善治的出现。

其五，有效性。有效性，就是要提高公共管理的效率。要求合理设置管理机构，科学设计管理程序，灵活开展管理活动，并且最大程度降低管理成本，提高行政效能和善治程度。

其六，回应性。回应性，就是政府机关及其公职人员，对公民的诉求及时做出有效的回应，并积极采取措施解决问题。必要的时候，政府机关及其公职人员还应主动地、定期地向公民征询对国家政治生活的意见，向公民解释政策，并回答公民对政策的疑问。

善治的重要特征主要表现在以下三个方面。

第一，治理主体多元化。在传统的专制社会，整个国家的行政权力都集中在政府手中。政府具有绝对的权力和权威，政府充分利用手中的强制性力量，集中整个国家的资源，囊括公共管理中的一切社会公共事务，负责生产和提供公共服务和公共物品，从而扮演一种“全能”政府的角色。而善治理论强调多元化的治理主体，它认为，政府不是国家唯一的权力中心，不是公共管理权力唯一的合法源泉，而仅仅是治理主体之一，治理主体应该包括政府，又不仅仅局限于政府，公民社会、社会公共组织等同样是合法权力的正当来源。

第二，治理主体责任界定的模糊性。在传统社会，政府治理无所不包，政府承担了一切公共事务，仿佛是一个全知全能、无所不知的上帝。但是随着市场的社会资源配置中的失败、“全能”政府职能的盲目扩张、政府在资源配置中的失灵以及公共选择理论的出台，出现了政府角色“错位”“缺位”“越位”等现象，行政效率日益低下，导致民众对政府产生信任危机和合法性危机，人们开始认识到政府能力的有限性，而此时第三部门和一些公民的杰出表现和敢于承担责任的气魄，令人们另眼相看，于是把一部分管理职能自然转移到第三部门和一些公民身上。但是，对于这些治理主体应该承担的责任，却存很难明确界定和划分，特别是现代市场经济条件下，如何准确区分政府、社会、市场等各自的责任，是一个难题。因此，善治理论主张，为了实现良好的治理，必须把政府职能缩小，转移部分权力，将政府原有的一些职能转移到第三部门和私营部门。

第三，权力主体之间的互相依赖性。善治理论认为，由于多元化的治理主体，无论是公营组织还是私营组织，都不能独自解决所面临的一切问题，因此，多元化的治理主体之间必然存在权力依赖关系，政府必须和其他社会组织建立起各种的合作关系，建立起一种具有共同目标、能共同承担风险的公共事务联合体，分担一部分政府职能。它们互相依赖地开展交易和谈判活动，在实现共同目标、共同利益的同时，各自实现自己的独特目标。

三、地方政府责任制度的内容

我国地方政府的责任制度主要包括政治责任制度、行政责任制度、法律责任制度和社会责任制度。

（一）政治责任制度

地方政府政治责任制度，是指地方政府对同级地方人大及其常委会负责任的制度。根据我国《宪法》和《地方组织法》的规定，地方各级人民政府是地方各级国家权力机关的执行机关，地方各级人民政府由本级人民代表大会选举产生，并对其负责和报告工作。县级以上的地方各级人民政府在本级人民代表大会闭会期间，对本级人民代表大会常务委员会负责并报告工作。地方各级人民政府的财政预算和各项重大决定要由人大作出，必须接受本级人大的监督。地方各级人大及其常委会有权撤销本级人民政府的不适当的决定和命令，有权任免本级人民政府组成人员，有权对本级人民政府的工作提出质询和调查等。地方各级人大对本级政府，既可追究个别责任，也可追究集体责任。所谓个别责任，就是地方人大既可以罢免政府的行政首长，也可以罢免本级政府的组成人员。所谓集体责任，就是当地方各级人大对本级政府的工作不满意时，有权罢免它的全体组成人员。

（二）行政责任制度

地方政府除了要向本级人大及其常委会负责以外，还必须服从上级政府，接受上级政府的领导，这是我国地方政府责任制度的双重性的体现，后者即地方政府的行政责任制度。我国《宪法》第一百一十条、《地方组织法》第五十五条都规定，地方各级人民政府对上一级国家行政机关负责并报告工作，“全国地方各级人民政府都是国务院统一领导下的国家行政机关，都服从国务院。”同时也规定，省、自治区，直辖市人民政府的各工作部门受地方人民政府的统领导，并且依照法律或者行政法规的规定接受国务院主管部门的业务指导或者领导。自治州、县、自治县、市、市辖区的人民政府的各工作部门受人民政府统领导，并且依照法律或者行政法规的规定受上级人民政府主管部门的业务指导或者领导。因此，地方各级政府要对上级政府负责，工作部门要对上级政府对口工作部门负责。

（三）法律责任制度

我国《宪法》规定，一切国家机关都必须以宪法 为根本的活动准则。《地方组织法》第五十五条也规定：“地方各级人民政府必须依法行使行政职权。”这就规定了地方政府必须在宪法和法律的范围内活动。所谓地方政府法律责任制度，就是对地方行政法主体不履行宪法和法律规定的义务或行政行为违反了法律规范所必须承担后果的规定。其中地方行政法主体既包括地方行政主体，也包括行政人；既包括地方政府行政首长，也包括地方政府的一般公务员。一般来说，地方政府的法律责任包括惩罚性责任与补救性责任两大类。惩罚性责任是指以惩罚行政违法主体为主要目的的责任。补救性责任则是以补救行政违法后果为主要内容的责任。惩罚性责任与补救性责任功能不同，具体形式也各有特点。惩罚性责任主要包括两种具体形式：通报批评和行政处分。补救性责任主要包括以下几种具体形式：撤销行政违法行为；履行职务；返还权益；恢复原状；赔偿损失；承认错误、恢复名誉。此外，地方行政法主体中的行政人，即地方政府行政首长和公务员，如果严重违法并触犯了刑法，依法应承担刑事责任。

（四）社会责任制度

我国《宪法》第二十七条规定：“一切国家机关和国家工作人员必须依靠人民的支持，经常保持同人民的密切联系，倾听人民的意见和建议，接受人民的监督，努力为人民服务。”这就从法律上规定了地方政府的社会责任。所谓地方政府的社会责任制度，就是对地方政府正确处理与社会、市场及广大人民群众的关系，努力为社会提供公共服务并自觉接受社会各界监督的相关规定。地方行政实践证明，地方政府的能力是有限的，不可能承担提供社会服务的无限责任，只能承担公共服务的责任。因此，如何有效定位地方政府与社会、市场及公民之间在地方公共服务和管理方面合理的责任范围是我国地方人民政府改革中的两个重要内容。随着我国市场经济的不断完善，地方政府承担地方公共物品提供的无限责任的状况得到逐步地改善，社会、市场和公民在其中将扮演越来越重要的角色。①

第二节　地方政府责任清单制度

一、地方政府责任清单制度的内涵

有权必有责，权力和责任义务是对等的。一个人只有承担权力所赋予的责任时，才能确保正确行使权力。如今之所以出现权力乱象，归根到底在于没有建立与权力相适应的责任追究体系，只能依赖掌权者的觉悟良心。所以还需建立与权力相统一的"责任清单"，针对不同岗位明确各自责任，分级细化责任归属、确定具体责任承担者，做到责罚措施具体化，责罚时严格化。只有这样形成全方位、经常化、立体式的监督和责任追究机制，将责任义务跟手中的权力有机结合起来，"权力清单"才能真正体现公开的价值，取得公开的效果，真正做到还权于众、还权于民。

所谓责任清单，就是责任清单制度的构成要素，指在权力清单的基础上，进一步探究和划分政府各组成部门的职责边界的同时，梳理出与权力事项对应的责任事项、追责情形及追责依据等，并将以上内容以表格的样式列出来加以公开的清单。② 责任清单是责任清单制度的构成要素。

地方政府责任清单制度是指各级地方政府及其职能部门对其行政职责通过科学的论证与全面的梳理后，将责任主体、责任的实施依据、责任事项、追责情形以及事中事后监管等各项内容加以列举，形成责任清单并公之于众，从而给行政机关履行行政职责打造了一个透明的制度笼子，为行政机关依法行政提供依据，也给社会、公民及其他组织创造了监督平台的制度设计。制度是一个系统，是由各种要素组成的综合体，责任清单制度也是由各种要素共同构成，包括责任清单

① 《地方政府与政治》编写组．地方政府与政治[M]．北京：高等教育出版社，2018.

② 朱海滔．要权力清单更要责任清单[N]．法制日报，2013-01-11(7)．

的主体、责任清单的编制程序、责任清单的编制模式、责任清单的内容、责任监督体系等。①

推行地方各级政府工作部门责任清单制度、权力清单制度以及负面清单制度是党中央、国务院部署的重要改革任务，是国家治理体系和治理能力现代化建设的重要举措，是当下地方政府职能转变、建立法治政府的重要举措，可以说三者之间相互配套、相互制约于地方政府有效运行的过程之中，进而形成了“三位一体”的新型地方政府权责体系，对于深化行政体制改革，建设法治政府、创新政府、廉洁政府具有重要意义。

二、地方政府责任清单制度的构成要素

（一）地方政府责任清单制度的主体

地方政府责任清单制度作为一项系统性、创新性的工程，历经了编制和清理、统筹和监督、通过和公布等阶段，依据行政部门所具有的行政权力和行政职能在各个过程中的执行主体可谓泾渭分明，因此地方政府行政责任清单制度的主体主要包含如下几个层面：

第一，地方政府责任清单制度的编制和清理主体。就当前地方政府责任清单制度的编制和清理阶段而言，主要是由享有行政权的部门和单位承担相应的职责，即地方人民政府及其派出机关和职能部门。第二，地方政府责任清单制度的统筹和监督主体。就当前地方政府责任清单制度的统筹和监督环节而言，主要是由发改委、编制办公室以及法制办负责统筹和监督。第三，地方政府责任清单制度的通过和公布主体。就当前地方政府责任清单制度的通过和发布环节而言，主要是各级政府的常务会议，即由各级地方政府办公室组织和负责定期向社会公众召开集体议事决策性会议。

（二）地方政府责任清单制度的客体

地方政府责任清单制度的客体是相对于地方政府责任清单制度的主体而言，即主要是对各级地方政府部门及其人员所拥有的行政责任进行编制和整理。行政责任通常是指由于行政机构和行政人员所处的社会阶层与职业身份从而拥有公共权力，并对社会公众及法律法规所需要其承担的责任，就其本质属性而言行政责任具有客观的社会规定性。因此，就地方政府实施责任清单制度而言，其责任形式主要包含：一是地方政府行政机构和行政人员的职务责任，即对工作负责；二是地方政府行政机构和行政人员的法定责任，即对法律负责；三是地方政府行政

① 姜兆盼．地方政府责任清单制度研究[D]．中南林业科技大学，2018.

机构和行政人员的政治责任，即对人民负责。

(三)地方政府责任清单制度的内容

一是部门主要职责。在各级政府部门所颁布的责任清单中，依据政府部门各个机构的性质和形势任务的发展对其部门主要职责划分为主要职责(责任范围)、具体工作事项(工作内容)、责任处室(分管领导)、备注(责任依据、责任单位)等，凸显政府部门公共管理与服务供给的职责，进而真正落实部门职务和责任的统一以及保障各项工作任务的连续性。

二是与相关部门的职责边界。在各级政府部门所颁布的责任清单中，依据权责对等、依法行政原则主要划分为管理事项、相关部门、职责分工以及相关依据，同时为了便于相关部门的学习、研究和借鉴加设了案例一栏。

三是事中事后监督制度。为了充分发挥监管效能以及推动监管流程，各级政府部门在所颁布的行政责任清单中优化监管机制即构建了事中事后监督制度，对政府部门的行政执法职权、行政处罚裁量权等进行监督管理，界定本机构和同级机构、下级机构之间的责任分工与工作重点，主要划分为监督检查对象、监督检查内容、监督检查方式、监督检查措施、监督检查程序以及监督检查处理，相应的、具体的明文规定使得部门监管流程标准化、法制化进而促进形成完善的、高效的监督管理体系。

四是追责情形及依据。对于政府行政部门和行政人员未能承担或是不当履行其行政责任，列举出相应的违责情形以及其法律法规依据，进而增强行政责任清单制度的强制力和约束力。

五是公共服务事项。作为公共行政核心理念的公共服务是地方政府责任清单制度的落脚点，其致力于满足社会公众生存和发展的基本需求，尤其是政府部门需要提供人民群众现实的、迫切的公共服务，进而解决当下我国所面对的各式社会问题。在各级政府部门所颁布的责任清单中，根据强化公共服务的要求梳理本部门对社会公众的具体公共服务事项，其登记范围主要划分为服务事项、主要内容、承办机构以及向群众公布机构的联系电话等。

(四)地方政府责任清单制度的形式

目前地方政府行政责任清单制度的形式主要包括两大板块，即实施形式与梳理形式。其中，地方政府责任清单制度的实施形式，主要采取自上而下的颁布与实施。简而言之，在中央的统一规划的情形之下地方政府结合自身的实际状况进而颁布与实施符合自身特色的地方政府责任清单制度。地方政府责任清单制度的梳理形式，主要采取自清自查的模式。简单地说，就是地方政府的行政机构和行政人员梳理并公布自身应当承担的行政责任，并自行监督检查自身履行的行政责任，这很大程度上取决于地方政府行政机关和行政人员的自觉性与自律性。①

三、地方政府责任清单制度的实施路径

（一）增强行政责任意识

1. 开展责任伦理教化，培养公务员的行政责任意识。

行政责任的履行取决于公务员对客观的行政责任的认同和接受程度，而行政责任的实现最终离不开公务员的行政责任意识。因此，强化责任伦理，要逐步培养公务员的行政责任意识和依法行政的良好习惯。公务员一旦拥有行政责任意识，就能够实现对行政责任的理性自觉，就能够形成良好的责任习惯。为此，我们要对公务员进行持久而有效的责任伦理教育，通过教育，强化公务员的“有权必有责”的责任感和问责意识，让公务员意识到权力与责任不可分割的关系，“常修为政之德，常思贪欲之害，常怀律己之心”，做到“我当多大官就有多大责任”。

在责任伦理教育过程中，我们要坚持公共利益至上，培养公务员的责任意识，这是实现行政责任伦理应优先考虑的问题。维护公共利益是公务员遵守的最基本准则，是公务员的第一要务。公务员不仅要具有公共利益至上的精神，而且要以是否增进公共利益为标准，衡量行政行为的责任性。

2. 营造良好的行政文化氛围，促进责任伦理环境的生成。

行政责任意识中包含着公正、仁爱、宽容、求实、节制等意识，它们都是行政文化环境长期熏陶的结果。实际上，良好的行政文化环境能够影响公务员的精神品质，改造公务员的习性和气质，提高公务员的道德水平，塑造公务员的行政责任意识，使行政责任伦理成为具有普遍意义的积极力量，从而成为公共行政过程中一个不可或缺的价值因素。因此，我们要积极探索可能性的途径，加强行政责任伦理建设，营造良好的行政文化氛围，实现行政文化的现代化。

3. 加强行政责任制度建设，保障行政责任伦理的实现。

问责文化的建设需要行政责任制度作为支撑，而行政责任制度又需要文化的支持，通过文化的底蕴来促进行政责任伦理的实现。在公务员的行政责任伦理建设中，仅仅依靠公务员个人良好的道德品质很难形成普遍的、稳定的、确定的趋势，我们要充分估计到人性受社会关系制约的因素，考虑如何去限制人性中“恶”的一面。我们要辨证地看待公务员的行政责任意识与行政责任制度建设的关系，一方面，公务员必须将客观的、外在的行政责任内化为自己的行政责任意

---

① 吴天宇．地方政府实施行政责任清单制度研究[D]．沈阳师范大学，2018.

识，将静态化的制度内化为自己内心的伦理标准和道德精神；另一方面，要构建行政责任伦理制度，将责任伦理的非强制性转化为以法律、制度为后盾的强制性方式，将责任伦理变为一种集体性的道德裁决，成为行政过程中建立起来的最低伦理标准，激励公务员做出合乎责任伦理制度的行为。①

4. 树立“无为问责”理念，扩大责任追究范围，努力塑造效能政府。

根据我国的行政问责实践，我国以往的问责制主要集中于行政结果环节，只对出现损害性结果的失职官员进行追究。其实，实施问责制的目的不是为了限制行政权力，处分公职人员，而是使公职人员自觉承担责任。弗雷德里克·莫舍认为，在公共行政领域，责任是最重要的，② 权力只是履行责任的手段。

启动“无为问责”，就是要拓宽问责范围，从根本上摒弃“无过便是功”的传统为官思想，构建“无功便是过”的健康“功过观”，树立“不作为”也要追责的新理念。正如李克强总理在2015年的国务院政府工作报告中要所说：“对实绩突出的，大力褒奖；对工作不力的，要约谈诫勉；对为官不为、懒政怠政的，要公开曝光、坚决追究责任。”③为了贯彻“无为问责”理念，湖南省岳阳市2005年出台了《岳阳市领导干部和机关工作人员有错与无为问责办法(试行)》，浙江省磐安市2010年出台了《机关工作人员有错无为问责办法》，杭州市2011年出台了《杭州市机关工作人员作风和效能问责暂行办法》，武汉市2011年出台了《武汉市党政机关干部“慵懒散”行为问责暂行办法》，这些无为问责办法的实施，将各级政府官员的工作能力、态度、言行等都置于问责的高压之下，有效地增强了各级政府官员的责任意识、宗旨意识、效率意识，提高了政府的公信力。

在新时代，为了全面贯彻落实习近平新时代中国特色社会主义思想和党的十九大精神，重点围绕统筹推进“五位一体”总体布局，打赢“三大攻坚战”，聚焦各级党政组织责任不落实、作风不务实、监管不到位、制度不健全等突出问题和党员领导干部中存在的不担当、不作为、失职失责失察，官僚主义、形式主义等严重的突出问题，促进政府官员转变作风，担当尽责、奋发有为，一些地方动真碰硬，启动干部不作为不担当问题专项治理，精心制定“无为问责”办法，严格实施“无为问责”。比如，辽宁省葫芦岛市2018年11月出台了《葫芦岛市党政领导干部不担当不作为问责办法(试行)》，明确规定，在管辖范围内，有下列不作为情形之一的，应当问责：(一)对党的理论和路线方针政策、党中央和省市委

---

① 卢智增．试析公务员的行政责任伦理[J]．河北青年管理干部学院学报，2008(5)．

② [美]弗雷德里克·莫舍．民主与公共服务英文版[M]．英国牛津郡：牛津大学出版社，1968.

③ 李克强：2015年国务院政府工作报告。

的决策部署不及时传达学习，不认真研究贯彻，不积极推动落实，给事业和工作造成不良影响或后果的；（二）思想保守僵化，精神萎靡不振，工作不在状态，消极怠工，被动应付，对职责范围内的工作不认真履职，该批办交办的事项不及时办理，该限时办结的事项能在规定时限内办结而未办结，或者办理结果未达到规定要求，造成不良后果或被投诉经查证属实的；（三）事业心和责任感不强，安于现状、不思进取、不想事、不干事，得过且过，年度重点工作未完成目标任务，或者本地区、本部门、本单位工作打不开局面，影响全局工作的；（四）作风漂浮，好大喜功，工作浮在表面、流于形式，只表态不落实，或单纯以会议贯彻会议、以文件落实文件，缺乏实际行动，贻误工作或群众反映强烈的；（五）因组织领导能力弱、业务素质和决策水平低导致不作为的；（六）其他不作为的情形。①

“无为问责”强调权责对等，强调行政责任的至上性和绝对性，将公务员的履职情况与其职务晋升挂钩，从而实现“有为者有位，无为者让位”，可以增强各级党员领导干部的责任意识和担当精神，营造干事创业、担当作为的良好政治生态，有效解决党员领导干部不担当不作为问题，推动全面从严治党向纵深发展，有利于全面提升行政效能和政府形象，加快建设高效政府、责任政府。

（二）明确行政责任边界

地方政府责任清单制度的推行是建立在明确的行政责任基础之上的，也就是说需要对于行政责任的定义和分类进行全面梳理即分责和定责，可以说这是地方政府责任清单制度实施的关键环节，在很大程度上将会有助于形成科学合理的行政责任事项与行政责任边界，进而促进地方政府行政责任的实现。

1. 地方政府责任清单制度中行政责任的梳理与设定应当以法定责任作为出发点，并逐步向更高层次和更高价值的政治责任以及道德责任过渡与转变。政府部门的法定责任是以明文规定的行政法规作为基础所形成的行政责任体系，因此具有较强的可操作性和可执行性。相对之下，政治责任与道德责任对于政府行政人员而言，需要具备较高的思想素质与职业素质，并且实际操作与考核评价难度系数较大。因此，在当前我国地方政府责任清单制度正处于初步探索时期的情况之下，地方政府责任的设定应当首先考量法律法规所规定的法定责任，在取得一定经验与成效的基础之上，然后逐步将行政机关的政治责任与道德责任纳入地方政府责任清单制度中。

2. 科学构建法规行政责任模块。首先，应当明确政府、社会以及市场三者

① 《葫芦岛市党政领导干部不担当不作为问责办法（试行）》第七条。

之间的责任边界。明确政府责任范围，构建同市场与社会相互配合、相互协调的有限政府，进而真正落实政府部门在实施行政责任清单制度的过程之中种好“责任田”和当好“服务员”。其次，应当明确地方政府行政机关之间的行政责任边界。尤其是当前我国政府部门呈现出小职能、窄领域、多机构的特性，因此在同级政府和上下级政府的行政部门之间、行政岗位之间注重行政责任差异化需求的前提之下，依据行政权力的实际运行以及社会公众的实际需求全面梳理并规范各部门、各层级的行政责任。最后，应当规范行政责任实施细则，即明确行政责任的主体、内容、程序以及标准等。以相关法律法规作为基础规定地方政府部门的主要职责，在实际操作之中以行政职责为依据进而承担起自身的行政责任。①

（三）健全责任清单法律法规

明确责任清单的法律属性，从而赋予责任清单法律效力，是责任清单制度得以落实且发挥实质作用的理论基础与保障。如若仅仅把责任清单作为政府信息或者行政手册，那么责任清单仅仅是公开政府信息的载体，会降低责任清单本应具有的地位，影响责任清单的效力。因此，要完善与责任清单制度相匹配的地方性法规与规章。地方政府应当结合简政放权和深化改革制定规范性文件，明文规定地方政府责任清单制度的责任边界、主要责任以及监督制度等，进而实现地方性法规同地方政府责任清单制度之间的有效衔接与配合。与此同时，定期修订、科学审查与责任清单制度相关的规章制度，调整与深化改革、市场发展背道而驰的地方性法规和规章，使地方政府责任清单制度与现行的法律法规与规章制度相互结合、相互协调，进而实现有法可依、违法必究。

（四）细化责任清单内容

1. 责任清单的编制不能机械重复法律条文，应结合部门实际，细致地规定到位。法律的制定要考虑多方面的因素，为了其普适性会做比较原则的规定，但政府部门在法律适用过程中，应在法律允许范围内根据具体问题做具体应用。同理，在责任清单编制时，也应把法律条文中所体现的责任主体、责任事项，以及履责步骤等都做出清晰、具体的规定，而不是照搬法条。

2. 加强简政放权，努力对职权做减法。我国简政放权政策大力实施，取得了不错的成绩。但是责任清单编制时，仍然存在部门工作事项繁杂。因此在编制责任清单的时候要加强对权力的梳理力度，对权力做减法。

3. 下级政府部门因地制宜，编制有针对性的责任清单。现实中责任清单制定过程中，下级部门往往会效仿上级，以上级制定的责任清单做模板来编制本部

---

① 吴天宇．地方政府实施行政责任清单制度研究[D]．沈阳师范大学，2018.

门的清单，出现上下及政府部门的责任清单各方面都统一。由于乡镇政府和县级政府更接近群众，管理事项更为基础，与市级或者省级管辖范围和管理事项大有不同，因此在编制责任清单时，各级政府应根据本政府或部门的职权范围层层分解、清晰明确各自权限，做到事项规定具体、到位，这样才能实现责任清单编制的真正目的。①

（五）加强责任清单监督

1. 建立现代化的网络监管平台。地方政府实施责任清单制度应当充分利用信息化、网络化技术，并且以行政权力的运行与社会群众的需求为依据，建立电子政务平台+责任清单制度的新型监管模式。对于地方政府行政机关监管的内容、标准以及措施等在互联网平台上及时对外公布，进而实现网络化、智能化的移动式监管。中央编办、国务院法制办会同有关方面对部门基础权责清单进行研究审核。审核过程中，对于拟取消和下放的权责事项，要建立第三方评估机制，并充分听取有关部门、地方党委和政府的意见。要逐项确认审核结果，需要对有关法律、行政法规进行立改废的，依照法定程序办理。

2. 加强权力机关的监督。权力机关对责任清单的监督，首先应从清单编制时发挥人大的决策作用开始。责任清单在编办审核后公布前应该由人大进行审查，人大是立法机关，权利或者责任清单的依据来自于法律或者法规等，人大的审查资格毋庸置疑，而且是最佳的审查者，应将权力机关的审查明文列入程序。责任清单公布后，应实行动态监管，若有变动也应该向人大汇报并经人大审议通过。全国人大应通过立法活动，将对权责清单的监督写入监督法。

3. 强化社会力量监督。盖伊·彼得斯曾提出，参与式政府是未来政府的治理模式之一。② 一方面，加大责任清单宣传力度，增强地方政府责任清单制度的公开度和透明度，既可以建设阳光政府，又可以增强公众对责任清单的关注度，营造良好的群众监督氛围。另一方面，拓宽社会公众的参与途径，逐步构建全民参与监督机制，实现以电视、电话、报纸等为代表的传统媒体和以微信、微博等为主的互联网新兴媒体的融为一体，通过开通官方微博，建立微信公众号，建设责任清单检索程序，并在每项责任下设置留言栏，用来公开征求意见或者听取民众的建议，进而促进社会力量的监督渗透到责任清单制度的方方面面。

---

① 姜兆盼．地方政府责任清单制度研究[D]．中南林业科技大学，2018.

② [美]盖伊·彼得斯．政府未来的治理模式，吴爱明，夏宏图译[M]．北京：中国人民大学出版社，2013.

第三节　地方政府问责制度

一、地方政府问责制的内涵

行政问责是一种新的治理方式，是实现责任政府的重要保障，是公共管理的基石，已经成为所有民主社会的现代文明的关注点。

关于什么是问责制，目前没有统一的界定，只是在我国政治领域内有实践的案例。“问责”一词，源于英文“accountability”，其含义是每个职位上的人都有责任对其担任该职位发生的行为进行解释，并接受公众的批评。① 我们从字面的解释看，“问责”就是去追究份内应做之事，“问责制”就是责任追究制。问责制，源于民主政治、民主行政、政府责任的思想，要求政府行为与公共政策必须考虑公民的意志，向公民负责，必须遵循政府服务于公民而不是公民服务于政府的民主原则。②

我们认为，所谓行政问责制，是指公众对政府及其公务员的行政行为进行质疑，是一个系统化的“吏治”规范。它不仅仅是过错行为的责任追究，也包括对行政无作为、不作为、乱作为、作为不力等非过错行为的责任追究。行政问责制既要求政府就公共财政的使用给予责任回应，也要求政治家和公务员就公共权力的使用给予责任回应，还要求行政首长就公众需求和参与意识给予责任回应。③

通过实施行政问责制，可以实现对行政权力、行政行为的全过程监督，使政府及其公务员自觉承担责任；也可以实现事前、事中、事后的全面约束机制；还可以把社会监督制度化，使监督主体在行使问责制时，能做到有章可循、有规可依，督促政府及其公务员更好地履行职责，真正对人民负责，从而真正实现对行政权力的制约。④

根据问责内容和实现机制上划分，行政问责有同体问责和异体问责两种类型。同体问责，就是政府系统内部的问责，既包括上级政府对下级政府的问责及对其公务员的问责，也包括政府官员自身的问责，是一种“自上而下”的行政问

---

① 麦克米伦高阶美语词典(英文版)[M]. 外语教学与研究出版社，2003.

② [美]乔·萨托利. 民主新论[M]. 东方出版社，1993.

③ 宋涛. 社会规律属性与行政问责实践检验[M]. 北京：科学文献出版社，2010.

④ 卢智增. 我国现行行政问责制的的局限性及完善措施探索[J]. 理论导刊，2006(10).

责方式。

异体问责则是从问责主体角度优化行政问责的方法，所谓“异体问责”就是行政系统外部对行政系统内部的问责，是一种“由外对内”的问责方式，其问责主体主要是权力机关、司法机关、政党机关、民主党派、社会团体、新闻媒体、公民个人等，其核心是各类民意代表对行政主体的问责。实施异体问责，要求打破政府对行政问责控制权的局部秩序，引入多元化的问责主体，重新在政府以外的其他国家机关、新闻媒体、社会团体、公民个人等问责主体之间分配权力，重构行政问责的权力场，使政府成为真正负责任的政府。

二、地方政府问责制的构成要素

(一)问责客体

问责的客体，即问责的对象，就是承担责任的主体，是指“向谁问”。问责既可以针对集体问责，也可以针对个人问责。目前我国行政问责的客体主要有政府机关、政府机关的领导人、一般公务员等三类，但主要是负有直接或间接领导责任的由选举产生或政治任命的领导者，即政府及其组成部门的领导、直属机关、派出机关、直属事业单位等的行政主要领导。只有明确了行政问责的客体，才不会“一竹篙打一船人”，把所有的责任人等同处理，也不会“只拍苍蝇不打老虎”，只拿具体责任者问罪。

(二)问责主体

问责的主体，是指“由谁问”，即行使行政问责的机关、单位或组织，包括上级行政机关、权力机关、司法机关、民主党派、新闻媒体、人民群众等。这些问责主体又可以分为同体问责主体和异体问责主体两类。

同体问责是政府机关对其公务员的问责，其问责主体是上级政府机关、同级业务主管机关和专门机关。基于问责主体与客体之间的不同等级关系，可将同体问责主体分为横向问责主体、纵向问责主体及其专门机关问责主体等。横向问责主体主要是指行政系统内部基于业务指导和监督关系形成的问责主体，如，地方各级机构编制管理机关依据《地方各级人民政府机构设置和编制管理条例》第26条对擅自设立、撤销、合并行政机构或者变更规格、名称的机关有权进行通报批评，责令限期改正，甚至给予处分，这其中的通报批评、责令限期改正从本质上讲就是行政问责。纵向问责主体问责是指行政系统内部的上级机关对下级机关或下级行政首长或工作人员的问责，此种行政问责主体问责主要是基于上级与下级的领导关系或隶属关系，是行政系统内部固有的一种监督关系。因此，这种行政问责形式是现行所有问责形式中阻力最小、效率最高、效果最好的。专门机关问责主体是指行政系统内部专门的问责机关，在我国主要是指行政监察机关。①

而异体问责则是行政系统之外的问责主体，如权力机关、司法机关、人民群众、媒体等对政府机关及其公务员的问责，其问责主体是人大、各民主党派、司法机关、新闻媒体、人民群众等。针对权力机关的监督和问责，《宪法》和《地方各级人民代表大会和地方各级人民政府组织法》都有规定。而司法机关对行政机关的监督，从现行的规定來看，主要是通过行政诉讼、民事诉讼和刑事诉讼的方式对行政机关及其工作人员具体行为追究责任来实现的。从现行有效的制度文本上来看，目前，异体问责在我国行政问责制度中处于薄弱地位。

同体问责和异体问责这两种问责主体相辅相成，相互补充，不可顾此失彼，偏废任何一方。尤其是新闻媒体、社会组织、人民群众等异体问责主体，对自下而上地推动问责制的深入发展具有特殊意义。

(三)问责内容

问责的内容，是指“问什么”，指行政问责针对的问题，一般是针对政府及其公务员的过错行为，同时也注重对无作为的行政行为的问责，如不履行法定职责或不正确履行法定职责，其中不履行法定职责，包括推诿扯皮、拒绝履行职责、不完全履行职责等情形；不正确履行法定职责，主要有不按规定程序、不按规定时限履行职责等情形。可见，不仅对发生重大政治事件或重大公共安全、生产安全、公共卫生事件等犯错违法的事要追究，对能力不足、推诿扯皮、言行不当等“小节”也要进行责任追究。由追究官员的“过失责任”向追究官员任职期间的“无为责任”转变，更加贴近时代主题，更加符合民主社会的发展。

2015 年 7 月，中共中央办公厅出台的《推进领导干部能上能下若干规定(试行)》提出要加大对领导干部的问责力度，规定除《关于实行党政领导干部问责的暂行规定》第五条所列情形外，具有下列情形之一的，也应当对有关领导干部实行问责：(1)落实从严治党责任不力，贯彻党风廉政建设责任制不到位，本地区本部门本单位或者分管领域在较短时间内连续出现违纪违法问题的；(2)法治观念淡薄，不依法办事，不按法定程序决策，或者依法应当及时作出决策但久拖不决，造成不良影响和后果的；(3)抓作风建设不力，本地区本部门本单位或者分管领域形式主义、官僚主义、享乐主义和奢靡之风比较突出的；(4)在干部选拔任用工作中任人唯亲、营私舞弊，本地区本部门本单位或者分管领域用人上不正之风比较突出的；(5)对配偶、子女及其配偶和身边工作人员教育管理不严、约束不力，甚至默许其利用自身职权或者职务上的影响谋取不正当利益的。

① 马钰刚．我国行政问责主体制度研究[D]．山东大学，2016.

（四）问责方式

问责的方式，是指“如何问”。问责的过程要符合一定的法律程序，需经过检举控告、调查处理、问责执行、申辩救济等程序。追究责任的方式有很多种，2009 年，我国出台的《关于实行党政领导干部问责的暂行规定》，规定了责令公开道歉、停职检查、引咎辞职、责令辞职、免职等五种问责方式。2015 年 7 月中共中央办公厅出台的《推进领导干部能上能下若干规定（试行）》规定，对有关领导干部实行问责的方式包括责令公开道歉、停职检查、引咎辞职、责令辞职、免职。《重庆市政府部门行政首长问责暂行办法》规定，被问责的市政府部门行政首长，将被单处或并处七种责任追究方式：取消当年评优、评先资格，诫免，通报批评，责令在市政府常务会议上作出书面检查，通过市级主要新闻媒体向社会公开致歉，停职反省，劝诫引咎辞职。2019 年新修订的《中国共产党问责条例》第八条规定，对党组织的问责，根据危害程度以及具体情况，可以采取以下方式：（1）检查。责令作出书面检查并切实整改。（2）通报。责令整改，并在一定范围内通报。（3）改组。对失职失责，严重违犯党的纪律、本身又不能纠正的，应当予以改组。对党的领导干部的问责，根据危害程度以及具体情况，可以采取以下方式：（1）通报。进行严肃批评，责令作出书面检查、切实整改，并在一定范围内通报。（2）诫勉。以谈话或者书面方式进行诫勉。（3）组织调整或者组织处理。对失职失责、危害较重，不适宜担任现职的，应当根据情况采取停职检查、调整职务、责令辞职、免职、降职等措施。（4）纪律处分。对失职失责、危害严重，应当给予纪律处分的，依照《中国共产党纪律处分条例》追究纪律责任。

当然，具体问题具体分析，针对不同地方和不同情况，采取的问责方式也不有所不同，但大多数地方的问责方式都有公开道歉、通报批评、诫勉、责令辞职、引咎辞职、给予行政处分、免职、双开等。而且，问责方式可以单独使用，也可以依据规定合并使用。

（五）问责程序

中共中央办公厅、国务院办公厅印发的《关于实行党政领导干部问责的暂行规定》指出，对党政领导干部实行问责，依照一定的规范程序进行，并提供有关事实材料和情况说明，以及其他材料。《规定》指出，对党政领导干部实行问责，依照下列程序进行：（1）对因检举、控告、处理重大事故事件、查办案件、审计或者其他方式发现的党政领导干部应当问责的线索，纪检监察机关按照权限和程序进行调查后，对需要实行问责的，按照干部管理权限向问责决定机关提出问责建议；（2）对在干部监督工作中发现的党政领导干部应当问责的线索，组织人事部门按照权限和程序进行调查后，对需要实行问责的，按照干部管理权限向问责决定机关提出问责建议；（3）问责决定机关可以根据纪检监察机关或者组织人事部门提出的问责建议作出问责决定；(4)问责决定机关作出问责决定后，由组织人事部门办理相关事宜，或者由问责决定机关责成有关部门办理相关事宜。

2019年新修订的《中国共产党问责条例》规定，一要规范问责流程。从启动、调查、报告、审批、实施等各个环节对问责工作予以全面规范，规定启动问责调查和作出问责决定应当履行严格的审批程序。二要提出具体要求。规定要依规依纪依法开展调查，问责事实材料应当与调查对象见面，听取其陈述和申辩；调查结束后应当集体研究形成调查报告，综合考虑主客观因素，正确区分不同情况，精准提出处理意见。三要明确问责标准。强调问责要做到事实清楚、证据确凿、依据充分、责任分明、程序合规、处理恰当。四是要强化问责执行。规定问责决定作出后，应当及时宣布并督促执行，建立健全典型问责问题通报曝光制度，加强督促检查，推动以案促改。

(六)问责结果

问责结果，就是问责的责任体系，是指政府及其公务员承担的相应责任。按照学者毛寿龙的观点，被问责的官员要承担四种形式的责任：一是道德责任，向受害人和社会公众负责；二是政治责任，向执政党和上级政府负责；三是民主责任，向选举自己的人民代表和选民负责；四是法律责任，向相关法律法规负责，承担相应的法律责任。①

(七)问责目的

事实上，问责只是手段，尽责才是目的。问责也是一把手术刀，其威力不仅在于刃之锋利，更在于术之高超。对履行责任不力、存在失职渎职行为的干部进行问责，其目的不仅仅是为了给干部以鞭策，形成威慑力、督促力，而是要通过问责的方式，帮助干部更加深刻地理解权力和责任的相互关系，让干部充分认识到权力就是责任，责任就要担当，无论何时都要将责任扛在肩上。

问责的最终目的是要对政府部门权力使用进行监督，而不是要对政府及其公务员进行处分，通过问责途径，通过强化责任追究，约束不作为、整治乱作为，可以使责任意识内化，激发担当精神，增强公务员的责任行政意识，规范政府权力运行，建设责任型政府，这才是问责的价值指向。把该担的责任担起来，把该打的板子打下去，只有这样才能不断纯洁党的肌体，最大限度凝聚发展力量，以新担当新作为，创造属于新时代的光辉业绩。正因如此，《关于解决形式主义突出问题为基层减负的通知》指出，“坚持严管和厚爱结合，实事求是、依规依纪

① 卢智增．我国现行行政问责制的局限性及完善措施探索[J]．理论导刊，2006(10)．

依法严肃问责、规范问责、精准问责、慎重问责，真正起到问责一个、警醒一片的效果。”我们要以法纪为准绳严肃问责，以事实为依据规范问责，以问题为靶心精准问责，以容错为原则慎重问责，才能起到问责一个、警醒一片的功效，才能克服“多干多错、不干不错”的心态，才能激发担当尽责、奋发有为的精神。

三、地方政府问责制的实施

2003 年非典掀起的“问责风暴”开启了我国行政问责的实践，并成为政府和社会共同关注的一个热点问题，之后，长沙市于 2003 年 7 月 15 日出台了我国第一部关于行政问责制的地方性法规——《长沙市人民政府行政问责制暂行办法》，其他地方政府，如天津、重庆、昆明、海口、深圳、太原等陆续出台了一系列有关行政问责的规定，行政问责的方式逐渐趋于多样化。2004 年，党中央颁布《中国共产党党内监督条例(试行)》，明确提出“舆论监督”“质询罢免”等监督问责内容；并在随后颁布的《纪律处分条例》中，进一步细化了党员干部处分的具体情形和措施。2005 年 3 月 5 日，时任总理温家宝在作《政府工作报告》时提出，在今后政府工作中要“强化行政问责制，对行政过错要依法追究”。2006 年生效的《公务员法》规定了行政人员的“惩戒”和“辞职辞退”制度，对责任制的推行予以了法定化。温家宝在 2008 年的国务院政府廉政工作会议上再次强调，要深化行政首长问责制改革，把握问责重点，对行政不作为、乱作为和严重损害群众利益、公共利益、国家利益等行为依法严肃追究责任。2009 年，我国制定的《关于实行党政领导干部问责的暂行规定》，成为第一部全国范围内对行政首长问责制作出规定的规范性法律文件，从制度完善的角度，提出了“责令辞职”“引咎辞职”和“免职”等相关规定，进一步加大对领导干部的问责力度。2016 年 1 月，十八届中央纪委六次全会工作报告提出，要把问责作为全面从严治党的重要抓手，研究制定《中国共产党党内问责条例》。2016 年 6 月 28 日，中共中央政治局召开会议，审议通过《中国共产党问责条例》。2019 年 9 月，中共中央印发修订后的《中国共产党问责条例》，并发出通知，要求各地区各部门认真遵照执行。可见，我国党和政府十分重视行政问责制，各级政府不断推行行政问责制，进行问责机制的构建和探索，并取得了一定的成绩，推动问责制不断走向成熟与完善。

(一)问责的指导思想

党的问责工作坚持以马克思列宁主义、毛泽东思想、邓小平理论、“三个代表”重要思想、科学发展观、习近平新时代中国特色社会主义思想为指导，增强“四个意识”，坚定“四个自信”，坚决维护习近平总书记党中央的核心、全党的核心地位，坚决维护党中央权威和集中统一领导，围绕统筹推进“五位一体”总体布局和协调推进“四个全面”战略布局，落实管党治党政治责任，督促各级党组织、党的领导干部负责守责尽责，践行忠诚干净担当。

（二）问责的基本原则

其一，依规依纪、实事求是；

其二，失责必问、问责必严；

其三，权责一致、错责相当；

其四，严管和厚爱结合、激励和约束并重；

其五，惩前毖后、治病救人；

其六，集体决定、分清责任。

（三）问责的基本情形

按照《中国共产党问责条例》规定，有下列情形之一，应当予以问责：

1. 党的领导弱化，“四个意识”不强，“两个维护”不力，党的基本理论、基本路线、基本方略没有得到有效贯彻执行，在贯彻新发展理念，推进经济建设、政治建设、文化建设、社会建设、生态文明建设中，出现重大偏差和失误，给党的事业和人民利益造成严重损失，产生恶劣影响的。

2. 党的政治建设抓得不实，在重大原则问题上未能同党中央保持一致，贯彻落实党的路线方针政策和执行党中央重大决策部署不力，不遵守重大事项请示报告制度，有令不行、有禁不止，阳奉阴违、欺上瞒下，团团伙伙、拉帮结派问题突出，党内政治生活不严肃不健康，党的政治建设工作责任制落实不到位，造成严重后果或者恶劣影响的。

3. 党的思想建设缺失，党性教育特别是理想信念宗旨教育流于形式，意识形态工作责任制落实不到位，造成严重后果或者恶劣影响的。

4. 党的组织建设薄弱，党建工作责任制不落实，严重违反民主集中制原则，不执行领导班子议事决策规则，民主生活会、“三会一课”等党的组织生活制度不执行，领导干部报告个人有关事项制度执行不力，党组织软弱涣散，违规选拔任用干部等问题突出，造成恶劣影响的。

5. 党的作风建设松懈，落实中央八项规定及其实施细则精神不力，“四风”问题得不到有效整治，形式主义、官僚主义问题突出，执行党中央决策部署表态多调门高、行动少落实差，脱离实际、脱离群众，拖沓敷衍、推诿扯皮，造成严重后果的。

6. 党的纪律建设抓得不严，维护党的政治纪律、组织纪律、廉洁纪律、群众纪律、工作纪律、生活纪律不力，导致违规违纪行为多发，造成恶劣影响的。

7. 推进党风廉政建设和反腐败斗争不坚决、不扎实，削减存量、遏制增量不力，特别是对不收敛、不收手，问题线索反映集中、群众反映强烈，政治问题和经济问题交织的腐败案件放任不管，造成恶劣影响的。

8. 全面从严治党主体责任、监督责任落实不到位，对公权力的监督制约不力，好人主义盛行，不负责不担当，党内监督乏力，该发现的问题没有发现，发现问题不报告不处置，领导巡视巡察工作不力，落实巡视巡察整改要求走过场、不到位，该问责不问责，造成严重后果的。

9. 履行管理、监督职责不力，职责范围内发生重特大生产安全事故、群体性事件、公共安全事件，或者发生其他严重事故、事件，造成重大损失或者恶劣影响的。

10. 在教育医疗、生态环境保护、食品药品安全、扶贫脱贫、社会保障等涉及人民群众最关心最直接最现实的利益问题上不作为、乱作为、慢作为、假作为，损害和侵占群众利益问题得不到整治，以言代法、以权压法、徇私枉法问题突出，群众身边腐败和作风问题严重，造成恶劣影响的。

11. 其他应当问责的失职失责情形。

《中国共产党问责条例》同时规定，有下列情形之一的，可以不予问责或者免予问责：

(1)在推进改革中因缺乏经验、先行先试出现的失误，尚无明确限制的探索性试验中的失误，为推动发展的无意过失。

(2)在集体决策中对错误决策提出明确反对意见或者保留意见的。

(3)在决策实施中已经履职尽责，但因不可抗力、难以预见等因素造成损失的。

有下列情形之一，可以从轻或者减轻问责：

(1)及时采取补救措施，有效挽回损失或者消除不良影响的。

(2)积极配合问责调查工作，主动承担责任的。

(3)党内法规规定的其他从轻、减轻情形。

有下列情形之一，应当从重或者加重问责：

(1)对党中央、上级党组织三令五申的指示要求，不执行或者执行不力的。

(2)在接受问责调查和处理中，不如实报告情况，敷衍塞责、推卸责任，或者唆使、默许有关部门和人员弄虚作假，阻扰问责工作的。

(3)党内法规规定的其他从重、加重情形。

(四)问责的基本程序

发现有上述问责情形，需要进行问责调查的，有管理权限的党委(党组)、纪委、党的工作机关应当经主要负责人审批，及时启动问责调查程序。其中，纪委、党的工作机关对同级党委直接领导的党组织及其主要负责人启动问责调查，应当报同级党委主要负责人批准。应当启动问责调查未及时启动的，上级党组织应当责令有管理权限的党组织启动。根据问题性质或者工作需要，上级党组织可以直接启动问责调查，也可以指定其他党组织启动。对被立案审查的党组织、党的领导干部问责的，不再另行启动问责调查程序。

启动问责调查后，应当组成调查组，依规依纪依法开展调查，查明党组织、党的领导干部失职失责问题，综合考虑主客观因素，正确区分贯彻执行党中央或者上级决策部署过程中出现的执行不当、执行不力、不执行等不同情况，精准提出处理意见，做到事实清楚、证据确凿、依据充分、责任分明、程序合规、处理恰当，防止问责不力或者问责泛化、简单化。

查明调查对象失职失责问题后，调查组应当撰写事实材料，与调查对象见面，听取其陈述和申辩，并记录在案；对合理意见，应当予以采纳。调查对象应当在事实材料上签署意见，对签署不同意见或者拒不签署意见的，调查组应当作出说明或者注明情况。调查工作结束后，调查组应当集体讨论，形成调查报告，列明调查对象基本情况、调查依据、调查过程，问责事实，调查对象的态度、认识及其申辩，处理意见以及依据，由调查组组长以及有关人员签名后，履行审批手续。

问责决定应当由有管理权限的党组织作出。对同级党委直接领导的党组织，纪委和党的工作机关报经同级党委或者其主要负责人批准，可以采取检查、通报方式进行问责。采取改组方式问责的，按照党章和有关党内法规规定的权限、程序执行。对同级党委管理的领导干部，纪委和党的工作机关报经同级党委或者其主要负责人批准，可以采取通报、诫勉方式进行问责；提出组织调整或者组织处理的建议。采取纪律处分方式问责的，按照党章和有关党内法规规定的权限、程序执行。

问责决定作出后，应当及时向被问责党组织、被问责领导干部及其所在党组织宣布并督促执行。有关问责情况应当向纪委和组织部门通报，纪委应当将问责决定材料归入被问责领导干部廉政档案，组织部门应当将问责决定材料归入被问责领导干部的人事档案，并报上一级组织部门备案；涉及组织调整或者组织处理的，相应手续应当在 1 个月内办理完毕。被问责领导干部应当向作出问责决定的党组织写出书面检讨，并在民主生活会、组织生活会或者党的其他会议上作出深刻检查。建立健全问责典型问题通报曝光制度，采取组织调整或者组织处理、纪律处分方式问责的，应当以适当方式公开。

被问责党组织、被问责领导干部及其所在党组织应当深刻汲取教训，明确整改措施。作出问责决定的党组织应当加强督促检查，推动以案促改。需要对问责对象作出政务处分或者其他处理的，作出问责决定的党组织应当通报相关单位，相关单位应当及时处理并将结果通报或者报告作出问责决定的党组织。

同时，要实行终身问责，对失职失责性质恶劣、后果严重的，不论其责任人是否调离转岗、提拔或者退休等，都应当严肃问责。

复习思考题

1. 地方政府责任制度的内涵是什么？
2. 地方政府责任制度的内容是什么？
3. 地方政府责任清单制度的内涵是什么？
4. 地方政府责任清单制度的构成要素有哪些？
5. 地方政府问责制的内涵是什么？
6. 如何实施地方政府问责制？

案例分析

认领42份责任书，一半多是“甩锅”

目前，乡镇政府权小责大，甚至有责无权已成为基层干部的共识。一些上级部门把不该乡镇承担的工作通过签订《目标责任书》、发放《任务告知书》以及下文件、发通报等方式，以属地管理为名安排到乡镇。

这些工作具体有哪些？它们是怎么被甩下来的？半月谈记者采访了一位在乡镇工作了12年的镇党委书记王辉(化名)。

王辉告诉半月谈记者，从2018年1月至2019年7月，其所在的乡镇共认领各类《责任书》《任务告知书》共42份，其中属于乡镇职责范围内的有20项。“剩余22项任务，都是各单位和部门‘下放’的任务。”

结合乡镇工作实际，王辉提出四个建议，希望能真正为基层减负。

一是建立乡镇工作清单制度。严格按法律法规行使职权，对需乡镇负责的各项任务，县直部门要提请县委、县政府把关后，以清单形式发放到乡镇手中，防止各部门将自身职责转嫁到乡镇。

二是辩证看待压力传导与基层减负的关系。负担必须减，压力不能减。本职工作的压力不能减，但是上级部门或相关部局给基层“甩锅”的压力一定要减下来，这也是为基层减负的根本要义。

三是严格执行乡镇机构改革方案，落实各站所定部门职责、定内设机构、定人员编制的“三定”规定，推进行政资源下沉，理顺机构职能，全面提升乡镇履职效率和便民服务效率。

四是完善问责制度和激励机制，坚持严管和厚爱相结合。准确把握“三个区分开来”的政策界限，拓宽基层干部发展渠道，进一步激发基层干部担当作为干事创业的积极性。

（资料来源：赵阳：《认领42份责任书，一半多是“甩锅”》，半月谈网，2019年8月1日。）

第十二章　地方政府大数据管理

全球新一代信息产业处于加速变革期，数据已成为国家基础性战略资源，大数据正日益对全球生产、流通、分配、消费活动以及经济运行机制、社会生活方式和国家治理能力产生重要影响。全球范围内，运用大数据推动经济发展、完善社会治理、提升政府服务和监管能力正成为趋势，有关发达国家相继制定实施大数据战略性文件，大力推动大数据发展和应用。大数据上升为国家战略已成为世界各国的共识。

第一节　地方政府大数据管理概述

一、大数据的界定

大数据不是一个准确的概念，其最初由经历信息爆炸的学科创造而来，如天文学、基因学等。就总体而言，大数据或称巨量数据、海量数据，其是由数量巨大、结构复杂、类型繁多的数据(结构化数据、半结构化数据)构成的数据集合。引申的意涵包括基于对元数据的采集共享、云计算的数据处理及应用、互联网为媒介的智力资源和知识服务能力。

Francis X. Diebold 将大数据定义为“可用数据和潜在相关数据数量的激增，这种激增主要是因为最近数据记录和存储技术空前进步的结果。”

美国的麦肯锡研究公司认为大数据是指数据容量超出了传统数据库工具搜索、存储、分析和管理能力范围的数据集。①

大数据研究机构 Gartner 对大数据的定义是：“大数据是需要新处理模式才能具有更强的决策力、洞察发现力和流程优化能力的海量、高增长率和多样化的信

① Mckinsey Global Institute. *Big data: The next frontier for innovation, competition, and productivity*[R]. Chicago: Mi Kinsey Company, 2011(6): 1-2.

息资产。”①

Wikipedia 中文版对大数据的定义认为其是一类运用现阶段数据库管理工具或传统数据处理的应用难于处理的数据集合，具有的特点包括大型与复杂。而处理大数据面临诸多挑战，如采集、管理、存储、搜索、共享、分析以及可视化方面。②

我们认为，大数据是以容量大、类型多、存取速度快、应用价值高为主要特征的数据集合，正快速发展为对数量巨大、来源分散、格式多样的数据进行采集、存储和关联分析，从中发现新知识、创造新价值、提升新能力的新一代信息技术和服务业态。③

大数据包括以下内涵：1. 数据关系，大数据时代下数据量级涨至 PB 级以上，其规模已经远超传统数据处理技术的极限。大数据并非简单的数据存储集合，数据与数据之间已经存在一定的关联性，数据因此具有深层价值。大数据时代之前，人类注重数据之间的因果关系，大数据时代转变了原有理念将人类注意力引向数据数据之间的相关关系。2. 数据技术，大数据技术是一系列数据技术的集合，它包括数据的存储、分析、采集等方面技术，这一系列技术涵盖了完整的数据生命周期。④ 3. 数据应用，大数据技术的出现使得数据不再局限于在计算机领域的运用，大数据通过对不同来源的海量数据进行深层挖掘、利用，能够使数据在政府治理、企业经营、环境保护、卫生医疗等各行业领域充分体现自身价值。4. 科学范式，大数据时代之前科学范式仅有三种：第一范式为分析精确实验数据从而得出科学结论；第二范式为数据代入模型从而得出科学结论；第三范式为利用超算模拟现实得出科学结论。大数据的发展引出第四种科学范式，即通过巨量数据相关关系得出科学结论。⑤

二、大数据的特征

大数据的特征可以用 4 个“V”(Volume，Variety，Velocity，Value)来描述。

1. 大量。大数据的特征首先就体现为“大”，从先 MAP3 时代，一个小小的 MB 级别的 MAP3 就可以满足很多人的需求，然而随着时间的推移，存储单位从

① 王书伟．大数据时代政府部门间信息资源共享策略研究[D]．吉林大学，2013.

② Big data. Wikipedia[EB/OL]. https://en.wikipedia.org/wiki/Big_data，2018-03-02.

③《国务院关于印发促进大数据发展行动纲要的通知》。

④ 吴昊．大数据时代中国政府信息共享机制研究[D]．吉林大学，2017.

⑤ 何嘉烨．大数据时代政府数据资源共享研究[D]．湖南大学，2018.

过去的 GB 到 TB，乃至现在的 PB、EB 级别。随着信息技术的高速发展，数据开始爆发性增长。社交网络(微博、推特、脸书)、移动网络、各种智能工具，服务工具等，都成为数据的来源。淘宝网近 4 亿的会员每天产生的商品交易数据约 20TB；脸书约 10 亿的用户每天产生的日志数据超过 300TB。国际互联网数据中心称，全球互联网所产生的海量数据年均增速超过 50%，预计全球数据总量将于 2020 年超过 35ZB。迫切需要智能的算法、强大的数据处理平台和新的数据处理技术，来统计、分析、预测和实时处理如此大规模的数据。目前，大数据的规模尚是一个不断变化的指标，单一数据集的规模范围从几十 TB 到数 PB 不等。简而言之，存储 1 PB 数据将需要两万台配备 50GB 硬盘的个人电脑。

2. 多样。广泛的数据来源，决定了大数据形式的多样性。数据多样性的增加主要是由于新型多结构数据，以及包括网络日志、社交媒体、互联网搜索、手机通话记录及传感器网络等数据类型造成。任何形式的数据都可以产生作用，目前应用最广泛的就是推荐系统，如淘宝，网易云音乐、今日头条等，这些平台都会通过对用户的日志数据进行分析，从而进一步推荐用户喜欢的东西。日志数据是结构化明显的数据，还有一些数据结构化不明显，例如图片、音频、视频等，这些数据因果关系弱，就需要人工对其进行标注。

3. 高速。高速描述的是数据被创建和移动的速度。在高速网络时代，通过基于实现软件性能优化的高速电脑处理器和服务器，创建实时数据流已成为流行趋势。大数据的产生非常迅速，主要通过互联网传输。生活中每个人都离不开互联网，也就是说每个人每天都在向大数据提供大量的资料。并且这些数据是需要及时处理的，因为花费大量资本去存储作用较小的历史数据是非常不划算的，对于一个平台而言，也许保存的数据只有过去几天或者一个月之内，再远的数据就要及时清理，不然代价太大。基于这种情况，大数据对处理速度有非常严格的要求，服务器中大量的资源都用于处理和计算数据，很多平台都需要做到实时分析。数据无时无刻不在产生，谁的速度更快，谁就有优势。

4. 价值。这也是大数据的核心特征。大数据时代的数据量级涨至 PB 级，数据体量的庞大加大了挖掘数据价值的难度，同时海量数据待挖掘的更深层次蕴含更高的数据价值。现实世界所产生的数据中，有价值的数据所占比例很小。相比于传统的小数据，大数据最大的价值在于通过从大量不相关的各种类型的数据中，挖掘出对未来趋势与模式预测分析有价值的数据，并通过机器学习方法、人工智能方法或数据挖掘方法深度分析，发现新规律和新知识，并运用于农业、金融、医疗等各个领域，从而最终达到改善社会治理、提高生产效率、推进科学研究的效果。

三、大数据的作用

（一）大数据成为推动经济转型发展的新动力

以数据流引领技术流、物质流、资金流、人才流，将深刻影响社会分工协作的组织模式，促进生产组织方式的集约和创新。大数据推动社会生产要素的网络化共享、集约化整合、协作化开发和高效化利用，改变了传统的生产方式和经济运行机制，可显著提升经济运行水平和效率。大数据持续激发商业模式创新，不断催生新业态，已成为互联网等新兴领域促进业务创新增值、提升企业核心价值的重要驱动力。大数据产业正在成为新的经济增长点，将对未来信息产业格局产生重要影响。

（二）大数据成为重塑国家竞争优势的新机遇

在全球信息化快速发展的大背景下，大数据已成为国家重要的基础性战略资源，正引领新一轮科技创新。充分利用我国的数据规模优势，实现数据规模、质量和应用水平同步提升，发掘和释放数据资源的潜在价值，有利于更好发挥数据资源的战略作用，增强网络空间数据主权保护能力，维护国家安全，有效提升国家竞争力。

（三）大数据成为提升政府治理能力的新途径

大数据应用能够揭示传统技术方式难以展现的关联关系，推动政府数据开放共享，促进社会事业数据融合和资源整合，将极大提升政府整体数据分析能力，为有效处理复杂社会问题提供新的手段。建立“用数据说话、用数据决策、用数据管理、用数据创新”的管理机制，实现基于数据的科学决策，将推动政府管理理念和社会治理模式进步，加快建设与社会主义市场经济体制和中国特色社会主义事业发展相适应的法治政府、创新政府、廉洁政府和服务型政府，逐步实现政府治理能力现代化。①

四、地方政府大数据管理的意义

大数据不仅是一场技术革命、一场经济变革，也是一场国家治理的变革。大数据正在全方位倒逼政府自身变革，它对政府治理理念、治理模式、治理内容、治理手段等都会带来深刻变革。可以说，大数据正日益成为社会治理的驱动力、政府治理的“幕僚高参”。因此，加强地方政府大数据管理，具有十分重要的现

① 《国务院关于印发促进大数据发展行动纲要的通知》。

实意义：

（一）加强大数据管理可以提升市场监管效率

有研究指出，由于诚信缺失致使我国企业每年损失超过 6000 亿元；还有研究估计，诚信问题导致我国市场交易成本居高不下，带来的损失约占 GDP 的 20%。① 新的信息技术为政府监管市场提供了新的手段。通过对市场活动中大量信息的收集和处理，能够快速发现许多原来不易被察觉的失信行为，并将之记录或曝光，从而增加了失信行为的成本。政府有大量日常监管中所获得的产品质量、消费投诉、货物价格、行政处罚等相关信息，在此基础上可以筛选出需要进一步跟踪的企业和产品，并与更多的已知信息如注册、纳税、社保、医疗、信用卡记录、驾驶记录等信息比较对比，识别出异常现象，及时发现那些涉嫌违法可能性较高的市场主体，有针对性地加强监管，提高市场监管能力并降低监管成本。② 比如，2011 年，IBM 针对各国医保机构的需求推出了一套智能化程度较高的医疗防欺诈系统，这套系统中的数据涵盖了 20 多个学科，定义了 2000 多种分析指标，利用先进的大数据技术有效地帮助了多国医保系统识别和预防医疗欺诈，降低了医疗成本，为政府医疗服务和医保管理水平的提高发挥了作用。③

（二）加强大数据管理可以提升社会管理水平

对社会事件的及时预测是提高管理效能的重要基础。大数据技术可以发挥重要作用。例如，一些流行疾病传播速度快，传统方法很难快速掌握。利用大数据技术对海量的搜索记录进行数据分析，就有可能快速准确地进行预测。一个经典的案例是 Google 公司的研究人员从数量上分析特定词条被检索的频率和流感疫情传播状况之间的关联关系，在对数亿个不同的数据模型进行分析后，找到了一个预测精度很高的模型，Google 公司利用该模型得到了与政府疾病控制中心所做调查十分接近的结果，而且时间提前了很多。④ 比如，重庆市合川区围绕构建共建共治共享社会治理新格局的工作目标，坚持信息化支撑，狠抓大数据整合，突出智能化应用，按照“整体布局成网络、局部区域成闭合，重点路口全投入、重要部位全覆盖”的原则，依托区社会治理大数据中心，创建了“网格化+网络化+智能化”全域社会治理新模式，以网格精细化管理为着力点，以信息化智能化为

---

① 刘武．企业每年因诚信缺失损失 6000 亿[J]．瞭望东方周刊，2014(7)．

② 江小涓．大数据时代的政府管理与服务：提升能力及应对挑战[J]．中国行政管理，2018(9)．

③ 陈潭等．大数据时代的国家治理[M]．北京：中国社会科学出版社，2015.

④ 鲁力等．百度指数和微指数在中国流感监测中的比较分析[J]．计算机应用研究，2016(2)．

支撑，以大数据运用赋能，不断完善城区视频监控系统建设，整合综治信息系统网格化管理平台、“雪亮工程”应急指挥平台、合舟共济 e+矛盾纠纷调解平台、社会信息资源共享平台、智能警务等一批智能化信息管理平台，有效提升了立体化防控体系智能化管理水平，不断提高社会治理现代化水平。除了“线上线下”信息系统联通外，重庆市合川区还构建起“一总六分五平台 N 共享”的“政法大数据云”，搭建了“社会信息资源共享交换、网格化服务管理、公共安全视频监控、矛盾纠纷调解、平安建设民意调查”等五大平台，横向联通 44 家部门 67 个业务系统，纵向贯通区、镇街、村(社区)、网格，对外联系 200 余家企事业单位和社会组织，为各级干部、网格员、群众安装 APP 手机终端 2 万余个，形成了上下、左右、内外联通的共享联动网络。①

(三)加强大数据管理可以提升公共服务水平

网络的广泛渗透，使得差别化、个性化的公共服务需求更容易识别，为政府提高公共服务的效率创造了有利条件。依托网络，政府能够低成本及时响应那些种类繁多的公众“小事”。比如，近年来义乌市政府为了提高服务的便利性和时效性，依托政府大数据共享交换平台形成跨部门数据资源共享共用系统，搭建起智能化管理框架，专门建立“新义乌人家园”公众平台，建立微信申报后台系统，办理居住登记手续只需在租住房屋前扫下二维码，在公众号里填好信息提交就行了，解决了空间时间限制，高效便捷。近年来，湖南省湘西自治州用最短的时间、最少的投入、最集约的方式，建立健全组织领导体系、管理制度体系、技术标准体系、智慧应用体系、要素保障体系、安全防控体系，全面建成了智慧湘西的“四梁八柱”，探索出了一条具有湘西特色的大数据建设发展之路。在全国率先制定发布公共技术服务共享清单和公共数据资源共享清单，在全国领先打通国家部委数据接口、领先发布数据共享责任清单、领先建设数据通微服务和政府视频共享平台。

(四)加强大数据管理可以推动地方治理变革

1. 大数据驱动政府由“权力”治理向“数据”治理转型，推动政府治理理念的变革。

第一，大数据是多方面多类型的现实行为和社会活动的汇聚，它能真实而客观地反映人们的行为和社会问题，对政府治理能够提供最翔实、最可靠的事实和依据，用事实说话，也就是用数据说话。第二，大数据强大的计算与分析能力大大提高了政府治理的科学化水平。第三，大数据以“开放共享”为核心，能驱动

① 魏鑫．以大数据手段全面提升社会治理水平[N]．合川日报，2019-09-25.

政府实施开放式治理，提升服务能力。第四，随着行政管理决策和公共服务对时效性要求的不断提高，“逐级请示”式的管理需要转变为政府部门间与社会的“扁平会商”，这对大数据应用提出了现实需求。因此，大数据驱动政府由“权力本位”向“数据本位”转型，政府则要树立大数据观，注重数据治理，做到凡事心中有“数”，形成“用数据说话、用数据决策、用数据管理、用数据创新”的思维。

2. 大数据驱动政府由“粗放”治理向“精准”治理转型，推动政府治理模式的变革。

大数据的三大精髓之一就是全体代替样本，政府治理的基础从少量的“样本数据”转变为海量、动态多样的“全体数据”，从而使政府能从更全面、更宏观的角度看待问题；大数据的相关性和强大分析力能够准确地把握规律，抓到主要矛盾和矛盾的主要方面，能够精确指出治理方向和对象。因此，借用大数据更容易实现精细管理、“精准”治理甚至个性服务，实现从行政主导到以人为本的服务型政府转变。

3. 大数据驱动政府由“经验”决策向“智慧”决策转型，推动政府治理手段的变革。

凭借以往经验拍脑袋式的权威决策是成本最高、效率最低的决策方式，这种传统的经验决策是封闭式决策，其对瞬息万变的事态无法保证决策的科学性。相反，大数据是实现数据决策、智慧决策的重要手段，它可以通过对海量、动态、高增长、多元化、多样化数据高速处理，并通过对海量数据相关性分析快速获得有价值信息，提高公共决策能力，增强决策的科学性。

4. 大数据驱动政府由“静态”管理向“动态”治理转型，推动政府治理内容的变革。

大数据带来的一个改变是信息扁平化，这是政府治理实现动态化全程化的利器。在大数据管理平台上，各种数据实时更新、动态调取，可真正做到“运筹帷幄，决胜千里”。政府通过引入大数据监测系统，实时监控、快速分析相关信息，并及时响应经济社会发展动态，驱动其从“谋而后动”转向“随动而谋”，从静态管理转向动态治理。大数据还具有极强的智能预测能力，有助于决策者预测事态发展趋势，将问题由“事后解决”转向“事前预测与前瞻决策”，很容易将现有的事中事后管理变成事前事中事后全程管理，这在政府危机管理中尤为重要。①

① 雷丽萍．大数据推进政府治理创新[J]．中共山西省委党校学报，2018(5)：84-88.

第二节　地方政府大数据管理面临的挑战与发展路径

一、地方政府大数据管理的发展状况

2009年，英国政府建立了一个公共数据资源网站，该网站拥有庞大的数据技术，为政府治理服务，这是外国大数据的真正开始。2010年，联合国《大数据促发展：挑战与机遇》白皮书中提到，大数据是一个可以造福全人类乃至全世界的历史性机遇。2010年，美国代表发达国家开始提出大数据发展战略并设立政府大数据技术应用中心。2011年，韩国所代表的发达国家开始建立一个政府事务的大数据网络管理系统来促进公共和私营部门之间的数据集成和共享。2012年，欧洲委员会引入了大数据，该战略处于数字议程上。2012年，美国奥巴马政府将“大数据”定性为国家战略并启动“大数据研究和发展计划”，联合国2012年推出“数据脉动”计划，2013年，日本公布以大数据为核心的新IT国家战略。2013年被国外媒体称为“大数据元年”。除此之外还有澳大利亚公共服务大数据战略、欧盟大数据开放平台、韩国“智慧首尔”大数据平台和新加坡政府大数据基础战略等。关于大数据的重要性，2016年，瑞士达沃斯世界经济论坛发布的《大数据，大冲击：国际化发展的新可能性》报告中提到，“数据已成为一类新兴经济资产，数据就像货币和黄金一样，即数据资产，数据资产的价值甚至超过了黄金”。

为此，党中央、国务院高度重视大数据在经济社会发展中的作用。自2014年开始，“大数据”每年出现在《政府工作报告》中，大数据议题已经成为国务院常务会议的“座上客”。2014年7月至2015年2月，国务院常务会议六次提到大数据，涉及的领域包括企业信息监管、小微企业信息系统建设、健康医疗、社会保障、疾病防治、灾害预防、电子政务、服务贸易和在线审批等。2015年6月，国务院常务会议部署运用大数据优化政府服务和监管，提高行政效能，党的十八届五中全会提出“实施国家大数据战略”，2015年9月，国务院印发《促进大数据发展行动纲要》，加强顶层设计，全面推进大数据发展，加快建设数据强国。2015年9月，国务院还发布了《政务信息资源共享管理暂行办法》，该《办法》对政府数据资源开放共享的要求、原则、任务、保障和监督等方面做出了明确规定，从制度层面加快推动政务信息系统互联和公共数据共享。《“十三五”规划纲要》明确提出，实施网络强国战略、互联网+行动计划、智能制造2025和国家大数据战略。党的十九大报告提出，要加快建设创新型国家，建设网络强国、数字中国、智慧社会等。加强和创新社会治理，不断促进社会公平正义，使人民获得

感、幸福感、安全感更加充实、更有保障、更可持续。将大数据纳入国家战略，这标志着我国政府治理的大数据时代正式开启，政府治理将面临新的发展机遇。

自此，中央各部委和各地政府对大数据的认知和重视程度明显提升，大数据政策和规划方案处于密集发布期。据不完全统计，目前，我国有63个国家级文件涉及大数据发展与应用。另外，根据中国信通院调查研究，截至2017年1月，已经公开发布了37份地方的大数据规划，涵盖16个省21个市，如贵州省发布了《贵州省大数据发展应用促进条例》和《贵阳市政府数据共享开放条例》。目前，各省对大数据管理已经布局，广东、四川、甘肃等多个省成立了大数据管理局。2016年陕西省大数据管理与服务中心成立，2017年2月，贵州省公共服务管理办公室更名为贵州省大数据发展管理局，为正厅级直属事业单位，这是我国第一个省级政府直属的正厅级大数据行业管理部门。

大数据战略在全国各地有着不同程度的实践，最具代表性也是最成功的案例便是贵阳大数据的发展实践，“数谷”已成为贵阳这座发展相对落后的西部山城的新名片。美国知名独立经济智库——米尔肯研究所发布的《中国最佳表现城市》报告显示，在指标研究的34个全国一二线城市中，贵阳从2015年的第十一位跃升至第三位，成为2017年度中国表现最佳城市。可见，我国大数据产业快速发展，大数据发展的体制机制正在形成，大数据发展的政策也正在不断完善。①

二、地方政府大数据管理面临的挑战

(一)“民主”决策与“科学”决策的冲突可能增加

民主决策是让公民能够参与决策过程，让群众充分表达对决策选择方案的意见和建议，使决策符合民愿、尊重民意。科学决策是指依据科学理论和运用科学方法进行决策的过程，典型的形态就是组成专家委员会进行决策前研究并提出方案。民主决策强调的是合乎民意，而科学决策强调的是以最小成本达到决策目标，两者的利益导向并不一致。有时专家们提出了“科学”的决策建议，但在民主决策过程中却不被认同。在传统决策理论中，解决民主决策中的利益牵制问题要靠所谓的“无知之幕”，即当事人并不了解决策会对其自身利益产生哪些不利影响，从而使决策过程能够推进。在当前网络广泛渗透、信息无所不在的情形下，“无知之幕”在很大程度上已不存在，个体在作出决策时已经难从“无个人利益”的立场出发给出公允判断。这就造成了决策中的两难：如果民主决策不到位，

① 雷丽萍．大数据推进政府治理创新[N]．中共山西省委党校学报，2018(5)：84-88.

有可能无法准确了解公众的诉求，决策也无法有效执行；而如果让民众广泛参与决策过程，则有可能会很大程度上背离“科学性”。需要针对不同情况，在两者之间寻求积极平衡。

（二）垄断问题性质变异及其监管难题

大数据时代，平台型大企业具有明显的直接网络效应和间接网络效应，具有显著的市场优势和影响力。然而，用传统的反垄断理论对其进行监管碰到难题，因为无论是定价还是获利，一些巨型企业并不符合垄断企业的行为特征。例如搜索引擎巨头不会利用其市场影响力向消费者高收费，而是免费提供使用，同时加载广告来获利。由于资本市场的深度参与，有些平台企业对当下是否盈利并不敏感，可以极具“耐心”地等待，其行为甚至近似于“软约束”。即使有些企业收入可观，也更多的是技术和创新收益而非垄断收益。因此，虽然有些企业的确具有较高的市场份额和市场控制力，但其产生的负面影响却难以识别和量化。总之，对垄断的传统定义无法判断免费市场中大企业控制力对消费者福利的影响。这些都为政府管控垄断行为带来困难。

（三）数据产业发展和个人隐私保护的矛盾日益突出

网络时代，每个人的大量信息都会自觉不自觉地上传至互联网，即使不被商家拿去谋利，绝大多数人也不愿意自己的私事被公诸于众。例如个人医疗信息就有高度的私密性，患者不会愿意被他人共享，更不能容忍用这些信息不当牟利。国内曾有平台企业将一些病友互助贴吧的吧主位置出售给医药企业，后者在吧中发布相关医疗和药品信息，引起了广大吧友和社会的强烈不满。特别是大数据技术，其特点是“挖掘”，原本的零散信息通过大数据的整合很可能变成了对个人隐私“挖掘”很深的数据。比如私人侦探并不需要违法窃听公民个人的通话内容，却能通过掌握呼入呼出号码、通话人、通话时间以及通话人的行踪、职业、收入、资产等多种信息，“挖掘”出大量隐私。因此，大数据时代如何保障国家安全、商业机密和公民隐私，是政府的职责，也是全社会共同的挑战。

欧盟于 2016 年制定了《欧盟通用数据保护条例》(GDPR)并已经于 2018 年 5 月生效，这个条例堪称有史以来最严苛的针对数字经济环境下个人数据保护的专门立法。然而，该条例一经发布就引起不少争论，法学界、互联网企业、有关专家和社会各相关方面观点不一，争论激烈。谷歌、脸书等一些国际互联网巨头和一些专家学者认为，大数据价值相当一部分来自于数据共享，抓取数据和汇总巨量数据中的信息是大数据的本质，不允许数据收集，大数据无从谈起。例如药品制造商需要了解服药者的查询和购买信息以把握疗效，卫生部门需要了解民众网上查询行为从而得知某种传染病症状的流行程度等，这些都是当事人并不知情的“数据抓取”行为。总之，是强调隐私保护还是强调数据利用是一个两难选择。

无论如何，GDPR 出台并生效实施，反映了现阶段社会公众和监管机构给予隐私保护更大的权重。在我国，公民信息保护问题特别突出，全国人大常委会已经出台了《关于加强网络信息保护的决定》，其中一些措施还需要细化，以真正能够对那些收集公民信息却又不能安全存储的企业进行追责，对非法获取并倒卖个人信息的行为施以重罚，保护公民的合法权益。

（四）网络空间公私边界的重构和“共治”需求

传统公共管理理论认为，公共物品、外部性、自然垄断和信息不对称等市场经济的固有缺陷，是政府干预经济的正当理由。然而在网络空间，公共治理的需求远远超出了传统边界。我们仅举几个方面。首先，网络空间中的市场主体通达范围极广，可以不受限制地干扰他人。传统产业中商家和消费者的互动，不会明显干扰非买家的生活，互联网则不然，页面上时常不可控地弹跳出让人毫无需求并心生不悦的画面，就是对他人生活的不当干扰。其次，不实网络信息对社会秩序产生冲击。大型平台上人数众多，利益关系复杂，又是匿名为主的系统，必定关联公共利益，由于任何人都可以编写信息并发布到网页上，与讲求公信力的媒体和需要同行评审的专业刊物相比，网络对信息并无筛选功能，那些有误解、有偏见甚至故意造谣和煽动的观点也有可能得到广泛传播，从而带来无法预期的社会影响。网络社交媒体还有一个传统媒体所没有的重要性质，即实时的信息反馈。一个倡议通过报纸或广播电视传播，只起到传递消息的作用，每个受众并不知道有多少人以什么方式响应这个倡议。但是在网络社交媒体上，受众的反应和准备采取的行动可以被及时反馈，当人们相信有较多的人会响应时，就会有更多的人响应，因此群体性事件的策划组织更加容易。最后，网络空间没有物理的国界、海关和边防，容易被国外机构和组织攻击和利用。被控未经许可获得 5000 万 Facebook 用户数据、操控美国大选选情的数据分析公司剑桥分析（Cambridge Analytica）的丑闻就是一个案例。①

三、地方政府大数据管理的发展路径

（一）加快政府数据开放共享，推动资源整合，提升治理能力

1. 大力推动政府部门数据共享。加强顶层设计和统筹规划，明确各部门数据共享的范围边界和使用方式，厘清各部门数据管理及共享的义务和权利，依托政府数据统一共享交换平台，大力推进国家人口基础信息库、法人单位信息资源库、自然资源和空间地理基础信息库等国家基础数据资源，以及金税、金关、金

① 江小涓．大数据时代的政府管理与服务：提升能力及应对挑战［J］．中国行政管理，2018(9)．

财、金审、金盾、金宏、金保、金土、金农、金水、金质等信息系统跨部门、跨区域共享。加快各地区、各部门、各有关企事业单位及社会组织信用信息系统的互联互通和信息共享，丰富面向公众的信用信息服务，提高政府服务和监管水平。结合信息惠民工程实施和智慧城市建设，推动中央部门与地方政府条块结合、联合试点，实现公共服务的多方数据共享、制度对接和协同配合。

2. 稳步推动公共数据资源开放。在依法加强安全保障和隐私保护的前提下，稳步推动公共数据资源开放。推动建立政府部门和事业单位等公共机构数据资源清单，按照“增量先行”的方式，加强对政府部门数据的国家统筹管理，加快建设国家政府数据统一开放平台。制定公共机构数据开放计划，落实数据开放和维护责任，推进公共机构数据资源统一汇聚和集中向社会开放，提升政府数据开放共享标准化程度，优先推动信用、交通、医疗、卫生、就业、社保、地理、文化、教育、科技、资源、农业、环境、安监、金融、质量、统计、气象、海洋、企业登记监管等民生保障服务相关领域的政府数据集向社会开放。建立政府和社会互动的大数据采集形成机制，制定政府数据共享开放目录。通过政务数据公开共享，引导企业、行业协会、科研机构、社会组织等主动采集并开放数据。

3. 统筹规划大数据基础设施建设。结合国家政务信息化工程建设规划，统筹政务数据资源和社会数据资源，布局国家大数据平台、数据中心等基础设施。加快完善国家人口基础信息库、法人单位信息资源库、自然资源和空间地理基础信息库等基础信息资源和健康、就业、社保、能源、信用、统计、质量、国土、农业、城乡建设、企业登记监管等重要领域信息资源，加强与社会大数据的汇聚整合和关联分析。推动国民经济动员大数据应用。加强军民信息资源共享。充分利用现有企业、政府等数据资源和平台设施，注重对现有数据中心及服务器资源的改造和利用，建设绿色环保、低成本、高效率、基于云计算的大数据基础设施和区域性、行业性数据汇聚平台，避免盲目建设和重复投资。加强对互联网重要数据资源的备份及保护。

4. 支持宏观调控科学化。建立国家宏观调控数据体系，及时发布有关统计指标和数据，强化互联网数据资源利用和信息服务，加强与政务数据资源的关联分析和融合利用，为政府开展金融、税收、审计、统计、农业、规划、消费、投资、进出口、城乡建设、劳动就业、收入分配、电力及产业运行、质量安全、节能减排等领域运行动态监测、产业安全预测预警以及转变发展方式分析决策提供信息支持，提高宏观调控的科学性、预见性和有效性。

5. 推动政府治理精准化。在企业监管、质量安全、节能降耗、环境保护、食品安全、安全生产、信用体系建设、旅游服务等领域，推动有关政府部门和企事业单位将市场监管、检验检测、违法失信、企业生产经营、销售物流、投诉举报、消费维权等数据进行汇聚整合和关联分析，统一公示企业信用信息，预警企业不正当行为，提升政府决策和风险防范能力，支持加强事中事后监管和服务，提高监管和服务的针对性、有效性。推动改进政府管理和公共治理方式，借助大数据实现政府负面清单、权力清单和责任清单的透明化管理，完善大数据监督和技术反腐体系，促进政府简政放权、依法行政。

6. 推进商事服务便捷化。加快建立公民、法人和其他组织统一社会信用代码制度，依托全国统一的信用信息共享交换平台，建设企业信用信息公示系统和“信用中国”网站，共享整合各地区、各领域信用信息，为社会公众提供查询注册登记、行政许可、行政处罚等各类信用信息的一站式服务。在全面实行工商营业执照、组织机构代码证和税务登记证“三证合一”“一照一码”登记制度改革中，积极运用大数据手段，简化办理程序。建立项目并联审批平台，形成网上审批大数据资源库，实现跨部门、跨层级项目审批、核准、备案的统一受理、同步审查、信息共享、透明公开。鼓励政府部门高效采集、有效整合并充分运用政府数据和社会数据，掌握企业需求，推动行政管理流程优化再造，在注册登记、市场准入等商事服务中提供更加便捷有效、更有针对性的服务。利用大数据等手段，密切跟踪中小微企业特别是新设小微企业运行情况，为完善相关政策提供支持。

7. 促进安全保障高效化。加强有关执法部门间的数据流通，在法律许可和确保安全的前提下，加强对社会治理相关领域数据的归集、发掘及关联分析，强化对妥善应对和处理重大突发公共事件的数据支持，提高公共安全保障能力，推动构建智能防控、综合治理的公共安全体系，维护国家安全和社会安定。

8. 加快民生服务普惠化。结合新型城镇化发展、信息惠民工程实施和智慧城市建设，以优化提升民生服务、激发社会活力、促进大数据应用市场化服务为重点，引导鼓励企业和社会机构开展创新应用研究，深入发掘公共服务数据，在城乡建设、人居环境、健康医疗、社会救助、养老服务、劳动就业、社会保障、质量安全、文化教育、交通旅游、消费维权、城乡服务等领域开展大数据应用示范，推动传统公共服务数据与互联网、移动互联网、可穿戴设备等数据的汇聚整合，开发各类便民应用，优化公共资源配置，提升公共服务水平。

（二）推动产业创新发展，培育新兴业态，助力经济转型

1. 发展工业大数据。推动大数据在工业研发设计、生产制造、经营管理、市场营销、售后服务等产品全生命周期、产业链全流程各环节的应用，分析感知用户需求，提升产品附加价值，打造智能工厂。建立面向不同行业、不同环节的工业大数据资源聚合和分析应用平台。抓住互联网跨界融合机遇，促进大数据、物联网、云计算和三维（3D）打印技术、个性化定制等在制造业全产业链集成运用，推动制造模式变革和工业转型升级。

2. 发展新兴产业大数据。大力培育互联网金融、数据服务、数据探矿、数据化学、数据材料、数据制药等新业态，提升相关产业大数据资源的采集获取和分析利用能力，充分发掘数据资源支撑创新的潜力，带动技术研发体系创新、管理方式变革、商业模式创新和产业价值链体系重构，推动跨领域、跨行业的数据融合和协同创新，促进战略性新兴产业发展、服务业创新发展和信息消费扩大，探索形成协同发展的新业态、新模式，培育新的经济增长点。

3. 发展农业农村大数据。构建面向农业农村的综合信息服务体系，为农民生产生活提供综合、高效、便捷的信息服务，缩小城乡数字鸿沟，促进城乡发展一体化。加强农业农村经济大数据建设，完善村、县相关数据采集、传输、共享基础设施，建立农业农村数据采集、运算、应用、服务体系，强化农村生态环境治理，增强乡村社会治理能力。统筹国内国际农业数据资源，强化农业资源要素数据的集聚利用，提升预测预警能力。整合构建国家涉农大数据中心，推进各地区、各行业、各领域涉农数据资源的共享开放，加强数据资源发掘运用。加快农业大数据关键技术研发，加大示范力度，提升生产智能化、经营网络化、管理高效化、服务便捷化能力和水平。

4. 发展万众创新大数据。适应国家创新驱动发展战略，实施大数据创新行动计划，鼓励企业和公众发掘利用开放数据资源，激发创新创业活力，促进创新链和产业链深度融合，推动大数据发展与科研创新有机结合，形成大数据驱动型的科研创新模式，打通科技创新和经济社会发展之间的通道，推动万众创新、开放创新和联动创新。

5. 推进基础研究和核心技术攻关。围绕数据科学理论体系、大数据计算系统与分析理论、大数据驱动的颠覆性应用模型探索等重大基础研究进行前瞻布局，开展数据科学研究，引导和鼓励在大数据理论、方法及关键应用技术等方面展开探索。采取政产学研用相结合的协同创新模式和基于开源社区的开放创新模式，加强海量数据存储、数据清洗、数据分析发掘、数据可视化、信息安全与隐私保护等领域关键技术攻关，形成安全可靠的大数据技术体系。支持自然语言理解、机器学习、深度学习等人工智能技术创新，提升数据分析处理能力、知识发现能力和辅助决策能力。

6. 形成大数据产品体系。围绕数据采集、整理、分析、发掘、展现、应用等环节，支持大型通用海量数据存储与管理软件、大数据分析发掘软件、数据可视化软件等软件产品和海量数据存储设备、大数据一体机等硬件产品发展，带动芯片、操作系统等信息技术核心基础产品发展，打造较为健全的大数据产品体系。大力发展与重点行业领域业务流程及数据应用需求深度融合的大数据解决方案。

7. 完善大数据产业链。支持企业开展基于大数据的第三方数据分析发掘服务、技术外包服务和知识流程外包服务。鼓励企业根据数据资源基础和业务特色，积极发展互联网金融和移动金融等新业态。推动大数据与移动互联网、物联网、云计算的深度融合，深化大数据在各行业的创新应用，积极探索创新协作共赢的应用模式和商业模式。加强大数据应用创新能力建设，建立政产学研用联动、大中小企业协调发展的大数据产业体系。建立和完善大数据产业公共服务支撑体系，组建大数据开源社区和产业联盟，促进协同创新，加快计量、标准化、检验检测和认证认可等大数据产业质量技术基础建设，加速大数据应用普及。

（三）强化安全保障，提高管理水平，促进健康发展

1. 健全大数据安全保障体系。加强大数据环境下的网络安全问题研究和基于大数据的网络安全技术研究，落实信息安全等级保护、风险评估等网络安全制度，建立健全大数据安全保障体系。建立大数据安全评估体系。切实加强关键信息基础设施安全防护，做好大数据平台及服务商的可靠性及安全性评测、应用安全评测、监测预警和风险评估。明确数据采集、传输、存储、使用、开放等各环节保障网络安全的范围边界、责任主体和具体要求，切实加强对涉及国家利益、公共安全、商业秘密、个人隐私、军工科研生产等信息的保护。妥善处理发展创新与保障安全的关系，审慎监管，保护创新，探索完善安全保密管理规范措施，切实保障数据安全。

2. 强化安全支撑。采用安全可信产品和服务，提升基础设施关键设备安全可靠水平。建设国家网络安全信息汇聚共享和关联分析平台，促进网络安全相关数据融合和资源合理分配，提升重大网络安全事件应急处理能力；深化网络安全防护体系和态势感知能力建设，增强网络空间安全防护和安全事件识别能力。开展安全监测和预警通报工作，加强大数据环境下防攻击、防泄露、防窃取的监测、预警、控制和应急处置能力建设。①

3. 完善大数据信息安全法规制度。其一，顺应大数据发展趋势完善相关法律，强化对数据采集与利用行为的监管力度，提高对大数据知识产权的保护力度，完善政府在大数据管理方面的工作标准与法律条例；针对《中华人民共和国刑事诉讼法》《中华人民共和国国家安全法》等与大数据管理相关的法律，需要完善其中的不足之处，对相关违法行为及量刑标准进行明确界定，确保有法可依。其二，强化大数据信息安全方面的政策引导，完善大数据保密工作规范，优化大数据风险控制流程，要求相关主体在采集数据时保障用户的知情权。此外，还需

① 《国务院关于印发促进大数据发展行动纲要的通知》。

要在相关法律规章中明确规定数据采集范围，确保不侵犯个人隐私权。其三，健全数据统计分析过程中的相关制度，确保大数据使用行为的合法性。①

4. 加强专业人才培养。创新人才培养模式，建立健全多层次、多类型的大数据人才培养体系。鼓励高校设立数据科学和数据工程相关专业，重点培养专业化数据工程师等大数据专业人才。鼓励采取跨校联合培养等方式开展跨学科大数据综合型人才培养，大力培养具有统计分析、计算机技术、经济管理等多学科知识的跨界复合型人才。鼓励高等院校、职业院校和企业合作，加强职业技能人才实践培养，积极培育大数据技术和应用创新型人才。依托社会化教育资源，开展大数据知识普及和教育培训，提高社会整体认知和应用水平。

总之，大数据技术的快速发展，既为人们的生产生活带来了极大便利，也促进了政府治理方式的转变。因此，政府作为社会变革的引领者，需要在大数据时代的变革潮流中昂扬奋进、率先作为，通过深刻认知大数据管理工作，加快培育大数据管理人才，优化大数据管理保障措施，促进大数据管理水平的提升。

复习思考题

1. 什么是大数据？
2. 大数据有什么特征？
3. 大数据管理有什么作用？
4. 地方政府大数据管理面临哪些挑战？
5. 地方政府大数据管理的发展路径有哪些？

案例分析

大数据进村，县级审批“村里办”

——河南邓州创新农村治理体系

随着村级管理权限的缩减，农民与村级组织间互动性大大减弱，近年来出现了乡村“悬空”“两不找”等问题。对此，河南邓州建立起“农村大数据”，赋予村级组织县一级的办事权，有效提升了基层治理能力。

2016 年起邓州探索下放办事权改革，将过去市直单位的审批权力下放到村一级组织，赋予村级县级的办事权，让群众有事找村里，办事不出村。邓州市委组织部电教科科长董中波介绍，全市每个乡村都设立一个信息服务

① 李见恩．政府怎样加强大数据管理[J]．人民论坛，2018(36)：82-83.

站，配备一名专职信息员，信息服务站与全市行政单位联网，群众需办理的医保、老年证、工商执照等服务，不需要去市直部门，直接在村信息服务站扫描相关证件，即可录入系统，全程网络化办理，各个办结点以短信形式实时反馈给群众，群众只需在证照办结后领取即可。

邓州市委书记吴刚说，邓州赋予村级县一级办事权的前提，是要建立起一个覆盖各个行政职能部门信息资源的“农村大数据”网络，通过这一数据平台，实现信息采集、业务审批办理、信息反馈的网络化服务，“信息多跑路、群众少跑腿”。

根据规划，未来邓州市还将利用这一大数据系统，提供农产品销售、医疗救助等各项服务，农村大数据系统将成为嵌入群众生产生活的新平台，政府开展基层治理的新渠道。

（资料来源：林嵬，宋晓东：《大数据进村，县级审批“村里办”——河南邓州创新农村治理体系》，半月谈网，2018 年 7 月 25 日。）

附录1：《中华人民共和国公务员法》

（2005年4月27日第十届全国人民代表大会常务委员会第十五次会议通过　根据2017年9月1日第十二届全国人民代表大会常务委员会第二十九次会议《关于修改〈中华人民共和国法官法〉等八部法律的决定》修正　2018年12月29日第十三届全国人民代表大会常务委员会第七次会议修订）

第一章　总　　则

第一条　为了规范公务员的管理，保障公务员的合法权益，加强对公务员的监督，促进公务员正确履职尽责，建设信念坚定、为民服务、勤政务实、敢于担当、清正廉洁的高素质专业化公务员队伍，根据宪法，制定本法。

第二条　本法所称公务员，是指依法履行公职、纳入国家行政编制、由国家财政负担工资福利的工作人员。

公务员是干部队伍的重要组成部分，是社会主义事业的中坚力量，是人民的公仆。

第三条　公务员的义务、权利和管理，适用本法。

法律对公务员中领导成员的产生、任免、监督以及监察官、法官、检察官等的义务、权利和管理另有规定的，从其规定。

第四条　公务员制度坚持中国共产党领导，坚持以马克思列宁主义、毛泽东思想、邓小平理论、“三个代表”重要思想、科学发展观、习近平新时代中国特色社会主义思想为指导，贯彻社会主义初级阶段的基本路线，贯彻新时代中国共产党的组织路线，坚持党管干部原则。

第五条　公务员的管理，坚持公开、平等、竞争、择优的原则，依照法定的权限、条件、标准和程序进行。

第六条　公务员的管理，坚持监督约束与激励保障并重的原则。

第七条　公务员的任用，坚持德才兼备、以德为先，坚持五湖四海、任人唯贤，坚持事业为上、公道正派，突出政治标准，注重工作实绩。

第八条　国家对公务员实行分类管理，提高管理效能和科学化水平。

第九条　公务员就职时应当依照法律规定公开进行宪法宣誓。

第十条　公务员依法履行职责的行为，受法律保护。

第十一条　公务员工资、福利、保险以及录用、奖励、培训、辞退等所需经费，列入财政预算，予以保障。

第十二条　中央公务员主管部门负责全国公务员的综合管理工作。县级以上地方各级公务员主管部门负责本辖区内公务员的综合管理工作。上级公务员主管部门指导下级公务员主管部门的公务员管理工作。各级公务员主管部门指导同级各机关的公务员管理工作。

第二章　公务员的条件、义务与权利

第十三条　公务员应当具备下列条件:

(一)具有中华人民共和国国籍;

(二)年满十八周岁;

(三)拥护中华人民共和国宪法，拥护中国共产党领导和社会主义制度;

(四)具有良好的政治素质和道德品行;

(五)具有正常履行职责的身体条件和心理素质;

(六)具有符合职位要求的文化程度和工作能力;

(七)法律规定的其他条件。

第十四条　公务员应当履行下列义务:

(一)忠于宪法，模范遵守、自觉维护宪法和法律，自觉接受中国共产党领导;

(二)忠于国家，维护国家的安全、荣誉和利益;

(三)忠于人民，全心全意为人民服务，接受人民监督;

(四)忠于职守，勤勉尽责，服从和执行上级依法作出的决定和命令，按照规定的权限和程序履行职责，努力提高工作质量和效率;

(五)保守国家秘密和工作秘密;

(六)带头践行社会主义核心价值观，坚守法治，遵守纪律，恪守职业道德，模范遵守社会公德、家庭美德;

(七)清正廉洁，公道正派;

(八)法律规定的其他义务。

第十五条　公务员享有下列权利：

（一）获得履行职责应当具有的工作条件；

（二）非因法定事由、非经法定程序，不被免职、降职、辞退或者处分；

（三）获得工资报酬，享受福利、保险待遇；

（四）参加培训；

（五）对机关工作和领导人员提出批评和建议；

（六）提出申诉和控告；

（七）申请辞职；

（八）法律规定的其他权利。

第三章　职务、职级与级别

第十六条　国家实行公务员职位分类制度。

公务员职位类别按照公务员职位的性质、特点和管理需要，划分为综合管理类、专业技术类和行政执法类等类别。根据本法，对于具有职位特殊性，需要单独管理的，可以增设其他职位类别。各职位类别的适用范围由国家另行规定。

第十七条　国家实行公务员职务与职级并行制度，根据公务员职位类别和职责设置公务员领导职务、职级序列。

第十八条　公务员领导职务根据宪法、有关法律和机构规格设置。

领导职务层次分为：国家级正职、国家级副职、省部级正职、省部级副职、厅局级正职、厅局级副职、县处级正职、县处级副职、乡科级正职、乡科级副职。

第十九条　公务员职级在厅局级以下设置。

综合管理类公务员职级序列分为：一级巡视员、二级巡视员、一级调研员、二级调研员、三级调研员、四级调研员、一级主任科员、二级主任科员、三级主任科员、四级主任科员、一级科员、二级科员。

综合管理类以外其他职位类别公务员的职级序列，根据本法由国家另行规定。

第二十条　各机关依照确定的职能、规格、编制限额、职数以及结构比例，设置本机关公务员的具体职位，并确定各职位的工作职责和任职资格条件。

第二十一条　公务员的领导职务、职级应当对应相应的级别。公务员领导职务、职级与级别的对应关系，由国家规定。

根据工作需要和领导职务与职级的对应关系，公务员担任的领导职务和职级可以互相转任、兼任;符合规定资格条件的,可以晋升领导职务或者职级。

公务员的级别根据所任领导职务、职级及其德才表现、工作实绩和资历确定。公务员在同一领导职务、职级上,可以按照国家规定晋升级别。

公务员的领导职务、职级与级别是确定公务员工资以及其他待遇的依据。

第二十二条　国家根据人民警察、消防救援人员以及海关、驻外外交机构等公务员的工作特点,设置与其领导职务、职级相对应的衔级。

第四章　录　　用

第二十三条　录用担任一级主任科员以下及其他相当职级层次的公务员,采取公开考试、严格考察、平等竞争、择优录取的办法。

民族自治地方依照前款规定录用公务员时,依照法律和有关规定对少数民族报考者予以适当照顾。

第二十四条　中央机关及其直属机构公务员的录用,由中央公务员主管部门负责组织。地方各级机关公务员的录用,由省级公务员主管部门负责组织,必要时省级公务员主管部门可以授权设区的市级公务员主管部门组织。

第二十五条　报考公务员,除应当具备本法第十三条规定的条件以外,还应当具备省级以上公务员主管部门规定的拟任职位所要求的资格条件。

国家对行政机关中初次从事行政处罚决定审核、行政复议、行政裁决、法律顾问的公务员实行统一法律职业资格考试制度,由国务院司法行政部门商有关部门组织实施。

第二十六条　下列人员不得录用为公务员:

(一)因犯罪受过刑事处罚的;

(二)被开除中国共产党党籍的;

(三)被开除公职的;

(四)被依法列为失信联合惩戒对象的;

(五)有法律规定不得录用为公务员的其他情形的。

第二十七条　录用公务员,应当在规定的编制限额内,并有相应的职位空缺。

第二十八条　录用公务员,应当发布招考公告。招考公告应当载明招考的职位、名额、报考资格条件、报考需要提交的申请材料以及其他报考须知事项。

招录机关应当采取措施,便利公民报考。

第二十九条　招录机关根据报考资格条件对报考申请进行审查。报考者提交的申请材料应当真实、准确。

第三十条　公务员录用考试采取笔试和面试等方式进行，考试内容根据公务员应当具备的基本能力和不同职位类别、不同层级机关分别设置。

第三十一条　招录机关根据考试成绩确定考察人选，并进行报考资格复审、考察和体检。

体检的项目和标准根据职位要求确定。具体办法由中央公务员主管部门会同国务院卫生健康行政部门规定。

第三十二条　招录机关根据考试成绩、考察情况和体检结果，提出拟录用人员名单，并予以公示。公示期不少于五个工作日。

公示期满，中央一级招录机关应当将拟录用人员名单报中央公务员主管部门备案；地方各级招录机关应当将拟录用人员名单报省级或者设区的市级公务员主管部门审批。

第三十三条　录用特殊职位的公务员，经省级以上公务员主管部门批准，可以简化程序或者采用其他测评办法。

第三十四条　新录用的公务员试用期为一年。试用期满合格的，予以任职；不合格的，取消录用。

第五章　考　　核

第三十五条　公务员的考核应当按照管理权限，全面考核公务员的德、能、勤、绩、廉，重点考核政治素质和工作实绩。考核指标根据不同职位类别、不同层级机关分别设置。

第三十六条　公务员的考核分为平时考核、专项考核和定期考核等方式。定期考核以平时考核、专项考核为基础。

第三十七条　非领导成员公务员的定期考核采取年度考核的方式。先由个人按照职位职责和有关要求进行总结，主管领导在听取群众意见后，提出考核等次建议，由本机关负责人或者授权的考核委员会确定考核等次。

领导成员的考核由主管机关按照有关规定办理。

第三十八条　定期考核的结果分为优秀、称职、基本称职和不称职四个等次。

定期考核的结果应当以书面形式通知公务员本人。

第三十九条　定期考核的结果作为调整公务员职位、职务、职级、级别、工资以及公务员奖励、培训、辞退的依据。

第六章　职务、职级任免

第四十条　公务员领导职务实行选任制、委任制和聘任制。公务员职级实行委任制和聘任制。

领导成员职务按照国家规定实行任期制。

第四十一条　选任制公务员在选举结果生效时即任当选职务；任期届满不再连任或者任期内辞职、被罢免、被撤职的，其所任职务即终止。

第四十二条　委任制公务员试用期满考核合格，职务、职级发生变化，以及其他情形需要任免职务、职级的，应当按照管理权限和规定的程序任免。

第四十三条　公务员任职应当在规定的编制限额和职数内进行，并有相应的职位空缺。

第四十四条　公务员因工作需要在机关外兼职，应当经有关机关批准，并不得领取兼职报酬。

第七章　职务、职级升降

第四十五条　公务员晋升领导职务，应当具备拟任职务所要求的政治素质、工作能力、文化程度和任职经历等方面的条件和资格。

公务员领导职务应当逐级晋升。特别优秀的或者工作特殊需要的，可以按照规定破格或者越级晋升。

第四十六条　公务员晋升领导职务，按照下列程序办理：

（一）动议；

（二）民主推荐；

（三）确定考察对象，组织考察；

（四）按照管理权限讨论决定；

（五）履行任职手续。

第四十七条　厅局级正职以下领导职务出现空缺且本机关没有合适人选的，可以通过适当方式面向社会选拔任职人选。

第四十八条　公务员晋升领导职务的，应当按照有关规定实行任职前公示制度和任职试用期制度。

第四十九条　公务员职级应当逐级晋升，根据个人德才表现、工作实绩和任职资历，参考民主推荐或者民主测评结果确定人选，经公示后，按照管理权限审批。

第五十条　公务员的职务、职级实行能上能下。对不适宜或者不胜任现任职务、职级的，应当进行调整。

公务员在年度考核中被确定为不称职的，按照规定程序降低一个职务或者职级层次任职。

第八章　奖　　励

第五十一条　对工作表现突出，有显著成绩和贡献，或者有其他突出事迹的公务员或者公务员集体，给予奖励。奖励坚持定期奖励与及时奖励相结合，精神奖励与物质奖励相结合、以精神奖励为主的原则。

公务员集体的奖励适用于按照编制序列设置的机构或者为完成专项任务组成的工作集体。

第五十二条　公务员或者公务员集体有下列情形之一的，给予奖励：

（一）忠于职守，积极工作，勇于担当，工作实绩显著的；

（二）遵纪守法，廉洁奉公，作风正派，办事公道，模范作用突出的；

（三）在工作中有发明创造或者提出合理化建议，取得显著经济效益或者社会效益的；

（四）为增进民族团结，维护社会稳定做出突出贡献的；

（五）爱护公共财产，节约国家资财有突出成绩的；

（六）防止或者消除事故有功，使国家和人民群众利益免受或者减少损失的；

（七）在抢险、救灾等特定环境中做出突出贡献的；

（八）同违纪违法行为作斗争有功绩的；

（九）在对外交往中为国家争得荣誉和利益的；

（十）有其他突出功绩的。

第五十三条　奖励分为：嘉奖、记三等功、记二等功、记一等功、授予称号。

对受奖励的公务员或者公务员集体予以表彰，并对受奖励的个人给予一次性奖金或者其他待遇。

第五十四条　给予公务员或者公务员集体奖励，按照规定的权限和程序决定或者审批。

第五十五条　按照国家规定，可以向参与特定时期、特定领域重大工作的公务员颁发纪念证书或者纪念章。

第五十六条　公务员或者公务员集体有下列情形之一的，撤销奖励：

（一）弄虚作假，骗取奖励的；

(二)申报奖励时隐瞒严重错误或者严重违反规定程序的;
(三)有严重违纪违法等行为,影响称号声誉的;
(四)有法律、法规规定应当撤销奖励的其他情形的。

第九章 监督与惩戒

第五十七条 机关应当对公务员的思想政治、履行职责、作风表现、遵纪守法等情况进行监督,开展勤政廉政教育,建立日常管理监督制度。

对公务员监督发现问题的,应当区分不同情况,予以谈话提醒、批评教育、责令检查、诫勉、组织调整、处分。

对公务员涉嫌职务违法和职务犯罪的,应当依法移送监察机关处理。

第五十八条 公务员应当自觉接受监督,按照规定请示报告工作、报告个人有关事项。

第五十九条 公务员应当遵纪守法,不得有下列行为:

(一)散布有损宪法权威、中国共产党和国家声誉的言论,组织或者参加旨在反对宪法、中国共产党领导和国家的集会、游行、示威等活动;
(二)组织或者参加非法组织,组织或者参加罢工;
(三)挑拨、破坏民族关系,参加民族分裂活动或者组织、利用宗教活动破坏民族团结和社会稳定;
(四)不担当,不作为,玩忽职守,贻误工作;
(五)拒绝执行上级依法作出的决定和命令;
(六)对批评、申诉、控告、检举进行压制或者打击报复;
(七)弄虚作假,误导、欺骗领导和公众;
(八)贪污贿赂,利用职务之便为自己或者他人谋取私利;
(九)违反财经纪律,浪费国家资财;
(十)滥用职权,侵害公民、法人或者其他组织的合法权益;
(十一)泄露国家秘密或者工作秘密;
(十二)在对外交往中损害国家荣誉和利益;
(十三)参与或者支持色情、吸毒、赌博、迷信等活动;
(十四)违反职业道德、社会公德和家庭美德;
(十五)违反有关规定参与禁止的网络传播行为或者网络活动;
(十六)违反有关规定从事或者参与营利性活动,在企业或者其他营利性组织中兼任职务;
(十七)旷工或者因公外出、请假期满无正当理由逾期不归;

(十八)违纪违法的其他行为。

第六十条　公务员执行公务时，认为上级的决定或者命令有错误的，可以向上级提出改正或者撤销该决定或者命令的意见；上级不改变该决定或者命令，或者要求立即执行的，公务员应当执行该决定或者命令，执行的后果由上级负责，公务员不承担责任；但是，公务员执行明显违法的决定或者命令的，应当依法承担相应的责任。

第六十一条　公务员因违纪违法应当承担纪律责任的，依照本法给予处分或者由监察机关依法给予政务处分；违纪违法行为情节轻微，经批评教育后改正的，可以免予处分。

对同一违纪违法行为，监察机关已经作出政务处分决定的，公务员所在机关不再给予处分。

第六十二条　处分分为：警告、记过、记大过、降级、撤职、开除。

第六十三条　对公务员的处分，应当事实清楚、证据确凿、定性准确、处理恰当、程序合法、手续完备。

公务员违纪违法的，应当由处分决定机关决定对公务员违纪违法的情况进行调查，并将调查认定的事实以及拟给予处分的依据告知公务员本人。公务员有权进行陈述和申辩；处分决定机关不得因公务员申辩而加重处分。

处分决定机关认为对公务员应当给予处分的，应当在规定的期限内，按照管理权限和规定的程序作出处分决定。处分决定应当以书面形式通知公务员本人。

第六十四条　公务员在受处分期间不得晋升职务、职级和级别，其中受记过、记大过、降级、撤职处分的，不得晋升工资档次。

受处分的期间为：警告，六个月；记过，十二个月；记大过，十八个月；降级、撤职，二十四个月。

受撤职处分的，按照规定降低级别。

第六十五条　公务员受开除以外的处分，在受处分期间有悔改表现，并且没有再发生违纪违法行为的，处分期满后自动解除。

解除处分后，晋升工资档次、级别和职务、职级不再受原处分的影响。但是，解除降级、撤职处分的，不视为恢复原级别、原职务、原职级。

第十章　培　　训

第六十六条　机关根据公务员工作职责的要求和提高公务员素质的需要，对公务员进行分类分级培训。

国家建立专门的公务员培训机构。机关根据需要也可以委托其他培训机构承担公务员培训任务。

第六十七条　机关对新录用人员应当在试用期内进行初任培训；对晋升领导职务的公务员应当在任职前或者任职后一年内进行任职培训；对从事专项工作的公务员应当进行专门业务培训；对全体公务员应当进行提高政治素质和工作能力、更新知识的在职培训，其中对专业技术类公务员应当进行专业技术培训。

国家有计划地加强对优秀年轻公务员的培训。

第六十八条　公务员的培训实行登记管理。

公务员参加培训的时间由公务员主管部门按照本法第六十七条规定的培训要求予以确定。

公务员培训情况、学习成绩作为公务员考核的内容和任职、晋升的依据之一。

第十一章　交流与回避

第六十九条　国家实行公务员交流制度。

公务员可以在公务员和参照本法管理的工作人员队伍内部交流，也可以与国有企业和不参照本法管理的事业单位中从事公务的人员交流。

交流的方式包括调任、转任。

第七十条　国有企业、高等院校和科研院所以及其他不参照本法管理的事业单位中从事公务的人员，可以调入机关担任领导职务或者四级调研员以上及其他相当层次的职级。

调任人选应当具备本法第十三条规定的条件和拟任职位所要求的资格条件，并不得有本法第二十六条规定的情形。调任机关应当根据上述规定，对调任人选进行严格考察，并按照管理权限审批，必要时可以对调任人选进行考试。

第七十一条　公务员在不同职位之间转任应当具备拟任职位所要求的资格条件，在规定的编制限额和职数内进行。

对省部级正职以下的领导成员应当有计划、有重点地实行跨地区、跨部门转任。

对担任机关内设机构领导职务和其他工作性质特殊的公务员，应当有计划地在本机关内转任。

上级机关应当注重从基层机关公开遴选公务员。

第七十二条　根据工作需要，机关可以采取挂职方式选派公务员承担重大工程、重大项目、重点任务或者其他专项工作。

公务员在挂职期间，不改变与原机关的人事关系。

第七十三条　公务员应当服从机关的交流决定。

公务员本人申请交流的，按照管理权限审批。

第七十四条　公务员之间有夫妻关系、直系血亲关系、三代以内旁系血亲关系以及近姻亲关系的，不得在同一机关双方直接隶属于同一领导人员的职位或者有直接上下级领导关系的职位工作，也不得在其中一方担任领导职务的机关从事组织、人事、纪检、监察、审计和财务工作。

公务员不得在其配偶、子女及其配偶经营的企业、营利性组织的行业监管或者主管部门担任领导成员。

因地域或者工作性质特殊，需要变通执行任职回避的，由省级以上公务员主管部门规定。

第七十五条　公务员担任乡级机关、县级机关、设区的市级机关及其有关部门主要领导职务的，应当按照有关规定实行地域回避。

第七十六条　公务员执行公务时，有下列情形之一的，应当回避：

（一）涉及本人利害关系的；

（二）涉及与本人有本法第七十四条第一款所列亲属关系人员的利害关系的；

（三）其他可能影响公正执行公务的。

第七十七条　公务员有应当回避情形的，本人应当申请回避；利害关系人有权申请公务员回避。其他人员可以向机关提供公务员需要回避的情况。

机关根据公务员本人或者利害关系人的申请，经审查后作出是否回避的决定，也可以不经申请直接作出回避决定。

第七十八条　法律对公务员回避另有规定的，从其规定。

第十二章　工资、福利与保险

第七十九条　公务员实行国家统一规定的工资制度。

公务员工资制度贯彻按劳分配的原则，体现工作职责、工作能力、工作实绩、资历等因素，保持不同领导职务、职级、级别之间的合理工资差距。

国家建立公务员工资的正常增长机制。

第八十条　公务员工资包括基本工资、津贴、补贴和奖金。

公务员按照国家规定享受地区附加津贴、艰苦边远地区津贴、岗位津贴等津贴。

公务员按照国家规定享受住房、医疗等补贴、补助。

公务员在定期考核中被确定为优秀、称职的，按照国家规定享受年终奖金。

公务员工资应当按时足额发放。

第八十一条　公务员的工资水平应当与国民经济发展相协调、与社会进步相适应。

国家实行工资调查制度，定期进行公务员和企业相当人员工资水平的调查比较，并将工资调查比较结果作为调整公务员工资水平的依据。

第八十二条　公务员按照国家规定享受福利待遇。国家根据经济社会发展水平提高公务员的福利待遇。

公务员执行国家规定的工时制度，按照国家规定享受休假。公务员在法定工作日之外加班的，应当给予相应的补休，不能补休的按照国家规定给予补助。

第八十三条　公务员依法参加社会保险，按照国家规定享受保险待遇。

公务员因公牺牲或者病故的，其亲属享受国家规定的抚恤和优待。

第八十四条　任何机关不得违反国家规定自行更改公务员工资、福利、保险政策，擅自提高或者降低公务员的工资、福利、保险待遇。任何机关不得扣减或者拖欠公务员的工资。

第十三章　辞职与辞退

第八十五条　公务员辞去公职，应当向任免机关提出书面申请。任免机关应当自接到申请之日起三十日内予以审批，其中对领导成员辞去公职的申请，应当自接到申请之日起九十日内予以审批。

第八十六条　公务员有下列情形之一的，不得辞去公职：

(一)未满国家规定的最低服务年限的；

(二)在涉及国家秘密等特殊职位任职或者离开上述职位不满国家规定的脱密期限的；

(三)重要公务尚未处理完毕，且须由本人继续处理的；

(四)正在接受审计、纪律审查、监察调查，或者涉嫌犯罪，司法程序尚未终结的；

(五)法律、行政法规规定的其他不得辞去公职的情形。

第八十七条　担任领导职务的公务员，因工作变动依照法律规定需要辞去现任职务的，应当履行辞职手续。

担任领导职务的公务员，因个人或者其他原因，可以自愿提出辞去领导职务。

领导成员因工作严重失误、失职造成重大损失或者恶劣社会影响的，或者对重大事故负有领导责任的，应当引咎辞去领导职务。

领导成员因其他原因不再适合担任现任领导职务的，或者应当引咎辞职本人不提出辞职的，应当责令其辞去领导职务。

第八十八条　公务员有下列情形之一的，予以辞退：

(一)在年度考核中，连续两年被确定为不称职的；

(二)不胜任现职工作，又不接受其他安排的；

(三)因所在机关调整、撤销、合并或者缩减编制员额需要调整工作，本人拒绝合理安排的；

(四)不履行公务员义务，不遵守法律和公务员纪律，经教育仍无转变，不适合继续在机关工作，又不宜给予开除处分的；

(五)旷工或者因公外出、请假期满无正当理由逾期不归连续超过十五天，或者一年内累计超过三十天的。

第八十九条　对有下列情形之一的公务员，不得辞退：

(一)因公致残，被确认丧失或者部分丧失工作能力的；

(二)患病或者负伤，在规定的医疗期内的；

(三)女性公务员在孕期、产假、哺乳期内的；

(四)法律、行政法规规定的其他不得辞退的情形。

第九十条　辞退公务员，按照管理权限决定。辞退决定应当以书面形式通知被辞退的公务员，并应当告知辞退依据和理由。

被辞退的公务员，可以领取辞退费或者根据国家有关规定享受失业保险。

第九十一条　公务员辞职或者被辞退，离职前应当办理公务交接手续，必要时按照规定接受审计。

第十四章　退　　休

第九十二条　公务员达到国家规定的退休年龄或者完全丧失工作能力的，应当退休。

第九十三条　公务员符合下列条件之一的，本人自愿提出申请，经任免机关批准，可以提前退休：

(一)工作年限满三十年的；

(二)距国家规定的退休年龄不足五年，且工作年限满二十年的；

(三)符合国家规定的可以提前退休的其他情形的。

第九十四条　公务员退休后，享受国家规定的养老金和其他待遇，国家为其生活和健康提供必要的服务和帮助，鼓励发挥个人专长，参与社会发展。

第十五章　申诉与控告

第九十五条　公务员对涉及本人的下列人事处理不服的，可以自知道该人事处理之日起三十日内向原处理机关申请复核；对复核结果不服的，可以自接到复核决定之日起十五日内，按照规定向同级公务员主管部门或者作出该人事处理的机关的上一级机关提出申诉；也可以不经复核，自知道该人事处理之日起三十日内直接提出申诉：

（一）处分；

（二）辞退或者取消录用；

（三）降职；

（四）定期考核定为不称职；

（五）免职；

（六）申请辞职、提前退休未予批准；

（七）不按照规定确定或者扣减工资、福利、保险待遇；

（八）法律、法规规定可以申诉的其他情形。

对省级以下机关作出的申诉处理决定不服的，可以向作出处理决定的上一级机关提出再申诉。

受理公务员申诉的机关应当组成公务员申诉公正委员会，负责受理和审理公务员的申诉案件。

公务员对监察机关作出的涉及本人的处理决定不服向监察机关申请复审、复核的，按照有关规定办理。

第九十六条　原处理机关应当自接到复核申请书后的三十日内作出复核决定，并以书面形式告知申请人。受理公务员申诉的机关应当自受理之日起六十日内作出处理决定；案情复杂的，可以适当延长，但是延长时间不得超过三十日。

复核、申诉期间不停止人事处理的执行。

公务员不因申请复核、提出申诉而被加重处理。

第九十七条　公务员申诉的受理机关审查认定人事处理有错误的，原处理机关应当及时予以纠正。

第九十八条　公务员认为机关及其领导人员侵犯其合法权益的，可以依法向上级机关或者监察机关提出控告。受理控告的机关应当按照规定及时处理。

第九十九条　公务员提出申诉、控告，应当尊重事实，不得捏造事实，诬告、陷害他人。对捏造事实，诬告、陷害他人的，依法追究法律责任。

第十六章　职位聘任

第一百条　机关根据工作需要，经省级以上公务员主管部门批准，可以对专业性较强的职位和辅助性职位实行聘任制。

前款所列职位涉及国家秘密的，不实行聘任制。

第一百零一条　机关聘任公务员可以参照公务员考试录用的程序进行公开招聘，也可以从符合条件的人员中直接选聘。

机关聘任公务员应当在规定的编制限额和工资经费限额内进行。

第一百零二条　机关聘任公务员，应当按照平等自愿、协商一致的原则，签订书面的聘任合同，确定机关与所聘公务员双方的权利、义务。聘任合同经双方协商一致可以变更或者解除。

聘任合同的签订、变更或者解除，应当报同级公务员主管部门备案。

第一百零三条　聘任合同应当具备合同期限，职位及其职责要求，工资、福利、保险待遇，违约责任等条款。

聘任合同期限为一年至五年。聘任合同可以约定试用期，试用期为一个月至十二个月。

聘任制公务员实行协议工资制，具体办法由中央公务员主管部门规定。

第一百零四条　机关依据本法和聘任合同对所聘公务员进行管理。

第一百零五条　聘任制公务员与所在机关之间因履行聘任合同发生争议的，可以自争议发生之日起六十日内申请仲裁。

省级以上公务员主管部门根据需要设立人事争议仲裁委员会，受理仲裁申请。人事争议仲裁委员会由公务员主管部门的代表、聘用机关的代表、聘任制公务员的代表以及法律专家组成。

当事人对仲裁裁决不服的，可以自接到仲裁裁决书之日起十五日内向人民法院提起诉讼。仲裁裁决生效后，一方当事人不履行的，另一方当事人可以申请人民法院执行。

第十七章　法律责任

第一百零六条　对有下列违反本法规定情形的，由县级以上领导机关或者公务员主管部门按照管理权限，区别不同情况，分别予以责令纠正或者宣布无效；对负有责任的领导人员和直接责任人员，根据情节轻重，给予批评教育、责令检查、诫勉、组织调整、处分；构成犯罪的，依法追究刑事责任：

（一）不按照编制限额、职数或者任职资格条件进行公务员录用、调任、转任、聘任和晋升的；

（二）不按照规定条件进行公务员奖惩、回避和办理退休的；

（三）不按照规定程序进行公务员录用、调任、转任、聘任、晋升以及考核、奖惩的；

（四）违反国家规定，更改公务员工资、福利、保险待遇标准的；

（五）在录用、公开遴选等工作中发生泄露试题、违反考场纪律以及其他严重影响公开、公正行为的；

（六）不按照规定受理和处理公务员申诉、控告的；

（七）违反本法规定的其他情形的。

第一百零七条　公务员辞去公职或者退休的，原系领导成员、县处级以上领导职务的公务员在离职三年内，其他公务员在离职两年内，不得到与原工作业务直接相关的企业或者其他营利性组织任职，不得从事与原工作业务直接相关的营利性活动。

公务员辞去公职或者退休后有违反前款规定行为的，由其原所在机关的同级公务员主管部门责令限期改正；逾期不改正的，由县级以上市场监管部门没收该人员从业期间的违法所得，责令接收单位将该人员予以清退，并根据情节轻重，对接收单位处以被处罚人员违法所得一倍以上五倍以下的罚款。

第一百零八条　公务员主管部门的工作人员，违反本法规定，滥用职权、玩忽职守、徇私舞弊，构成犯罪的，依法追究刑事责任；尚不构成犯罪的，给予处分或者由监察机关依法给予政务处分。

第一百零九条　在公务员录用、聘任等工作中，有隐瞒真实信息、弄虚作假、考试作弊、扰乱考试秩序等行为的，由公务员主管部门根据情节作出考试成绩无效、取消资格、限制报考等处理；情节严重的，依法追究法律责任。

第一百一十条　机关因错误的人事处理对公务员造成名誉损害的，应当赔礼道歉、恢复名誉、消除影响；造成经济损失的，应当依法给予赔偿。

第十八章　附　　则

第一百一十一条　本法所称领导成员，是指机关的领导人员，不包括机关内设机构担任领导职务的人员。

第一百一十二条　法律、法规授权的具有公共事务管理职能的事业单位中除工勤人员以外的工作人员，经批准参照本法进行管理。

第一百一十三条　本法自 2019 年 6 月 1 日起施行。

附录 2：《公务员职务与职级并行规定》

第一章　总则

第一条　为了深化公务员分类改革，推行公务员职务与职级并行、职级与待遇挂钩制度，健全公务员激励保障机制，建设忠诚干净担当的高素质专业化公务员队伍，根据《中华人民共和国公务员法》等有关法律法规，制定本规定。

第二条　国家根据公务员职位类别和职责设置公务员领导职务和职级序列。

本规定所称职级，是公务员的等级序列，是与领导职务并行的晋升通道，体现公务员政治素质、业务能力、资历贡献，是确定工资、住房、医疗等待遇的重要依据，不具有领导职责。

公务员可以通过领导职务或者职级晋升。担任领导职务的公务员履行领导职责，不担任领导职务的职级公务员依据隶属关系接受领导指挥，履行职责。

第三条　实行公务员职务与职级并行制度旨在适应推进国家治理体系和治理能力现代化的要求，完善中国特色公务员制度，改革公务员职务设置办法，建立职级序列，畅通职级晋升通道，拓展职级晋升空间，促进公务员立足本职安心工作，加强专业化建设，激励公务员干事创业、担当作为。

第四条　公务员职务与职级并行制度坚持以马克思列宁主义、毛泽东思想、邓小平理论、“三个代表”重要思想、科学发展观、习近平新时代中国特色社会主义思想为指导，贯彻新时代党的组织路线，坚持党管干部原则，坚持德才兼备、以德为先，坚持五湖四海、任人唯贤，坚持事业为上、公道正派，坚持向基层倾斜，坚持严管和厚爱结合、激励和约束并重。

第五条　公务员职务与职级并行制度实施工作，由各级党委(党组)及其组织(人事)部门分级负责。中央公务员主管部门负责全国公务员职务与职级并行制度组织实施的宏观指导。县级以上地方各级公务员主管部门具体指导本辖区内公务员职务与职级并行制度的组织实施工作。

第二章 职务与职级序列

第六条 领导职务根据宪法、有关法律和机构规格设置。

领导职务层次分为:国家级正职、国家级副职、省部级正职、省部级副职、厅局级正职、厅局级副职、县处级正职、县处级副职、乡科级正职、乡科级副职。

第七条 职级序列按照综合管理类、专业技术类、行政执法类等公务员职位类别分别设置。

综合管理类公务员职级序列分为:一级巡视员、二级巡视员、一级调研员、二级调研员、三级调研员、四级调研员、一级主任科员、二级主任科员、三级主任科员、四级主任科员、一级科员、二级科员。

综合管理类以外其他职位类别公务员职级序列另行规定。

第八条 公务员领导职务、职级对应相应的级别。

领导职务对应的级别,按照国家有关规定执行。

综合管理类公务员职级对应的级别是:

(一)一级巡视员:十三级至八级;

(二)二级巡视员:十五级至十级;

(三)一级调研员:十七级至十一级;

(四)二级调研员:十八级至十二级;

(五)三级调研员:十九级至十三级;

(六)四级调研员:二十级至十四级;

(七)一级主任科员:二十一级至十五级;

(八)二级主任科员:二十二级至十六级;

(九)三级主任科员:二十三级至十七级;

(十)四级主任科员:二十四级至十八级;

(十一)一级科员:二十六级至十八级;

(十二)二级科员:二十七级至十九级。

第九条 厅局级以下领导职务对应的综合管理类公务员最低职级是:

(一)厅局级正职:一级巡视员;

(二)厅局级副职:二级巡视员;

(三)县处级正职:二级调研员;

(四)县处级副职:四级调研员;

(五)乡科级正职:二级主任科员;

(六)乡科级副职:四级主任科员。

第三章　职级设置与职数比例

第十条　综合管理类公务员职级按照下列规格设置:

(一)中央机关,省、自治区、直辖市机关设置一级巡视员以下职级;

(二)副省级城市机关设置一级巡视员以下职级,副省级城市的区领导班子设置一级、二级巡视员;

(三)市(地、州、盟)、直辖市的区领导班子设置一级巡视员,市(地、州、盟)、直辖市的区机关设置二级巡视员以下职级,副省级城市的区机关设置一级调研员以下职级;

(四)县(市、区、旗)领导班子设置二级巡视员、一级调研员、二级调研员、三级调研员,县(市、区、旗)、乡镇机关设置二级调研员以下职级。

第十一条　职级职数按照各类别公务员行政编制数量的一定比例核定。综合管理类公务员职级职数按照下列比例核定:

(一)中央机关一级、二级巡视员不超过机关综合管理类职位数量的 12%,其中,正部级单位一级巡视员不超过一级、二级巡视员总数的 40%,副部级单位一级巡视员不超过一级、二级巡视员总数的 20%;一级至四级调研员不超过机关综合管理类职位数量的 65%。

(二)省、自治区、直辖市机关一级、二级巡视员不超过机关综合管理类职位数量的 5%,其中一级巡视员不超过一级、二级巡视员总数的 30%;一级至四级调研员不超过机关综合管理类职位数量的 45%。

(三)副省级城市机关一级、二级巡视员不超过机关综合管理类职位数量的 2%,其中一级巡视员不超过一级、二级巡视员总数的 30%;一级至四级调研员不超过机关综合管理类职位数量的 43%,其中一级调研员不超过一级至四级调研员总数的 20%。

(四)市(地、州、盟)、直辖市的区领导班子一级巡视员不超过领导班子职数的 15%。市(地、州、盟)、直辖市的区机关二级巡视员不超过机关综合管理类职位数量的 1%;一级至四级调研员不超过机关综合管理类职位数量的 20%,其中一级、二级调研员不超过一级至四级调研员总数的 40%,一级调研员不超过一级、二级调研员总数的 50%;一级至四级主任科员不超过机关综合管理类职位数量的 60%,其中一级、二级主任科员不超过一级至四级主任科员总数的 50%。

(五)副省级城市的区领导班子一级、二级巡视员不超过领导班子职数的 15%,其中一级巡视员不超过一级、二级巡视员总数的 40%;副省级城市的区机关一级调研员以下职级职数，按照第四项规定执行。

(六)县(市、区、旗)领导班子二级巡视员不超过领导班子职数的10%，一级、二级调研员不超过领导班子职数的20%。县(市、区、旗)、乡镇机关二级调研员不超过机关综合管理类职位数量的2%；三级、四级调研员不超过机关综合管理类职位数量的10%，其中三级调研员不超过三级、四级调研员总数的40%；一级至四级主任科员不超过机关综合管理类职位数量的60%，其中一级、二级主任科员不超过一级至四级主任科员总数的50%。

中央和地方各级机关中个别情况特殊需要调整职级比例的，应当报中央公务员主管部门审批。中央机关和省级公务员主管部门根据工作需要和实际，可以对前款规定中未作区分的各职级层次的比例予以细化。

第十二条　中央和省级机关垂直管理的机构、市地级以上机关的直属单位或者派出机构，根据机构规格，参照第十条、第十一条规定，设置职级和核定职数。

直辖市的县领导班子和县、乡镇机关，副省级城市的乡镇机关，根据机构规格，由省级公务员主管部门参照第十条、第十一条规定，研究确定职级设置和比例。

第十三条　职级职数一般按照各机关分别核定。职数较少或者难以按照各机关分别核定的职级，由县级以上地方党委及其公务员主管部门根据实际情况和职级晋升审批权限，分级统筹核定和使用。市(地、州、盟)、直辖市的区、县(市、区、旗)的领导班子与所属部门职级职数分开统筹核定和使用。

省、自治区、直辖市党委可以统筹使用若干名一级巡视员职数，用于激励少数特别优秀的县(市、区、旗)党委书记。

第十四条　中央机关及其直属机构职级设置方案，报中央公务员主管部门备案；省级以下机关及其直属机构职级设置方案的审批或者备案程序，由省级公务员主管部门规定。

第四章　职级确定与升降

第十五条　公务员领导职务的任免与升降，按照有关规定执行。

第十六条　公务员的职级依据其德才表现、工作实绩和资历确定。

非领导职务公务员首次确定职级按照有关规定套转。新录用公务员按照有关规定确定一级主任科员以下及相当层次的职级。从国有企业、事业单位、人民团体和群众团体调任的人员，按照公务员调任有关规定，综合考虑其原任职务、调任职位和工作经历确定职级。机关接收的军队转业干部，按照国家军转安置有关规定确定职级。

第十七条　公务员晋升职级，应当在职级职数内逐级晋升，并且具备下列基本条件：

（一）政治素质好，拥护中国共产党的领导和社会主义制度，坚决维护习近平总书记核心地位，坚决维护党中央权威和集中统一领导；

（二）具备职位要求的工作能力和专业知识，忠于职守，勤勉尽责，勇于担当，工作实绩较好；

（三）群众公认度较高；

（四）符合拟晋升职级所要求的任职年限和资历；

（五）作风品行好，遵纪守法，自觉践行社会主义核心价值观，清正廉洁。

第十八条　公务员晋升职级，应当具备下列基本资格：

（一）晋升一级巡视员，应当任厅局级副职或者二级巡视员4年以上；

（二）晋升二级巡视员，应当任一级调研员4年以上；

（三）晋升一级调研员，应当任县处级正职或者二级调研员3年以上；

（四）晋升二级调研员，应当任三级调研员2年以上；

（五）晋升三级调研员，应当任县处级副职或者四级调研员2年以上；

（六）晋升四级调研员，应当任一级主任科员2年以上；

（七）晋升一级主任科员，应当任乡科级正职或者二级主任科员2年以上；

（八）晋升二级主任科员，应当任三级主任科员2年以上；

（九）晋升三级主任科员，应当任乡科级副职或者四级主任科员2年以上；

（十）晋升四级主任科员，应当任一级科员2年以上；

（十一）晋升一级科员，应当任二级科员2年以上。

公务员晋升职级应当根据工作需要、德才表现、职责轻重、工作实绩和资历等因素综合考虑，不是达到最低任职年限就必须晋升，也不能简单按照任职年限论资排辈，体现正确的用人导向。

第十九条　公务员晋升职级所要求任职年限的年度考核结果均应为称职以上等次，其间每有1个年度考核结果为优秀等次的，任职年限缩短半年；每有1个年度考核结果为基本称职等次或者不定等次的，该年度不计算为晋升职级的任职年限。

第二十条　公务员晋升职级按照下列程序办理：

（一）党委（党组）或者组织（人事）部门研究提出工作方案。

（二）对符合晋升职级资格条件的人员进行民主推荐或者民主测评，提出初步人选。

（三）考察了解并确定拟晋升职级人选。中央机关公务员晋升一级、二级巡视员，应当进行考察；晋升其他职级可以综合考虑民主推荐、民主测评与平时考核、年度考核、一贯表现等情况确定人选。省级以下机关公务员晋升职级的考察了解方式，由省级公务员主管部门结合实际研究确定。

（四）对拟晋升职级人选进行公示，公示期不少于5个工作日。

（五）审批。中央机关公务员晋升职级由本机关党组（党委）及其组织（人事）部门审批，一级、二级巡视员职级职数使用等情况按年度报中央公务员主管部门备案。省级以下机关公务员晋升职级的审批权限，由省级公务员主管部门提出意见，报省、自治区、直辖市党委审定。

各级机关中未限定职数比例的职级，其晋升程序可以适当简化。

第二十一条　公务员具有下列情形之一的，不得晋升职级：

（一）不符合第十七条、第十八条规定的；

（二）受到诫勉、组织处理或者处分等影响期未满或者期满影响使用的；

（三）涉嫌违纪违法正在接受审查调查尚未作出结论的；

（四）影响晋升职级的其他情形。

第二十二条　公务员职级实行能上能下，具有下列情形之一的，应当按照规定降低职级：

（一）不能胜任职位职责要求的；

（二）年度考核被确定为不称职等次的；

（三）受到降职处理或者撤职处分的；

（四）法律法规和党内法规规定的其他情形。

第二十三条　中央机关和地方各级公务员主管部门可以根据本章规定，按照落实好干部标准、从严管理干部和树立鼓励干事创业、担当作为导向的要求，结合实际细化公务员职级升降的条件和情形。

第五章　职级与待遇

第二十四条　领导职务与职级是确定公务员待遇的重要依据。公务员根据所任职级执行相应的工资标准，享受所在地区（部门）相应职务层次的住房、医疗、交通补贴、社会保险等待遇。

担任领导职务且兼任职级的公务员，按照就高原则享受有关待遇。

第二十五条　公务员晋升职级，不改变工作职位和领导指挥关系，不享受相应职务层次的政治待遇、工作待遇。因不胜任、不适宜担任现职免去领导职务的，按照其职级确定有关待遇，原政治待遇、工作待遇不再保留。

第二十六条　公务员因公出国出差的交通、住宿标准以及办公用房标准等待遇，不与职级挂钩。

第二十七条　县处级副职以上领导成员因换届不再提名、机构改革等原因免去领导职务转任职级的，保留原待遇，不改变干部管理权限。

第六章　管理与监督

第二十八条　担任领导职务且兼任职级的公务员，主要按照领导职务进行管理。

不担任领导职务的职级公务员一般由所在机关进行日常管理。公务员晋升至所在机关领导成员职务对应的职级，不作为该机关领导成员管理。

第二十九条　根据工作需要和领导职务与职级的对应关系，公务员担任的领导职务和职级可以互相转任、兼任；符合规定资格条件的，可以晋升领导职务或者职级。

第三十条　综合管理类、专业技术类、行政执法类等不同职位类别公务员之间可以交流，根据不同职位类别职级的对应关系确定职级。

第三十一条　机关应当严格执行公务员职务与职级并行制度，不得违反规定设置职级，不得超职数配备职级，不得随意放宽职级任职资格条件，不得违反规定提高或者降低职级待遇标准。对违反相关规定的，由县级以上党委或者公务员主管部门按照管理权限，区别不同情况，分别予以责令纠正或者宣布无效；对负有责任的领导人员和直接责任人员，根据情节轻重，给予批评教育、组织处理或者处分。

第七章　附则

第三十二条　参照公务员法管理的机关(单位)中除工勤人员以外的工作人员，参照本规定执行。

第三十三条　本规定由中共中央组织部负责解释。

第三十四条　本规定自 2019 年 6 月 1 日起施行。2006 年 4 月 9 日中共中央、国务院印发的《〈中华人民共和国公务员法〉实施方案》附件四《综合管理类公务员非领导职务设置管理办法》和 2015 年 1 月 15 日中共中央办公厅、国务院办公厅印发的《关于县以下机关建立公务员职务与职级并行制度的意见》同时废止。

附录3：《中华人民共和国政府信息公开条例》

（2007年4月5日中华人民共和国国务院令第492号公布
2019年4月3日中华人民共和国国务院令第711号修订）

第一章 总 则

第一条 为了保障公民、法人和其他组织依法获取政府信息，提高政府工作的透明度，建设法治政府，充分发挥政府信息对人民群众生产、生活和经济社会活动的服务作用，制定本条例。

第二条 本条例所称政府信息，是指行政机关在履行行政管理职能过程中制作或者获取的，以一定形式记录、保存的信息。

第三条 各级人民政府应当加强对政府信息公开工作的组织领导。

国务院办公厅是全国政府信息公开工作的主管部门，负责推进、指导、协调、监督全国的政府信息公开工作。

县级以上地方人民政府办公厅（室）是本行政区域的政府信息公开工作主管部门，负责推进、指导、协调、监督本行政区域的政府信息公开工作。

实行垂直领导的部门的办公厅（室）主管本系统的政府信息公开工作。

第四条 各级人民政府及县级以上人民政府部门应当建立健全本行政机关的政府信息公开工作制度，并指定机构（以下统称政府信息公开工作机构）负责本行政机关政府信息公开的日常工作。

政府信息公开工作机构的具体职能是：

（一）办理本行政机关的政府信息公开事宜；

（二）维护和更新本行政机关公开的政府信息；

（三）组织编制本行政机关的政府信息公开指南、政府信息公开目录和政府信息公开工作年度报告；

（四）组织开展对拟公开政府信息的审查；

（五）本行政机关规定的与政府信息公开有关的其他职能。

第五条 行政机关公开政府信息，应当坚持以公开为常态、不公开为例外，遵循公正、公平、合法、便民的原则。

第六条　行政机关应当及时、准确地公开政府信息。

行政机关发现影响或者可能影响社会稳定、扰乱社会和经济管理秩序的虚假或者不完整信息的，应当发布准确的政府信息予以澄清。

第七条　各级人民政府应当积极推进政府信息公开工作，逐步增加政府信息公开的内容。

第八条　各级人民政府应当加强政府信息资源的规范化、标准化、信息化管理，加强互联网政府信息公开平台建设，推进政府信息公开平台与政务服务平台融合，提高政府信息公开在线办理水平。

第九条　公民、法人和其他组织有权对行政机关的政府信息公开工作进行监督，并提出批评和建议。

第二章　公开的主体和范围

第十条　行政机关制作的政府信息，由制作该政府信息的行政机关负责公开。行政机关从公民、法人和其他组织获取的政府信息，由保存该政府信息的行政机关负责公开；行政机关获取的其他行政机关的政府信息，由制作或者最初获取该政府信息的行政机关负责公开。法律、法规对政府信息公开的权限另有规定的，从其规定。

行政机关设立的派出机构、内设机构依照法律、法规对外以自己名义履行行政管理职能的，可以由该派出机构、内设机构负责与所履行行政管理职能有关的政府信息公开工作。

两个以上行政机关共同制作的政府信息，由牵头制作的行政机关负责公开。

第十一条　行政机关应当建立健全政府信息公开协调机制。行政机关公开政府信息涉及其他机关的，应当与有关机关协商、确认，保证行政机关公开的政府信息准确一致。

行政机关公开政府信息依照法律、行政法规和国家有关规定需要批准的，经批准予以公开。

第十二条　行政机关编制、公布的政府信息公开指南和政府信息公开目录应当及时更新。

政府信息公开指南包括政府信息的分类、编排体系、获取方式和政府信息公开工作机构的名称、办公地址、办公时间、联系电话、传真号码、互联网联系方式等内容。

政府信息公开目录包括政府信息的索引、名称、内容概述、生成日期等内容。

第十三条 除本条例第十四条、第十五条、第十六条规定的政府信息外，政府信息应当公开。

行政机关公开政府信息，采取主动公开和依申请公开的方式。

第十四条 依法确定为国家秘密的政府信息，法律、行政法规禁止公开的政府信息，以及公开后可能危及国家安全、公共安全、经济安全、社会稳定的政府信息，不予公开。

第十五条 涉及商业秘密、个人隐私等公开会对第三方合法权益造成损害的政府信息，行政机关不得公开。但是，第三方同意公开或者行政机关认为不公开会对公共利益造成重大影响的，予以公开。

第十六条 行政机关的内部事务信息，包括人事管理、后勤管理、内部工作流程等方面的信息，可以不予公开。

行政机关在履行行政管理职能过程中形成的讨论记录、过程稿、磋商信函、请示报告等过程性信息以及行政执法案卷信息，可以不予公开。法律、法规、规章规定上述信息应当公开的，从其规定。

第十七条 行政机关应当建立健全政府信息公开审查机制，明确审查的程序和责任。

行政机关应当依照《中华人民共和国保守国家秘密法》以及其他法律、法规和国家有关规定对拟公开的政府信息进行审查。

行政机关不能确定政府信息是否可以公开的，应当依照法律、法规和国家有关规定报有关主管部门或者保密行政管理部门确定。

第十八条 行政机关应当建立健全政府信息管理动态调整机制，对本行政机关不予公开的政府信息进行定期评估审查，对因情势变化可以公开的政府信息应当公开。

第三章 主动公开

第十九条 对涉及公众利益调整、需要公众广泛知晓或者需要公众参与决策的政府信息，行政机关应当主动公开。

第二十条 行政机关应当依照本条例第十九条的规定，主动公开本行政机关的下列政府信息：

(一)行政法规、规章和规范性文件；

(二)机关职能、机构设置、办公地址、办公时间、联系方式、负责人姓名；

(三)国民经济和社会发展规划、专项规划、区域规划及相关政策；

(四)国民经济和社会发展统计信息;

(五)办理行政许可和其他对外管理服务事项的依据、条件、程序以及办理结果;

(六)实施行政处罚、行政强制的依据、条件、程序以及本行政机关认为具有一定社会影响的行政处罚决定;

(七)财政预算、决算信息;

(八)行政事业性收费项目及其依据、标准;

(九)政府集中采购项目的目录、标准及实施情况;

(十)重大建设项目的批准和实施情况;

(十一)扶贫、教育、医疗、社会保障、促进就业等方面的政策、措施及其实施情况;

(十二)突发公共事件的应急预案、预警信息及应对情况;

(十三)环境保护、公共卫生、安全生产、食品药品、产品质量的监督检查情况;

(十四)公务员招考的职位、名额、报考条件等事项以及录用结果;

(十五)法律、法规、规章和国家有关规定规定应当主动公开的其他政府信息。

第二十一条　除本条例第二十条规定的政府信息外,设区的市级、县级人民政府及其部门还应当根据本地方的具体情况,主动公开涉及市政建设、公共服务、公益事业、土地征收、房屋征收、治安管理、社会救助等方面的政府信息;乡(镇)人民政府还应当根据本地方的具体情况,主动公开贯彻落实农业农村政策、农田水利工程建设运营、农村土地承包经营权流转、宅基地使用情况审核、土地征收、房屋征收、筹资筹劳、社会救助等方面的政府信息。

第二十二条　行政机关应当依照本条例第二十条、第二十一条的规定,确定主动公开政府信息的具体内容,并按照上级行政机关的部署,不断增加主动公开的内容。

第二十三条　行政机关应当建立健全政府信息发布机制,将主动公开的政府信息通过政府公报、政府网站或者其他互联网政务媒体、新闻发布会以及报刊、广播、电视等途径予以公开。

第二十四条　各级人民政府应当加强依托政府门户网站公开政府信息的工作,利用统一的政府信息公开平台集中发布主动公开的政府信息。政府信息公开平台应当具备信息检索、查阅、下载等功能。

第二十五条　各级人民政府应当在国家档案馆、公共图书馆、政务服务场所设置政府信息查阅场所,并配备相应的设施、设备,为公民、法人和其他组织获取政府信息提供便利。

行政机关可以根据需要设立公共查阅室、资料索取点、信息公告栏、电子信息屏等场所、设施，公开政府信息。

行政机关应当及时向国家档案馆、公共图书馆提供主动公开的政府信息。

第二十六条　属于主动公开范围的政府信息，应当自该政府信息形成或者变更之日起 20 个工作日内及时公开。法律、法规对政府信息公开的期限另有规定的，从其规定。

第四章　依申请公开

第二十七条　除行政机关主动公开的政府信息外，公民、法人或者其他组织可以向地方各级人民政府、对外以自己名义履行行政管理职能的县级以上人民政府部门(含本条例第十条第二款规定的派出机构、内设机构)申请获取相关政府信息。

第二十八条　本条例第二十七条规定的行政机关应当建立完善政府信息公开申请渠道，为申请人依法申请获取政府信息提供便利。

第二十九条　公民、法人或者其他组织申请获取政府信息的，应当向行政机关的政府信息公开工作机构提出，并采用包括信件、数据电文在内的书面形式；采用书面形式确有困难的，申请人可以口头提出，由受理该申请的政府信息公开工作机构代为填写政府信息公开申请。

政府信息公开申请应当包括下列内容：

(一)申请人的姓名或者名称、身份证明、联系方式；

(二)申请公开的政府信息的名称、文号或者便于行政机关查询的其他特征性描述；

(三)申请公开的政府信息的形式要求，包括获取信息的方式、途径。

第三十条　政府信息公开申请内容不明确的，行政机关应当给予指导和释明，并自收到申请之日起 7 个工作日内一次性告知申请人作出补正，说明需要补正的事项和合理的补正期限。答复期限自行政机关收到补正的申请之日起计算。申请人无正当理由逾期不补正的，视为放弃申请，行政机关不再处理该政府信息公开申请。

第三十一条　行政机关收到政府信息公开申请的时间，按照下列规定确定：

(一)申请人当面提交政府信息公开申请的，以提交之日为收到申请之日；

(二)申请人以邮寄方式提交政府信息公开申请的，以行政机关签收之日为收到申请之日；以平常信函等无需签收的邮寄方式提交政府信息公开申请的，政府信息公开工作机构应当于收到申请的当日与申请人确认，确认之日为收到申请之日；

（三）申请人通过互联网渠道或者政府信息公开工作机构的传真提交政府信息公开申请的，以双方确认之日为收到申请之日。

第三十二条　依申请公开的政府信息公开会损害第三方合法权益的，行政机关应当书面征求第三方的意见。第三方应当自收到征求意见书之日起15个工作日内提出意见。第三方逾期未提出意见的，由行政机关依照本条例的规定决定是否公开。第三方不同意公开且有合理理由的，行政机关不予公开。行政机关认为不公开可能对公共利益造成重大影响的，可以决定予以公开，并将决定公开的政府信息内容和理由书面告知第三方。

第三十三条　行政机关收到政府信息公开申请，能够当场答复的，应当当场予以答复。

行政机关不能当场答复的，应当自收到申请之日起20个工作日内予以答复；需要延长答复期限的，应当经政府信息公开工作机构负责人同意并告知申请人，延长的期限最长不得超过20个工作日。

行政机关征求第三方和其他机关意见所需时间不计算在前款规定的期限内。

第三十四条　申请公开的政府信息由两个以上行政机关共同制作的，牵头制作的行政机关收到政府信息公开申请后可以征求相关行政机关的意见，被征求意见机关应当自收到征求意见书之日起15个工作日内提出意见，逾期未提出意见的视为同意公开。

第三十五条　申请人申请公开政府信息的数量、频次明显超过合理范围，行政机关可以要求申请人说明理由。行政机关认为申请理由不合理的，告知申请人不予处理；行政机关认为申请理由合理，但是无法在本条例第三十三条规定的期限内答复申请人的，可以确定延迟答复的合理期限并告知申请人。

第三十六条　对政府信息公开申请，行政机关根据下列情况分别作出答复：

（一）所申请公开信息已经主动公开的，告知申请人获取该政府信息的方式、途径；

（二）所申请公开信息可以公开的，向申请人提供该政府信息，或者告知申请人获取该政府信息的方式、途径和时间；

（三）行政机关依据本条例的规定决定不予公开的，告知申请人不予公开并说明理由；

（四）经检索没有所申请公开信息的，告知申请人该政府信息不存在；

（五）所申请公开信息不属于本行政机关负责公开的，告知申请人并说明理由；能够确定负责公开该政府信息的行政机关的，告知申请人该行政机关的名

称、联系方式;

(六)行政机关已就申请人提出的政府信息公开申请作出答复、申请人重复申请公开相同政府信息的,告知申请人不予重复处理;

(七)所申请公开信息属于工商、不动产登记资料等信息,有关法律、行政法规对信息的获取有特别规定的,告知申请人依照有关法律、行政法规的规定办理。

第三十七条 申请公开的信息中含有不应当公开或者不属于政府信息的内容,但是能够作区分处理的,行政机关应当向申请人提供可以公开的政府信息内容,并对不予公开的内容说明理由。

第三十八条 行政机关向申请人提供的信息,应当是已制作或者获取的政府信息。除依照本条例第三十七条的规定能够作区分处理的外,需要行政机关对现有政府信息进行加工、分析的,行政机关可以不予提供。

第三十九条 申请人以政府信息公开申请的形式进行信访、投诉、举报等活动,行政机关应当告知申请人不作为政府信息公开申请处理并可以告知通过相应渠道提出。

申请人提出的申请内容为要求行政机关提供政府公报、报刊、书籍等公开出版物的,行政机关可以告知获取的途径。

第四十条 行政机关依申请公开政府信息,应当根据申请人的要求及行政机关保存政府信息的实际情况,确定提供政府信息的具体形式;按照申请人要求的形式提供政府信息,可能危及政府信息载体安全或者公开成本过高的,可以通过电子数据以及其他适当形式提供,或者安排申请人查阅、抄录相关政府信息。

第四十一条 公民、法人或者其他组织有证据证明行政机关提供的与其自身相关的政府信息记录不准确的,可以要求行政机关更正。有权更正的行政机关审核属实的,应当予以更正并告知申请人;不属于本行政机关职能范围的,行政机关可以转送有权更正的行政机关处理并告知申请人,或者告知申请人向有权更正的行政机关提出。

第四十二条 行政机关依申请提供政府信息,不收取费用。但是,申请人申请公开政府信息的数量、频次明显超过合理范围的,行政机关可以收取信息处理费。

行政机关收取信息处理费的具体办法由国务院价格主管部门会同国务院财政部门、全国政府信息公开工作主管部门制定。

第四十三条 申请公开政府信息的公民存在阅读困难或者视听障碍的,行政机关应当为其提供必要的帮助。

第四十四条 多个申请人就相同政府信息向同一行政机关提出公开申请,且该政府信息属于可以公开的，行政机关可以纳入主动公开的范围。

对行政机关依申请公开的政府信息，申请人认为涉及公众利益调整、需要公众广泛知晓或者需要公众参与决策的，可以建议行政机关将该信息纳入主动公开的范围。行政机关经审核认为属于主动公开范围的，应当及时主动公开。

第四十五条　行政机关应当建立健全政府信息公开申请登记、审核、办理、答复、归档的工作制度，加强工作规范。

第五章　监督和保障

第四十六条　各级人民政府应当建立健全政府信息公开工作考核制度、社会评议制度和责任追究制度，定期对政府信息公开工作进行考核、评议。

第四十七条　政府信息公开工作主管部门应当加强对政府信息公开工作的日常指导和监督检查，对行政机关未按照要求开展政府信息公开工作的，予以督促整改或者通报批评；需要对负有责任的领导人员和直接责任人员追究责任的，依法向有权机关提出处理建议。

公民、法人或者其他组织认为行政机关未按照要求主动公开政府信息或者对政府信息公开申请不依法答复处理的，可以向政府信息公开工作主管部门提出。政府信息公开工作主管部门查证属实的，应当予以督促整改或者通报批评。

第四十八条　政府信息公开工作主管部门应当对行政机关的政府信息公开工作人员定期进行培训。

第四十九条　县级以上人民政府部门应当在每年1月31日前向本级政府信息公开工作主管部门提交本行政机关上一年度政府信息公开工作年度报告并向社会公布。

县级以上地方人民政府的政府信息公开工作主管部门应当在每年3月31日前向社会公布本级政府上一年度政府信息公开工作年度报告。

第五十条　政府信息公开工作年度报告应当包括下列内容：

(一)行政机关主动公开政府信息的情况；

(二)行政机关收到和处理政府信息公开申请的情况；

(三)因政府信息公开工作被申请行政复议、提起行政诉讼的情况；

(四)政府信息公开工作存在的主要问题及改进情况，各级人民政府的政府信息公开工作年度报告还应当包括工作考核、社会评议和责任追究结果情况；

(五)其他需要报告的事项。

全国政府信息公开工作主管部门应当公布政府信息公开工作年度报告统一格式，并适时更新。

第五十一条　公民、法人或者其他组织认为行政机关在政府信息公开工作中侵犯其合法权益的，可以向上一级行政机关或者政府信息公开工作主管部门投诉、举报，也可以依法申请行政复议或者提起行政诉讼。

第五十二条　行政机关违反本条例的规定，未建立健全政府信息公开有关制度、机制的，由上一级行政机关责令改正；情节严重的，对负有责任的领导人员和直接责任人员依法给予处分。

第五十三条　行政机关违反本条例的规定，有下列情形之一的，由上一级行政机关责令改正；情节严重的，对负有责任的领导人员和直接责任人员依法给予处分；构成犯罪的，依法追究刑事责任：

（一）不依法履行政府信息公开职能；

（二）不及时更新公开的政府信息内容、政府信息公开指南和政府信息公开目录；

（三）违反本条例规定的其他情形。

第六章　附　　则

第五十四条　法律、法规授权的具有管理公共事务职能的组织公开政府信息的活动，适用本条例。

第五十五条　教育、卫生健康、供水、供电、供气、供热、环境保护、公共交通等与人民群众利益密切相关的公共企事业单位，公开在提供社会公共服务过程中制作、获取的信息，依照相关法律、法规和国务院有关主管部门或者机构的规定执行。全国政府信息公开工作主管部门根据实际需要可以制定专门的规定。

前款规定的公共企事业单位未依照相关法律、法规和国务院有关主管部门或者机构的规定公开在提供社会公共服务过程中制作、获取的信息，公民、法人或者其他组织可以向有关主管部门或者机构申诉，接受申诉的部门或者机构应当及时调查处理并将处理结果告知申诉人。

第五十六条　本条例自2019年5月15日起施行。

附录 4:《优化营商环境条例》

第一章　总　　则

第一条　为了持续优化营商环境，不断解放和发展社会生产力，加快建设现代化经济体系，推动高质量发展，制定本条例。

第二条　本条例所称营商环境，是指企业等市场主体在市场经济活动中所涉及的体制机制性因素和条件。

第三条　国家持续深化简政放权、放管结合、优化服务改革，最大限度减少政府对市场资源的直接配置，最大限度减少政府对市场活动的直接干预，加强和规范事中事后监管，着力提升政务服务能力和水平，切实降低制度性交易成本，更大激发市场活力和社会创造力，增强发展动力。

各级人民政府及其部门应当坚持政务公开透明，以公开为常态、不公开为例外，全面推进决策、执行、管理、服务、结果公开。

第四条　优化营商环境应当坚持市场化、法治化、国际化原则，以市场主体需求为导向，以深刻转变政府职能为核心，创新体制机制、强化协同联动、完善法治保障，对标国际先进水平，为各类市场主体投资兴业营造稳定、公平、透明、可预期的良好环境。

第五条　国家加快建立统一开放、竞争有序的现代市场体系，依法促进各类生产要素自由流动，保障各类市场主体公平参与市场竞争。

第六条　国家鼓励、支持、引导非公有制经济发展，激发非公有制经济活力和创造力。

国家进一步扩大对外开放，积极促进外商投资，平等对待内资企业、外商投资企业等各类市场主体。

第七条　各级人民政府应当加强对优化营商环境工作的组织领导，完善优化营商环境的政策措施，建立健全统筹推进、督促落实优化营商环境工作的相关机制，及时协调、解决优化营商环境工作中的重大问题。

县级以上人民政府有关部门应当按照职责分工，做好优化营商环境的相关工作。县级以上地方人民政府根据实际情况，可以明确优化营商环境工作的主管部门。

国家鼓励和支持各地区、各部门结合实际情况，在法治框架内积极探索原创性、差异化的优化营商环境具体措施；对探索中出现失误或者偏差，符合规定条件的，可以予以免责或者减轻责任。

第八条　国家建立和完善以市场主体和社会公众满意度为导向的营商环境评价体系，发挥营商环境评价对优化营商环境的引领和督促作用。

开展营商环境评价，不得影响各地区、各部门正常工作，不得影响市场主体正常生产经营活动或者增加市场主体负担。

任何单位不得利用营商环境评价谋取利益。

第九条　市场主体应当遵守法律法规，恪守社会公德和商业道德，诚实守信、公平竞争，履行安全、质量、劳动者权益保护、消费者权益保护等方面的法定义务，在国际经贸活动中遵循国际通行规则。

第二章　市场主体保护

第十条　国家坚持权利平等、机会平等、规则平等，保障各种所有制经济平等受到法律保护。

第十一条　市场主体依法享有经营自主权。对依法应当由市场主体自主决策的各类事项，任何单位和个人不得干预。

第十二条　国家保障各类市场主体依法平等使用资金、技术、人力资源、土地使用权及其他自然资源等各类生产要素和公共服务资源。

各类市场主体依法平等适用国家支持发展的政策。政府及其有关部门在政府资金安排、土地供应、税费减免、资质许可、标准制定、项目申报、职称评定、人力资源政策等方面，应当依法平等对待各类市场主体，不得制定或者实施歧视性政策措施。

第十三条　招标投标和政府采购应当公开透明、公平公正，依法平等对待各类所有制和不同地区的市场主体，不得以不合理条件或者产品产地来源等进行限制或者排斥。

政府有关部门应当加强招标投标和政府采购监管，依法纠正和查处违法违规行为。

第十四条　国家依法保护市场主体的财产权和其他合法权益，保护企业经营者人身和财产安全。

严禁违反法定权限、条件、程序对市场主体的财产和企业经营者个人财产实施查封、冻结和扣押等行政强制措施；依法确需实施前述行政强制措施的，应当限定在所必需的范围内。

禁止在法律、法规规定之外要求市场主体提供财力、物力或者人力的摊派行为。市场主体有权拒绝任何形式的摊派。

第十五条　国家建立知识产权侵权惩罚性赔偿制度，推动建立知识产权快速协同保护机制，健全知识产权纠纷多元化解决机制和知识产权维权援助机制，加大对知识产权的保护力度。

国家持续深化商标注册、专利申请便利化改革，提高商标注册、专利申请审查效率。

第十六条　国家加大中小投资者权益保护力度，完善中小投资者权益保护机制，保障中小投资者的知情权、参与权，提升中小投资者维护合法权益的便利度。

第十七条　除法律、法规另有规定外，市场主体有权自主决定加入或者退出行业协会商会等社会组织，任何单位和个人不得干预。

除法律、法规另有规定外，任何单位和个人不得强制或者变相强制市场主体参加评比、达标、表彰、培训、考核、考试以及类似活动，不得借前述活动向市场主体收费或者变相收费。

第十八条　国家推动建立全国统一的市场主体维权服务平台，为市场主体提供高效、便捷的维权服务。

第三章　市场环境

第十九条　国家持续深化商事制度改革，统一企业登记业务规范，统一数据标准和平台服务接口，采用统一社会信用代码进行登记管理。

国家推进“证照分离”改革，持续精简涉企经营许可事项，依法采取直接取消审批、审批改为备案、实行告知承诺、优化审批服务等方式，对所有涉企经营许可事项进行分类管理，为企业取得营业执照后开展相关经营活动提供便利。除法律、行政法规规定的特定领域外，涉企经营许可事项不得作为企业登记的前置条件。

政府有关部门应当按照国家有关规定，简化企业从申请设立到具备一般性经营条件所需办理的手续。在国家规定的企业开办时限内，各地区应当确定并公开具体办理时间。

企业申请办理住所等相关变更登记的，有关部门应当依法及时办理，不得限制。除法律、法规、规章另有规定外，企业迁移后其持有的有效许可证件不再重复办理。

第二十条　国家持续放宽市场准入，并实行全国统一的市场准入负面清单制度。市场准入负面清单以外的领域，各类市场主体均可以依法平等进入。

各地区、各部门不得另行制定市场准入性质的负面清单。

第二十一条　政府有关部门应当加大反垄断和反不正当竞争执法力度，有效预防和制止市场经济活动中的垄断行为、不正当竞争行为以及滥用行政权力排除、限制竞争的行为，营造公平竞争的市场环境。

第二十二条　国家建立健全统一开放、竞争有序的人力资源市场体系，打破城乡、地区、行业分割和身份、性别等歧视，促进人力资源有序社会性流动和合理配置。

第二十三条　政府及其有关部门应当完善政策措施、强化创新服务，鼓励和支持市场主体拓展创新空间，持续推进产品、技术、商业模式、管理等创新，充分发挥市场主体在推动科技成果转化中的作用。

第二十四条　政府及其有关部门应当严格落实国家各项减税降费政策，及时研究解决政策落实中的具体问题，确保减税降费政策全面、及时惠及市场主体。

第二十五条　设立政府性基金、涉企行政事业性收费、涉企保证金，应当有法律、行政法规依据或者经国务院批准。对政府性基金、涉企行政事业性收费、涉企保证金以及实行政府定价的经营服务性收费，实行目录清单管理并向社会公开，目录清单之外的前述收费和保证金一律不得执行。推广以金融机构保函替代现金缴纳涉企保证金。

第二十六条　国家鼓励和支持金融机构加大对民营企业、中小企业的支持力度，降低民营企业、中小企业综合融资成本。

金融监督管理部门应当完善对商业银行等金融机构的监管考核和激励机制，鼓励、引导其增加对民营企业、中小企业的信贷投放，并合理增加中长期贷款和信用贷款支持，提高贷款审批效率。

商业银行等金融机构在授信中不得设置不合理条件，不得对民营企业、中小企业设置歧视性要求。商业银行等金融机构应当按照国家有关规定规范收费行为，不得违规向服务对象收取不合理费用。商业银行应当向社会公开开设企业账户的服务标准、资费标准和办理时限。

第二十七条　国家促进多层次资本市场规范健康发展，拓宽市场主体融资渠道，支持符合条件的民营企业、中小企业依法发行股票、债券以及其他融资工具，扩大直接融资规模。

第二十八条　供水、供电、供气、供热等公用企事业单位应当向社会公开服务标准、资费标准等信息，为市场主体提供安全、便捷、稳定和价格合理的服务，不得强迫市场主体接受不合理的服务条件，不得以任何名义收取不合理费用。各地区应当优化报装流程，在国家规定的报装办理时限内确定并公开具体办理时间。

政府有关部门应当加强对公用企事业单位运营的监督管理。

第二十九条　行业协会商会应当依照法律、法规和章程，加强行业自律，及时反映行业诉求，为市场主体提供信息咨询、宣传培训、市场拓展、权益保护、纠纷处理等方面的服务。

国家依法严格规范行业协会商会的收费、评比、认证等行为。

第三十条　国家加强社会信用体系建设，持续推进政务诚信、商务诚信、社会诚信和司法公信建设，提高全社会诚信意识和信用水平，维护信用信息安全，严格保护商业秘密和个人隐私。

第三十一条　地方各级人民政府及其有关部门应当履行向市场主体依法作出的政策承诺以及依法订立的各类合同，不得以行政区划调整、政府换届、机构或者职能调整以及相关责任人更替等为由违约毁约。因国家利益、社会公共利益需要改变政策承诺、合同约定的，应当依照法定权限和程序进行，并依法对市场主体因此受到的损失予以补偿。

第三十二条　国家机关、事业单位不得违约拖欠市场主体的货物、工程、服务等账款，大型企业不得利用优势地位拖欠中小企业账款。

县级以上人民政府及其有关部门应当加大对国家机关、事业单位拖欠市场主体账款的清理力度，并通过加强预算管理、严格责任追究等措施，建立防范和治理国家机关、事业单位拖欠市场主体账款的长效机制。

第三十三条　政府有关部门应当优化市场主体注销办理流程，精简申请材料、压缩办理时间、降低注销成本。对设立后未开展生产经营活动或者无债权债务的市场主体，可以按照简易程序办理注销。对有债权债务的市场主体，在债权债务依法解决后及时办理注销。

县级以上地方人民政府应当根据需要建立企业破产工作协调机制，协调解决企业破产过程中涉及的有关问题。

第四章　政务服务

第三十四条　政府及其有关部门应当进一步增强服务意识，切实转变工作作风，为市场主体提供规范、便利、高效的政务服务。

第三十五条　政府及其有关部门应当推进政务服务标准化，按照减环节、减材料、减时限的要求，编制并向社会公开政务服务事项(包括行政权力事项和公共服务事项，下同)标准化工作流程和办事指南，细化量化政务服务标准，压缩自由裁量权，推进同一事项实行无差别受理、同标准办理。没有法律、法规、规章依据，不得增设政务服务事项的办理条件和环节。

第三十六条 政府及其有关部门办理政务服务事项，应当根据实际情况，推行当场办结、一次办结、限时办结等制度，实现集中办理、就近办理、网上办理、异地可办。需要市场主体补正有关材料、手续的，应当一次性告知需要补正的内容；需要进行现场踏勘、现场核查、技术审查、听证论证的，应当及时安排、限时办结。

法律、法规、规章以及国家有关规定对政务服务事项办理时限有规定的，应当在规定的时限内尽快办结；没有规定的，应当按照合理、高效的原则确定办理时限并按时办结。各地区可以在国家规定的政务服务事项办理时限内进一步压减时间，并应当向社会公开；超过办理时间的，办理单位应当公开说明理由。

地方各级人民政府已设立政务服务大厅的，本行政区域内各类政务服务事项一般应当进驻政务服务大厅统一办理。对政务服务大厅中部门分设的服务窗口，应当创造条件整合为综合窗口，提供一站式服务。

第三十七条 国家加快建设全国一体化在线政务服务平台(以下称一体化在线平台)，推动政务服务事项在全国范围内实现“一网通办”。除法律、法规另有规定或者涉及国家秘密等情形外，政务服务事项应当按照国务院确定的步骤，纳入一体化在线平台办理。

国家依托一体化在线平台，推动政务信息系统整合，优化政务流程，促进政务服务跨地区、跨部门、跨层级数据共享和业务协同。政府及其有关部门应当按照国家有关规定，提供数据共享服务，及时将有关政务服务数据上传至一体化在线平台，加强共享数据使用全过程管理，确保共享数据安全。

国家建立电子证照共享服务系统，实现电子证照跨地区、跨部门共享和全国范围内互信互认。各地区、各部门应当加强电子证照的推广应用。

各地区、各部门应当推动政务服务大厅与政务服务平台全面对接融合。市场主体有权自主选择政务服务办理渠道，行政机关不得限定办理渠道。

第三十八条 政府及其有关部门应当通过政府网站、一体化在线平台，集中公布涉及市场主体的法律、法规、规章、行政规范性文件和各类政策措施，并通过多种途径和方式加强宣传解读。

第三十九条 国家严格控制新设行政许可。新设行政许可应当按照行政许可法和国务院的规定严格设定标准，并进行合法性、必要性和合理性审查论证。对通过事中事后监管或者市场机制能够解决以及行政许可法和国务院规定不得设立行政许可的事项，一律不得设立行政许可，严禁以备案、登记、注册、目录、规划、年检、年报、监制、认定、认证、审定以及其他任何形式变相设定或者实施行政许可。

法律、行政法规和国务院决定对相关管理事项已作出规定，但未采取行政许可管理方式的，地方不得就该事项设定行政许可。对相关管理事项尚未制定法律、行政法规的，地方可以依法就该事项设定行政许可。

第四十条　国家实行行政许可清单管理制度，适时调整行政许可清单并向社会公布，清单之外不得违法实施行政许可。

国家大力精简已有行政许可。对已取消的行政许可，行政机关不得继续实施或者变相实施，不得转由行业协会商会或者其他组织实施。

对实行行政许可管理的事项，行政机关应当通过整合实施、下放审批层级等多种方式，优化审批服务，提高审批效率，减轻市场主体负担。符合相关条件和要求的，可以按照有关规定采取告知承诺的方式办理。

第四十一条　县级以上地方人民政府应当深化投资审批制度改革，根据项目性质、投资规模等分类规范投资审批程序，精简审批要件，简化技术审查事项，强化项目决策与用地、规划等建设条件落实的协同，实行与相关审批在线并联办理。

第四十二条　设区的市级以上地方人民政府应当按照国家有关规定，优化工程建设项目(不包括特殊工程和交通、水利、能源等领域的重大工程)审批流程，推行并联审批、多图联审、联合竣工验收等方式，简化审批手续，提高审批效能。

在依法设立的开发区、新区和其他有条件的区域，按照国家有关规定推行区域评估，由设区的市级以上地方人民政府组织对一定区域内压覆重要矿产资源、地质灾害危险性等事项进行统一评估，不再对区域内的市场主体单独提出评估要求。区域评估的费用不得由市场主体承担。

第四十三条　作为办理行政审批条件的中介服务事项(以下称法定行政审批中介服务)应当有法律、法规或者国务院决定依据；没有依据的，不得作为办理行政审批的条件。中介服务机构应当明确办理法定行政审批中介服务的条件、流程、时限、收费标准，并向社会公开。

国家加快推进中介服务机构与行政机关脱钩。行政机关不得为市场主体指定或者变相指定中介服务机构；除法定行政审批中介服务外，不得强制或者变相强制市场主体接受中介服务。行政机关所属事业单位、主管的社会组织及其举办的企业不得开展与本机关所负责行政审批相关的中介服务，法律、行政法规另有规定的除外。

行政机关在行政审批过程中需要委托中介服务机构开展技术性服务的，应当通过竞争性方式选择中介服务机构，并自行承担服务费用，不得转嫁给市场主体承担。

第四十四条　证明事项应当有法律、法规或者国务院决定依据。

设定证明事项，应当坚持确有必要、从严控制的原则。对通过法定证照、法定文书、书面告知承诺、政府部门内部核查和部门间核查、网络核验、合同凭证等能够办理，能够被其他材料涵盖或者替代，以及开具单位无法调查核实的，不得设定证明事项。

政府有关部门应当公布证明事项清单，逐项列明设定依据、索要单位、开具单位、办理指南等。清单之外，政府部门、公用企事业单位和服务机构不得索要证明。各地区、各部门之间应当加强证明的互认共享，避免重复索要证明。

第四十五条　政府及其有关部门应当按照国家促进跨境贸易便利化的有关要求，依法削减进出口环节审批事项，取消不必要的监管要求，优化简化通关流程，提高通关效率，清理规范口岸收费，降低通关成本，推动口岸和国际贸易领域相关业务统一通过国际贸易“单一窗口”办理。

第四十六条　税务机关应当精简办税资料和流程，简并申报缴税次数，公开涉税事项办理时限，压减办税时间，加大推广使用电子发票的力度，逐步实现全程网上办税，持续优化纳税服务。

第四十七条　不动产登记机构应当按照国家有关规定，加强部门协作，实行不动产登记、交易和缴税一窗受理、并行办理，压缩办理时间，降低办理成本。在国家规定的不动产登记时限内，各地区应当确定并公开具体办理时间。

国家推动建立统一的动产和权利担保登记公示系统，逐步实现市场主体在一个平台上办理动产和权利担保登记。纳入统一登记公示系统的动产和权利范围另行规定。

第四十八条　政府及其有关部门应当按照构建亲清新型政商关系的要求，建立畅通有效的政企沟通机制，采取多种方式及时听取市场主体的反映和诉求，了解市场主体生产经营中遇到的困难和问题，并依法帮助其解决。

建立政企沟通机制，应当充分尊重市场主体意愿，增强针对性和有效性，不得干扰市场主体正常生产经营活动，不得增加市场主体负担。

第四十九条　政府及其有关部门应当建立便利、畅通的渠道，受理有关营商环境的投诉和举报。

第五十条　新闻媒体应当及时、准确宣传优化营商环境的措施和成效，为优化营商环境创造良好舆论氛围。

国家鼓励对营商环境进行舆论监督，但禁止捏造虚假信息或者歪曲事实进行不实报道。

第五章　监管执法

第五十一条　政府有关部门应当严格按照法律法规和职责，落实监管责任，明确监管对象和范围、厘清监管事权，依法对市场主体进行监管，实现监管全覆盖。

第五十二条　国家健全公开透明的监管规则和标准体系。国务院有关部门应当分领域制定全国统一、简明易行的监管规则和标准，并向社会公开。

第五十三条　政府及其有关部门应当按照国家关于加快构建以信用为基础的新型监管机制的要求，创新和完善信用监管，强化信用监管的支撑保障，加强信用监管的组织实施，不断提升信用监管效能。

第五十四条　国家推行“双随机、一公开”监管，除直接涉及公共安全和人民群众生命健康等特殊行业、重点领域外，市场监管领域的行政检查应当通过随机抽取检查对象、随机选派执法检查人员、抽查事项及查处结果及时向社会公开的方式进行。针对同一检查对象的多个检查事项，应当尽可能合并或者纳入跨部门联合抽查范围。

对直接涉及公共安全和人民群众生命健康等特殊行业、重点领域，依法依规实行全覆盖的重点监管，并严格规范重点监管的程序；对通过投诉举报、转办交办、数据监测等发现的问题，应当有针对性地进行检查并依法依规处理。

第五十五条　政府及其有关部门应当按照鼓励创新的原则，对新技术、新产业、新业态、新模式等实行包容审慎监管，针对其性质、特点分类制定和实行相应的监管规则和标准，留足发展空间，同时确保质量和安全，不得简单化予以禁止或者不予监管。

第五十六条　政府及其有关部门应当充分运用互联网、大数据等技术手段，依托国家统一建立的在线监管系统，加强监管信息归集共享和关联整合，推行以远程监管、移动监管、预警防控为特征的非现场监管，提升监管的精准化、智能化水平。

第五十七条　国家建立健全跨部门、跨区域行政执法联动响应和协作机制，实现违法线索互联、监管标准互通、处理结果互认。

国家统筹配置行政执法职能和执法资源，在相关领域推行综合行政执法，整合精简执法队伍，减少执法主体和执法层级，提高基层执法能力。

第五十八条　行政执法机关应当按照国家有关规定，全面落实行政执法公示、行政执法全过程记录和重大行政执法决定法制审核制度，实现行政执法信息及时准确公示、行政执法全过程留痕和可回溯管理、重大行政执法决定法制审核全覆盖。

第五十九条　行政执法中应当推广运用说服教育、劝导示范、行政指导等非强制性手段，依法慎重实施行政强制。采用非强制性手段能够达到行政管理目的的，不得实施行政强制；违法行为情节轻微或者社会危害较小的，可以不实施行政强制；确需实施行政强制的，应当尽可能减少对市场主体正常生产经营活动的影响。

开展清理整顿、专项整治等活动，应当严格依法进行，除涉及人民群众生命安全、发生重特大事故或者举办国家重大活动，并报经有权机关批准外，不得在相关区域采取要求相关行业、领域的市场主体普遍停产、停业的措施。

禁止将罚没收入与行政执法机关利益挂钩。

第六十条　国家健全行政执法自由裁量基准制度，合理确定裁量范围、种类和幅度，规范行政执法自由裁量权的行使。

第六章　法治保障

第六十一条　国家根据优化营商环境需要，依照法定权限和程序及时制定或者修改、废止有关法律、法规、规章、行政规范性文件。

优化营商环境的改革措施涉及调整实施现行法律、行政法规等有关规定的，依照法定程序经有权机关授权后，可以先行先试。

第六十二条　制定与市场主体生产经营活动密切相关的行政法规、规章、行政规范性文件，应当按照国务院的规定，充分听取市场主体、行业协会商会的意见。

除依法需要保密外，制定与市场主体生产经营活动密切相关的行政法规、规章、行政规范性文件，应当通过报纸、网络等向社会公开征求意见，并建立健全意见采纳情况反馈机制。向社会公开征求意见的期限一般不少于 30 日。

第六十三条　制定与市场主体生产经营活动密切相关的行政法规、规章、行政规范性文件，应当按照国务院的规定进行公平竞争审查。

制定涉及市场主体权利义务的行政规范性文件，应当按照国务院的规定进行合法性审核。

市场主体认为地方性法规同行政法规相抵触，或者认为规章同法律、行政法规相抵触的，可以向国务院书面提出审查建议，由有关机关按照规定程序处理。

第六十四条　没有法律、法规或者国务院决定和命令依据的，行政规范性文件不得减损市场主体合法权益或者增加其义务，不得设置市场准入和退出条件，不得干预市场主体正常生产经营活动。

涉及市场主体权利义务的行政规范性文件应当按照法定要求和程序予以公布，未经公布的不得作为行政管理依据。

第六十五条　制定与市场主体生产经营活动密切相关的行政法规、规章、行政规范性文件，应当结合实际，确定是否为市场主体留出必要的适应调整期。

政府及其有关部门应当统筹协调、合理把握规章、行政规范性文件等的出台节奏，全面评估政策效果，避免因政策叠加或者相互不协调对市场主体正常生产经营活动造成不利影响。

第六十六条　国家完善调解、仲裁、行政裁决、行政复议、诉讼等有机衔接、相互协调的多元化纠纷解决机制，为市场主体提供高效、便捷的纠纷解决途径。

第六十七条　国家加强法治宣传教育，落实国家机关普法责任制，提高国家工作人员依法履职能力，引导市场主体合法经营、依法维护自身合法权益，不断增强全社会的法治意识，为营造法治化营商环境提供基础性支撑。

第六十八条　政府及其有关部门应当整合律师、公证、司法鉴定、调解、仲裁等公共法律服务资源，加快推进公共法律服务体系建设，全面提升公共法律服务能力和水平，为优化营商环境提供全方位法律服务。

第六十九条　政府和有关部门及其工作人员有下列情形之一的，依法依规追究责任：

(一)违法干预应当由市场主体自主决策的事项；

(二)制定或者实施政策措施不依法平等对待各类市场主体；

(三)违反法定权限、条件、程序对市场主体的财产和企业经营者个人财产实施查封、冻结和扣押等行政强制措施；

(四)在法律、法规规定之外要求市场主体提供财力、物力或者人力；

(五)没有法律、法规依据，强制或者变相强制市场主体参加评比、达标、表彰、培训、考核、考试以及类似活动，或者借前述活动向市场主体收费或者变相收费；

(六)违法设立或者在目录清单之外执行政府性基金、涉企行政事业性收费、涉企保证金；

(七)不履行向市场主体依法作出的政策承诺以及依法订立的各类合同，或者违约拖欠市场主体的货物、工程、服务等账款；

(八)变相设定或者实施行政许可，继续实施或者变相实施已取消的行政许可，或者转由行业协会商会或者其他组织实施已取消的行政许可；

(九)为市场主体指定或者变相指定中介服务机构，或者违法强制市场主体接受中介服务；

（十）制定与市场主体生产经营活动密切相关的行政法规、规章、行政规范性文件时，不按照规定听取市场主体、行业协会商会的意见；

（十一）其他不履行优化营商环境职责或者损害营商环境的情形。

第七十条　公用企事业单位有下列情形之一的，由有关部门责令改正，依法追究法律责任：

（一）不向社会公开服务标准、资费标准、办理时限等信息；

（二）强迫市场主体接受不合理的服务条件；

（三）向市场主体收取不合理费用。

第七十一条　行业协会商会、中介服务机构有下列情形之一的，由有关部门责令改正，依法追究法律责任：

（一）违法开展收费、评比、认证等行为；

（二）违法干预市场主体加入或者退出行业协会商会等社会组织；

（三）没有法律、法规依据，强制或者变相强制市场主体参加评比、达标、表彰、培训、考核、考试以及类似活动，或者借前述活动向市场主体收费或者变相收费；

（四）不向社会公开办理法定行政审批中介服务的条件、流程、时限、收费标准；

（五）违法强制或者变相强制市场主体接受中介服务。

第七章　附　　则

第七十二条　本条例自 2020 年 1 月 1 日起施行。

参 考 文 献

一、著作类

[1]《地方政府与政治》编写组．地方政府与政治[M]．北京：高等教育出版社，2018.
[2]徐勇，高秉雄．地方政府学[M]．北京：高等教育出版社，2005.
[3]吴爱明．地方政府学[M]．武汉：武汉大学出版社，2009.
[4]蔡立辉，王乐夫．公共管理学[M]．北京：中国人民大学出版社，2018.
[5]方雷．地方政府学概论[M]．北京：中国人民大学出版社，2015.
[6]陈瑞莲，张紧跟．地方政府管理[M]．北京：中国人民大学出版社，2016.
[7]杨凤春．当代中国政治制度[M]．北京：中国人民大学出版社，2014.
[8]许正霖，李文杰．当代中国政治制度[M]．哈尔滨：东北林业大学出版社，2005.
[9]浦兴祖．当代中国政治制度[M]．上海：复旦大学出版社，1999.
[10]陈尧．当代中国政府体制[M]．上海：上海交通大学出版社，2005.
[11]傅思明．香港特别行政区行政主导政治体制[M]．北京：中国民主法制出版社，2010.
[12]黄燕．地方公共财政发展研究[M]．北京：中国社会科学出版社，2007.
[13]马昊．当代中国县级公共财政制度研究[M]．北京：中国经济出版社，2008.
[14]汪玉凯．公共危机与管理[M]．北京：中国人事出版社，2007.
[15]杨凤春，杨成虎．中国地方政府[M]．北京：中央广播电视大学出版社，2007.
[16]周平，方盛举，夏维勇．中国民族自治地方政府[M]．北京：人民出版社，2007.
[17]王有量．民族理论与民族政策读本[M]．呼和浩特：远方出版社，2008.
[18]中共中央统战部编．民族问题文献汇编[M]．北京：中共中央党校出版社，1991.
[19]张崇根．中国民族工作历程[M]．呼和浩特：远方出版社，1999.

[20]俞可平．治理与善治[M]．北京：社会科学文献出版社，2000.
[21]詹姆斯·N. 罗西瑙．没有政府的治理[M]．南昌：江西人民出版社，2001.
[22]孙伯瑛．当代地方治理——面向21世纪的挑战[M]．北京：中国人民大学出版社，2004.

二、论文类

[1]成涛林．新常态背景下地方财政风险及防范——以苏州为例[J]．地方财政研究，2015(11)：52-57.
[2]崔津渡．论地方预算管理的改革与创新[J]．现代财经，2005(3)：3-8.
[3]冯辉，沈肇章．地方财政收入预决算偏离：晋升激励与税收任务[J]．广东财经大学学报，2015(5)：58-68.
[4]黄凯斌．法国地方财政管理实践及对我国启示[J]．地方财政研究，2012(9)：74-80.
[5]解洪涛，陈志勇．PEFA政府财政管理能力评价体系及在中国地方政府的适用性——兼评《地方财政管理绩效综合评价方案》[J]．财政研究，2016(4)：2-14.
[6]李建军，肖育才．经济开放对地方财政收入规模及结构的影响实证分析[J]．公共管理学报，2011(3)：53-63.
[7]李胜．地方财政风险的制度性成因[J]．财政研究，2007(3)：61-63.
[8]李晓嘉，蒋承，吴老二．地方财政支出对居民消费的空间效应研究[J]．世界经济文汇，2016(1)：108-120.
[9]廖家勤．创新地方预算管理体制的和谐社会视角探析[J]．广东财经大学学报，2009(2)：40-44.
[10]申相臣，张继东．地方预算管理与审查监督的焦作实践[J]．财政研究，2011(3)：28-31.
[11]唐鑫．"营改增"背景下提升地方财政收入的对策研究[J]．内蒙古社会科学(汉文版)，2016(5)：125-130.
[12]张宁．地方财政风险及其影响因素研究：基于财政脆弱性视角[J]．金融与经济，2017(5)：8-13.
[13]张彰．城镇化进程中地方财政收入模式扭曲成因挖掘[J]．理论与改革，2015(2)：59-62.
[14]周克清，张书铭．新预算法对地方财政管理的挑战与对策分析[J]．会计之友，2015(18)：69-71.
[15]肖蔚云．行政长官制是单一制下新的澳门特别行政区地方政权形式[J]．中

国法学，2017(4)：104-123.
[16]朱世海．港澳特别行政区行政主导体制比较研究[J]．国家行政学院学报，2016(4)：119-123.
[17]殷啸虎．论特别行政区行政主导下的行政权控制与监督——以澳门特别行政区为例[J]．政治与法律，2014(2)：64-73.
[18]邹平学．论香港特别行政区制度的内容、特征和实施条件[J]．法学评论，2014(1)：1-9.
[19]周叶中．论特别行政区制度的地位与作用[J]．政治与法律，2014(1)：2-10.
[20]周叶中，刘文戈．论特别行政区制度的二元结构[J]．武汉大学学报(哲学社会科学版)，2013(2)：50-54.
[21]易赛键．中国基本政治制度的发展与完善——以特别行政区制度为侧重[J]．学习与探索，2012(1)：79-82.
[22]童之伟．特别行政区制度已成为我国基本政治制度[J]．政治与法律，2011(4)：56-65.
[23]张维克．论澳门特别行政区政制与香港特别行政区政制的异同[N]．青岛大学学报，1999(1)：69-73.
[24]王惠平．我国财政管理体制改革回顾及展望[J]．经济纵横，2008(7)：6-9.
[25]邓子基，唐文倩．从新中国60年财政体制变迁看分税制财政管理体制的完善[J]．东南学术，2011(5)：31-39.
[26]贾康，冯俏彬．中国财政管理体制改革10年回顾[J]．经济研究参考，2004(2)：20-28.
[27]刘尚希．分税制的是与非[J]．经济研究参考，2012(7)：20-28.
[28]付敏杰．分税制二十年：演进脉络与改革方向[J]．社会学研究，2016(5)：215-240.
[29]杨志勇．分税制改革中的中央和地方事权划分研究[J]．经济社会体制比较，2015(2)：21-31.
[30]徐瑞娥．"省管县"财政管理体制改革研究综述[J]．经济研究参考，2008(6)：32-36.
[31]李俊清．民族区域自治地方行政管理的特点与改革[J]．北京行政学院学报，2010(2)：1-4.
[32]冉瑞燕．论影响民族自治地方政府执行力的因素与对策[J]．武汉纺织大学学报，2013(1)：53-57.
[33]李文星，蒋瑛．简述我国地方政府间的跨区域合作治理[J]．西南民族大学

学报，2005(1)：259-262.
[34]俞可平．论政府创新的若干基本问题[J]．文史哲，2005(4)：138-146.
[35]陈家刚．地方政府创新与治理变迁[J]．公共管理学报，2004(4)：22-28.
[36]爱红．试论我国地方政府创新的动力、特征和趋势[J]．行政与法，2007(4)：2-4.
[37]杨雪冬．简述中国地方政府创新研究的十个问题[J]．公共管理学报，2008(1)：16-26.
[38]娄成武，张建伟．从地方政府到地方治理——地方治理之内涵与模式研究[J]．中国行政管理，2007(4)：100-102.

后　记

我从硕士研究生学习阶段开始到现在，都一直围绕地方政府管理问题进行研究，我博士所学专业也是地方政府学，因此，编写本书的时候，既结合了地方政府学课程教学大纲的基本要求，也结合当代地方政府管理的实际，同时结合了本人平时的一些研究成果和教学心得体会。

本书的出版浸透着自己的汗水，也承载着很多人的期望和支持。在此，我要感谢我的家人，是家人的默默奉献使我有时间和精力进行创作。我要感谢桂林理工大学公共管理与传媒学院 2016 级和 2017 级学术型硕士研究生为我提供大量素材。我还要感谢桂林理工大学公共管理与传媒学院的领导和老师们的关心和帮助，如果没有桂林理工大学培育一流学科——公共管理学科专项建设基金的资助，本书也难以付梓。本书出版还得到了桂林理工大学教材建设基金资助。武汉大学出版社的编辑为本书的出版付出了辛勤的劳动，在此一并表示由衷的感谢。

由于本人水平有限，书中难免有错误和引用注释不周严之处，敬请同行专家学者和广大读者批评指正。

卢智增

2019 年 11 月于桂林